大国通史丛书

总主编 钱乘旦

英国通史

A History of England

钱乘旦 主编

【第四卷】

转型时期

——18世纪英国

刘金源 李义中 刘明周 胡传胜 著

江苏人民出版社

图书在版编目(CIP)数据

英国通史. 第四卷, 转型时期:18 世纪英国/刘金
源等著. --南京:江苏人民出版社,2016.9(2025.8 重印)
  ISBN 978 - 7 - 214 - 17543 - 4

  Ⅰ.①英… Ⅱ.①刘… Ⅲ.①英国-历史-18 世纪
Ⅳ.①K561.0

  中国版本图书馆 CIP 数据核字(2016)第 174207 号

书　　名	英国通史·第四卷　转型时期:18 世纪英国	
主　　编	钱乘旦	
著　　者	刘金源　李义中　刘明周　胡传胜	
策　　划	王保顶	
责任编辑	张晓薇	
装帧设计	刘葶葶	
出版发行	江苏人民出版社	
地　　址	南京市湖南路 1 号 A 楼,邮编:210009	
照　　排	江苏凤凰制版有限公司	
印　　刷	江苏凤凰新华印务集团有限公司	
开　　本	652 毫米×960 毫米　1/16	
印　　张	186.25　插页 24	
字　　数	2 480 千字	
版　　次	2016 年 9 月第 1 版	
印　　次	2025 年 8 月第 5 次印刷	
标 准 书 号	ISBN 978 - 7 - 214 - 17543 - 4	
定　　价	660.00 元(全 6 卷)	

(江苏人民出版社图书凡印装错误可向承印厂调换)

目　录

前　言

就英国历史而言,"18世纪"通常指1689—1815年这一百多年时间,1688年"光荣革命"被认为是一个新时代的起点,而1815年反法战争的结束可算作是这个时代的终结,英法两国一百多年的殖民争霸告一段落,"日不落帝国"初见雏形。

从历史上看,英国是世界上唯一建立起单一霸权的国家,其霸权地位维持了整整一个世纪。一般认为,大约在19世纪中叶,英国完成大国崛起的历程,建立起世界霸权,成为全球霸主。英国霸权的建立,不仅是依靠武力扩张的过程,更主要的是依据"制度创新"而引领世界潮流的过程。在"漫长的18世纪",英国经历了由传统社会向现代社会的转型,体现出它在政治、经济、社会、外交、殖民及思想文化等领域的深刻变化。

在政治领域,18世纪的英国建立起当时世界上最宽松的政治制度,都铎王朝和斯图亚特前期的君主专制已被克服,君主立宪制度日渐稳固,君主的权力日益衰落,议会的主权地位则不可动摇。政党登上政治舞台,开始发挥重要作用,尽管当时的政党仍然不是现代意义的政党,但以议会为活动空间的政党政治开始形成,政府掌握在政党手中,政党领袖成为政府首脑。内阁制度出现,因政党政治的影响,内阁的独立性逐渐增长,并在18世纪完成了从君主控制下的内阁向议会控制下的内阁的转变。同时,18世纪又是"贵族的世纪",贵族对政权的垄断在整个18世纪几乎没有改变:政党是贵族的政党,政府是贵族的政府,议会选举制度被称为"旧制度",它确保土地贵族牢牢控制着议会和政府。但贵族的特殊地位在18世纪后半叶工业革命开始之后面临新兴中等阶级和工人阶级的挑战,要求改革议会选举制度、参与国家政治的激进主义运动风起云涌,这严重地冲击了"旧制度"的根基,并为19世纪的民主化进程提供了先导。

在经济领域,18世纪更多的体现为制度转型。晚期重商主义理论盛极而衰,自由资本主义经济思想开始萌生,并对英国的经济政策的转变产生了重要影响力。在实践层面上,农业革命和工业革命都发生在18世纪,农业中的圈地运动及耕作方式和生产技术的变革推动了资本主义农场制的勃兴,促进了英国农业商品化,为工业革命提供了有利条件。在工业方面,英国完成了从原工业化向工业化的过渡,生产技术和生产工具的急剧变化推动了工厂制的出现,纺织、煤炭、交通运输等行业的发展带动了各行业的生产增长和整个经济的快速"起飞"。与此同时,资本市场兴起,银行业日渐重要,对外贸易迅速发展,这些都是18世纪英国经济领域内发生的重大变化。尽管到18世纪末,英国仍然是个农业社会,但工业的重要性与日俱增,英国也步入了工业社会的门槛。

在社会领域,此时期的特点之一是社会分化加剧。整体而言,18世纪的英国社会呈现出一种三层式架构,处于社会顶层的是贵族集团,居于社会底层的是下层民众,介于二者之间的是一个庞大的中间阶层,中间阶层不断壮大,成为18世纪社会结构变化的显著特点。社会领域的变化也体现在人们的日常生活中。在18世纪,人们的物质生活水平逐步提高,人们对物质生活的追求也在不断上升;不过在家庭规模方面的变化却相对较小,并没有出现从扩展型大家庭向小规模核心家庭转变的情形。就宗教而言,如果说18世纪可以被称作"理性的时代",那么它同时也是宗教的时代:在18世纪的英国,宗教仍然是一个无处不在的因素,它渗透于整个社会生活之中,承担着诸多重要的社会职责。18世纪的英国教育停留在较为落后的传统阶段,虽然初等、中等和高等教育均已存在,但既缺乏完善的体制,也缺少相互之间的衔接,教育的对象和教学的内容更是亟待更新。18世纪的英国社会始终面临着一些令人困扰的社会矛盾和冲突,诸如贫困、犯罪、劳资冲突等等。尽管这些问题大多并非始自18世纪,但随着该世纪英国经济的不断发展尤其是18世纪后期的加速发展,以及由此而引起的社会流动与社会分化的加剧,这些问题也显得越来越突出。

在外交领域,18世纪的英国也面临着转向。威廉入主英国使英荷特殊关系得以形成,同时也开启了英荷联合对抗法国的新局面,英法之间的冲突经常表现为大规模的欧洲战争,这些战争从1689年开始,断断续续地延续到1815年,结果是法国的地位下降,英国一跃成为欧洲头等强国。与此相关的是英帝国的变化,对法战争的胜利使英国不断获得新的殖民地,1756—1763年的七年战争把英帝国铸造成一个庞大的世界帝国,但北美独立战争又摧毁了这个帝国,使其经历了从"第一帝国"向"第二帝国"的转变。第一帝国以北美殖民地为基石,第二帝国则以印度为"帝国皇冠上的明珠";第一帝国是重商主义帝国,第二帝国则转向亚当·斯密的自由主义经济理论,把"自由贸易"作为帝国所追求的目标。1815年拿破仑战争结束时,随着宿敌法国被彻底击败,英国确立起海上霸权,一个遍及全球的"日不落帝国"的轮廓开始出现。

在思想文化领域,同西方其他国家一样,18世纪的英国也受到科学革命、政治革命的影响。大体说来,17世纪90年代至18世纪20年代,关于英国革命以及英国传统的讨论,关于信仰的性质、宗教宽容问题的讨论比较热烈,这是洛克、莎夫茨伯里、托兰德、柯林斯、贝克莱活跃的时期;中间半个世纪,思想相对平静,但体系化时代开始了,现代社会科学的那些经典处于写作或酝酿阶段。哈奇逊的影响到达顶峰,休谟、斯密、弗格森、里德进入盛期,苏格兰启蒙运动进入高潮。18世纪70年代以后,受美国革命和法国革命的刺激,世俗的与宗教的激进主义兴起,思想的争论变得激烈起来,边沁与布莱克斯通关于法的争论,潘恩与伯克关于传统与革命的争论,标志着贯穿于此后两百年的政治思维中激进与保守两种意识形态对立的开始。在 18 世纪,技术与科学的关系变得密切了,测量和实验成为英国科学的特征,与日常生活相关的热、电、光、磁成为实验的热点,天文学表现为天体测量技术的进展。

从更为宽广的视野来看,18 世纪的英国是通过制度创新引领世界潮流的。在 18 世纪,英国已克服了君主专制,由此引领了欧洲政治变革的潮流;工业革命悄然发生,引领了全世界向工业文明的过渡。不过,尽管英国在政治、经济等方面引领潮流,但仍难以掩盖国内"旧制度"的危机以及各种社会冲突,于是,为清除时弊而进行改革成为人们追求的目标。18 世纪又是英国迅速崛起而迈向世界霸主地位的世纪,相对稳定的国内政局以及工业化带来的强大力量,使英国在世界范围内赢得一场又一场殖民战争,从而改变了整个世界的格局。如果说 18 世纪初英国还只是一个欧洲强国,那么,到"漫长的 18 世纪"结束的时候——1815 年,英国已基本完成大国崛起的历程,为 19 世纪的全球性霸权奠定了基础。

总之,对英国而言,18 世纪是一个转型的时代。所谓转型是指现代性的转型。在 18 世纪刚开始时,英国更多地表现出传统社会的特征,它的经济是农业的,制造业并不发达,而且组织在以手工制作为特点的传统结构中。虽说在重商主义指导下英国的商业贸易已经有很大发展,尤其是海外贸易发展迅速,但这只是一种初级的资本主义,为后来的工业资本主义创造起点而已。由于"光荣革命",英国的政治制度已经发生本质的变化,君主立宪制已经建立,议会取得最高主权,但这种主权并不牢固,王权与议会之间的关系不明确,需要用日后的发展来确定。政府仍然以旧日的方式在运作,现代政府并未出现,立法和司法都沿袭传统,一切都与过去没有太大差别。社会是家长制主义的,贵族乡绅是天然的家长,社会生活和价值观念与我们今天的理解恍若隔世——一个传统的社会,已经不是今天的人所能想象的。

但到 18 世纪结束的时候,人们看到的那个社会已经与今天的社会十分相像了:农业经济正在明显地向工业经济转型,"工业革命"已经发生了；重商主义仍旧是强大的思想力量，但新的学说正在传播。自由主义表现在经济学、伦理学、政治学等方方面面，帝国的理论也受到冲击，殖民统治也被加上"自由"的光环。新的资本主义确实已经形成了，商业资本主义正在向工业资本主义转型。社会的变化是巨大的，包括社会生活、人口结构、城乡分布等等，全都表现出"现代"的特色。18世纪一百年的变化不仅改变了国家的面貌，而且改变了它的性质，英国已经从一个"传统"的社会初步转变成现代社会，这在整个世界是第一个起步的，于是就为它在19世纪的全面领先以及全球称霸创造了前提。

18世纪是一个"长世纪"，人们一般说它的起点在1688年，终点在1815年。这个世纪的"长"不仅是指时间长，也是指它的历史影响深长久远：在这个世纪中，英国从欧洲一隅迈向世界中心，通过连续不断的战争，攫取了一个帝国。英国18世纪的转型是向现代社会的转型，也是向世界霸权的转型。我们在观察18世纪的英国历史时，既看到它的引领与率先，也看到它在"自由"资本主义发展方式中的贪婪与过错。

本卷主持人　刘金源

2015年4月10日

第一篇

政　治

第一章　君主立宪制的确立

1688年的"光荣革命"(Glorious Revolution)及1689年的《权利法案》(*Bill of Rights*),确立了"英国式君主立宪制"[1],这成为英国宪政制度的一个新起点。斯图亚特王朝(Stuart Dynasty)最后25年间,是英国现代政治制度的初创时期。伴随着王权的衰落及议会主权地位的上升,内阁制和政党政治开始兴起,王位继承问题也通过立法形式逐步解决,这不仅促使了君主立宪制的发展,而且给英国带来较为稳定的政治局面。

1689年的《权利法案》是英国宪政史上的纲领性文件,它对国王与议会之间的关系做了初步规定,尤其是对王权进行了一系列限制,但君主并未因此成为"统而不治"的"虚君"。这是因为:一方面,"接受哪怕是被阉割的《权利法案》并不是威廉三世(William Ⅲ,1689—1702年在位)和玛丽(Mary)接受王位的先决条件,尽管在接受王冠之前,《权利法案》确实向他们正式宣读过,但无论是威廉还是玛丽,都没有明确表态将受这些条款的约束"[2]。另一方面,《权利法案》只是对王权加以限制,并没有

---

[1] Eveline Cruickshanks, *The Glorious Revolution*, London: Macmillan, 2000, p. 36.

[2] Frankle, "Formulaiton of the Declaration of Rights", *Historical Journal*, Vol. 17(1974), p. 270.

剥夺王权,国王的权力依然很大。例如,定期召开议会非常含糊,多久召开议会并没有明确,国王仍然拥有随意召开和解散议会的权力;国王还拥有制定内外政策的权力,拥有任免各部大臣及官吏的权力,后者很大程度上使国王能实现对议会的控制。[1] 为此,可以这样认为,《权利法案》充其量只是确立了国王与议会共享政治权力的机制,而哪一方在权力的行使方面处于主导地位,取决于二者之间权力斗争的结果。从"光荣革命"后二十多年间的情况来看,国王与议会之间的权力斗争异常激烈:国王力图维护并行使传统的特权,而议会则通过财政权和立法权来逐步削弱王权,并确立自己的主权地位。

自中世纪议会诞生以来,英国就形成了"国王征税必须经议会同意"的传统,这表明议会已初步掌握财政大权。[2]《权利法案》中的相关条款对议会的征税权进一步加以确认,此后议会通过种种手段,进一步强化手中的财政大权。1689 年 3 月,议会通过一项拨款法案,授予国王每年120 万镑的税款,其中 60 万镑用于宫廷和非军事开支,其余用作海陆军开支。[3] 1693 年,议会还成立专门的财政委员会来编制财政预算,预算案实行专款专用,即便国王也不得挪用。为保证预算案的严格执行,"杜绝 17 世纪公共行政中的浪费、低效及腐败行为"[4],议会还专门设立财政审查委员会,对财政收支状况进行检查,这样,"国王的政府被迫处于相继数个议会委员会监督之下"[5]。

不仅如此,议会还极力限制国王的军事权力。1689 年,议会通过《兵变法案》(Mutiny Act)。法案名义上是为"惩罚那些发动兵变或不愿服从国王管束的军官或士兵",实际上却是议会为国王行使军事大权设置

---

[1] Barry Coward, *The Stuart Age : England 1603—1714*, London: Macmillan, 1996, p. 360.

[2] 蒋劲松:《议会之母》,中国民主法制出版社,1998 年,第 17—21 页。

[3] John Miller, *The Glorious Revolution*, London: Longman, 1983, p. 40.

[4] W. A. Barker, G. R. Aubyn and R. L. Ollard, *A General History of England 1688—1832*, London: A. & C. Black Ltd, 1963, p. 45.

[5] H. Horwitz, *Parliament, Policy and Politics in the Reign of William Ⅲ*, Manchester: Manchester University Press, 1977, p. 314.

门槛。法案规定,"除非经过议会认可,否则,在国家处于和平时期,(国王)召集和维持常备军的行为将被视为非法"①。不过,"当国家面临危险而君主和议会都觉得有必要召集军队来维护国家安全时",经过议会授权,国王可以召集军队,但这支军队只能维持一年;如确系需要继续维持军队,则需经议会每年重审该法案。由此一来,国王要想征召并维系军队"就需要每年都要召开议会"②,议会由此成为国王行使军事权力的监督者。

为避免出现斯图亚特王朝早期"无议会"或"长期议会"的局面,防止国王独断专行,定期召开议会成为下一个斗争的焦点。从1689年起,议会就不断提出并通过《三年法案》(Triennial Act),要求每三年召开一次议会。威廉三世担心频繁召开的议会对于王权构成威胁,因此多次动用否决权。1694年,议会以拒绝通过战争拨款法案来对抗,最终迫使国王签署该法案。法案宣称:"从今以后,议会至少每三年召开一次……每届议会维持时间最多不超过三年。"③法案的通过,意味着议会作为一个常设性机构建立起来。议会地位的稳固,不仅得以在一定程度上制衡王权,而且为内阁制及政党政治的兴起奠定了基础。

宫廷官吏、政府官员的任免一直是国王的特权,接受任命的官员一般由王室提供薪俸或年金,因而大多听命于国王。"光荣革命"后,国王及其宠幸不仅试图控制政府,而且试图控制议会两院,这对议会的独立性及其权威构成了挑战。为抵制及消除王权在议会下院的扩张,从1692年起,下院多次提出《任职法案》(Place Act),力图将那些由国王任命并接受俸禄的官员排挤出下院,但结果几乎都是被听命于国王的上院所否

---

① Carl Stephenson and Frederick George Marcham(eds.), *Sources of English Constitutional History : A Selection of Documents From A. D. 600 to the Present*, New York: Harper & Row Publishers, 1937, p. 605.

② R. K. Webb, *Modern England : From the Eighteenth Century to the Present*, New York: Dodd Mead & Company, 1968, p. 44.

③ Neville Williams(ed.), *The Eighteenth-Century Constitution 1688—1815: Documents and Commentary*, Cambridge: Cambridge University Press, 1960, p. 50.

决。1701 年,当议会讨论通过《王位继承法》(Act of Settlement)时,特意将《任职法案》的相关条款夹带其中,从而得以顺利通过。该法案规定,"任何人一旦接受国王任命的官职,或接受王室年金,将丧失议会下院议员资格"①。不过,该条款实际上一直未能推行,这是因为:只要是政府官员,就必须接受国王任命并接受王室俸禄,如果将政府官员完全排挤出议会下院,那么必将造成"议会下院与政治生活的实际中心严重脱离",尤其会导致政府与议会之间的不一致,从而引发政治危机。虽说如此,议会仍未善罢甘休。安妮女王(Queen Anne,1702—1714 年在位)继位后,议会与国王之间就《任职法案》条款的推行又进行了多次交锋,最终双方实现了妥协。1707 年,议会通过《任职法案》,规定"凡从王室新近获得官职或领取薪俸者,均不得当选下院议员";凡已当选的下院议员在任职期间接受国王官职或俸禄的,也将被取消议员资格,若其在随后的补选中继续当选,则可不受法案的限制。② 可见,法案为政府官员进入下院设置了新门槛,因此可被视为"一个相当成功的宪政设计,它限制了王室影响力在议会下院的增长"③。

在限制王权的诸多法案中,1701 年的《王位继承法》尤为重要。虽说这是一部规定王位继承顺序的法律,但其中很多条款涉及限制王权问题。根据法案,法官保有职务的前提是良好的品行,而不再是国王的喜好,而国王任免法官要"经过议会两院的认可"。"有关王国治理的任何事务,均须依据王国法律和习惯在枢密院中讨论并做出决定",而国王做出的任何决定,"都必须由讨论并同意该决定且身为枢密院成员的政府

---

① Carl Stephenson and Frederick George Marcham(eds.), *Sources of English Constitutional History: A Selection of Documents From A. D. 600 to the Present*, New York: Harper & Row Publishers, 1937, p. 612.

② Ibid., pp. 616—617.

③ Geoffrey Holmes, *Britain After the Glorious Revolution 1689—1714*, London: Macmillan, 1969, p. 45.

大臣签署"。①"未经议会同意,国王不得离开英伦三岛";"未经议会同意,国王不能为保护其私人领地或属地而将整个王国拖入战争之中"。②这些条款大大限制了国王在司法、行政、外交等方面的权力。

否决权实际上的丧失,是王权遭到削弱的重要表现。威廉三世曾五次行使否决权,阻止议会通过限制王权的法案,如《三年法案》《任职法案》等。但出于对外战争的需要,在其统治后期,为得到议会对战争的支持,威廉也几乎不再行使否决权了。安妮女王当政后,也曾将否决权作为手中的法宝来对抗议会。但自 1707 年否决苏格兰议会通过的民兵法案后,她再也没有行使过这一权力,安妮女王因此成为英国历史上最后一位行使否决权的君主。自 1707 年起至今,英国国王的否决权实际上已丧失了。③ 否决权事实上的丧失是王权衰落的一个重要里程碑,这意味着,立法权事实上控制在议会手中。对于国王来说,只要法案在议会上下两院获得通过,签署法案这一环节就变成象征性举动,而不再意味着权力的行使了。

议会利用手中所掌握的财政权和立法权,一次次地冲击王权,造成了王权的衰落及议会主权的上升。到 18 世纪初,国王手中的特权越来越少,议会的地位变得越来越重要,并逐渐成为国家政治权力的中心。随着专制王权的被克服以及议会地位的提升,一个相对民主、自由的社会在英国建立起来。正是在这样一种宽松的政治环境中,内阁制在英国开始兴起。

"作为国王与议会之间联系纽带的内阁制度"④,最先是从枢密院(Privy Council)中派生出来的。枢密院是都铎王朝(Tudor Dynasty)时

---

① ② Neville Williams(ed.), *The Eighteenth-Century Constitution 1688—1815: Documents and Commentary*, Cambridge: Cambridge University Press, 1960, p. 59.

③ Deane Jones, *The English Revolution: An Introduction to English History 1603—1714*, London: Longman, 1960, p. 166.

④ Geoffrey Holmes, *Britain After the Glorious Revolution 1689—1714*, London: Macmillan, 1969, p. 49.

期形成的中央政府机构,主要由地位显赫的政府大臣、王室官员、国王私人顾问等组成。枢密院负责为国王出谋划策,实际上还具有行政、立法、司法等方面的职能。斯图亚特王朝建立后,为更有效率地处理纷繁复杂的国务,在枢密院之下又成立了诸多常设性或临时性的委员会。尤其是在复辟王朝时期,枢密院委员会急剧增加。据统计,1660—1667 年间就出现过 72 个不同的枢密院委员会。枢密院委员会的出现和发展,实际上分割了枢密院原有的职权,造成了枢密院本身的衰落。

1617 年,为处理与西班牙的联姻问题,在枢密院之下,外交委员会(Committee of Diplomacy)在国王的授意下成立。[1] 不过,外交委员会并不是公开的、正式的机构,而是一个完全依附于国王、辅佐国王处理对外事务的秘密委员会,它演变成后来的内阁会议。在查理二世(Charles Ⅱ,1660—1685 年在位)复辟时期,外交委员会的活动趋于正常化,其职权范围也进一步扩大。除传统的外交事务,如结盟、停战、媾和、审议条约等以外,还具备召集议会、收征财税、征召军队、管理宗教事务和国内治安、殖民探险等职能。这样,枢密院原有的决策职能,渐渐地被外交委员会所取代。

由于外交委员会是国王以秘密方式召集的,且通常于国王内室秘密开会,因此,时人又将其贬称为"密室会议"或"内阁会议"。[2] 渐渐地,"内阁"或"内阁会议"取代了原来的称号"外交委员会"。大法官弗朗西斯·诺斯(Francis North)指出:"起初只是私下谈话性质的内阁会议,渐渐地发展成为一种正式会议,并对政府在内政、外交方面的大多数事务起到指导作用。"[3]

不过,"光荣革命"前,内阁会议虽然在内外政策方面有决策权,但离

---

[1] E. I. Carlyle, "Committees of Council Under the Earlier Stuarts", *The English Historical Review*, Vol. 21, No. 84(Oct., 1906), pp. 674—675.

[2] Edward Raymond Turner, "The Development of the Cabinet, 1688—1760", *The American Historical Review*, Vol. 18, No. 4(Jul., 1913), pp. 752—753.

[3] William R. Anson, "The Development of the Cabinet, 1688—1760", *The English Historical Review*, Vol. 29, No. 113(Jan., 1914), p. 59.

现代意义上的内阁相去甚远。这是因为：内阁作为一个秘密机构,其合法性遭到人们的质疑；内阁完全依附于国王,而不与议会发生关联,难以受到议会信任。"光荣革命"后,王权衰落、议会主权地位上升,致使内阁会议不再是国王的御用工具,而逐渐发展成国王与议会共同行使权力的核心机构。

威廉三世身兼英国国王与荷兰执政之职,因忙于荷兰国内事务以及欧洲大陆战争,他不得不经常离开英国,于是便委托玛丽女王主持召开内阁会议,要求"所有的政务无一例外地在女王出席的内阁会议上讨论"①。1694 年底玛丽女王去世后,尽管威廉三世要求"在其出国时不要召开内阁会议"②,但内阁会议依然依据惯例正常召开,而召集者往往是大法官。内阁由十多名成员组成,包括大法官(Lord Chancellor)、财政大臣(Chancellor of Exchequer)、国务大臣(Secretary of State)、掌玺大臣(Lord Keeper)、枢密院长(Lord President of the Privy Council)等。内阁会议召开地点一般选择在王宫,召开时间一般选择在周日。内阁会议上讨论的国务,涵盖内政外交的各个方面,如征召军队、建造商船、殖民探险、组织防务、消除民愤、控制收支平衡、对外贸易、铸造钱币、食品供应,以及战时经济等诸方面。③ 由于会议经常召开,且参与成员相对固定,因此,内阁会议逐渐由此前的秘密机构演变成公开机构,笼罩于其上的神秘面纱慢慢揭去,"内阁"一词的贬义也开始消退。在此过程中,一个新术语即"政府"开始出现并与内阁通用,这样,枢密院时代开始向内阁政府时代过渡。在史学家艾伯特·劳伦斯·罗威尔(Abbott Lawrence Lowell)看来,这一变化是过去两百年来"文明世界所发生的行

---

① Jennifer Carter, "Cabinet Records for the Reign of William Ⅲ", *The English Historical Review*, Vol. 78, No. 306(Jan., 1963), p. 98.

② Edward Raymond Turner, "The Development of the Cabinet, 1688—1760", *The American Historical Review*, Vol. 18, No. 4(Jul., 1913), p. 754.

③ Geoffrey Holmes, *Britain After the Glorious Revolution 1689—1714*, London: Macmillan, 1969, p. 52.

政机构的重大改革之一"①。

就内阁的地位而言,在威廉三世时期,它"既没有完全沦为国王的私物,也没有获得高度的独立性"②。这表现在:内阁成员的遴选权属于国王,作为当然的内阁首脑,国王享有完全的行政大权;国王将内阁成员看成自己的仆从,内阁大臣直接受国王领导,只需对国王负责;内阁大臣彼此不存在横向联系,也不需要协商一致;内阁与议会之间没有建立起必然联系,因此议会对内阁没有控制权。

到安妮女王时期,由于她生性犹豫,体弱多病,对于国务的操持远比不上威廉,这些因素促进了内阁制的进一步发展。从内阁构成看,尽管安妮女王从心里讨厌辉格党人,认为辉格党是她"所决心捍卫的国教会(Established Church, Church of England)和王室的敌人"③,但对内阁成员的选择还是充分考虑到议会多数。最明显的例子是,从1705起,辉格党在议会两院中势力不断增强,而内阁却被托利党人所掌控,辉格党因此要求女王在内阁中增加辉格党人,女王也顺应形势做出了让步。1705—1710年间,辉格党几位要员,如纽卡斯尔公爵(Duke of Newcastle)、托马斯·沃顿(Thomas Wharton)等人相继入阁。到1708年后,辉格党逐渐实现了对内阁的控制,内阁与议会实现一致,政府运转效率大为提高,这就开创了一个成功的先例。

随着内阁制的发展,国王的权力越发受到议会限制。当时,议会出台一项规定,规定只有两种身份的人才能出任内阁大臣:其一是拥有贵族头衔并且是上院议员,其二是下院议员。这使得那些拥有闲职的国王顾问无法进入内阁,实际上也就削弱了国王在内阁中的力量。与此同时,"议会与政府的有机联系,就建立起来了,政府成员必须同时是议会

---

① 〔美〕罗威尔:《英国政府·中央之部》,秋水译,上海人民出版社,1959年,第74页。
② Jennifer Carter, "Cabinet Records for the Reign of William Ⅲ", *The English Historical Review*, Vol. 78, No. 306(Jan., 1963), p. 112.
③ David Harris Willson and Stuart Prall, *A History of England*, New York: Holt, Rinehart and Winston, 1984, p. 358.

议员"①。

安妮女王时期,内阁发展成为"公认的常设性机构"②,内阁会议的召开进一步常态化,只要身体状况允许,安妮女王往往亲自召集并主持内阁会议,与内阁大臣们共商国务。不过,女性往往优柔寡断,遇事很难做出决断,大臣们很难与她打交道。这样一来,内阁大臣逐渐采取这样的对策,即遇事之时,主要大臣在女王召集之前先聚会商讨,③等初步形成一致看法后再在女王召集的内阁会议上作为共同意见提出来,提交女王批准。这类私下聚议的召集者往往是财政大臣——起初是西尼·戈多尔芬(Sidney Godolphin),到后来是罗伯特·哈利(Robert Harley),于是,财政大臣渐渐在内阁中浮出于其他人之上。④ 慢慢地,女王很少参加内阁会议了。于是,财政大臣取而代之成为内阁会议的召集者与主持人,并负责将内阁会议磋商及决策结果向女王报告,女王一般都表示认可。这样,内阁开始逐渐摆脱国王的控制,朝独立化方向发展。

随着内阁独立性的增强以及内阁与议会下院之间的有机联系逐步建立,以争夺内阁控制权为目标的政党活动也开始勃兴。复辟时期,围绕《排斥法案》(Exclusion Bill)问题就出现了英国近代的两大政党——辉格党(Whig)与托利党(Tory),但在王权至上、议会处于依附地位的情况下政党没有足够的活动空间,也无法在政治生活中发挥实际作用。"光荣革命"后国王权力受到限制,议会地位上升,议会定期召开,内阁初步运作,这些就为政党发挥政治作用创造了前提。"光荣革命"完成后不久,多数时间内建立的都是两党以及非党人士所组成的混合政府,除了1694—1697年间辉格党的一党政府、1710—1714年间托利党的一党政府以外,二十多年时间内掌权的都是混合政府,其中某一政党可能处于

---

① 钱乘旦、许洁明:《英国通史》,上海社会科学院出版社,2002年,第194页。

② H. W. V. Temperley, "Inner and Outer Cabinet and Privy Council, 1679—1783", *The English Historical Review*, Vol. 27, No. 108(Oct., 1912), p. 690.

③ Ibid., p. 693.

④ George Clark, *The Later Stuarts 1660—1714*, Oxford: The Clarendon Press, 1961, p. 256.

主导地位,但政府中一定包括其他政党以及非党成员。政府成员来源的复杂性决定了内阁在诸多问题上难以达成一致,这就为国王掌握最后的决策权提供了方便。

在政府成员的组成上,国王的喜好至关重要。威廉三世当政时期,为更好地推行对外战争,他所建立的政府中辉格党一直处于主导地位,1694—1697 年间甚至还建立起清一色的辉格党政府。安妮女王在个人感情上倾向于托利党,其统治期间托利党的地位开始上升,长期主宰政府,在 1710—1714 年间建立起托利党的一党政府。尽管这段时间中议会选举频繁,竞选活动激烈,但选举结果并不立即造成政府的变更,因为当时还没有议会多数党组阁的先例。1694 年威廉三世任命辉格党人组成一党内阁时,议会下院中的多数派是托利党及其支持者。1695 年大选后,执政的辉格党才在议会下院获得多数席位,从而确保了其执政地位。安妮女王在位时期,1702 年大选中托利党以绝对优势获胜,但安妮仍然延续了从威廉三世那里继承下来的混合政府,辉格党人依然在政府中担任要职。1708 年大选后组成了"自光荣革命以后辉格党势力最强的一届议会"①,但安妮女王并没有"任命组建一个严格意义上的辉格党政府"②,而是对戈多尔芬领导的托利党政府实施改组,任命部分辉格党贵族进入政权。这充分说明,当时的政府构成与议会下院经常不一致。

这种不一致很容易引发政治危机,因为当控制政府的政党在议会下院不能获得多数时,政府的施政方针经常不被下院通过,因而也不能成为法律加以推行,反而,在反对派控制下,议会下院时常抛出一些反政府的议案,给政府制造麻烦。1705 年大选辉格党在议会中得到多数,而此时政府则掌握在托利党手中。面对辉格党的压力,安妮女王起初不愿让步。财政大臣戈多尔芬规劝她:为使政府正常运转,必须接受辉格党进入政府。安妮女王权衡再三,终于做出妥协,不久便任命两名温和的辉

---

① George Clark, *The Later Stuarts 1660—1714*, Oxford: The Clarendon Press, 1961, p. 227.
② Geoffrey Holmes, *Britain After the Glorious Revolution 1689—1714*, London: Macmillan, 1969, p. 98.

格党贵族进入政府,分别担任掌玺大臣和大法官之职。[1] 这一事例说明,尽管内阁官员的任免大权仍然掌握在国王手中,但国王不顾议会各派力量的变化,完全根据个人意愿任命内阁成员的做法已经越来越难了。国王必须抛弃个人喜好,依据下院中政治力量变化的情况及时调整政府成员,甚至任命多数党组阁。

18 世纪初,尽管政治生活中存在着广泛的裙带关系和庇护特权,尽管政党在组织结构、意识形态和政治界限方面并不十分明晰,但两大政党之间在主要问题上的分歧依然明显,这主要体现在:

一、对待不从国教者的态度不同。托利党主张强化国教地位,严厉限制不从国教者的权利,在其当政期间,先后通过了 1711 年《偶尔遵奉国教法》(*Occasional Conformity Act*)和 1714 年《教会分裂法》(*Schism Act*),旨在打击不服从国教的势力。辉格党则把自己标榜为不从国教者的坚定捍卫者,强调信仰自由,主张对所有新教徒实施"宗教宽容",主张接纳在其他国家受到宗教迫害的新教徒。在其主政时期,曾两度通过《归化法》(*Naturalization Act*),广泛接纳在他国受到迫害的新教徒。

二、对待王位继承的态度不同。辉格党全心全意支持威廉和玛丽出任国王,并反对"詹姆士党人"[2]策动的复辟图谋。托利党则坚守王位继承的正统原则,在内心里不愿承认威廉是"合法合理的国王",其中部分托利党贵族还直接卷入了詹姆士二世(James Ⅱ,1685—1688 年在位)及其后代的复辟活动。

三、对待欧洲战争的态度不同。威廉三世登上王位,英国先后卷入了奥格斯堡同盟(League of Augsburg)战争和西班牙王位继承战争,开始与法国争夺霸权。辉格党基本支持战争,认为是英国争夺殖民地和海外市场的必要行动。托利党在总体上反对战争,因为托利党人多数是土地贵族,战争对他们的利益没有帮助。英国卷入战争后,两党在战争目

---

[1] Roger Lockyer,*Tudor and Stuart Britain 1471—1714*,London,1964,p. 389.

[2] 英文为 Jacobites,指"光荣革命"后同情和支持詹姆士二世的流亡势力、支持其复辟的人,主要包括天主教徒及部分托利党人。

标上也出现分歧:辉格党支持"陆战策略",主张在大陆上打击法国;托利党推崇"蓝海政策",主张以海战为主。[①]

可见,两党之间的政治分歧相当明显,以致普拉姆(J. H. Plumb)说:1689—1714 年间"是英国历史上党派纷争最剧烈的时期,辉格党与托利党的分庭抗礼,成为政治史的一个基本事实"[②]。

但尽管在议会中两党分歧明显,两党在政治舞台上则既有对抗、又有合作,这使得在两党之外又出现了所谓的"在野"与"在朝"之分。政府中有两党的共同参与,议会选举不决定哪一党执政或不执政,因此议会中的辉格党人和托利党人实际上都分成两个部分:一部分参加政府,积极从政,是所谓的"宫廷党";另一部分不担任官职,置身于权力核心之外,他们散居乡间领地,政治上相对消极,但时常揭露时弊,充当政府的反对派,因此又称"乡村党"。因为有这种"在野""在朝"的政治格局,所以在那个时代,辉格党与托利党、宫廷党与乡村党之间就出现交叉重叠现象,从而使政党政治变得十分复杂。不过,在 1689—1714 年间,辉格党与托利党争夺政治权力的斗争仍属主流,宫廷党与乡村党之间的纷争则属次要。无论如何,"宫廷党"与"乡村党"都不是真正意义上的政党,它们仅仅是在特定时期、特定环境下的暂时性的政治联合,一旦政治环境发生变化,这种联合便不复存在。宫廷党与乡村党之分表明早期的政党政治并不成熟,到汉诺威王室入主英国后,宫廷党与乡村党之间的对立逐渐消失,辉格党与托利党之间的斗争愈加明显,政党政治也开始成熟了。

"光荣革命"之后的一段时间,王位继承问题一直困扰着英国的政治生活。按照传统的王位继承原则,"光荣革命"造成了一次非正常的王位更替,对这次变更采取何种政治态度,就成为政治正确与否的试金石。

---

① Tim Harris, *Politics Under the Later Stuarts*: *Party Conflict in a Divided Society 1660—1715*, London: Longman, 1993, p. 159.

② J. H. Plumb, *The Growth of Political Stability in England 1675—1725*, London: Longman, 1967, p. 130.

为维护英国的社会秩序,接受威廉和玛丽成为两党贵族唯一的现实选择。辉格党人对于接受变革并未感到任何良心上的不安,他们认为詹姆士二世推行暴政,破坏其与人民签订的"原始契约"①,因此人民起来推翻他并拥立新君并无不妥。但对于持有正统王位继承观念的托利党人来说,接受新君主并非出于心甘情愿,而是迫不得已的选择。面对"光荣革命"的既成事实,一些托利党贵族只承认威廉是"事实上的"国王,而继续从内心将詹姆士二世奉为"法理上的"国王。② 托利党人内心对新君的排斥,不仅使王位继承问题变得悬而未决,而且也对其未来政治命运产生消极影响。

根据《权利法案》,如果威廉和玛丽去世后未留下子女,那么王位继承者将是玛丽的妹妹安妮及其子嗣。法案还规定,天主教徒或与天主教徒通婚者,均不得继承英国王位,这就从法律上排除了詹姆士二世及其后代复辟的可能性。虽说如此,英国的天主教徒以及部分托利党贵族,依旧同情与支持流亡在外的詹姆士二世及其复辟势力,这"成为斯图亚特王朝末期英国政治生活中一种持续的不安定因素"③。

1700 年,安妮 11 岁的独子夭折,这使继承问题更趋复杂:因为玛丽在 1694 年去世时并未留下子嗣,而威廉一旦去世王位虽将由安妮继承,但安妮现在也没有了子嗣了,因此王位将复归流亡在外的詹姆士二世及其后代,若出现这种情况,"光荣革命"的成果当然就付诸东流。受此鼓舞,国内外的詹姆士党人蠢蠢欲动,准备在法国支持下实行复辟。

为解决这个问题,议会在 1701 年通过《王位继承法》,规定安妮女王去世后,王位将传给詹姆士一世的外孙女、信奉新教的汉诺威王室的索菲亚公主及其后裔;该法案重申,英国王位不能传给天主教徒,从此以后

---

① Eveline Cruickshanks, *The Glorious Revolution*, London: Macmillan, 2000, p. 36.
② Barry Coward, *The Stuart Age: England 1603—1714*, London: Macmillan, 1996, p. 358.
③ Tim Harris, *Politics Under the Later Stuarts: Party Conflict in a Divided Society 1660—1715*, London: Longman, 1993, p. 208.

的英国国王都必须是英国国教徒。① 这样,议会以立法方式确保王位掌握在新教徒手中,从法律上根除了詹姆士二世及其后代复辟的可能。《王位继承法》又一次体现了君主立宪制的本质,即国家主权已经掌握在议会手中,议会用立法形式确定王位的继承方式,反映出议会已凌驾于王权之上。

王位继承不仅是英国的内政问题,也是对法外交关系的焦点。出于英法战争的需要,法国支持詹姆士二世及其后代拥有合法的英国王位,由此多次策动英国的詹姆士党人进行复辟。1701年詹姆士二世去世后,法王路易十四承认詹姆士二世之子、所谓的"老僭位者"(Old Pretender)詹姆士·爱德华(James Edward)为"詹姆士三世"(James III),②此举引起英国朝野极大不满。为避免国内政治势力卷入詹姆士党人的复辟阴谋,辉格党控制的议会于1702年以绝对多数通过《弃绝法》(Abjuration Act),要求所有议员、官员、教士、律师等,均要宣誓效忠于现任英国国王,同时反对詹姆士三世的王位继承权。1702年,出于对法国干涉英国王位问题的不满,英国对法宣战。

但《王位继承法》及英法开战又触发了苏格兰合并问题。1603年斯图亚特王朝入主英格兰后,英格兰和苏格兰共戴一君,但各自保持独立地位。英格兰颁布《王位继承法》以及对法宣战,事先并未征得苏格兰同意,因此引发苏格兰不满。苏格兰认为:"英格兰议会通过的法案只适用于英格兰,苏格兰有权自己做出不同安排。"③1703年,苏格兰议会通过《关于战争与和平的法案》(Act Anent Peace and War),声称苏格兰的任何外交决定均须经本国议会批准,实际上是对英格兰将对法宣战强加于

---

① Carl Stephenson and Frederick George Marcham(eds.), *Sources of English Constitutional History:A Selection of Documents From A. D. 600 to the Present*, New York: Harper & Row Publishers, 1937, p. 610.

② W. A. Barker, G. R. Aubyn and R. L. Ollard, *A General History of England 1688—1832*, London:A. & C. Black Ltd, 1963, p. 29.

③ James Williamson, *The Evolution of England:A Comment on the Facts*, Oxford: The Clarendon Press, 1944, p. 289.

自己头上而表示不满。① 1704 年,苏格兰议会又通过《安全法》(*Act of Security*),声称安妮女王去世后,苏格兰将拒绝接受汉诺威王室继承苏格兰王位,"除非能组建一个能确保本王室和本王国荣耀、主权的政府,以及一个能享有自由、权力及定期召开的议会,以确保本国宗教、自由及贸易免受英格兰及外国势力的影响"②。这两项法案几乎就是苏格兰发出的"独立宣言",对英格兰而言,如果不采取有效举措,那么在安妮女王去世后,他们将面临一个始终谋求独立、具有詹姆士党人情结以及亲法的苏格兰,这不仅对英国王位、而且对国家安全构成重大威胁。

正是在这种背景下,与苏格兰合并问题提上议事日程。在 1667 年、1670 年、1689 年,英格兰议会曾三次提出与苏格兰合并,但未获两国支持。随后英格兰采取双管齐下的政策:一方面,英格兰议会于 1705 年通过《异己法》(*Alien Act*),宣布如苏格兰拒绝合并,英格兰将停止进口所有苏格兰商品,并将生活在英格兰的苏格兰人视为异己,其财产不再受到保障;另一方面,英格兰表示,如果苏格兰同意合并,它就可以不受《航海条例》(*Navigation Act*)的限制而同英格兰殖民地开展贸易,分享英国殖民扩张的成果,改变苏格兰的贫穷状况。

经过艰难的谈判及游说,《合并法案》(*Act of Union*)最终于 1707 年在两国议会获得通过。根据法案,英格兰与苏格兰合并为一个王国,称"大不列颠联合王国";苏格兰议会宣告解散,但向英国议会下院和上院分别选送 45 和 16 个议员;苏格兰接受《王位继承法》,拥立汉诺威王室的索菲亚公主及其后裔继承王位;苏格兰保留长老会教为国教,可以保留自己的地方政府、法律和银行系统;苏格兰可以同英格兰及其殖民地开展贸易;鉴于合并后将分担英格兰的国债,苏格兰将一次性获得约

---

① Geoffrey Holmes, *Britain After the Glorious Revolution 1689—1714*, London: Macmillan, 1969, p. 181.
② Andrew Browing(ed.), *English Historical Documents, 1660—1714*, London: Routledge, 1966, p. 678.

39.8万镑的补偿。① 英、苏合并意味着两国共同接受汉诺威新教君主,这对于"老僭位者"詹姆士三世及其党羽来说无疑是个巨大的打击。

詹姆士党人并不死心,他们决定孤注一掷。1708年,法国出动3艘战船、一支6 000人的远征军,在年仅19岁的詹姆士三世率领下从敦刻尔克(Dunkirk)出发,向苏格兰挺进。② 但恶劣的天气,特别是风暴骤起,使詹姆士三世损兵折将,这支军队最终未能在预定地点登陆,远征行动也以失败告终。

1714年8月安妮女王去世。詹姆士三世闻讯后试图说服路易十四出兵,帮助其进入英国夺取王位,但路易十四拒绝了这个请求。10月20日,汉诺威王室索菲亚公主的儿子乔治·路易斯(George Lewis)加冕为英国国王,称乔治一世(George Ⅰ,1714—1727年在位)。随着汉诺威王朝(Hanover Dynasty)的建立,一个新的时代拉开了序幕。

―――――――――――

① Carl Stephenson and Frederick George Marcham(eds.), *Sources of English Constitutional History : A Selection of Documents From A. D. 600 to the Present*, New York: Harper & Row Publishers, 1937, pp. 612—614.

② Bruce Lenman, *The Jacobite Risings in Britain 1689—1746*, London: Methuen, 1984, p. 88.

第二章　辉格党的优势

　　1714—1760 年汉诺威王朝初创时期,英国政治有这样几条主线:
(1)通过镇压詹姆士党人的叛乱活动而巩固了汉诺威王朝的合法地
位;(2)辉格党人长期把持政权,托利党人则退居乡间;(3)内阁制进
一步发展,形成了大臣对首相负责、内阁对议会下院负责的责任政府
制度。

　　汉诺威王室入主英国之初地位并不稳固,流亡法国的詹姆士三世
及其后代一直觊觎英国王位,在法国人的支持下,英法两国的詹姆士
党人不断制造复辟阴谋,并策动军事叛乱,对新生的汉诺威王朝造成
极大威胁。1714 年 10 月 20 日,就在乔治一世举行加冕典礼的那一
天,英格兰不少地方爆发了反对新王朝的示威活动。伯明翰
(Birmingham)、布里斯托尔(Bristol)、诺里奇(Norwich)、雷丁(Reading)
等城市均出现规模不等的群众性示威。1715 年是大选年,国内的詹姆
士党人借机搅局,使不少地方的选举充满了暴力和紧张的气氛,莱斯
特(Leicster)的郡守甚至认为自己生命受到威胁,因而将投票延期进
行。5 月 29 日是查理二世复辟的日子,在伦敦的香榭里大街(Chancery
Lane)甚至有詹姆士党人燃起篝火表示纪念。6 月和 7 月,反对新王朝

的活动更是达到高潮。①

　　为了稳定国内秩序,7月初,议会通过了《骚乱法》(Riot Act)。法案规定,12人及以上的群众集会,接到当局命令后须在一小时内解散,拒不执行者将被判处死刑。②《骚乱法》的直接目标是打击詹姆士党人,但其后牛津等地反对新王朝的集会仍不时出现,于是议会宣布终止《人身保护法》(Habeas Corpus Act),授权政府可以在不经过任何程序的情况下拘捕任何反对王室和政府的人。一些与复辟活动有牵连或图谋发动叛乱的贵族被捕入狱,财产也被没收。但高压政策仍不足以平息国内局势,一场更大的叛乱还是在苏格兰爆发了。

　　在英格兰,同情詹姆士三世的人只是少数,而苏格兰的情况则大不相同——詹姆士党人主要集中于苏格兰,有相当一部分苏格兰贵族敌视新王朝,希望斯图亚特王朝复辟。这种强烈的“詹姆士党人情结”(Jacobitism)不仅与斯图亚特王朝源自苏格兰有关,而且与合并后苏格兰人的不满有关。由政治精英所推动的合并并未给苏格兰民众带来多大利益,英格兰政治家对苏格兰人的利益更加漠不关心。1712年,托利党政府颁布《宽容法》(Toleration Act),对苏格兰长老会所排斥的其他教会实施保护,这被苏格兰人看作干预其宗教自由;同时,托利党政府宣布在苏格兰开征麦芽税,这被看成英格兰的经济剥削。不满情绪与对斯图亚特王朝的留恋交织在一起,就酿成了反对新王朝的叛乱。

　　1715年9月6日,苏格兰贵族马尔伯爵(Earl of Mar)在布雷玛(Braemar)树起詹姆士党人的大旗,发动反对汉诺威王朝的叛乱。马尔伯爵曾在乔治一世内阁中担任负责苏格兰事务的第三国务大臣之职,但一些托利党人诽谤他与复辟王朝有勾结,因此被乔治一世解职。仕途终

---

① W. A. Speck, *Stability and Strife: England 1714—1760*, London: Edward Arnold, 1977, pp. 180—181.

② Bruce Lenman, *The Jacobite Risings in Britain 1680—1746*, London: Methuen, 1984, p. 115.

结的马尔于是发起了叛乱，并打出复辟斯图亚特王朝的旗号①，希望"老僭位者"詹姆士三世能给苏格兰带来"古已有之的自由和独立的宪政"②。

马尔叛乱在苏格兰高地部落中支持者众多，18 位贵族带着共 5 000 名叛军加入马尔阵营中。虽然英国政府派阿盖尔公爵（Duke of Argyll）率军平叛，但收效甚微。马尔叛军先后攻占了苏格兰的珀斯（Perth）、阿伯丁（Aberdeen）、邓迪（Dundee）等城市，其人数也增加到约 1 万人。叛军兵分两路，一路向东南进军，以呼应英格兰北部诺森伯兰郡（Northumberland）发动叛乱的詹姆士党人，但在普雷斯顿（Preston）遭到政府军的阻击，200 多名贵族军官和 1 250 名士兵被俘。③ 另一路在马尔伯爵率领下向爱丁堡（Edingburg）挺进，但在谢里夫穆尔（Sheriffmuir）遭到阿盖尔公爵的阻击，双方陷入僵持局面，但僵持对詹姆士党人来说就意味着失败，阿盖尔公爵"成功地阻止了马尔伯爵深入苏格兰低地，这对于乔治（一世）来说就是胜利"④。

马尔叛乱给詹姆士三世造成一个复辟良机，但 1715 年 9 月路易十四（Louis XIV，1661—1715 年在位）去世，法国政府被亲汉诺威的摄政王奥尔良公爵（Duke of Orleans）所掌控，⑤这使得由法国出兵帮助复辟的希望落空，因此在马尔叛乱的三个多月中，詹姆士三世及其势力只能隔岸观火，无法给叛军以实际支持。到 12 月詹姆士三世的机会来了，22 日，他在法国私掠船的协助下，带着一批随从由敦刻尔克出发渡过北海在苏格兰彼得黑德（Peterhead）登陆，随后在珀斯与马尔叛军会合。

此时马尔叛军只剩下 4 000 多人了。当叛军看到詹姆士三世只带着

① Bruce Lenman，*The Jacobite Risings in Britain 1680—1746*，London：Methuen，1984，p. 127.

② W. A. Speck，*Stability and Strife：England 1714—1760*，London：Edward Arnold，1977，p. 180.

③ John L. Roberts，*The Jacobite Wars：Scotland and the Military Campaigns of 1715 and 1745*，Edinburgh：Edinburgh University Press，2002，p. 36.

④ Charles Petrie，*The Jacobite Movement*，London：Eyre & Spottiswoode，1959，p. 249.

⑤ Rebecca Fraser，*The Story of Britain*，New York：Norton & Company，2003，p. 415.

几名随从,而并没有传说中的大批军队和补给时,失望的情绪迅速蔓延,其士气迅速涣散;而阿盖尔的政府军却得到 5 000 名荷兰军人的支援。1716 年初,经过珀斯和蒙特罗斯(Montrose)战役后,詹姆士党人的叛乱被镇压下去,大势已去的詹姆士三世及马尔伯爵等叛乱贵族仓皇逃往法国,1715 年叛乱由此告终。

詹姆士三世等逃往法国后被奥尔良公爵驱逐,他于是先投靠罗马教廷,后来又投靠英国的老对手西班牙。1718 年,英国为阻止西班牙争夺地中海霸权而对西班牙开战,作为报复,西班牙决定资助詹姆士党人的复辟活动。1719 年 6 月,詹姆士三世指派贵族奥蒙德公爵(Duke of Ormonde)率领一支 5 000 人的军队渡海向苏格兰进发,由于天气恶劣,结果只有 300 人在苏格兰登陆。由于响应者寥寥,这支远征军很快在格兰谢尔(Glenshiel)遭英军围歼,①詹姆士党人的复辟活动也暂告一段落。

18 世纪 40 年代英法两国因奥地利王位继承问题而相互交战,流亡的斯图亚特政权似乎又有了新的希望。法王路易十五决定扶植詹姆士党人,让其在英国本土制造混乱。于是,年迈的詹姆士三世及其长子"小僭位者"(Young Pretender)查理·爱德华(Charles Edward)又成为法国的座上宾。1745 年 7 月 23 日,在法国政府的支持下,查理王子乘坐私掠船在苏格兰莫达特(Moidart)登陆,随行者仅 7 名贵族,没有法国军队。但查理王子仍带去了法国提供的军械,包括 1 500 支步枪、20 门加农炮以及 1 800 把大砍刀。②查理王子一踏上苏格兰的土地,立即赢得高地部落的支持,许多贵族率众投奔查理王子,很快就会集成一支由苏格兰各部落组成的 1 000 多人的军队,并得到许多苏格兰民众的支持。在查理王子的追随者中有许多天主教徒,也有一贯反对苏格兰合并的人,其他加入者则纯粹是为了军事冒险和投机。③

查理王子的叛军在苏格兰势如破竹,先后占领了珀斯、福科尔克

---

①② Rebecca Fraser, *The Story of Britain*, New York: Norton & Company, 2003, p. 417.

③ W. A. Barker, G. R. Aubyn and R. L. Ollard, *A General History of England 1688—1832*, London: A. & C. Black Ltd, 1963, p. 249.

(Falkirk)以及首府爱丁堡等城市。到9月底,苏格兰大部分已处于查理王子的控制下,英格兰陷入恐慌之中。查理在苏格兰的成功促使法国改变态度,10月15日,法国宣布与流亡的斯图亚特王室结盟,拒绝承认乔治二世(George Ⅱ)为英国国王而拥护詹姆士三世,同时许诺在合适时机派军援助詹姆士党人的复辟事业。

法国的态度令叛军士气大振,11月,查理王子率领5 000名叛军南下进入英格兰境内,先后攻占了卡莱尔(Carlisle)、兰开斯特(Lancaster)、普雷斯顿、曼彻斯特(Manchester),并最终驻扎在距伦敦仅127英里之遥的德比(Derby)。不过,与苏格兰情况不同,叛军进入英格兰后,呼应者和加入者寥寥无几,因为"自1715年叛乱后的30年来,英格兰的詹姆士党人情结几乎消逝殆尽,英格兰人已习惯于乔治国王的统治了"①。

陷入恐慌的伦敦城组织起一支3 000人的军队构建防御工事,由坎伯兰公爵(Duke of Cumberland)率领的1万名援军也火速赶往德比。对叛军来说,法国许诺的援军一直未到,一些原本支持查理王子的英格兰贵族也犹豫观望,水土不服的苏格兰高地士兵开始叛逃,而仅仅依靠几千人的军队要想攻占伦敦城则希望渺茫。在政府军的前后夹击威胁之下,查理决定放弃进攻伦敦,准备尽快撤回苏格兰。

但撤退就意味着失败。从12月5日起,查理王子领导的叛军节节败退,坎伯兰公爵率领的政府军则一路追击。1746年,近万名政府军与约5 000名叛军在库洛登(Culloden)荒原进行决战,力量的悬殊和装备补给差异决定了战斗的结局,叛军被强大的政府军分割围歼,约2 000名高地士兵战死,其余叛军或沦为俘虏,或四散逃命。查理王子逃离战场后,在当地部族的掩护下,潜伏约五个月之久,后来总算逃回了法国。

苏格兰是斯图亚特王朝的诞生地,也是历次詹姆士党人叛乱的根据地。1745年叛乱被平定后,英国政府决定采取严厉政策,旨在"清除在这

---

① James Williamson, *The Evolution of England : A Comment on the Facts*, Oxford: Clarendon Press, 1944, p. 295.

个王国里散播的坏种子,使其再也无法发芽"①。政府对于叛乱贵族实施严惩,120 名为首者被处死,另有数百人被判监禁或流放。政府还颁布一系列严酷法令:《褫夺法》(*Act of Attainder*)规定没收被处死以及叛逃贵族的财产;《缴械法》(*Disarming Act*)禁止苏格兰人携带武器,甚至不准穿着苏格兰传统的花格呢短裙②。议会还剥夺了苏格兰沿袭已久的司法裁判权;对于在叛乱中表现活跃的天主教徒,政府颁布禁令,限制他们担任公职。这些措施破坏了苏格兰的"文化与生活方式"③,在客观上加速了苏格兰与英格兰的融合。

"詹姆士党人叛乱是英国政治生活的一个重要组成部分"④。1746年库洛登荒原战役的失败以及 1788 年斯图亚特末代继承人的辞世,标志着詹姆士党人复辟事业的彻底失败,至此,"光荣革命"后困扰英国政局的王位继承问题终于得到解决。随着汉诺威王室继承权的稳固,英国迎来了长达几个世纪的和平与安定,这种政治局面为英国政党政治的发展以及责任内阁制的形成创造了条件。

汉诺威王朝入主英国后,开始了近半个世纪的辉格党独占政权的时代,史称"辉格党的优势"。在此期间,内阁、上院、下院几乎被辉格党所掌握,这种局面与 18 世纪英国特殊的政治格局有关。

首先,部分托利党贵族卷入了斯图亚特王朝的复辟阴谋,因此失去了汉诺威君主的信任。在安妮女王病危期间,执政的托利党贵族中,博林布鲁克子爵(Viscount of Bolingbroke)、奥蒙德公爵等曾秘密与流亡的詹姆士三世接触,敦促其放弃天主教信仰,图谋复辟活动。乔治一世

---

① John L. Roberts, *The Jacobite Wars: Scotland and the Military Campaigns of 1715 and 1745*, Edinburgh: Edinburgh University Press, 2002, p. 183.

② Jeremy Black, *Eighteenth-Century Britain 1688—1783*, New York: Macmillan, 2001, pp. 167—168.

③ W. A. Barker, G. R. Aubyn and R. L. Ollard, *A General History of England 1688—1832*, London: A. & C. Black Ltd, 1963, p. 251.

④ Bruce Lenman, *The Jacobite Risings in Britain 1680—1746*, London: Methuen, 1984, p. 290.

继位后,有些托利党贵族逃往法国,在詹姆士三世的流亡政府中任职,这种不明智的做法对托利党的政治前途产生了消极影响。早在1714年,汉诺威王朝的特使就曾说:"如果'老僭位者'在法国军队支持下回国复辟,那么15个托利党人中应该有14个不会反对。"①马尔叛乱中有少数托利党贵族卷入其中,这让辉格党人获得"一张致命王牌——托利党人与詹姆士党人几乎成为同义语"②。由于直接或间接卷入詹姆士党人的叛乱,彻底断送了托利党的政治前途。1715年大选后,乔治一世任命了清一色的辉格党政府,托利党由于失去国王的信任而长期居于在野地位。

其次,汉诺威王朝入主英国后,辉格党利用国王的信任与支持,对中央政府中的托利党进行大清洗,促使"从中央到地方都出现权力从托利党向辉格党的转移"。③ 博林布鲁克和奥蒙德的财产被没收,牛津公爵(Duke of Oxford)和斯特拉福德公爵(Duke of Strafford)因与法国媾和而以叛国罪论处。枢密院成员由80人缩减至32人,被裁减的大多为托利党贵族。在政府各部门中,对新教王位继承权态度含糊或同情僭位者詹姆士三世的托利党人大多被解职;在地方政府中,各郡地方长官职位也纷纷易手:汉普郡(Hampshire)、兰开夏郡(Lancashire)和朴次茅斯(Portsmouth)的地方长官,由于与詹姆士党人有牵连而被解职,取而代之的是拥护新教王位继承权的辉格党贵族。由此,辉格党实现了从中央到地方的权力控制。

再次,辉格党优势的形成也与汉诺威君主的坚定支持有关。18世纪初君主立宪制仍处于发展之中,国王仍保有许多特权。一个政党能否执政,与其说有赖于民众支持,倒不如说更多地来自于王权的青睐。在当

---

① W. Michael, *England under George I : The Beginnings of the Hanoverian Dynasty*, London: Macmillan, 1936, p. 28.

② J. H. Plumb, *The Growth of Political Stability in England 1675—1725*, London: Macmillan, 1967, p. 55.

③ W. A. Speck, *Stability and Strife : England 1714—1760*, London: Edward Arnold, 1977, p. 174.

时,国王往往先任命政府成员,再由政府通过各种手段去获取议会下院的支持,因此,"只要一个政党团结一致,与王室保持亲密关系,并且不犯致命错误,就可以一直当政"①。辉格党对汉诺威王室的坚定捍卫使前两任汉诺威君主将辉格党看成天然盟友,这成为辉格党优势确立的重要前提。

1714—1761 年英国在两任汉诺威君主的统治下:乔治一世及乔治二世。此间,政权一直控制在辉格党手中,国王利用政府大臣的任命权组建了多届清一色的辉格党政府,辉格党人则利用对政府的控制,通过封官晋爵、金钱收买等方式来控制议会,进而长期主宰英国政坛。此间,遭遇排挤的托利党居于在野地位,其在议会下院的席位呈逐年下降趋势。1715 年,托利党在下院尚占据 220 席,1734 年减少到 150 席,1761 年更跌落到 112 席。② 但尽管辉格党基本控制了中央政权,托利党却仍可在地方事务中发挥重要作用。

早期,辉格党内部并没有出现统领全党并操控政府的公认领袖,首届辉格党政府分为两派,詹姆士·斯坦霍普(James Stanhope)、查尔斯·斯宾塞·桑德兰(Charles Spencer Sunderland)等是主流派,罗伯特·沃尔波尔(Robert Walpole)、查尔斯·汤森德(Charles Townshend)等居于次要地位。这两派在对外政策上有明显分歧:在欧洲政策上,斯坦霍普派支持汉诺威君主在欧洲发动的战争,沃尔波尔等则反对君主为了私利而让英国卷入欧洲战争。不过,在打击托利党势力、实施宗教宽容等内政问题上,两派又有基本的一致。1719 年,辉格党政府废除了托利党当政时期通过的《偶尔遵奉国教法》和《宗教一致法》(Act of Uniformity),给新教各派以相对平等的地位。

1720 年的"南海泡沫事件"(South Sea Bubble)为沃尔波尔派的崛起

---

① James Williamson, *The Evolution of England: A Comment on the Facts*, Oxford: Clarendon Press, 1944, p. 293.

② Linda Colley, *In Defiance of Oligarchy: The Tory Party 1714—1760*, Cambridge: Cambridge University Press, 1982, p. 296.

提供了良机。18 世纪初,政府为应对战争支出而向商业公司举债,南海公司就是政府的债主之一。1719 年,南海公司向政府提交了一份债转股计划,即把政府的 3 000 万镑国债转换为公司股票,公司则负责偿还债务。为使计划获得通过,南海公司对官员和议员大肆行贿,1720 年该议案在议会两院以绝对多数获得通过。[①] 随后,为了吸引更多的人购买公司股票,南海公司操纵舆论工具,称南海公司的信誉是由国家担保的,而公司在南美的贸易扩张将给投资者带来巨大收益。于是,南海公司的股票价格一时间急剧攀升,其原始股票价格为 100 镑,4 月份涨到 130 镑,6 月初达到 745 镑,6 月中则达到 1 045 镑的最高值。价格的攀升带来严重的泡沫,从 6 月底开始,大规模的股票抛售开始出现,致使公司股价暴跌。到 12 月,南海公司股票跌至 128 镑,历时 8 个多月的南海泡沫破灭了。南海泡沫事件波及所有的社会阶层,成千上万的投资者倾刻间倾家荡产,议会大厦外挤满了几近疯狂的破产者,他们要求惩办责任人。议会委员会的调查表明,许多政府要员甚至王室成员都接受过南海公司的贿赂,有 462 名下议员和 122 名上议员也卷入南海公司骗局。[②] 南海泡沫的破灭还引发了政治危机,收受贿赂的辉格党官员身败名裂,竞相辞职,政局一片混乱。在这种情况下,沃尔波尔被任命为财政大臣,“沃尔波尔当初曾坚决反对南海公司的计划,现在当国家需要时,他心甘情愿地接受了重任”[③]。1721 年 3 月,一批没有受到南海泡沫事件牵连的辉格党成员组成新政府,沃尔波尔成为新的政府首脑。此后二十余年,英国进入所谓的“沃尔波尔时代”。

沃尔波尔重新分配国债,大力整顿南海公司的股票,将公司大部分资产转换成英格兰银行股票,逐步遏制了南海公司股票暴跌的趋势,国

① William Robert Scott, *The Constitution and Finance of English, Scottish and Irish Joint Stock Companies to 1720*, Vol. 3, Cambridge: Cambridge University Press, 1912, p. 316.
② 金志霖:《英国十首相列传》,东方出版社,2001 年,第 10 页。
③ W. A. Speck, *Stability and Strife: England 1714—1760*, London: Edward Arnold, 1977, p. 199.

家财政状况趋于平稳。作为财政大臣,沃尔波尔还较为成功地化解了国债问题。早在1717年,沃尔波尔就主持成立偿债基金,即从每年财政收入中提取一部分款项用以清偿国债,以逐步减少国债总量。1727年,沃尔波尔成功地将部分国债利率从6%—7%减少到4%。1737年,沃尔波尔提出按照三厘利率来偿还国债利息,未获议会通过,但三厘国债此后成为政府追求的目标。到18世纪40年代末,政府成功地将所有国债利率都降至三厘,由此产生了英国最早的"统一国债",即三厘国债。①

沃尔波尔政府还采取了一系列重商主义经济政策,尤其是推行有利于工商业发展的税收政策。为了刺激工农业产品的出口,政府取消了几乎所有的出口关税,降低了英国生产所需要的原料的关税,同时还大幅度降低土地税率。与此同时,沃尔波尔政府还开征消费税,其目的"不仅在于打击日益猖獗的走私活动,而且在于鼓励商业和贸易的发展"②。消费税征收的对象,起初为肥皂、皮革、纸张、蜡烛、盐等;1723年扩大到茶叶、咖啡、可可等。1733年,政府提出新的消费税议案,准备对烟酒征税,但在全国引起轩然大波。"在狂怒的公众舆论之下,许多辉格党人开始摇摆不定并撤回对沃尔波尔的支持。"③面对舆情,沃尔波尔果断撤回消费税议案,避免了一场政治危机。

在外交方面,沃尔波尔政府积极推行和平均势外交政策,尽量避免卷入欧洲大陆的战争。1733年,欧洲列强因波兰王位继承问题而相互交战,沃尔波尔则顶住各方压力不愿参战。不过,18世纪30年代,英国与西班牙之间在北美殖民地贸易问题上的冲突越来越激烈,1713—1731年间西班牙共查获180艘英国走私船,英国商人及公众对西班牙的愤恨情绪开始蔓延。此时,沃尔波尔仍推行和谈方针,1739年与西班牙签订《帕

---

① 金志霖:《英国十首相列传》,东方出版社,2001年,第24—25页。

② W. A. Barker, G. R. Aubyn and R. L. Ollard, *A General History of England 1688—1832*, London: A. & C. Black Ltd, 1963, p. 69.

③ Frederick Dietz, *A Political and Social History of England*, New York: Macmillan, 1927, p. 365.

多公约》(*Convention of Pardo*),英国政府保证不再向美洲殖民地进行走私贸易,西班牙则承诺保留英国原先获得的贸易特权。沃尔波尔的外交政策无论在社会上还是在议会中都遭遇到强烈反对,一种主战情绪在整个英国蔓延,正如当时一家报纸所称:"历史上从来没有哪个时候像现在这样,几乎整个民族或国家是如此迫切地希望投入一场战争。"[①]在强大的压力下沃尔波尔终于屈服了,1739 年 10 月英国正式对西班牙宣战。面对主战的纽卡斯尔公爵,沃尔波尔有点沮丧地说:"这是你们的战争,我希望你们为此而喜悦。"[②]不过,战争虽然在进行,但辉格党政府及议会在战争政策上却存在着巨大分歧,政府很快陷入危机之中。1742 年 2 月,不堪战争压力的沃尔波尔宣布辞去首相职务。

沃尔波尔的辞职意味着一个时代的结束,但政权依然掌握在辉格党手中。此后,曾担任爱尔兰总督的卡特莱特、亨利·佩勒姆(Henry Pelham)、纽卡斯尔公爵、老威廉·皮特(William Pitt the Elder)等先后组阁,他们的政府都以满足战争的需要为第一要务,而英国也在对外战争的道路上越走越远,先后卷入奥地利王位继承战争、英法七年战争等。英国的参战,一则是为了维持欧洲大陆的均势,二则是为了争夺世界霸权。辉格党政府所推行的战争政策不仅奠定了英国在欧洲乃至在全世界的霸权,而且扩大了英国的海外市场,为国内工商业的发展以及后来的工业化创造了条件。

辉格党优势的时期也是内阁制确立的时期。内阁在斯图亚特王朝末期已开始萌芽,但当时的内阁处于君主的控制之下,自己没有独立地位。汉诺威王朝继位后的半个世纪中,不谙英国事务的德意志君主登上王位,这为内阁摆脱君主的控制而获得独立地位提供了绝佳的时机,内阁制因此而逐渐确立。

君主退出内阁会议并淡出国务是内阁制确立的重要前提,由于乔治

---

① W. A. Barker, G. R. Aubyn and R. L. Ollard, *A General History of England 1688—1832*, London: A. & C. Black Ltd, 1963, p. 73.

② J. H. Plumb, *England in the Eighteenth Century*, Middlesex: Penguin, 1963, p. 72.

一世和乔治二世都出生在德意志,继承英国王位后仍迷恋于汉诺威领地事务,对英国的政务并不热心,两位君主经常离开英国前往汉诺威,少则十天半月,多则长达半年。① 君主不在期间,国务依然要处理,政府会议也要按期召开,于是在没有君主主持和参与的情况下,大臣们聚集在一起讨论国务成为常态。

汉诺威君主退出国务还有着语言方面的因素。无论乔治一世还是乔治二世,其母语都是德语,英语水平很差,无法与内阁大臣们正常交谈。这样,在少有的几次由君主主持的内阁会议上,君主与大臣之间由于语言不通,交流存在障碍,参加这样的会议对汉诺威君主而言纯粹是浪费时间。② 于是,自 1717 年起,除了 1721 年和 1733 年仅有的两次例外,乔治一世几乎不再出席内阁会议。这一惯例在乔治二世时期得以延续。据记载,乔治二世仅在 1745 年、1756 年和 1758 年参加过三次内阁会议,于是,"君主亲自参加内阁商议变得越来越不常见了"③。由于君主退出内阁会议,这就使得君主的影响力逐渐减弱,国家大政方针的制定及执行几乎都是由内阁进行的,内阁独立性不断增强。

君主缺席内阁会议导致了"首相"(Prime Minister)职位的出现,这是内阁制形成的一个重要标志。由于君主缺席,内阁中必须有一位大臣出面来召集及主持会议,这位大臣还必须将会议经过及所做决定写成报告,会后呈献给君主。在内阁中执行这一任务的往往是位高权重的财政大臣,因为在政府各项工作中,经济事务最重要。于是,首席财政大臣便充当起内阁与君主之间的"传话人",这就是后人所称的"首相"。起初,财政大臣与其他各部大臣之间地位平等,当阁僚们称呼他为"首相"时,多少带有讽刺的意味。但后来,人们习惯于"首相"这一称谓了,"首相"

---

① Rebecca Fraser, *The Story of Britain*, New York: Norton & Company, 2003, p. 413.

② James Williamson, *The Evolution of England: A Comment on the Facts*, Oxford: Clarendon Press, 1944, p. 297.

③ H. W. V. Temperley, "Inner and outer Cabinet and Privy Council, 1679—1783", *The English Historical Review*, Vol. 27, No. 108(Oct., 1912), p. 693.

的地位也逐渐高出了其他大臣。

1720 年南海泡沫事件后，沃尔波尔担任首席财政大臣达 20 年之久。一般认为，沃尔波尔是英国历史上第一位"首相"，也是第一位入住唐宁街 10 号的政府首脑。① 沃尔波尔之所以能长期占据首相职务，与此间辉格党的政治优势相关。18 世纪上半叶，托利党长期在野，辉格党则始终保持着议会多数党地位，这样，谁成为辉格党领袖，谁就能控制议会下院，从而也就能担任首相之职。沃尔波尔以及其后四任首相均由辉格党领袖出任，这使得一种新的惯例逐步形成，即议会多数党领袖出任内阁首相，由此而使下院多数党领袖与内阁首脑合二为一，从而保证了内阁与议会下院的一致。

沃尔波尔利用首相的职务来强化自身地位，使首相真正成为内阁首脑。在当时，确保君主的信任和支持必不可少，由于在南海泡沫事件中沃尔波尔以卓越的能力化解了危机，并保护不慎卷入南海骗局的王室成员，由此赢得了乔治一世的青睐。到乔治二世时期，沃尔波尔又利用财政大权讨好王室，为自己的地位铺路。例如，1727 年继位的乔治二世曾视沃尔波尔为异己分子，但沃尔波尔却主动对其示好，在议会讨论王室年金时慷慨建议将国王和王后的年金提高到 80 万镑和 10 万镑。此举备受王室欢喜，乔治二世感激地说："沃尔波尔爵士，予人方便即予己方便，你在这件事情上的所作所为将改善我的处境，而你自己也将会受益良多。"②由此，他大力支持沃尔波尔，确保了沃氏的首相地位。

沃尔波尔利用各种机会排斥异己，确立自己的优势地位。为保持同下院的联系并控制下院，沃尔波尔以平民身份担任下院议员，多次谢绝册封其为贵族的提议，直到 1742 年他辞职之后，才接受奥福德伯爵（Earl of Orford）封号进入上院。沃尔波尔认识到下院的支持是内阁得以立足的关键，为此，他一方面表现得平易近人，与下院议员打成一片，对议员

---

① Rebecca Fraser，*The Story of Britain*，New York：Norton & Company，2003，p. 428.

② Frederick Dietz，*A Political and Social History of England*，New York：Macmillan，1927，p. 365.

许以特权、官职、荣誉等各方面承诺,使议会下院牢牢地处于自己控制下;①另一方面又利用财政权划拨秘密活动经费,专门用于操控选举、收买议员。在当时的议会选举过程中,买卖选票是司空见惯的现象,某些选区居然将议员席位公开标价,比如乔治一世时期为1 500镑,乔治二世时期涨到2 000镑。要操控选举就必须花费巨资,所以在1734年大选时,沃尔波尔花费近12万镑使326名辉格党人当选,确保了辉格党在议会的优势。② 沃尔波尔曾经说:议员们"每个人都有一个价码"③。议会选举中的腐败遭到人们的诟病,但客观上却强化了内阁与议会下院的联系,为内阁摆脱王权控制并对下院负责提供了可行性。

为提高政府工作效率,"阁中之阁"的先例开始出现了。斯图亚特王朝末期,从枢密院委员会脱离出来的内阁,其成员数目一般维持在10—20人左右。由于阁员数量多,因此在讨论国家政务时,各成员之间难免出现分歧,内阁时常陷入激烈的争论之中,很难取得一致意见。为避免内阁的分歧与争论,强化对内阁的控制,沃尔波尔在几乎每次内阁会议正式召开前,总是邀请几位最有实权的大臣举行私下会议,会议一般在首相官邸召开,与会者一般为5—8人,主要包括国务大臣、掌玺大臣、枢密大臣、大法官等。如需讨论某一专门性问题,该部门长官也会被邀请参加。这种由首相主持、内阁主要成员参加的私人会议被称为"小内阁",而真正的内阁则被称为"大内阁"。有学者统计,1729—1741年有记载的178次内阁会议中,有9名及以上阁员参加的占93次,有8名及以下阁员参加的占85次。还有学者对1739—1758年间70次内阁会议参加者进行统计,发现有9名及以上阁员参加的占17次,6—8名阁员参加

---

① W. A. Barker, G. R. Aubyn and R. L. Ollard, *A General History of England 1688—1832*, London: A. & C. Black Ltd, 1963, p. 198.

② 程汉大:《英国政治制度史》,中国社会科学出版社,1995年,第267页。

③ Frederick Dietz, *A Political and Social History of England*, New York: Macmillan, 1927, p. 366.

的占 36 次,5 名及以下阁员参加的占 17 次。① 上述材料表明,"小内阁"的召开已经变得与"大内阁"一样普遍了。

这种大小内阁并存的体制又被称为"双内阁制"。"小内阁"的成员全部来自"大内阁",而且是大内阁中的要员。"小内阁"出现之初表现出预备会议的性质,即在会上,首相和要员对重大问题提出初步意见,供正式内阁会议决策时参考。渐渐地,其权限越来越大,凡正式内阁会议需要讨论的国务均由"小内阁"讨论并做出决定,这些决定有时交正式内阁表决,有时则不通知其他内阁成员而直接付诸实施。这表明国家的行政大权渐渐由"大内阁"转移到"小内阁"手中。坦普里(H. W. V. Temperley)指出:"正如在沃尔波尔时代所看到的,毫无疑问小内阁权力更大,而只有关于批准条约、宣战或媾和等重大事件,才在大内阁进行商讨。"②沃尔波尔当政之初所开创的"小内阁"发展迅速,到其下台之时,"小内阁"几乎包揽了所有日常政务及辅助性事务,由此成为国家的行政权力核心。③ 在沃尔波尔之后,"小内阁"继续保留下来,其权力得到进一步扩展,而此前的大内阁权力几乎丧失殆尽。国家权力从"大内阁"向"小内阁"转移,与此前从枢密院向内阁转移如出一辙,这种转移及权力的集中化大大提高了政府的工作效率,同时也有利于作为政府首脑的首相控制并领导内阁。

也正是从沃尔波尔当政之时起首相的个人权力不断膨胀,并逐渐超越其他内阁成员而成为真正的政府首脑。作为内阁会议的主持人,在阁员讨论政务时,首相的意见往往起到决定性作用。沃尔波尔当政之时,内阁一致性原则已初见雏形,这一原则的核心是:内阁成员的政见必须保持一致,即便有不同意见,也只能保留,否则其政治生命就不保。正如

① Edward Raymond Turner, "The Cabinet in the Eighteenth Century", *The English Historical Review*, Vol. 32, No. 126(Apr. , 1917), p. 197.

② H. W. V. Temperley, "Inner and Outer Cabinet and Privy Council, 1679—1783", *The English Historical Review*, Vol. 27, No. 108(Oct. , 1912), p. 697.

③ Edward Raymond Turner, "The Development of the Cabinet, 1688—1760", *The American Historical Review*, Vol. 18, No. 4(Jul. , 1913), p. 768.

史学家所言:"人们很快意识到,小内阁圈子中的大臣,如果在重大问题上与同僚们意见相左,除辞职以外别无选择。"①作为这一原则的首创者,沃尔波尔经常采取铁腕手段,无情打击政见不同者。1724年,国务大臣约翰·卡特里特(John Carteret)因为在外交政策上与沃尔波尔意见相左,结果被沃尔波尔罢免职务;②1730年,国务大臣汤森德也因为不赞成沃尔波尔的意见而被驱逐。沃尔波尔开创的内阁一致性原则被后来者所继承,这不仅确立了首相在内阁中的至尊地位,而且还提升了内阁议案获得君主批准的成功率。这是因为,君主在面临内阁一致通过的议案后,就不可能再反对了,所以这实际上也意味着国家大政已经从君主转移到内阁手中。

内阁一致性原则的初步确立,还为后来"内阁集体负责制"③奠定了基础。由于重大决策是经内阁会议讨论并一致做出的,那么,与会的大臣就必须为这一决策负集体责任,一旦内阁决议被议会或君主否决,就将造成严重的政治危机,内阁的总辞职也就会发生。

议会下院的支持是内阁存在的基石,一旦失去下院这座靠山,内阁的垮台就在所难免。在沃尔波尔当政的20年间,辉格党内争夺权力的斗争非常激烈,但沃尔波尔总是借助其对下院的领导地位而化险为夷。不过,当1739年英国卷入与西班牙的战争后,沃尔波尔仍坚持和平外交政策,这最终造成内阁与下院之间的对立。1742年,由于内阁议案在下院遭到否决,沃尔波尔意识到自己失去了下院的支持,遂宣布辞职。沃尔波尔的辞职开创了英国政治史上一个宪政先例,即内阁首相在失去议会下院多数支持的情况下应辞去职务。但需要指出的是,当时沃尔波尔的辞职仅仅是首相个人的辞职,而非政府的集体辞职,沃尔波尔的下台

---

①③ J. H. Plumb, *England in the Eighteenth Century*, Middlesex: Penguin, 1963, p. 49.
② 金志霖:《英国十首相列传》,东方出版社,2001年,第13页。

只是其个人的失败,"是一名政治家的下台,而非辉格党的倒台"①。当时的辉格党依然成功地控制着议会下院,接替沃尔波尔担任首相的依然是辉格党贵族,因此,那只是政权在辉格党内的一次更替而已。

在内阁制形成的过程中,作为内阁首脑的首相在大臣的人选问题上开始有了发言权,有时甚至起决定作用。君主在任命大臣时往往要与首相协商,得到首相的认可。沃尔波尔当政时期,君主所任命的内阁大臣均是支持沃尔波尔的辉格党人,一旦这些大臣与沃尔波尔意见不同,君主便会依据首相的意见对其进行罢免。这说明,君主对于大臣的任命权已经大打折扣,首相对内阁成员的控制力在迅速增强。在辉格党的优势时期,君主与首相在内阁大臣任命问题上还出现过严重对立,由此引发宪政危机。1746 年,英国国内詹姆士党人的叛乱仍在继续,在欧洲又卷入与法国的战争之中,内外交困之时,首相佩勒姆请求乔治二世任命威廉·皮特担任内阁大臣。由于皮特此前多次发表言论抨击汉诺威君主,因此乔治二世严词拒绝,结果佩勒姆内阁集体辞职,使政府陷入瘫痪状态。在僵持了两天之后乔治二世做出让步,邀请佩勒姆重新组阁,但佩勒姆提出了更苛刻的条件,除任命皮特为内阁大臣之外,还要求君主不得干预内阁事务,不得听信幕后人指使。乔治二世只得一一首肯,皮特由此入阁,并担任主计大臣之职。这一事件"有着重大的宪政意义"②,在大臣任命权的较量中,以首相的胜利而告终,君主的人事权力遭到极大削弱,首相在内阁成员的任命方面有了越来越大的发言权,这就为 18 世纪末形成的大臣对首相负责的做法提供了先例。

皮特进入内阁后其政治生涯的沉浮也反映出君主权力的衰落,而这恰恰是内阁制得以发展的前提。1746—1757 年皮特在内阁中先后担任主计大臣(Paymaster General)和国务大臣之职,在对外战争中为英国争

---

① Frederick Dietz, *A Political and Social History of England*, New York: Macmillan, 1927, p. 370.

② W. A. Barker, G. R. Aubyn and R. L. Ollard, *A General History of England 1688—1832*, London: A. & C. Black Ltd, 1963, p. 96.

得了荣耀,也为自己赢得了广泛支持。但在 1757 年,一直对皮特心怀不满的乔治二世趁内阁转换之机,罢免了皮特的国务大臣之职,并准备成立一个排斥皮特的新政府。乔治二世的做法遭到不少内阁大臣的反对,他们以辞职要挟,议会下院和公众舆论也站在皮特一边,乔治二世几乎成为孤家寡人,他费时三个月也未能组织起一个排斥皮特的内阁。当乔治二世最终说服纽卡斯尔公爵组阁时,对方提出的第一个条件就是让皮特继续担任国务大臣。无计可施的乔治二世只得屈服,在纽卡斯尔内阁中担任国务大臣的皮特事实上行使了首相的职权。尽管 1757—1761 年间皮特从未获得过首相的称号,但历史学家普遍认为,此间的内阁事实上是一个皮特内阁。皮特的罢免及其再次入阁反映了王权的进一步衰落,同时也表明,一位政治家政治生命的起落越来越有赖于议会的支持,这就为内阁对议会负责提供了先导。

第三章　乔治三世的个人统治

　　"光荣革命"以后君主的权力日渐衰落,尤其是汉诺威王朝早期君主几乎不理朝政,王权更加旁落。但1760年乔治三世(George Ⅲ,1760—1820年在位)继位后,衰落的王权回光返照,君主利用封官晋爵的手段以及王室恩宠,组建"国王之友"(King's Friends)政府,希图实行君主的个人统治。乔治三世的做法逆转了"光荣革命"以来的政治发展潮流,而在北美独立战争爆发后,战场上的失败引发了国内危机,"国王之友"政府垮台,乔治三世的个人统治也宣告结束。

　　乔治三世在英国本土出生,亲眼目睹了王权的旁落。在他看来,祖父乔治二世麾下的大臣都是"毫不领情的、背信弃义的、腐败透顶的"[①],因此,在1751年被确定为法定的王位继承人后,他便决心将"净化政治作为自己的特殊使命"。[②] 乔治三世的母亲是来自德意志小邦萨克斯-戈萨(Saxe-Gotha)的奥古斯塔公主(Princess Augusta),她对辉格党把持政务表示不满,希望儿子长大后改变现状,恢复君主的权威。她曾说:"乔治,做一个真正的国王!"然而乔治三世的私人教师、苏格兰贵族约翰·

① David Harris Willson and Stuart Prall, *A History of England*, New York: Holt, Rinehart and Winston, 1984, p. 418.

② Steven Watson, *The Reign of George Ⅲ 1760—1815*, Oxford: Clarendon Press, 1960, p. 3.

布特(John Bute)对他的影响更大,乔治三世视其为"最亲密的朋友"、"行为的楷模"及"钟爱的导师"。在布特的教导及熏陶下,乔治三世认为祖父乔治二世"遇事推诿"、"不配做一位英国君主",对日益腐化的辉格党寡头非常痛恨,而将如日中天的威廉·皮特视作"心肠最黑的人"及"草丛中真正的毒蛇"。[①] 这在很大程度上导致了后来乔治三世对辉格党的清洗。同时,布特还不断向乔治三世灌输这样的理念,即他是英国人,应以英国本土利益为重。乔治三世声称:"我在这个国家出生并长大成人,我为自己的不列颠人名分而感到自豪。"[②]不像前两个乔治国王,乔治三世认为自己是英国人而不是德意志人,因此他关注英国政治、涉足英国国务就成为必然。

为了强化王权,超越政党政治,首先就要有根据自己意愿任命大臣的权力,乔治三世认为:"首相不应该成为权力的源泉,而仅仅是一个下属集团的领头者;首相应成为君主的代言人,而非像沃尔波尔和皮特那样成为国家政策的独裁者。"[③]正因为有这种想法,乔治三世继位后迅速摧毁辉格党力量,试图建立个人的统治。18世纪上半叶的王政复兴思潮也为乔治三世复兴王权提供了话语基础。当时,一些失势的保王党和托利党贵族发表言论或著书立说,对辉格党专权表示不满,希望借助君主的力量来改变这种局面。比如在40年代,大卫·休谟(David Hume)就为"光荣革命"后君权的旁落表示担忧,认为议会权力的上升会造成英国宪政的失衡,他认为必须限制议会权力:"议会下院不要去扩张自己的权力,因为这种权力的篡夺与大多数人的利益背道而驰。君主手中掌握着任命官职的大权,而在忠诚的、对此无兴趣的议会两院的支持下,君主可

---

① Steven Watson, *The Reign of George Ⅲ 1760—1815*, Oxford: Clarendon Press, 1960, p. 4.

② Rebecca Fraser, *The Story of Britain*, New York: Norton & Company, 2003, p. 452.

③ James Williamson, *The Evolution of England: A Comment on the Facts*, Oxford: Clarendon Press, 1944, p. 311.

以从总体上发号施令,这样至少能够避免古老宪政处于危险之中。"①托利党贵族博林布鲁克的"爱国君主论"与休谟遥相呼应,在博林布鲁克看来,"不依赖任何党派、而是作为万民之父来进行统治",是"爱国君主"的重要特征;他说"党派是一种政治罪恶,派系斗争是所有党派最坏的特征"。因此,"为捍卫宪政,君主不应该组建或扶持政党","君主不能为了统治臣民而使得自己成为某一党派的首领,而是应该为了统治,更确切地说为了征服所有党派,而成为所有臣民的首脑"。② 法学家威廉·布莱克斯通(William Blackstone)则从"宪政平衡"角度阐述王权的重要性,他强调:"君主是议会的一部分,这也是其正当地享有立法权的理由。我国宪法所赋予君主的'否决权'绝不能遭到侵蚀,而应得到充分尊重";他还指出:"'享有部分立法权的君主',在议会两院间充当着'唯一的行政执法者'角色,这有利于维护英国宪政的稳定,推动英国宪政朝促进英国公众自由和福祉的正确路径迈进"。③ 这些言论显然为乔治三世复兴王权提供了理论基础和法理依据。

继位之初,年轻的乔治三世雄心勃勃,在净化政治、复兴王权思想的驱使下,他一心想摧毁辉格党的统治,在超越党派的基础上组建一个效忠于君主的"国王之友"政府。此时,乔治所面临的是辉格党两大派——皮特派与纽卡斯尔派联合控制的内阁,当时英国正卷入与法国争霸的七年战争,政局稳定尤为重要。乔治三世为此并没有贸然换阁,而是采取步步为营、各个击破的政策来摧毁辉格党的优势局面。1761 年 3 月,乔治三世任命布特为国务大臣,与皮特在内阁中共同处理外交事务。此

---

① D. Hume, *Essays Moral*,*Political*,*and Literary*,1862,p. 25. in Neville Williams(ed.),*The Eighteenth-Century Constitution 1688—1815*:*Documents and Commentary*,Cambridge:Cambridge University Press,1960,p. 76.

② Bolingbroke,*Idea of A Patriot King*,1752,p. 162. in Neville Williams(ed.),*The Eighteenth-Century Constitution 1688—1815*:*Documents and Commentary*,Cambridge:Cambridge University Press,1960,p. 86.

③ W. Blackstone,*Commentaries on the Laws of England*,1809,Vol. 1,p. 153. in Neville Williams(ed.),*The Eighteenth-Century Constitution 1688—1815*:*Documents and Commentary*,Cambridge:Cambridge University Press,1960,pp. 74—75.

时,内阁中的辉格党在战争政策上出现了分裂:财政大臣纽卡斯尔继承沃尔波尔的衣钵,主张推行和平外交;国务大臣皮特则致力于通过战争来开拓英国的海外市场。布特入阁后,明确宣布自己的反战立场,认为战争是"血腥的、靡费的",应该尽快结束战争。这样,由于在反战问题上布特与纽卡斯尔联合,致使皮特的战争政策在内阁中失败,孤立无援的皮特最终于 10 月 5 日辞职。

布特势力急剧增强,纽卡斯尔的地位也岌岌可危。尽管二人都主张结束战争,但在结束战争的时机问题上两人分歧明显。乔治三世站在布特一边,内阁中多数成员为讨好君主于是也支持布特。1762 年 5 月,受到排挤的纽卡斯尔辞去财政大臣之职,布特接替他成为内阁首相。这标志着辉格党的优势开始终结,从表面上看,"皮特与纽卡斯尔的辞职并非因君主解除其职务,而是因为他们与内阁同僚之间的分歧所致"[1],但事实上,乔治三世对于布特的支持以及对内阁事务的干预是辉格党两巨头政治命运陨落的原因。

布特内阁的建立是乔治三世确立个人统治的第一步,随后,乔治三世和布特利用权势大力清洗政府中的辉格党人,同时用册封贵族、任命官职等手段来控制议会。皮特、纽卡斯尔辞职后,内阁中的辉格党贵族罗金汉侯爵(Marquis of Rockingham)、格拉夫顿公爵(Duke of Grafton)不久后也被解除了职务。内阁中仅存的少数辉格党人多属见风使舵者,他们"在思想上朝着'国王之友'派转化"[2]。改组后的内阁中多为忠于君主且无党派身份的贵族,还有一些是主张强化王权的托利党贵族。由此,辉格党控制内阁的局面宣告结束,乔治三世对辉格党势力的打击被后人讥讽为"对佩勒姆派无辜者的屠杀"(Massacre of Pelhamite Innocents)[3]。通过改变内阁大臣,乔治三世成功地控制了内阁事务。

为了控制议会两院,乔治三世将贵族册封权和官职任命权用至极

---

① David Harris Willson and Stuart Prall, *A History of England*, New York: Holt, Rinehart and Winston, 1984, p. 419.

②③ Rebecca Fraser, *The Story of Britain*, New York: Norton & Company, 2003, p. 453.

致。1760 年时英国上院有 174 名贵族,乔治三世继位后不断将自己的亲信册封为贵族,在 60 年代册封 42 名贵族,70 年代又册封 33 名贵族。①这些贵族进入上院后造成上院人数剧增,辉格党控制上院的局面也被打破了。官职任命是君主的特权之一,在辉格党占优势的年代,这一特权实际上被首相所利用,君主只不过是例行公事而已。乔治三世则将官职任命权收归己有,根据个人喜好来任命官员,并以此收买议员,在下院培植忠君势力。这样,通过对政府及议会两院的控制,乔治三世成功地复兴了王权,初步确立起个人统治。

在与法国的停战谈判及和约签订的过程中,布特展现出一定的外交才能,但在内政问题上则明显缺乏政治才干。长期的战争使国家不堪重负,为弥补财政亏空,布特不断开征新税,由此引发各界不满。当布特开征"苹果酒税"(Cider Tax)时,全国性抗议浪潮达到顶峰,不满的群众"攻击他的马车,将其雕像送上绞架,砸碎其府邸窗户,并将其编入色情歌曲四处吟唱"②。议会中的辉格党也开始反击,抨击政府的税收政策。1763年 4 月布特被迫辞去首相职务,但仍在幕后发挥作用。

布特政府的垮台是乔治三世确立个人统治的一次挫败,其垮台的根本原因在于遭遇来自议会内外的辉格党集团的强大压力。这使乔治三世认识到,内阁首相必须有丰富的政治经验,而且要得到议会的支持,因此,必须到辉格党各派中去寻找盟友。在首相人选问题上,乔治三世表示将抛弃党派偏见,支持那些愿意根据君主意愿行事的人出任首相。在1763—1766 年间,乔治三世先后遴选辉格党贵族乔治·格伦维尔(George Grenville)和罗金汉担任首相。格伦维尔有丰富的从政经验,曾在布特内阁中担任国务大臣,并支持布特的税收政策,尽管被皮特冠之以"温柔的牧羊人"(Gentle shepherd)的绰号,③却赢得了乔治三世的信

---

① 王觉非主编:《近代英国史》,南京大学出版社,1997 年,第 283 页。

② Leonard Cowie, *Hanoverian England 1714—1837*, London: Bell & Hyman Limited, 1967, p. 321.

③ Steven Watson, *The Reign of George Ⅲ 1760—1815*, Oxford: Clarendon Press, 1960, p. 96.

任。格伦维尔组阁后也向乔治三世表示忠诚:"为捍卫我国的宪法,为使王权免遭任何不适当的、不被认可的力量之侵袭",他将衷心履行"陛下所赋予的使命"。① 不过,格伦维尔内阁同样面临内外交困局面。内政方面,1763 年,激进派议员约翰·威尔克斯(John Wilkes)借助《苏格兰人报》(North Briton)攻击王权及"国王之友"政府,其后有辉格党人推波助澜,引起了全国性的抗议浪潮。外交方面,为应对战争带来的财政亏空及国债增长,政府准备向北美殖民地征税,先后出台 1763 年的《糖税法》(Sugar Act)与 1764 年的《印花税法》(Stamp Act),由此引发了殖民地的抗议浪潮。议会中的皮特、纽卡斯尔、罗金汉等反对派迅速活跃起来,最终促成了格伦维尔政府垮台。1765 年 7 月,辉格党内最大派别——纽卡斯尔派的新领导人罗金汉奉命组阁。

为扩大政权基础,罗金汉邀请皮特入阁,但皮特因不愿在内阁中处于从属地位而拒绝入阁。罗金汉对北美殖民地采取怀柔政策,废除了《印花税法》,但这一举措引起政府分裂:国务大臣格拉夫顿等辞职,下院有超过 50 名议员投反对票。乔治三世意识到罗金汉派力量薄弱,"无法建立一个稳定而有效的政府",于是被迫与皮特派进行"组建新一届政府的谈判"②。1766 年 7 月,他与皮特达成组阁协议,随即解散罗金汉政府。

激烈的党派纷争造成内阁的频繁更替,人们开始对国家的政治前景表示忧虑,许多人希望看到一个强有力的稳定政府。议会中的后座议员以及政府中的低级官员对政局进行热烈讨论,认为组建稳定而有效政府的关键,在于君主发挥更积极的作用,"君主应该享有自由选择内阁成员的权力,并且不应将国务的处理权无条件交到某一党派领导人手中"③。显然,与乔治三世一样,他们对党派充满厌恶,认为党派将集团利益置于

① Leonard Cowie, *Hanoverian England 1714—1837*, London: Bell & Hyman Limited, 1967, p. 322.

② Dorothy Marshall, *Eighteenth Century England*, Essex: Longman, 1982, p. 366.

③ Steven Watson, *The Reign of George Ⅲ 1760—1815*, Oxford: Clarendon Press, 1960, p. 118.

公共利益之上,是制造分裂或混乱的源泉。因此,他们支持任何能够带来持久性和稳定性的政府。由于这些人反对政党政治、拥护君主权威,以"忠君"作为投票或处事的原则,因此被历史学家称为"国王之友"。

"国王之友"包括议会下院的一些后座议员,他们是"彼此独立、互无关联"的地方乡绅,他们不依附于某一领袖或集团。用 20 世纪历史学家纳米尔(Namier)的话来说:"他们所持有的关于议会责任的概念与我们截然不同:这些人并不认为组建政府是议会的职责——对他们而言,政府是属于君主的。"①"国王之友"还包括政府中一些低级事务性官员,他们在政治取向上往往不偏向任何政党,希望借助王权的支持确保自己的稳定职位。"乔治三世也非常欣赏这些勤恳而忠诚的官员,因为在党派领导者进行激烈争辩时,恰恰是这些下层官吏在实实在在地操持政府事务。"②

客观而言,"国王之友"派无疑被后来的史学家夸大了,事实上,"国王之友"只是一批与"党人"相对的"忠君爱国者"或"非党派人士",他们从来就未能组织成一股政治势力,更没有形成大家都能接受的公认领导人。因此,尽管在乔治三世统治前期的历届政府中都不乏"国王之友"的身影,但单纯的"国王之友"政府却一直到 18 世纪 70 年代才建立。

乔治三世请皮特组阁,想结束内阁分裂的局面。皮特的党派观念比较淡薄,他希望建立一个"'超党'政府,以拯救国家于内部溃烂引起的危难之中"③。在组阁时,皮特不依据政治原则,不考虑党派背景,而仅看个人能力以及是否忠于君主。这样,皮特内阁事实上变成了涵盖不同政治观点者的奇怪的混合体,埃德蒙·伯克(Edmund Burke)将其描述为"一个大拼盘,就像一条用不同花色石块镶嵌而又未黏合起来的路——爱国

---

① Leonard Cowie, *Hanoverian England 1714—1837*, London: Bell & Hyman Limited, 1967, p. 328.

② David Harris Willson and Stuart Prall, *A History of England*, New York: Holt, Rinehart and Winston, 1984, p. 422.

③ [英]屈勒味林:《英国史》,钱端升译,中国社会科学出版社,2008 年,第 618 页。

者和溜须拍马者,国王之友和共和主义,辉格党人和托利党人,什么人都
有"。① 这种大杂烩的内部分裂可想而知。由于无法弥合分裂,加之健康
状况恶化,皮特从 1767 年 3 月起就回到巴斯的寓所休养,很少参加内阁
会议,几乎退出了政治舞台。此时,国库大臣查尔斯·汤森德(Charles
Townsend)未与皮特及内阁同僚协商,就向议会提出《进口税法》
(*Import Duties Act*),要对进入北美殖民地的商品征收进口税,导致了
内阁的公开分裂。约翰·罗素·贝德福德(John Russell Bedford)派坚
决支持法案,认为对殖民地征税合情合理;格拉夫顿派及谢尔本
(Shelburne)派同情殖民地,坚决反对征税。政府内部的分裂促使皮特于
1768 年 10 月辞职,格拉夫顿奉命上台组阁。

格拉夫顿内阁只是一个过渡政府。此时威尔克斯事件持续发酵,在
1768 年大选中威尔克斯又活跃起来,他多次当选议员,但因其反君主及
反政府的言论而多次被逐出下院,并被判处罚款和监禁。公众大力声援
威尔克斯,大规模的抗议浪潮席卷全国。在如何处理威尔克斯的问题上
政府陷于严重的内部分裂,并由于皮特的插手而加剧了分裂。皮特在上
院的演说中大力支持威尔克斯,指责政府滥用权力,侵害公民自由。皮
特指出:"根据大宪章及权利法案,任何公民的自由权都不得被随意剥
夺","无限制的权力易于腐蚀当权者","法律终止之处,亦即专制开始之
时"。② 不愿身背恶名的格拉夫顿于 1770 年 1 月辞职。

这样,在乔治三世统治的前十年间,他虽然一直追求建立稳定而持
久的忠君政府,但其目标无从实现,每一届政府都是"短命政府",直到 18
世纪 70 年代初,才最终建立了以诺斯勋爵(Lord North)为首的"国王之
友"政府。

诺斯勋爵出身于贵族世家,1759 年起进入政府。他有很强的个人亲

---

① Rebecca Fraser, *The Story of Britain*, New York: Norton & Company, 2003, pp. 456—
457.

② Leonard Cowie, *Hanoverian England 1714—1837*, London: Bell & Hyman Limited, 1967,
p. 334.

和力,有处理经济事务的才能,并且有杰出的辩驳能力,其政治对手埃德蒙·伯克都称他是"一个令人钦佩的人,知识渊博,领悟能力强,善于处理各种政务"①。尽管诺斯在政治上倾向于托利党,但他事实上是"国王之友"派。诺斯脾性温和,尊重王权,强调王权在政治生活中的影响力,因此得到"国王之友"的支持。正是因为这一点使诺斯赢得了乔治三世的信任,并奉命组阁。有史家指出:"乔治三世的个人统治始于诺斯勋爵被任命为首相"②,而诺斯内阁也被看作是一个真正意义上的"国王之友"政府。

乔治三世给予诺斯政府以最大支持,他甚至将君主的官职任命权交给诺斯支配,官员的任命多数是他与诺斯商议的结果。诺斯也清楚其政权依赖于这样一个事实,即"君主才是真正的首相"③。于是,在诺斯当政的十余年间,乔治三世与诺斯结成了坚实的同盟,其中,君主利用个人影响力和王室特权力挺首相,而首相及其领导的内阁也以贯彻君主意志为己任。1771 年的《王室婚姻法》(Royal Marriage Act)就体现了这一点。当时,王室成员格拉斯特公爵(Duke of Glouster)和坎伯兰公爵与平民通婚,引起君主震怒。乔治遂授意诺斯向下院提交一份议案,强调王室成员的婚姻必须得到君主的同意。尽管议案在下院及内阁遭到激烈反对,但诺斯仍利用其影响力而操纵议会通过了该议案。这一事件成为反对派打击内阁的活靶子。

诺斯领导的"国王之友"政府维持了 12 年之久,在最初的五年中它推行缓和政策,因此地位比较稳固。在政治方面,政府释放监禁中的威尔克斯;1774 年威尔克斯再次当选议员进入下院,平息了一些激进派的不满。在经济方面,政府推行财政平衡政策,贵族乡绅所关心的土地税

① Leonard Cowie, *Hanoverian England 1714—1837*, London: Bell & Hyman Limited, 1967, p. 335.

② James Williamson, *The Evolution of England: A Comment on the Facts*, Oxford: Clarendon Press, 1944, p. 313.

③ Rebecca Fraser, *The Story of Britain*, New York: Norton & Company, 2003, pp. 456—457.

保持不变,而对奢侈品开征新税,以逐步缩减高额的国债。在外交方面,执行对欧洲的不干涉政策,并缓和与北美殖民地的关系,废除《进口税法》,仅保留象征性的茶税,由此在一定程度上舒缓了北美局势。于是,一直到1774年,"无论在内阁还是在议会下院,诺斯勋爵都确立起无可动摇的地位"[①]。

但18世纪70年代中后期,北美独立浪潮汹涌澎湃,其引发的战争造成国内政治危机,乔治三世的个人统治面临前所未有的挑战。诺斯勋爵无力应对这种困局,"他甚至懒于自己做决断,而是一味依据君主的旨意行事,结果酿成了悲剧"[②]。诺斯政府的垮台标志着乔治三世个人统治的终结,事实上,乔治三世加强君权、控制政府和削弱议会的做法违背了"光荣革命"以后英国的历史潮流,因此遭到来自社会各方面的质疑和反对,各种力量最终汇合起来,借美国独立之助,在18世纪80年代摧毁了乔治三世的个人统治。

早在18世纪60年代,以威尔克斯事件为标志,一场反对布特政府、挑战专制王权、倡导人民自由的群众运动就拉开了序幕。1763年4月,乔治三世在议会开幕演说中称颂布特政府签署的结束七年战争的和平条约是"王室的荣耀,人民的福音"。议员威尔克斯则在《苏格兰人报》第45期上发表文章,批评乔治三世的演讲,其中说:"君主一贯具有诚信、荣耀及清白之美德,一位如此伟大且和蔼可亲的君主,居然以其神圣庄严的名誉,认可这最令人厌恶的政策以及最不合理的公共宣言,我们国家每个人都会为此感到悲痛。"[③]威尔克斯进一步说,这篇演讲是违心的"谎言",是"厚颜无耻的内阁最为寡廉鲜耻的实例"[④]。乔治三世大为震怒,

① Steven Watson, *The Reign of George Ⅲ 1760—1815*, Oxford: Clarendon Press, 1960, p. 153.

② W. A. Barker, G. R. Aubyn and R. L. Ollard, *A General History of England 1688—1832*, London: A. & C. Black Ltd, 1963, p. 133.

③ Ibid., p. 138.

④ Leonard Cowie, *Hanoverian England 1714—1837*, London: Bell & Hyman Limited, 1967, p. 323.

指使国务大臣哈利法克斯勋爵（Lord Halifax）直接签发不标姓名的"通用逮捕令"，查封《苏格兰人报》，拘捕相关人员，并将威尔克斯囚禁于伦敦塔。

威尔克斯得到辉格党的支持，激进主义者将其奉为"自由的捍卫者"，发动游行加以声援。在法庭审判时，主审法官查尔斯·普拉特（Charles Pratt）强调议员的豁免权，认定逮捕令"违宪、非法和绝对无效"，监禁威尔克斯是对"自由的侵犯"，并宣布立即释放威尔克斯。这一判决令激进派欢欣鼓舞，他们打出"威尔克斯与自由"的旗号，反对乔治三世的专权统治。

乔治三世并未善罢甘休，他说"威尔克斯的放肆无礼依然持续，这令人诧异"[①]。乔治三世向政府及议会施加压力，要求严惩威尔克斯。11月底，议会下院认为《苏格兰人报》第45期"是对国王陛下前所未有的傲慢无礼和侮辱谩骂，是对议会两院最为严重的诽谤中伤，是对整个立法机构极为放肆的蔑视"。因此，议会通过议案，认定威尔克斯事件是一起"虚假的、煽动性的诽谤案件"，而议员豁免权"并不适用于撰写和发表煽动性的言论"[②]。议案要求立即焚毁《苏格兰人报》，逮捕并重审威尔克斯。威尔克斯迅速逃往法国，但仍被缺席判处1 000镑罚金以及22个月的监禁。

威尔克斯事件暴露了君主对国家政务的个人影响，是王权复兴的重要标志。乔治三世操纵议会、逮捕议员并剥夺其资格的做法显然违背1689年的《权利法案》，为在野的辉格党反对派攻击王权提供了契机。以纽卡斯尔、皮特等为首的反对派借威尔克斯事件掀起一股反对乔治三世个人统治的运动。他们指出，在英国这样一个自由传统深厚的国家，王权向议会及政府施压迫其就范的行为很不正常，必须予以改变。

---

① W. A. Barker, G. R. Aubyn and R. L. Ollard, *A General History of England 1688—1832*, London: A. & C. Black Ltd, 1963, p.139.

② Neville Williams（ed.）, *The Eighteenth-Century Constitution 1688—1815: Documents and Commentary*, Cambridge: Cambridge University Press, 1960, pp.234—235.

1768 年,由于北美局势恶化,英国国内改革运动蓬勃高涨,格拉夫顿和皮特等辉格党人先后组阁,威尔克斯感到条件有利,遂在流亡四年后选择回国。随即,作为反抗专制、追求自由的象征的威尔克斯在米德尔塞克斯(Middlesex)当选为议员,伦敦民众为此举行为期两天的庆祝活动,很多建筑物上都写下"威尔克斯与自由"、"第 45 期"等声援性标语。恼羞成怒的乔治三世再次下达指令:"把威尔克斯赶出议会非常重要,必须实现。"①在王权的强大压力下,威尔克斯的议员资格再次被取消,其本人也被判刑入狱,受监禁达两年之久。具有讽刺意味的是,入狱后威尔克斯的声望反而大增,1769 年米德尔塞克斯举行下院议员补选,身陷图圄的威尔克斯竟第三次当选,但乔治三世操纵下的议会第三次将威尔克斯拒之门外,这显示王权对政治生活的影响力达到了顶峰。

但事件促使许多人对英国宪政进行反思,即君主所控制的议会,在多大程度上代表人民? 事件中,尽管君主通过政府暂时剥夺了威尔克斯的议员资格,并将其投入监狱,但这种"胜利"无法压制在社会各界、尤其政治家中蔓延的不满情绪。英国驻印度殖民官员沃伦·哈斯廷斯(Warren Hastings)毫不客气地指出:在威尔克斯事件中,乔治三世及其大臣的做法是在与人民作对,他还警告乔治三世:"当他为自己王冠的安全而自鸣得意时,他应该记得,这顶王冠取之于一场革命,但也会失之于一场革命。"②皮特也在上院发表演说,认为"国王的专制权力"不断膨胀,这与"我们的祖辈"留下来的惯例背道而驰。威尔克斯事件充分暴露了王权对政治机制的渗透,也引发了人民的反抗,群众性集会示威和激进主义的质疑声讨都动摇了乔治三世的个人统治,并且开始了激进主义运动的新时代。

在威尔克斯事件接近尾声时,辉格党政治家埃德蒙·伯克的声音尤为值得关注。作为辉格党新秀罗金汉的私人秘书,伯克曾两度进入政府

---

① 王觉非主编:《近代英国史》,南京大学出版社,1997 年,第 288 页。
② Leonard Cowie, *Hanoverian England 1714—1837*, London: Bell & Hyman Limited, 1967, p. 334.

任职。伯克亲眼目睹了乔治三世时期的王权复兴,也见证了内阁和议会受到王权操控。身怀抱负的伯克对此深为不满,并在各种场合袒露其对政治时局的反感。

1770年,在威尔克斯事件引发的民众骚动中,伯克撰文做出解读。在伯克看来,骚动的根本原因是国王权力过度扩张,议会主权遭到侵蚀:"国王的权力,作为几乎已经死亡和腐烂的君主的特权,已经以影响力的名义重新生长……这种影响力将十足的反对者变成了权力的工具,……它使国家的不幸和繁荣同时日益增长;这种影响力是君主特权奇妙的替代物,而这个特权,由于不过是陈旧过时的偏见的产物,已经在它原有的耐力之中形成了不可抗拒的腐败和瓦解的因素。"①伯克认为,王权扩张严重侵蚀到议会主权,损害了议会的独立性,破坏了英国的宪政平衡,这是极其危险的。

如何抵御王权扩张以及维护议会的独立性?伯克提出了两种解决办法:一方面推行"节俭改革",主张由议会控制王室费用与开支,防止君主用金钱贿赂议员,裁减冗官闲职,削弱君主对官员的影响力;另一方面推行政治改革,清除"国王之友",依靠政党管理国家。在伯克看来,"国王之友"是为私利而聚集起来的小群体或小集团,"目的只是以更高的价格兜售他们相互串通好的邪恶","与人民的情感和意愿毫无关系";一个稳定的政府必须努力谋取"公共福利",而政府之形成不能来自宗派,必须来源于"政党",因为"政党是联合组织的团体,旨在根据每个成员都同意的特定原则,通过共同努力来促进国家的利益"。② 因此,伯克希望通过强化政党的作用来抵制王权的扩张,这一观点得到温斯坦莱(Winstanley)的赞同:"如果没有政党制度所带来的组织化,未经改革的

---

① 陈志瑞、石斌编:《埃德蒙·伯克读本》,中央编译出版社,2006年,第48—49页。
② Neville Williams(ed.), *The Eighteenth-Century Constitution 1688—1815: Documents and Commentary*, Cambridge: Cambridge University Press, 1960, p. 186.

议会下院就会处于君主的操控之下。"①伯克的思想主张促进了政党政治的发展,同时也冲击了王权及国王个人的影响力。

不过,最终导致乔治三世的个人统治走向结束的还是北美独立及由此引发的国内政治危机。从 1764 年起,为缓解财政危机,英国政府在北美先后开征糖税和印花税,殖民地则宣称"无代表,不纳税",并以暴力手段相对抗。在英国,皮特、罗金汉、查尔斯·福克斯(Charles Fox)、伯克等辉格党政治家也反对向北美征税,最终促使议会于 1766 年废除了针对北美的征税法案。但 1767 年后,英国政府又通过《汤森德法》(Townshend Act),对北美的玻璃、茶叶、纸张、颜料等征税,引发北美新一轮的抗议浪潮,英军在波士顿附近遭遇袭击。乔治三世主张采取强硬政策,认为北美"这些人都是反叛的臣民,对于他们的思想决不能简单听从,而必须彻底摧毁"②。但由于政府和议会内部都存在严重的分歧,诺斯只好采取怀柔政策,废除了《汤森德法》,仅保留茶税一项,以此作为"英国权威的象征"③。北美的抗议风暴暂时平息下来,但更大的风暴却在酝酿中。

1773 年底发生波士顿倾茶案(The Boston Tea Party),英国与北美殖民地的矛盾迅即激化。乔治三世力促诺斯政府采取强硬措施,认为"事情已成定局,殖民地或者臣服于我们或者战胜我们。对于我们来说,或者是征服他们,或者是完全放任他们,把他们当外国人看待"④。最终,诺斯政府不顾辉格党的反对,对北美采取高压政策,派出军队镇压"茶党",由此引发了面对面的武装冲突。随着大陆会议的召开及《独立宣言》的发布,北美走向了与母国对抗并谋求独立的道路。

---

① Leonard Cowie, *Hanoverian England 1714—1837*, London: Bell & Hyman Limited, 1967, p. 345.

② Rebecca Fraser, *The Story of Britain*, New York: Norton & Company, 2003, p. 459.

③ Thomas William Heyck, *The Peoples of the British Isles: A New History From 1688 to 1870*, Belmont: Wadsworth Publishing Company, 1992, p. 173.

④ Leonard Cowie, *Hanoverian England 1714—1837*, London: Bell & Hyman Limited, 1967, p. 340.

北美时局在议会内部引起分歧,多数人与乔治三世一致,认为一旦英国诉诸武力,北美殖民地的反抗运动很快就会土崩瓦解。但罗金汉、皮特等辉格党人反对对北美的高压政策,认为征服行动从一开始就不可能成功。1775 年,面对议会内外的战争倾向,罗金汉批判道:"这个国家的大多数人正在极力促成自身的毁灭,在我看来,除了一定程度的不幸经历以外,恐怕没有什么能让公众普遍地做出正确判断了。"正因为如此,当 1777 年英军在萨拉托加遭遇惨败后,罗金汉有点幸灾乐祸,他说:"这下我可以放心了。"①伯克则坚决捍卫殖民地人民的基本自由权,并大力抨击政治生活中权力的垄断及滥用。伯克指出:"为什么国家陷入目前的危机之中? 因为我们没有权力。为什么我们没有权力? 因为过于强大的行政当局已经腐化了宪政中自我调节的力量。"②皮特也是战争政策的坚决反对者。1777 年战火纷飞的年代,皮特在下院宣称:"我是一个英国人,但如果我是一个美国人的话,当外国军队踏上国土之时,我绝不会放下手中的武器——绝不会,绝不会,绝不会!"③辉格党政治家攻击政府、反对战争的言论极大地侵蚀了诺斯政府的根基,随着北美战局失利,国内政治危机更为加剧。

1777 年 10 月英军在萨拉托加(Saratoga)遭遇惨败,内阁及议会下院中反政府的力量开始抬头,不少独立派议员放弃了对政府的支持,诺斯于是在 1778 年提出辞职,但被乔治三世拒绝。此时,除了让诺斯留任以外,很难再找到合适的人选可以继续推行战争政策;而让辉格党组阁,又是乔治三世绝不能接受的。正如一位历史学家所说:"乔治三世的政治行动更加强化了反对派的意识,即他正在将个人统治强加于这个国家

---

① Steven Watson, *The Reign of George Ⅲ 1760—1815*, Oxford: Clarendon Press, 1960, p. 210.

② Ibid., p. 227.

③ Leonard Cowie, *Hanoverian England 1714—1837*, London: Bell & Hyman Limited, 1967, p. 343.

之上。"①于是,在君主的支持下,尽管遭遇各方挑战,但诺斯政权仍摇摇欲坠地延续了几年时间。

　　北美战争的失利造成英国国内一系列政治危机,首当其冲的是 18 世纪 70 年代末兴起的反对乔治三世及"国王之友"政府的乡绅请愿运动。1779 年年底,约克郡乡绅、地主、教士、自由持有农等各阶层向议会提交一份请愿书,有 9 000 多人签名。请愿书要求限制王权,反对王权过度扩张,"清除国王身边无用的冗官闲职,而正是他们应为战局恶化负责"②。请愿书反对苛捐杂税,要求限制政府开支,要求在议会增加 100 名乡绅议员,支持"能够导致恢复议会自由的任何值得称颂的改革以及类似的其他举措"③,使议会摆脱对王权及政府的依附。可见请愿运动的目标依然是抵制王权扩张、消除王权对于政府及议会的影响力。约克郡的请愿运动在 1780 年波及全国,另有 24 个郡举行了类似的请愿运动。这场以乡绅为主体的请愿运动表明国家的政治危机已非常严重,以至于乡绅这支传统上支持王权的力量,此时也加入了反对派的行列,从而大大地动摇了乔治三世的个人统治。

　　议会外的乡绅请愿运动在议会内得到政府反对派的响应,以罗金汉、谢尔本、福克斯为首的新一代辉格党政治家开始联合起来向王权和政府发难。他们指责诺斯政府的错误决策造成北美殖民地走向独立,同时又抨击强大的王权对于政府决策的影响力。从表面上看,反对派是在攻击政府,但背后隐藏的意思是,乔治三世应该对北美危机负责,这就颠覆了英国长期以来"国王不犯错"的定见,王权合法性遭遇空前危机。

　　1780 年,伯克在下院提出五项议案,"以确保议会的独立性,推动王室及其他机构的节俭改革"④。这些议案包括:裁撤商务部等冗余机构;

① Thomas William Heyck, *The Peoples of the British Isles : A New History From 1688 to 1870* , Belmont: Wadsworth Publishing Company, 1992, p. 178.

② Rebecca Fraser, *The Story of Britain* , New York: Norton & Company, 2003, p. 465.

③ Dorothy Marshall, *Eighteenth Century England* , Essex: Longman, 1982, p. 464.

④ Steven Watson, *The Reign of George Ⅲ 1760—1815* , Oxford: Clarendon Press, 1960, p. 231.

清除如第三国务大臣、宫廷财政总管等冗官闲职;推行政府财政改革,压缩一切不必要的开支,"对各种经费开支确立一项固定的分类制度"①;对王室薪俸及王权加以限制,避免君主利用特权及恩惠来控制政府和议会。伯克的议案体现了辉格党的改革主张,得到很多独立议员的支持,结果在下院以微弱差距被否决。

北美战争一再扭转国内政局,反政府力量空前壮大。1780 年年初,除了最保守的"国王之友"以外,几乎所有政治势力都站到了君主及其政府的对立面。4 月 6 日议会下院在紧张气氛中讨论各地呈交的请愿书,辉格党议员约翰·唐宁(John Dunning)趁机提出一项动议,其中说:"王权的影响已经增长,并正在增长,必须予以限制。"②该动议在下院引发激烈辩论,最终以 233∶215 票获得通过。唐宁接着又提出一项动议:政府应公布其成员从王室处获取津贴的数目,宫廷低级官员不能担任下院议员;这项动议以 215∶213 的微弱多数也获得通过。唐宁的动议获得通过,乡绅议员功不可没,这些人多为托利党人或独立议员,曾经是乔治三世及"国王之友"政府的坚定支持者,如今在内外交困的形势下开始倒戈,与辉格党联手反对政府,这成为乔治三世个人统治瓦解的转折点。

两个月后诺斯政府再次面临新的考验,伦敦发生了乔治·戈登(George Gordon)领导的暴乱。1778 年,议会通过《罗马天主教解放法》(*Roman Catholic Relief Act*),规定天主教徒只须简单向国王宣誓效忠即可参军,意在解决北美战争中的兵源枯竭问题。这项法案引起新教徒的不满,各地成立了多个以废除该法为目标的"新教联合会"(Protestant Association),戈登成为伦敦地区联合会的领导人。1780 年 6 月 2 日,戈登在伦敦发起一次大规模的请愿活动,约 6 万名支持者在圣乔治广场集结,浩浩荡荡地向威斯敏斯特宫挺进。议会在是否接受请愿书的问题上拖延不决,于是请愿很快演变成一场社会下层参加的暴乱。在一周时间

① 陈志瑞、石斌编:《埃德蒙·伯克读本》,中央编译出版社,2006 年,第 106 页。
② Rebecca Fraser,*The Story of Britain*,New York:Norton & Company,2003,p. 466.

内,伦敦被暴力袭击所笼罩:一些教堂被捣毁,大臣的住宅受袭击,许多富人的房屋及工厂被焚毁,几座监狱的大门也被砸开,连英格兰银行也受到袭击的威胁。① 暴乱使伦敦处于全面失控状态,政府和议会暂时弥合了彼此的分歧,政府调遣军队进入伦敦平定了暴乱,恢复了正常秩序。据统计,这场暴乱造成 458 人死伤,其后有 59 名参与者被判死刑,而戈登也被关入伦敦塔。② 暴乱反映了伦敦下层民众对于政府政策的不满,民心的丧失促进了诺斯政府的垮台。

北美战争的失败给诺斯政府最后一击。1781 年 11 月英军主力在约克敦败降的消息传到国内,社会各阶层极为震惊,连诺斯也惊呼:"啊,我的上帝,一切都完了。"③事实也正是如此,诺斯的命运与北美战争联系在一起,北美战败必定引起内阁垮台。此时,尽管多派政治力量要求停止战争,但乔治三世仍拒绝和谈,终致英军全面溃败。1782 年 3 月,辉格党在下院提出弹劾政府的动议,认为现政府继续执政"将导致国家的毁灭",要求诺斯立即下台。这项动议在表决时以 10 票之差被否决,不少托利党人及乡绅议员也投赞成票,"乔治三世的个人统治失去了社会基础,倒台之日屈指可数了"。④

3 月 18 日,诺斯向乔治三世递交辞职信,信中写道:"本届政府将难以为继了";下院"希望更换政府,这股激流太强大,无法抵御。陛下完全清楚:在这个国家,王座上的君主不能轻易反对下院深思熟虑的决定。……如果陛下能仿效您那些最有声望和荣耀的前任君主们,最终顺从下院的意

———————

① R. K. Webb, *Modern England : From the Eighteenth Century to the Present*, New York: Dodd Mead & Company, 1968, p. 93.

② Steven Watson, *The Reign of George Ⅲ 1760—1815* , Oxford: Clarendon Press, 1960, p. 238.

③ W. A. Barker, G. R. Aubyn and R. L. Ollard, *A General History of England 1688—1832* , London: A. & C. Black Ltd, 1963, p. 174.

④ 王觉非主编:《近代英国史》,南京大学出版社,1997 年,第 324 页。

见和愿望,您将不会丧失任何名誉。"①乔治三世从心底里不想接受诺斯的辞职,他很清楚,诺斯的辞职意味着北美战争政策的失败,同时意味着他个人统治的终结。不过,形势已使诺斯政府不可能留任,议会反对派力量的滋长,只会给诺斯内阁带来被弹劾的命运。为避免这种不体面的结局,乔治三世不情愿地接受了诺斯的辞职。在新首相的人选上,乔治三世仍希望扶植一个"国王之友"出面组阁,他向大法官瑟洛勋爵(Lord Thurlow)伸出橄榄枝,但瑟洛说:目前只有"罗金汉、谢尔本及其党羽有能力并且愿意组阁"②。由于失去了最后一根救命稻草,乔治三世只能极不情愿地任命罗金汉上台组阁。至此,乔治三世的个人统治宣告结束。

乔治三世的失败说明了什么?"光荣革命"后,英国确立了二元制的君主立宪,君主和议会共享权力,但在某种程度上君主仍是权力的中心,他"不仅是立法机构的一部分,而且是唯一的行政首脑"③。但此后一系列变故却使王权不断削弱,议会力量不断加强,终致议会主权逐步形成。这一变化体现出英国从君主政治向贵族政治即寡头政治的转变,而权力重心向下转移,推动了英国政治的现代化进程。乔治三世试图恢复君主的个人统治,逆转了权力中心向下转移的趋势,从而也就违背了"光荣革命"后英国历史发展的潮流。在辉格党反对派、激进主义势力以及下层民众的联合打击下,以北美独立战争为契机,乔治三世个人统治的图谋终究不可避免地失败了。由此,"光荣革命"的成果得到巩固,君主立宪制又回到正常的轨道上。在经历了乔治三世的回光返照后,英国的王权不断衰落,随着政党政治的发展以及责任内阁制的完善,君主"统而不治"的时代渐渐拉开了序幕。

---

① *The King to Lord North*, 27 March 1782, in Neville Williams(ed.), *The Eighteenth-Century Constitution 1688—1815: Documents and Commentary*, Cambridge: Cambridge University Press, 1960, pp. 90—91.

② Leonard Cowie, *Hanoverian England 1714—1837*, London: Bell & Hyman Limited, 1967, p. 354.

③ H. T. Dickinson, *Liberty and Property: Political Ideology in Eighteenth-Century Britain*, New York: Holmes & Meier, 1977, p. 146.

第四章　托利党的保守时期

从 1782 年诺斯内阁垮台到 1815 年反法战争结束的约 30 年时间，是英国国内政治转向的时期。在法国大革命爆发前，发迹于辉格党的小威廉·皮特（William Pitt the Younger）摆脱了君主对于国务的干涉，在内政外交方面进行了一系列改革，开辟了"小皮特时代"。1789 年法国大革命爆发，其后英法关系恶化，促使以小皮特为首的一批政治家从辉格党转向托利党，改革的进程也戛然而止。此后直到 1815 年拿破仑战争结束，托利党长期把持政权，小皮特及其追随者日益保守和僵化，他们坚决反对任何变革，变成了"旧制度"的坚定捍卫者。法国大革命造成英国政治向保守方向转变，这是此时期英国政治发展的主要特征。

诺斯政府垮台后，任命辉格党人组阁成为乔治三世的唯一选择。不过，辉格党实际上处于分裂状态，其中两个主要派别是查塔姆派和罗金汉派。老威廉·皮特领导的查塔姆派①是"亲君派"，把忠君、爱国置于首要地位，他们鼓吹"非党主义"，强调政府应超越党派界限，1766 年，该派受乔治三世拉拢而组阁。罗金汉派自认为是发动"光荣革命"的老辉格

---

① 老威廉·皮特后来被册封为查塔姆伯爵（Earl of Chatham），因此其支持者被称为"查塔姆派"。

党人的继承人,他们反对王权扩张,要求抵制王室影响,强调政党作用,主张建立单一政党的政府,因为"这既符合英国宪政传统,又符合国民利益要求"①。该派著名政论家埃德蒙·伯克提出政党政府的思想。他认为在组建政府前,党人应该团结一致保卫宪政,抵制违背宪政的政府制度;为达此目标,党人须占据政府重要职位,并将其政策建立在议会赞同以及公众认可的基础之上。② 伯克的政治学说为处于反对派地位的罗金汉派提供了理论依据,同时也促使该派逐渐转变为议会中首个"有组织的反对党"。

罗金汉派起初在议会只有五六十人,18世纪80年代后增长到八九十人。罗金汉派在国内主张削弱王权、限制王室年金,建立高效廉洁政府;对外他们反对在北美实施高压政策,主张通过谈判结束冲突。罗金汉派的纲领得到一些较小派别的支持,一些独立议员支持罗金汉派,使其势力大增。另一方面,1778年老皮特去世后,查塔姆派受谢尔本和小皮特的领导,称谢尔本派,但势力大为削弱。1782年3月,乔治三世任命罗金汉及谢尔本组建联合内阁,由罗金汉派占主导地位。

两派为争夺内阁控制权而激烈斗争。几个月后罗金汉去世,年轻的查尔斯·福克斯成为该派领袖,改称福克斯派。乔治三世命谢尔本出任首相,福克斯不满,与伯克等人宣布退出内阁,结盟诺斯领导下的"国王之友"派,成为下院中强大的反对派。1783年2月24日,就在下院辩论有关英美停战的《巴黎和约》(Treaty of Paris)时,福克斯派与诺斯派联合提出对内阁的不信任案,击败政府,造成谢尔本内阁垮台。随后乔治三世任命波特兰公爵(Duke of Portland)组阁,但实权掌握在福克斯和诺斯手中。

几届政府在削弱王权、净化政府方面还是做了一些事。罗金汉虽然仅当政三个多月,但在伯克的倡导下推行了多项有效改革,包括:剥夺数

---

① 程汉大:《英国政治制度史》,中国社会科学出版社,1995年,第347页。

② Frank Q'Gorman, *The Emergence of the British Two-Party System 1760—1832*, London: Edward Arnold, 1982, p. 9.

千名由王室任命的税务官及征税官的选举权,废除 40 多个闲散官职,削减王室年金及其他费用;①此外,议会剥夺 10 多名政府承包商的议员资格,重创了王室的影响力。② 政府还规定:主计大臣的个人财产应该与政府收入截然分开,而政府收入则存放于英格兰银行的官方账户。③ 这些措施在一定程度上削弱了王权,强化了议会对公共财政的控制,提升了议会及政府的影响力。

谢尔本在内政外交方面也有一些作为。在内政方面,政府推行以提高政府效率及减轻国家负担为目标的行政改革,内容包括:降低国债利息,建立减债基金以赎回国债,重振公众对政府的信心;简化税收种类,降低税收额度。为刺激对外贸易,政府还降低了关税,推动贸易自由化。④ 在外交方面,"追求和平成为政府最紧迫的任务"⑤,通过谈判英美缔结了《巴黎和约》,但在英国下院引起了激烈的争论,并造成谢尔本内阁垮台。

福克斯-诺斯内阁之组成纯粹是为了执政,因为两派在政治纲领上几乎完全对立,只是因为反对谢尔本而走到了一起。不过,由于在下院拥有多数,《巴黎和约》一字不动地在议会获得通过,英国承认北美独立,以此换取和平。为限制东印度公司的权力,1783 年 12 月政府提出《印度法》(*Indian Bill*),将公司属地的管治权以及殖民地官员的任命权,由东印度公司转移到英国政府任命的委员会手中。人们很快发现这个委员会中多数是福克斯派和诺斯派成员,其中还有诺斯的儿子。任人唯亲的

---

① Leonard Cowie, *Hanoverian England 1714—1837*, London: Bell & Hyman Limited, 1967, p. 356.

② Steven Watson, *The Reign of George Ⅲ 1760—1815*, Oxford: Clarendon Press, 1960, p. 247.

③ R. K. Webb, *Modern England : From the Eighteenth Century to the Present*, New York: Dodd Mead & Company, 1968, pp. 94—95.

④ Steven Watson, *The Reign of George Ⅲ 1760—1815*, Oxford: Clarendon Press, 1960, p. 252.

⑤ Ian R. Christie, *Wars and Revolutions : Britain 1760—1815*, London: Edward Arnold, 1982, p. 144.

行为引起公司董事会及伦敦工商业巨头的不满,但法案依旧在政府控制下的下院获得通过。当法案提交上院表决时,乔治三世公开反对,他甚至说支持《印度法》的人不仅不是他的朋友,而且会被看作是他的敌人。①在君主的强硬表态下《印度法》被上院否决;12 月 18 日,在福克斯、诺斯还未及做出反应时,乔治三世宣布解散内阁,并在几天后任命小皮特组阁。

24 岁的小皮特是英国历史上最年轻的首相。他发迹于辉格党政治世家,是老皮特的儿子;小皮特对政党政治态度冷淡,提倡在公众及议会的支持下建立代表国民利益而非政党利益的包容政府,这种"爱国者"的形象使他获得了乔治三世的青睐。不过,由于难以控制议会下院,小皮特的政治基础并不稳固,对政府构成强大压力和挑战的,依然是以福克斯为首的反对派。福克斯不仅质疑君主不顾下院多数解散政府的合法性,而且在下院多次提出反对小皮特内阁的动议。在小皮特与福克斯反对派的斗争中,1784 年"3 月 25 日解散议会成为这出戏的最后一幕"②。接下来的新的大选,用乔治三世的话来说,其结果"比原先最为乐观的预期还要好"③。小皮特的支持者获取多数,超过福克斯派 200 个席位以上。随后,在小皮特的操纵下,一批在工商业发家的巨富被乔治三世册封为贵族,从而控制了上院。④ 由此,小皮特的根基终于稳固了。

一直到法国大革命爆发之前,小皮特始终以"改革者"的形象出现在公众面前。他大张旗鼓地进行改革,企图实现"国家的复兴"⑤。

在各项改革中经济改革最有成效。1784 年英国国债达到 2.43 亿镑,年利息就达 900 万镑,相当于国家财政收入的一半,政府每年财政赤

① Leonard Cowie, *Hanoverian England 1714—1837*, London: Bell & Hyman Limited, 1967, p. 359.

② Dorothy Marshall, *Eighteenth Century England*, Essex: Longman, 1982, p. 534.

③ Leonard Cowie, *Hanoverian England 1714—1837*, London: Bell & Hyman Limited, 1967, p. 362.

④ J. H. Plumb, *England in the Eighteenth Century*, Middlesex: Penguin, 1963, p. 191.

⑤ Asa Briggs, *The Age of Improvement 1783—1867*, London: Longman, 1979, p. 117.

字高达 200 万镑。① 为此,政府设立专门的偿债基金,每年从政府收入中划出 100 万镑用于还债。这项改革成效显著,1786—1793 年间,英国国债减少了 1 000 万镑,极大地恢复了公众对政府财政的信心。② 为增加政府收入,政府出台严厉的法律来打击走私,并大幅度削减商品进口税,如茶税从 119％骤降至 25％,葡萄酒、白酒以及烟草税也大幅度降低,从而使走私无利可图。同时,政府对各类奢侈品开征新税,涉及马匹、雇佣仆人、出租马车、窗户、帽子、缎带、蜡烛、钟表等。1792 年小皮特宣称,新税给政府增加约 100 万镑的年收入。③ 作为自由主义理论的信奉者,小皮特政府在推动自由贸易方面也做出了努力。1786 年,英法签订商约,将关税降至 10％—15％之间。法国的葡萄酒、白兰地,英国的纺织品、陶器、金属制品等均在关税调整范围之内。④ 关税的降低促进了进出口贸易的增长。1783—1790 年间,英国商品进口额翻了一番,达 2 000 万镑,而出口额也从 1 250 万镑增加到 2 000 万镑。⑤

在政府改革方面,小皮特将冗官闲职的薪俸由王室支出改为政府开支,进一步削弱了王室的影响力;对于那些因人而设的冗官,政府采取延缓策略,即一旦在任的官员去世,其职位也随之去除。⑥ 为节约开支,政府在强化税收征管体制的同时,也大大削减了税务官的规模,1784—1793 年间,约 400 个税务官的职位被削减。⑦ 1787 年政府还设立了隶属

---

① Leonard Cowie, *Hanoverian England 1714—1837*, London：Bell ＆ Hyman Limited, 1967, p. 365.

② Richard Brown, *Revolution, Radicalism and Reform：England 1780—1846*, Cambridge：Cambridge University Press, 2000, p. 19.

③ Leonard Cowie, *Hanoverian England 1714—1837*, London：Bell ＆ Hyman Limited, 1967, p. 366.

④ Ian R. Christie, *Wars and Revolutions：Britain 1760—1815*, London：Edward Arnold, 1982, p. 194.

⑤ Richard Brown, *Revolution, Radicalism and Reform：England 1780—1846*, Cambridge：Cambridge University Press, 2000, p. 20.

⑥ David Harris Willson and Stuart Prall, *A History of England*, New York：Holt, Rinehart and Winston, 1984, p. 456.

⑦ Ian R. Christie, *Wars and Revolutions：Britain 1760—1815*, London：Edward Arnold, 1982, p. 186.

于财政部的"联合基金"（Consolidated Fund），一切关税和消费税等直接进入联合基金账户；①政府各部门的开销，以及各类官员的薪俸，均须由财政部审批并发放。

小皮特甚至提出议会改革方案，根据该方案，选举权将扩大到年收入 40 先令的公簿持有农及租地农（以前是 40 先令自由持有农）；取消 36 个衰败选邑，将其席位分配给伦敦及各郡，政府为此向拥有这些选邑的贵族支付 100 万镑。这个提案受到君主、内阁部分成员和下院保守派的反对，因此以 248∶174 票被否决。② 从此后，小皮特就不再提议会改革了。1788 年乔治三世突发疯癫病，福克斯等提出《摄政法》（Regency Act），获下院通过。由于福克斯与王储有亲密的私人关系，人们普遍猜测小皮特内阁必将垮台。③ 但 1789 年 2 月乔治三世突然康复了，所以在法案提交上院表决的最后关头，摄政危机瞬间化解。④ 随后，小皮特借机解除了不少在摄政危机中倒戈的阁员职务，又排挤内阁中的异己者，从而强化了首相的控制权。此后乔治三世的健康状况时好时坏，疯癫病间歇发作，君主对政事的干预越来越少了。到法国大革命时期，内阁权力越来越集中到小皮特手中，有学者为此指出：小皮特才是真正意义上的第一位首相，在某种意义上，他可能也是近代责任制政府的始作俑者。⑤

法国大革命刚爆发时，英国各界都为之鼓舞。福克斯指出："巴士底狱的陷落是世界历史上所发生的最伟大的事件，而法国新宪法草案则是

---

① Steven Watson，*The Reign of George Ⅲ 1760—1815*，Oxford：Clarendon Press，1960，p. 286.

② Leonard Cowie，*Hanoverian England 1714—1837*，London：Bell & Hyman Limited，1967，p. 364.

③ R. K. Webb，*Modern England：From the Eighteenth Century to the Present*，New York：Dodd Mead & Company，1968，p. 98.

④ Ian R. Christie，*Wars and Revolutions：Britain 1760—1815*，London：Edward Arnold，1982，p. 207.

⑤ Leonard Cowie，*Hanoverian England 1714—1837*，London：Bell & Hyman Limited，1967，p. 369.

任何时代或国家建立在人类整体基础之上的最宏伟、最壮丽的自由大厦。"①牧师理查德·普莱斯(Richard Price)认为,英国"光荣革命的事业还未完成",而法国革命"将成为这场跨越世界的变革的先导"。② 小皮特公开宣称:法国动荡的局势终将平息下去,法国人"将享受到的那种自由正是我所崇敬的"③。对绝大多数英国人而言,"法国人在仿效英国的光荣革命,试图建立一种有限君主制,为其争取那些基本的自由"④,因此他们支持法国大革命。但随着君主制的覆灭及共和国的建立,平等、自由等理念迅速传播,威胁到英国的政治体制,英国思想界也因此引发了激烈的辩论。辩论双方是以埃德蒙·伯克为首的保守派和以托马斯·潘恩(Thomas Paine)为首的激进派,有学者认为:"这是英国历史上前所未有的意识形态论争中最有决定意义的一场论战"⑤,其结果对英国的政党政治及政府决策都产生了深远影响。

　　1790年伯克发表《法国革命感想录》(中译《法国革命论》)(*Reflections on the French Revolution*),公开表达对革命前景的担忧。伯克认为,法国革命与英国的"光荣革命"有本质的区别:"光荣革命"捍卫的是传统和秩序,而法国大革命却是以残暴的方式摧毁传统。伯克指出:"法国革命乃是世界上迄今所曾发生过的最为惊人的事件。……在这场轻率而又残暴的奇异的混乱中,一切事物似乎都脱离了自然,各式各样的罪行和各式各样的愚蠢都搅在了一起。"⑥伯克预言:法国革命中抽象的表面的平等以及对旧制度的彻底摧毁,将不会造就一个和平、安

① Asa Briggs, *The Age of Improvement 1783—1867*, London: Longman, 1979, p. 130.

② Clive Emsely, *Britain and the French Revolution*, Essex: Pearson Education Limited, 2000, p. 10.

③ Thomas William Heyck, *The Peoples of the British Isles: A New History From 1688 to 1870*, Belmont: Wadsworth Publishing Company, 1992, p. 231.

④ W. A. Barker, G. R. Aubyn and R. L. Ollard, *A General History of England 1688—1832*, London: A. & C. Black Ltd, 1963, p. 224.

⑤ Alfred Owen Aldridge, *Man of Reason: The Life of Thomas Paine*, Philadelphia: Lippncott, 1959, p. 186.

⑥ [英]柏克:《法国革命论》,何兆武等译,商务印书馆,1998年,第13页。

宁、有保障的新秩序，只会造成"流血、战争、暴政以及对人权的篡夺"。①
在伯克看来，法国革命乃"哲学式的革命"，他不掩饰对革命的反感："我
对革命——它那信号往往都是从布道坛上发出的———感到厌恶。"②伯
克的言论造成辉格党内部的分裂，也推动了 18 世纪 90 年代后英国政治
的保守化。

针对伯克的言论，激进主义思想家托马斯·潘恩在 1791—1792 年
间发表《人权论》(The Rights of Man)，对伯克做出全面回应。潘恩认
为，依据自然法则，"所有的人生来都是平等的，并且具有平等的天赋权
利"③。但"光荣革命"后的英国宪政只维护世袭的君主和贵族，捍卫不平
等和非正义，而公然压制人的自然权利。英国君主制由世袭产生，它侵
犯了后人选择自己政府的权利，其最大的荒谬性在于："它把君主变成一
个任何儿童或白痴都能担任的职位。"④与之形成对照，法国大革命建立
的"代议制民主"，即共和制政府才是最好的政府，这不仅在于它以增进
人民福祉为宗旨，而且它"唯一真正的基础，是平等的权利。人人都有权
投一票……富人的权利并不比穷人多"。⑤ 为此，潘恩大力弘扬法国大革
命，讴歌法国的民主制度；他倡导英国以法国为榜样，终结君主制，建立
共和国。《人权论》出版后一周之内卖出 5 万册，1791 年再版 6 次，到
1793 年时发行量已超过 20 万册，创造了英国出版史上的纪录。⑥《人权
论》成为英国民众激进主义的"圣经"，推动了议会改革运动的发展。

法国大革命的爆发以及保守主义与激进主义的论战，造成辉格党内
部的分裂及其长时期的衰微。在小皮特的领导下，保守力量在保守主义

---

① Steven Watson, *The Reign of George Ⅲ 1760—1815*, Oxford: Clarendon Press, 1960,
    pp. 323—324.
② ［英］柏克:《法国革命论》,何兆武等译,商务印书馆,1998 年,第 33 页。
③ ［英］潘恩:《人权论》,《潘恩选集》,马清槐译,商务印书馆,1981 年,第 141 页。
④ 同上书,第 239 页。
⑤ Philip Foner (ed.), *The Completed Writings of Thomas Paine*, New York: Citadel Press,
    1945, pp. 577—578.
⑥ Richard Altick, *The English Common Reader : A Social history of the Mass Reading Public
    1800—1900*, Chicago: University of Chicago Press, 1957, p. 70.

的旗帜下集结起来,完成了托利党的重建与复兴,并把持政权达 40 年之
久。辉格党则不断分裂,最终形成两大派:以福克斯和查尔斯·格雷
(Charles Gray)为代表的激进派,以伯克和波特兰公爵为代表的保守派。
前者始终支持法国革命,反对英国参与反法战争,并在国内倡导议会改
革;后者敌视法国革命,支持参与反法战争,镇压国内民众运动,反对进
行议会改革。随着法国革命中流血、暴力事件的增加,辉格党的分裂公
开化了。1792 年 4 月,激进派在格雷的领导下建立"人民之友社"
(Association of the Friends of the People),并提出议会改革的具体方
案。① 福克斯相信乔治三世和小皮特对英国宪政及自由的威胁,要远远
大于法国革命所带来的威胁,因此对改革方案表示赞成。伯克、波特兰
公爵对党内的激进化倾向表示不满,他们认为应该把维护英国宪政及秩
序放在首位,"任何善意的改革都将导致革命和骚乱"。②

　　1793 年 5 月,在英法交战的状态下,格雷又提出议会改革方案,造成
辉格党的直接分裂。福克斯公开表示反对小皮特的战争政策,支持格雷
改革;伯克、波特兰公爵则支持政府对法开战,反对任何改革。在下院表
决中,由于辉格党保守派投反对票,改革方案以 282∶41 的大比差票数
被否决。③ 两个月后两派正式分裂:波特兰公爵带领近百名辉格党议员
投靠小皮特,其中 4 人、包括波特兰进入政府;福克斯领导的辉格党残余
在下院仅拥有约 60 个席位,一直到 19 世纪初才增加到 80—90 个席位。
这次分裂使辉格党势力大衰,但正如福克斯所指出的,这对辉格党来说
是个新的开端,辉格党变得更加纯洁、在重大问题上更能保持行动一
致了。

　　此后二十余年间,福克斯领导的辉格党成为议会中坚定的反对派,

---

① Albert Goodwin, *The Friends of Liberty : The English Democratic Movement in the Age of the French Revolution*, Boston: Harvard University Press, 1979, p. 205.

② Frank Q'Gorman, *The Emergence of the British Two-Party System 1760—1832*, London: Edward Arnold, 1982, p. 25.

③ Ian R. Christie, *Wars and Revolutions : Britain 1760—1815*, London: Edward Arnold, 1982, pp. 217—218.

对政府的内政外交进行猛烈的抨击。1793 年英法交战后,小皮特政府为稳定社会秩序,出台一系列高压政策,打击以议会改革为目标的各类改革运动,进而剥夺和平时期民众所享有的自由权利。辉格党则自称是英国宪政的捍卫者,支持改革派的政治活动,反对政府的高压措施。1795—1796 年间辉格党在全国范围内发起请愿活动,有 13 万人在 94 份请愿书上签名,反对政府的高压政策。1797 年 5 月,格雷在下院再次提出议会改革动议,内容包括取消衰败选邑,在各郡设立单一选区,实行户主选举权,每三年召开一次议会。提案再次以 256∶91 的大比差票数被否决,①尽管如此,辉格党却一直在为其政治理念斗争,而处于逆境中的民众激进主义,也因辉格党对议会改革的坚守而看到了希望。

19 世纪初,托利党内部出现分化,格伦维尔派成为下院中的“新反对派”,并与福克斯领导的“老反对派”实行暂时的联合。联合在很大程度上是由福克斯派在战争问题上转变态度引起的。1803 年 5 月,当法国撕毁《亚眠和约》(*Treaty of Amiens*)、导致战争再起时,福克斯改变态度,宣布支持对法战争。此外,两派都指责小皮特和阿丁顿(Addington)内阁屈从于乔治三世的压力、终止天主教解放事业。1805 年 4 月 8 日,两派联合弹劾了涉嫌腐败的海军大臣亨利·邓达斯(Henry Dundas),给小皮特政府很大打击。② 1806 年小皮特去世,乔治三世不得已接受反对派上台,组建“全人才内阁”。

1806—1807 年的“全人才内阁”是福克斯派和格伦维尔派的联合内阁。辉格党结束了十多年来的长期在野,极大地振奋了党内士气。外交大臣福克斯曾力推与法国和解,但他的突然去世使这一努力无果而终,而查尔斯·格雷则成为辉格党新一代领导人。1807 年,在向天主教徒征兵的问题上政府与君主意见分歧,乔治三世趁机解散了“全人才内阁”;

---

① Steven Watson, *The Reign of George Ⅲ 1760—1815*, Oxford: Clarendon Press, 1960, p. 362.

② Frank Q'Gorman, *The Emergence of the British Two-Party System 1760—1832*, London: Edward Arnold, 1982, pp. 35—36.

辉格党的执政如昙花一现，此后辉格党又有二十余年处于在野地位。

与辉格党的衰落相对照，法国大革命给托利党重建带来了契机。在乔治三世继位之初，尽管有学者认为"托利党几乎不存在了"[1]，但在议会下院，托利党依然控制着 100 多个席位。乔治三世个人统治期间，由于君主排斥政党，所以尽管有个别托利党贵族以"国王之友"的身份进入内阁，但总体上看，托利党内部派别混杂、组织涣散，没有明确的政治纲领，几乎不存在统一的组织机构，更缺乏有权威的领导人。法国大革命爆发后，由于政局变化，托利党迅速完成复兴与重建，伯克和小皮特在这一过程中做出了重大贡献。

重建的指导思想是伯克的保守主义政治哲学。法国大革命爆发后伯克渐趋保守并投入托利党阵营，眼见大革命时期英国改革运动风起云涌，对英国宪政造成冲击，伯克发表了《法国革命感想录》，对激进主义做出回应，为英国的制度做辩护。伯克的思想核心体现为以下几点：首先是对传统的尊重。伯克认为，传统是由祖先留下的，"我们祖先的智慧是一份值得敬仰的无法用价值来衡量的遗产，它不应随着世代传递而轻易改变"[2]，因此，应"尊敬你们的前人，你们也就学会了尊重你们自己"[3]。其次是对自由与秩序的看法。在伯克看来，秩序是自由的条件，有秩序才有自由，没有秩序谈不上自由，只会有暴力和混乱。秩序与自由之间的关系可以归结为：秩序有助于自由，自由有赖于秩序。[4] 第三是对于权利的认识。伯克认为，人的权利并非来自任何空洞或抽象的契约，而是来自于人们所生活于其中的社会，权利不由天赋，而是人所赋予的，是历代人们智慧的结晶所赋予的，是由传统所形成的。因此，"对于政治权利

---

① Frank Q'Gorman, *The Emergence of the British Two-Party System 1760—1832*, London: Edward Arnold, 1982, p. 45.

② W. A. Barker, G. R. Aubyn and R. L. Ollard, *A General History of England 1688—1832*, London: A. & C. Black Ltd, 1963, p. 218.

③ ［英］柏克：《法国革命论》，何兆武等译，商务印书馆，1998 年，第 47 页。

④ 同上书，第 iii 页。

的讨论离不开这些权利的历史以及人们在社会中的活动"①。第四是坚决反对革命。伯克认为,"一场革命都是有思想的和善良的人们的最后不得已的办法"②,由于小小的过失就动辄发动革命,会使社会陷入无政府状态,因此,伯克认为法国革命是没有必要的,因为法国旧制度虽非完美无缺,却远远没有沦落到无可救药的地步;法国彻底抛弃旧制度,"是在做无本生意"。最后是对"光荣革命"以后英国宪政的态度。伯克认为,"光荣革命"后的英国政体是完美的,没有必要再做改变;伯克不反对变革,但在他看来,只有到迫不得已时才可对现存制度进行变革,并且"也只能局限于有毛病的部分,局限于有必要做出改动的部分……目标是从原有的社会因素中创建新的国家秩序"。③ 伯克对于法国革命、自由与秩序、"光荣革命"及英国宪政等问题的看法,构成了一整套保守主义的政治观,从而为托利党的重建提供了理论指导。

《法国革命感想录》出版后在社会上广为流传,第一周售出 7 000 册,以后又屡屡再版。④ 该书不仅被托利党人奉为圭臬,而且对英国执政者影响很大。乔治三世称这是"一本好书,每个绅士都应该读一读"⑤。小皮特也逐渐接受他的观点,形成个人政治观念的转变,并成为新的托利党领导者。小皮特在英国历史上是一位充满矛盾的政治家。从政治取向上看,尽管不少学者将小皮特奉为"托利党的重建者",但他出身于辉格党世家,更愿将自己看作是捍卫"光荣革命"传统的独立辉格党人,也许他想向世人表明自己不是像"国王之友"那样的托利党人。⑥ 但与辉格

---

① Frank Q'Gorman, *The Emergence of the British Two-Party System 1760—1832*, London: Edward Arnold, 1982, p. 48.

② [英]柏克:《法国革命论》,何兆武等译,商务印书馆,1998 年,第 40 页。

③ 钱乘旦、陈晓律:《在传统与变革之间——英国文化模式溯源》,浙江人民出版社,1992 年,第 185 页。

④ Bertram Newman, *Edmund Burke*, London: G. Bell & Sons, LTD., 1922, p. 229.

⑤ Leonard Cowie, *Hanoverian England 1714—1837*, London: Bell & Hyman Limited, 1967, p. 372.

⑥ James Williamson, *The Evolution of England : A Comment on the Facts*, Oxford: Clarendon Press, 1944, p. 328.

党人不同的是,小皮特坚称国家利益高于政党,讨厌党派活动,力图将政府建立在非党基础上;同时他认为君主是英国宪政的一个组成部分,维持与君主的良好关系是政府得以平稳运转的重要条件。法国大革命爆发后小皮特政权转向保守:在内政方面,18世纪80年代以来带有自由主义色彩的改革措施随即终止,政府出台一系列高压法令,对国内改革运动实行镇压;在外交方面,小皮特政府对法国大革命取敌视态度,最终领导了对法战争。小皮特的内外政策在议会内外赢得多数人支持,这样,当法国大革命的影响波及英国时,几乎所有托利党人都投入政府支持者的行列中,并将小皮特奉为该党领袖。辉格党内的保守派,即波特兰公爵、伯克等领导的辉格党人也加入小皮特阵营,从而强化了保守党政权的基础。这样,到18世纪90年代初,小皮特派、原托利党人、辉格党保守派实现了融合,这支重组的政治力量成为新托利党的主体,一度涣散的托利党也由此而实现了重建与复兴。

英国学者弗兰克·奥格尔曼(Frank O'Gorman)曾说:"只要小皮特一息尚存,新托利党就不可能产生。"[1]但事实上小皮特领导的政治力量完全具备政党的特征,之所以将其称为"新托利党",是因为在当时政治生活中最重要的几个问题上,他们与在野的福克斯派辉格党人几乎完全对立,这些问题包括:议会改革问题、英国宪政问题、法国革命问题、反法战争问题等;这种对立恰恰是两党制的重要表征。

然而在1801年,小皮特在天主教解放问题上与乔治三世严重对立,导致了小皮特政府的垮台,被称为"新托利党"的政治势力在下院开始分裂。这种"树倒猢狲散"的局面却也说明小皮特及其支持者确实还没有组建成真正的政党。下院托利党分为这样几派:对党派政治相对淡漠的小皮特派,约60人;阿丁顿派,约30—40人;格伦维尔派,约20—30人;乔治·坎宁(George Canning)派,约10—15人。[2] 这些派别在不少问题

---

① Frank Q'Gorman, *The Emergence of the British Two-Party System 1760—1832*, London: Edward Arnold, 1982, p. 51.

② Ibid., p. 53.

上存在分歧,但在一个根本问题上立场一致,即反对议会改革,维护现存法律和秩序。后来经过十多年的整合,到 1812 年,四派中的三派在利物浦勋爵(Lord Liverpool)的领导下联合起来(格伦维尔派到 1821 年才加入政府),由此标志新托利党正式形成。

小皮特下台后,1801—1804 年阿丁顿继任。这只是一个过渡政府,虽然有君主的支持,但一直得不到下院多数席位。1804 年,由于遭到格伦维尔派、小皮特派、坎宁派及辉格党福克斯派的一致反对,阿丁顿辞职,小皮特再次执政。小皮特在组阁问题上依然坚持非党原则,试图组建一个基础广泛、包含所有党派在内的联合政府。小皮特甚至提议让福克斯担任外交大臣,但由于乔治三世的反对而未果。由于福克斯派和格伦维尔派被排除在外,这届政府的基础极为狭窄,被讽称为"比利"内阁。[①] 在两年执政期间,小皮特未能将托利党势力联合起来,而福克斯领导下的反对派却由于 23 名格伦维尔派议员的加入而力量大增,占了议会中大约 150 个席位。[②] 这使得下院的力量对比发生变化,成为反对派上台组阁的基础。

1806 年小皮特因病去世,波特兰公爵成为该派领袖,但其支持者逐渐抛弃对领袖个人的忠诚,而开始了从派别向政党的转变。在 1806—1807 年的"全人才内阁"时期,小皮特派逐渐认识到作为一个有组织的整体、保持联合一致行动的重要性。1807 年波特兰组阁,意味着小皮特派重新执政;此后直到 1830 年议会改革前夕,托利党内的各派别轮流执政。1807 年,波特兰公爵为巩固新政权而举行大选,到这时,人们不再用首相或领袖的名字来称呼政治派别了,"托利"与"辉格"的称谓又流行起

---

① Billy 是 William Pitt 之名 William 的绰号,"比利内阁"是讽刺小皮特内阁缺乏广泛的基础,仅仅是小皮特自己的内阁。Leonard Cowie, *Hanoverian England 1714—1837*, London: Bell & Hyman Limited, 1967, p. 389.

② B. W. Hill, *British Parliamentary Parties 1742—1832: From the Fall of Walpole to the First Reform Act*, London: George Allen & Unwin, 1985, p. 183.

来,体现着"政党制度的变化正在发生"。① 格雷领导下的福克斯派及其支持者被称为"辉格党",与之相对的各派政治势力被统称为"托利党"。在格伦维尔派的支持下,处于在野地位的辉格党于 19 世纪初先后提出过天主教解放法案以及议会改革法案,但均被压倒优势所否决,改革的事业屡屡受挫。②

为了对抗辉格党的改革诉求,托利各派逐渐联合。斯宾塞·珀西瓦尔(Spencer Perceval)当政时期,开始将托利各派别纳入政府,实现了党内的初步联合。1810 年珀西瓦尔宣称:本届政府将以小皮特为榜样,但皮特先生不再是"我们的唯一代表了,这个名字的魔力已大大消失。我们得以依赖的原则是对公众的忠诚以及对君主的拥戴,正是这一原则促使我们团结起来,并给我们以力量支持"③。这些言论体现出托利党的政党意识日益清楚;1812 年利物浦勋爵担任首相后,托利党各派别最终联合成一体,完成了法国大革命之后托利党重建的过程。

托利党的意识形态核心是这样一些原则:忠于教会与王权,保卫国家安全,维护法律与秩序。到 1815 年反法战争结束时,这些原则转化为托利党各派所共同拥戴的政党纲领,即"托利主义"。18、19 世纪交接时,"托利主义"在现实政治中的体现是:反对议会改革,反对天主教解放,反对废除奴隶贸易。"这种政治上的反动与其自称的维护国家制度的目标"④是一致的,因此成为所谓"托利精神"的核心。即便在和平时代来临后,托利党依然抗拒各种变革,成为"旧制度"的坚定捍卫者。

纵观法国大革命后几十年间两党的起落沉浮便不难发现:首先,托

① Leonard Cowie, *Hanoverian England 1714—1837*, London: Bell & Hyman Limited, 1967, p. 393.

② Steven Watson, *The Reign of George III 1760—1815*, Oxford: Clarendon Press, 1960, p. 451.

③ A. S. Foord, *His Majesty's Opposition, 1714—1832*, Oxford: Oxford University Press, 1964, p. 439.

④ Frank Q'Gorman, *The Emergence of the British Two-Party System 1760—1832*, London: Edward Arnold, 1982, p. 59.

利党的重建与复兴、辉格党的分裂与失势,在很大程度上与法国大革命这种外在因素有关。其次,在现代政党政治完全成形前,尽管政党的影响力越来越强大,但王权有时也会对政党的命运产生影响。由于两党对王权的态度有差异,乔治三世青睐托利党而厌倦辉格党。法国大革命期间,乔治三世通过行使内阁遴选权,在一定程度上造成托利党的长期主政以及辉格党的长期在野。最后,托利党与辉格党在政治上的分野逐渐明晰。总体上看,托利党反对法国大革命,支持并推动反法战争,尊重"国王与教会",反对天主教解放,维护传统的宪政,反对议会改革;与之相反,辉格党同情法国大革命,谋求英法和平,反对王权和王室的秘密影响力,倡导天主教解放,支持议会改革。正因为在这样一些重大问题上的两党分歧,所以联合执政的可能性就越来越小,政党政治的排他性显露出来了,到 19 世纪 30 年代议会改革后,现代政党政治终成定局。

法国大革命爆发后的二十余年时间,也是英国政治全面保守的时代。此间,托利党长期控制政坛。在外交方面,从对法国大革命的观望态度转向干涉,最终卷入反法战争;在内政方面,面对风起云涌的改革运动,颁布一系列高压法令,实施严厉镇压,把英国推到历史上最为保守的时代。

法国大革命爆发之初,小皮特政府作为一个旁观者冷静地观望海峡对岸发生的一切。1790 年 10 月小皮特还说:"本国将继续坚持中立政策,这也是迄今为止在关于法国内部纷争方面我们所一直小心翼翼地遵循的政策。"①1792 年奥地利和普鲁士对法宣战,英国政府依然不为所动,小皮特甚至认为:"从欧洲形势来看……目前这个时刻使得我们更有理由期待 15 年的和平局面。"②1793 年初法王路易十六被处死,法国占领奥属尼德兰和荷兰,自 18 世纪以来一直维持的欧洲大陆均势被打破,

---

① W. A. Barker, G. R. Aubyn and R. L. Ollard, *A General History of England 1688—1832* , London: A. & C. Black Ltd, 1963, p. 224.

② Ian R. Christie, *Wars and Revolutions : Britain 1760—1815* , London: Edward Arnold, 1982, p. 212.

这促使英国最终卷入反法战争。1793—1814 年间,英国先后组织起七次反法联盟,联合普鲁士、奥地利、俄国、荷兰、西班牙等国共同对付法国。从根本上说,反法战争"是 17 世纪末以来,英国和法国争夺商业和殖民霸权的继续";①但另一方面,这也是一场英法意识形态之战,正如伯克所说:"我们与之作战的是一则武装起来的信条","法国大革命旨在摧毁所有古老的政权",自由、平等是这个信条的政治武器。② 反法战争以英国胜利而告终,随后确立的维也纳体系恢复了革命之前欧洲各国的疆界,英国维系的均势局面也恢复了。

战争破坏了英国国内各项改革所需要的和平环境,正如内阁大臣亨利・邓达斯所说:"在风暴来临的季节里,没有人会去修补房子。"③于是,小皮特政府不仅中断了此前的各项改革进程,而且为维护既定秩序而采取一系列高压政策,打压国内改革运动。托马斯・潘恩的《人权论》是改革运动的指导思想,小皮特政府对此实施严厉打击。1792 年,政府颁布两项反煽动性著作的王室敕令,要求民众自觉抵制煽动性著作,并授权法官对其作者及印刷者实施追踪调查,可采取直接行动。④《人权论》被定性为煽动性著作,各地不仅将查获的《人权论》公开销毁,而且严惩该书的发行者和传播者;法庭以煽动叛乱为名,对逃亡在外的潘恩实施起诉,判其"煽动罪"成立。随后,诸多改革派人士因传播潘恩的思想而受审,包括潘恩著作的发行人乔丹和蒙丝。1793 年,苏格兰"国民大会"改革派领袖托马斯・米尔(Thomas Muir)和托马斯・帕尔默(Thomas Palmer)因传播潘恩的思想而受到审判,两人均被流放到澳大利亚。⑤

---

① 王觉非主编:《近代英国史》,南京大学出版社,1997 年,第 384 页。

② W. A. Barker, G. R. Aubyn and R. L. Ollard, *A General History of England 1688—1832*, London: A. & C. Black Ltd, 1963, p. 225.

③ Ibid. , p. 226.

④ Clive Emsely, *Britain and the French Revolution*, Essex: Pearson Education Limited, 2000, pp. 30—31.

⑤ Albert Goodwin, *The Friends of Liberty: The English Democratic Movement in the Age of the French Revolution*, Boston: Harvard University Press, 1979, p. 287.

1794 年后,下院一个专门委员会甚至把"传播潘恩原则"作为改革运动的罪名,从而为打压激进主义提供了依据。

法国大革命期间,英国各阶层的改革派人士非常活跃,他们成立各种激进组织,着力进行宣传鼓动。在贵族阶层里,格雷领导辉格党改革派于 1792 年成立"人民之友社",其目标是"使辉格党在改革的争论中占据主动,对于那些极端激进分子做到以智取胜,并由此而控制改革舆论的主流"。① 该组织多次在下院提出议会改革的动议,虽然均被否决,但显然对整个改革运动有很大鼓舞作用。中等阶级在大革命前后也成立了形形色色的激进组织,影响较大的有"革命社"(Revolution Society)、"宪法知识会"(Society for Constitutional Information)、"宪政会"(Constitutional Society)等。1788 年成立的"光荣革命社"以非国教徒为主体,该组织要求废除阻碍非国教徒参政的《市政团体法》(*Corporation Act*)与《宣誓法》(*Test Act*),提倡人民主权,主张英法两国改革派"共同行动",保障公民自由和宗教自由。1780 年由约翰·卡特赖特(John Cartwright)成立的"宪法知识会"在大革命期间非常活跃,它以向民众普及宪政知识、倡导议会改革、废除奴隶贸易为目标,在《人权论》的出版与传播方面发挥重要作用。从 1791 年起,"宪政会"在英国不少城镇建立起来,其目标是推动议会改革、扩大公民权利。在"宪政会"看来,"每一个人生而具有生命、自由和财产权","非经人民的多数同意并参与制定,所有的法律和条令都不公平"。② 苏格兰改革派也在 18 世纪 90 年代初行动起来。他们先后召开两次"国民大会",不仅提出了议会改革的方案,而且倡导大规模的请愿运动,并致力于与英格兰下层激进组织、特别是"伦敦通讯会"(London Corresponding Society)联合行动。③ 在大革

---

① John W. Derry, *Politics in the Age of Fox*, *Pitt and Liverpool*, New York: Palgrave, 2001, p. 62.

② Edward Royle and James Walvin, *English Radicals and Reformers 1760—1848*, Brighton: The Harvest Press, 1982, pp. 48—49.

③ Albert Goodwin, *The Friends of Liberty*: *The English Democratic Movement in the Age of the French Revolution*, Cambridge: Harvard University Press, 1979, pp. 284—285.

命的风暴中,英国工人阶级也行动起来,成立了自己的组织,其中最有代表性的是 1792 年 1 月由托马斯·哈迪(Thomas Hardy)牵头成立的"伦敦通讯会"。该组织倡导议会改革,认为"一旦恢复每年大选,一旦议会由一切人公正地推选出来,人民就将重新分享国家的治理",而所有的"疾苦统统将随之而去"。① 伦敦通讯会以年度议会选举及成年男子普选权为主张,反映了社会下层的诉求,在工人阶级中引起广泛共鸣。

面对来自社会各阶层的改革运动,保守派认为威胁到了英国的宪政与秩序,于是展开针锋相对的行动,试图阻止激进的潮流。这首先体现在民间出现的保守组织身上,它们反对法国大革命,支持英国君主制宪政。1792 年 11 月,约翰·里夫斯(John Reeves)在"皇冠与锚"酒店成立"保卫自由与财产、反对共和派与平等派协会"(Association for the Preservation of Liberty and Property and Against Republicans and Levellers),亦称"里夫斯协会"(Reeves Society)。很快,该组织在全国建立起 100 多个分会,至 1793 年,各地里夫斯协会多达 2 000 多个。该协会的宗旨是支持君主和政府,维护宪政与秩序,反对改革派的变革努力。协会的成员,在农村主要是地主、乡绅和约曼农,在城镇主要是商人、企业主、专业人士,此外还有国教会教士。② 由于他们是各地的社会精英,因此很自然地成为"旧制度"的维护者。

从 1794 年起,政府方面就授权内政部以任何方式瓦解激进组织,包括私拆信件、派遣奸细渗透等。当年就有 41 名改革派领袖被捕受审,其中包括伦敦通讯会领袖哈迪和约翰·霍恩·图克(John Horne Tooke),他们被控以叛逆罪,但由于证据不足和民众的压力而被释放。为加大打击力度,在小皮特政府的操纵下,议会以"无政府主义的危险威胁着英国"为由,两度中止《人身保护法》(1794 年 5 月—1795 年 7 月;1798 年 4 月—1801 年 3 月)。在该法停止实施期间,任何被指控犯有叛逆罪者,经

---

① 钱乘旦:《工业革命与英国工人阶级》,南京出版社,1992 年,第 93 页。
② Clive Emsely, *Britain and the French Revolution*, Essex: Pearson Education Limited, 2000, pp. 42—43.

一位国务大臣或六位枢密院成员签署逮捕令,即可立即逮捕并提交审判。① 在《人身保护法》第一阶段暂停期间,英格兰有 20 多名激进分子因叛逆罪而受审,一些人被处死,另一些人被判流放,还有一些人被判监禁。《人身保护法》的暂时中止在英国历史上是绝无仅有的,它侵害了英国人自古以来引以为豪的人身权利。

1795 年,为反对政府的高压政策,改革派在伦敦组织 10 多万人的大游行,并袭击了乔治三世乘坐的马车,这反而给政府提升镇压级别提供了借口。于是政府先后颁布两项法案,其一是《叛逆行为法》(*Treasonable Practices Act*)。法案规定,任何人如企图刺杀、伤害、侮辱、诅咒、辱骂、蔑视君主及其继承者,将被视为重大叛逆罪,可不经司法程序而直接处死;任何人如果鼓动民众憎恨君主及其继承者、反对王国政府和宪法,将被视为重大不良行为,可判处七年流放。② 其二是《煽动集会法》(*Seditious Meetings Act*)。法案规定,凡举行 50 人以上集会,须提前在报刊上公告其时间、地点及目的,并得到治安法官批准,否则将被视为"非法集会",治安法官有权驱散,拒不解散者将受到法律严惩,包括处以罚金、监禁、流放乃至处死。③ 这两项法案将英国人享有的言论及集会自由完全取消;进而在 1799 年,议会通过《反对非法结社及团体法》(*Act Against Unlawful Combinations and Confederacies*),明确禁止各种民众组织包括伦敦通讯会、宪法知识会在内的公开活动,不久议会又通过《结社法》(*Combination Act*),完全取缔了各类工人组织。④

1797 年 4 月,停泊在斯皮特黑德(Spithead)和诺尔(Nore)港口军舰上的水兵发动起义。起义者要求改善水兵待遇,还要求政府进行议会改

---

① Clive Emsely, *Britain and the French Revolution*, Essex: Pearson Education Limited, 2000, p. 32.

② Neville Williams(ed.), *The Eighteenth-Century Constitution 1688—1815: Documents and Commentary*, Cambridge University Press, 1960, pp. 425—426.

③ Ibid., pp. 426—427.

④ J. T. Ward and Hamish Fraser, *Workers and Employers: Documents on Trade Unions and Industrial Relations in Britain Since the Eighteenth Century*, London: Macmillan, 1980, p. 11.

革,保障人民的政治权利。政府严酷镇压了起义,36 名水兵被处死,另有 300 多名被判鞭笞,或发配到海外殖民地终身服役。随后,议会又通过针对秘密组织的《非法宣誓法》(*Act Against Unlawful Oath*),对拒绝效忠当局、进行非法宣誓的人加大打击力度。[①] 1798 年政府镇压了"联合爱尔兰人"(United Irishmen)发动的反英大起义,并将领导者以叛国罪予以审判,领导人之一科伊利(Coigley)被处决。为加强对爱尔兰的控制,1800 年英国议会通过了与爱尔兰合并的法案,规定自 1801 年 1 月 1 日起取消爱尔兰议会,爱尔兰可以向英国议会派遣 100 名下议员和 32 名贵族上议员。[②] 经由这项法案,英国强行兼并了爱尔兰。

在一系列严酷立法的打击下,改革运动逐渐衰落下去:来自贵族阶层和中等阶级的改革派开始退缩了,而来自社会下层,尤其是工人阶级的改革派虽然一直在抗争,但最终被无情地摧垮。1794—1800 年间,小皮特政府成功地将法国大革命引起的英国激进政治边缘化了。

继小皮特之后,托利党不同派别长期执政,并全面继承小皮特的衣钵,推行保守主义政治。战争带来了经济萧条,引发农村中的农民暴动和城镇中以破坏机器为目的的卢德运动(Luddite Movement),政府不是从根本上解决问题,而是对这些活动进行严厉的镇压。辉格党政治家在 1809—1810 年间提出议会改革方案,尽管相对于中等阶级和工人阶级的改革要求其言辞已非常温和,但托利党人依然联合起来加以反对,致使改革提案一再被否决。这个时候的托利党政府,"对内抵制变革、对外反对革命的立场没有丝毫的变化。小皮特的追随者已经把托利党带上一条危险的路,这就是不愿对现状作任何改变,哪怕变化非常小,而且有利于维护秩序也罢"。[③]

---

① Richard Brown, *Revolution, Radicalism and Reform : England 1780—1846*, Cambridge: Cambridge University Press, 2000, p. 27.

② David Harris Willson and Stuart Prall, *A History of England*, New York: Holt, Rinehart and Winston, 1984, p. 466.

③ 钱乘旦、许洁明:《英国通史》,上海社会科学院出版社,2002 年,第 225 页。

　　总之，从 18 世纪 90 年代起，到 19 世纪 30 年代初，英国政权长期处于托利党的控制之下，而小皮特开创的保守主义政治因而也延续下来。其核心原则是：对外反对法国革命，对内抵制任何变革，这一原则被后来的托利党人所继承，并得到进一步强化。政治保守化的原因，很大程度上在于对外战争的影响。在英法交战、国家安全受到威胁的情况下，打败传播革命理念的法国，抵制和镇压国内要求改革的反政府势力，这一政府政策在英国社会上层、中层以及部分下层中具有深厚的基础，这反过来也是托利党人长期执政的根源所在。不过，反法战争结束后，英国不再面临外来威胁之时，托利党政府却出于惯性而继续推行保守主义政策，抵制任何变革的要求，这就有点不合时宜了。在来自社会各阶层的以议会改革为目标的激进主义运动的冲击下，托利党政权的根基正逐步受到侵蚀，其最终垮台也在所难免。

第五章 "旧制度"与议会改革运动

　　"光荣革命"以后出现的英国政治制度被称作"旧制度"（Old Regime）。在这个制度下，政权牢牢地控制在贵族手中，因此18世纪也被称作是"贵族的世纪"。工业革命开始后，英国社会结构发生重大变化，两个新兴阶级即中等阶级和工人阶级力量壮大，日益挑战着不断僵化的"旧制度"，一场打破"旧制度"的议会改革运动由此兴起，并推动英国政治向民主化方向进展。

　　"旧制度"是相对于19—20世纪逐步形成的民主制度而言的，它相对于"光荣革命"以前的专制王权而言，其实是一种"新制度"。可见"新"与"旧"并不绝对，也没有哪一种制度永远正确，或可以永恒。

　　"光荣革命"后王权衰落，议会逐渐成为国家权力的中心，其中尤其以上院为主。上院又称贵族院，主要由世袭贵族组成，是英国政体的重要支柱。18世纪的上院是事实上的国家权力核心，不仅因为一切议案在下院三读通过后，必须由上院表决通过，送国王签署才能成为法律；更因为上院实际上控制和操纵着下院，贵族的影响力在这个过程中充分地表现出来。

　　"光荣革命"后上院贵族约160名。此后，经历了一些变化，到1714年上升到180名；加上新进入的16名苏格兰贵族、2名大主教和24名主

教,上院共有 222 名贵族议员。① 18 世纪末,为改变辉格党在上院的优
势,在托利党推动下加快了贵族册封的步伐,到 1800 年上院贵族增加到
267 名。② 1801 年英爱合并后,又有 32 名爱尔兰贵族进入上院。这样,
到 19 世纪初,上院贵族达到 300 名左右。上院与王权的关系一直密切,
据史学家对 1714 年安妮女王时期上院贵族的统计,有 50 名贵族接受王
室的薪金,19 名贵族接受国王封赐的官职;1762 年,上院接受王室薪金
及官职的贵族有 90 名之多。③ 不过,随着乔治三世个人统治的结束,上
院的独立性则逐步增强。

　　议会下院由选举产生,因此从理论上说它代表民意;随着内阁制、政
党制的发展,下院中政治力量的消长开始决定内阁沉浮——谁掌握下院
多数,谁就能上台组阁,而政府也须与下院保持一致。但下院的这种“中
心”地位在“光荣革命”后的一百多年中事实上是虚假的,因为下院受上
院控制。正因为如此,这一百多年的英国政治制度被称为“旧制度”,以
示其与“民主”制度的不同;也因为如此,从 17 世纪末一直延伸到 19 世
纪初的“旧制度”跨越了 18 世纪,把 18 世纪变成了“漫长的 18 世纪”。

　　“旧制度”的实质是贵族寡头制,其运作机制是贵族操控下院议员的
选举。18 世纪,议会下院有 500 多名议员,他们是全国各选区通过选举
产生出来的。表面上看,选举决定下院的组成,但事实上,可以参加选举
的人数(即选民)很少;议席分配不合理,基本上控制在各地贵族手里;选
举过程中营私舞弊,贿赂公行;选举程序不符合现代标准。所有这些都
使表面上的选民选举变成了事实上的贵族操纵,议会这种“民主”的外
壳,变成了现实中贵族寡头制的工具。

　　在 18 世纪早期的农业社会中,这种制度未必就不合理,因为贵族是

---

① A. S. Turberville, *The House of Lords in the Eighteenth Century*, London: Greenwood
　　Press, 1970, p. 4.
② 阎照祥:《英国近代贵族体制研究》,人民出版社,2006 年,第 70 页。
③ John Cannon, *Aristocratic Century: The Peerage of Eighteenth Century England*,
　　Cambridge: Cambridge University Press, 1984, pp. 95—96.

国家财富的体现,他们手中有无数的土地,而土地就是那个时代的财产,依据财产来分配权力,也是一种分配的方法。贵族对权力的垄断来源于他们对财富的垄断,正如同到 19 世纪末资产阶级对财富的垄断决定了他们对权力的垄断一样。但由于工业革命倏然爆发并彻底改变了英国社会,"旧制度"就变得越来越不合理了,这主要表现在以下几个方面:

首先,议席分配不合理。1801 年英爱合并前下院共有 558 个议席,由 314 个选区选举产生,其中 489 个属于英格兰,威尔士和苏格兰各有 24 和 45 个。① 英格兰议席分为三类,一是郡选区,即农村选区,40 个郡中,除约克郡产生 4 名议员外,其余 39 个各选举 2 名议员,共 82 席。第二是大学选区,牛津、剑桥各选出 2 名议员,两校一共拥有 4 个议席。第三是选邑,即城镇选区,英格兰共有 202 个选邑,其中 195 个选邑可各选举 2 名议员,伦敦和韦茅斯(Weymouth)各有 4 个议席,另有 5 个选邑只能各自产生 1 名议员,因此 202 个选邑共选举产生 403 名议员。② 地理位置上的分布不均是显而易见的,如苏格兰、威尔士的议席偏少,农村议席偏少;就英格兰一地而言,西南部议席集中,伦敦和东北部议席偏少:西南部五郡占下院总议席的 1/4,康沃尔(Cornwall)一郡就拥有 44 个议席。③ 比这种明显的不合理更严重的是:议席分布是几百年前形成的,世事沧桑,形势早已变化了,选区分布却一直不变,因此完全不能适应新的情况。城镇选区即选邑在成为选邑之时,可能是人口众多、经济发达的市镇,但经过几百年的演变可能已经衰败了,不仅人口稀少,而且经济萧条,毫无重要性可言,尤其当工业革命爆发后,一些新兴工业城市成为人口集中地,经济地位不断上升,政治上却毫无权利,它们被看作是所属郡的一部分,只能参加农村选举,它们不是"选邑",也就是说:在法律上不

---

① R. K. Webb, *Modern England : From the Eighteenth Century to the Present*, New York: Dodd Mead & Company, 1968, p. 45. 1801 年英爱合并后,爱尔兰向英国议会派出 100 名议员,议席总数达到 658 个。

② Michael Brock, *The Great Reform Act*, London: Hutchinson University Library, 1973, p. 19.

③ R. K. Webb, *Modern England : From the Eighteenth Century to the Present*, New York: Dodd Mead & Company, 1968, p. 46.

是城市,此类工业中心包括设菲尔德、伯明翰、曼彻斯特等,相比之下,几百年前被确定为"选邑"的地方大部分已经衰落了,比如英格兰的 202 个选邑中,选民人数在 50 人以下的有 56 个,51—100 人的有 21 个,101—300 人的 36 个,三者相加占选邑总数一半以上,占据着英格兰议席总数的约 1/2。① 认真观察一下就会发现:如果有人能够控制这些议席,那就几乎能控制英国的整个议会,因为按照英国议会运行的规则,过半数的议员就可以决定国家的政策走向;而在"旧制度"时期,确实有人能够控制"选邑"的选举,那就是贵族:选邑由于其人口少,经济上处于依附地位,一般都处在当地贵族的势力影响下,听命于贵族,一批贵族联合起来,就能够控制住相当一批选邑的选举,从而在议会下院纠集起足够的力量,掌控国家政权。所以,议席分配不公是贵族寡头制赖以生存的基本原因之一。

　　另一个原因是选举权的极度狭小。18 世纪英国的选民资格十分混乱,就农村而言,选举权的标准相对统一:根据 1429 年的法令,年收入 40 先令以上的自由持有农就享有选举权,当初亨利六世(Henry VI)确立这一标准之时,旨在将选举权赋予土地贵族。但随着经济发展及货币贬值,符合条件的人越来越多,到 18 世纪已达到 10 多万;由于 40 先令到这个时候已经微不足道,所以从财产方面说不算什么,困难在于"自由持有农",这是一个身份标准,农民中很少有人符合这项标准。

　　选邑的选举权纷繁复杂,没有统一标准,但大致可分为以下几种类型:一是自由民选举权,即具有"自由民"身份、不对他人尽封建义务的人有该城镇选举权,伦敦就是这种类型的选邑,1761 年其选民约 6 000 人;二是市镇团选举权,这种选举权只给予在市镇管理机构中任职的成员,即城镇自治官员,因此人数很少;三是济贫税(scot and lot)选举权,即缴纳济贫税的户主享有选举权,这类选邑有大有小,最大的是威斯敏斯特,1761 年有选民 9 000 人,最小的则可能只有 10—20 人;四是自立户选举

---

① Michael Brock, *The Great Reform Act*, London: Hutchinson University Library, 1973, p. 20.

权,这种标准很难确定,通常是在该选邑居住一定时期、单独成家立户的人具有选举权,这类选邑在英格兰数量不多,规模也不会太大;五是房地产选举权,即将选举权附着于某个地产或房产上,拥有者获选举权,这种选举权往往很狭小,一个选邑也许只有几个附着选举权的房地产。

在英格兰的 202 个选邑中,很难找到完全相同的选举权规定,尽管如此它们却有共同的特点,即"选举权既不以财产也不以人为基础,而是根据人的身份,只要具有某种身份,一个人就具备了选民的资格。这与中世纪的等级结构十分相称,却完全不符合工业化形成的社会结构"。① 其中最为荒谬的莫过于房地产选举权,谁拥有一个或数个附着选举权的房地产,他就有一票或数票选举权,萨里郡的加顿(Gatton)在被确定为选邑时曾经很繁华,但 19 世纪初加顿只剩下 135 个居民、6 处附着选举权的房地产,却可以向下院选派 1 名议员。② 荒唐的选举权资格造成选民比例极低,1715 年,英国选民尚占总人口的 4.7%,到 1813 年就只剩下 2.5%。1793 年一份报告指出,英格兰总共 400 多个下院议席中,256 个议席是由 11 075 个选民选举出来的,已超过英国议会下院总席位的半数。因此,只要能控制这一万多个选民,就能控制英国议会下院,③ 而对贵族来说,这并非难事。

奥秘就在于选举过程中的营私舞弊、贿赂公行。18 世纪议会下院选举采用公开投票制,这使选民的投票在光天化日下进行,谁都知道谁选了谁。④ 选举时买卖选票是正常现象,而且就在投票站一手交钱、一手交货;选举期间竞争各方大摆筵席,招徕选民,杯盘狼藉、丑态百出。⑤ 能够

---

① 钱乘旦:《第一个工业化社会》,四川人民出版社,1988 年,第 151 页。

② Michael Brock, *The Great Reform Act*, London:Hutchinson University Library, 1973, p. 22.

③ 钱乘旦、许洁明:《英国通史》,上海社会科学院出版社,2002 年,第 234 页。

④ W. A. Barker, G. R. Aubyn and R. L. Ollard, *A General History of England 1688—1832*, London:A. & C. Black Ltd, 1963, p. 201.

⑤ 例如格罗夫纳斯(Grosvenors)家族在 1784 年切斯特的议员选举中花费 8 500 镑招待选民吃喝。参见:J. H. Plumb, *The Growth of Political Stability in England 1675—1725*, London:Macmillan, 1967, p. 90.

收买选票的当然是控制选邑的地方豪绅,对他们来说,花钱收买几张不多的选票并非难事,特别是当选民中有不少家境不宽裕的穷人时情况更是如此。这样,选民人数少就很重要了,因为选民人数越少、人越穷,就越容易收买;相反,在选民人数多、经济独立程度较高的选区,就不容易被收买。

在很多情况下,贵族甚至不需要收买就能控制选举,因为一个选邑有可能是某贵族家族的私产,该贵族只需要下达旨意,就可以把某个中意的人选出来成为议员,在下院为其代言。以皮特家族为例:1735 年,老皮特的祖父于 1691 年买下老萨勒姆(Old Sarum)的地产,因而控制了两个议席,老皮特和小皮特都是从这个选邑"当选"为议员的。但老萨勒姆是英格兰最衰败的选邑之一,因为它很久以来根本就没有人居住,它的选举权附着于地产之上。许多选区的选举经常不出现竞争,甚至像郡这样的选区,由于受当地大贵族操控,都可以不经选举而产生议员,比如 1722—1832 年的诺丁汉郡、1727—1806 年的多塞特郡、1734—1832 年的柴郡、1747—1820 年的兰开夏郡、1747—1832 年的斯特拉福德郡等等,都是贵族指定的候选人在毫无对手的情况下顺利当选。[①] 市镇选邑的情况也大抵类似,比如邓尼(Dunwich)在整个 18 世纪,除 1708—1727 年之外,都没有出现过竞争选举。[②] 在有可能出现竞争的地方,也可以形成这样的局面:两位贵族各指定一个候选人,双方讲定不作竞选,就双双当选。由此可见,在"旧制度"的制度安排下,贵族操纵议会下院选举、进而控制下院,是何等容易。

不合理的议会选举制度造成的结果是,贵族实现了对议会下院的控制。史学家杰弗雷·霍尔姆斯(Geoffrey Holmes)曾对 18 世纪初的下院议员情况进行统计:1702 年,英格兰 20 个选邑的 31 名议员处于贵族控

---

① Jeremy Black, *Eighteenth-Century Britain 1688—1783* , New York: Palgrave, 2001, p. 211.

② John Cannon, *Parliamentary Reform 1640—1832* , Cambridge: Cambridge University Press, 1972, p. 37.

制下;到 1713 年,贵族控制的选邑增加到 28 个,产生 45 名议员,显示出贵族在下院影响力的增强。① 约翰·坎农(John Cannon)对 1715—1790 年间下院议员的情况进行研究:1715 年,英格兰 48 个选邑处于贵族控制下,产生 68 名议员,与霍尔姆斯的统计作对比,增长幅度惊人;18 世纪上半叶,贵族完全控制的下院席位为 105 个,相当于下院总议席的 1/5 以上,到 1747 年增加到 167 个,1784 年 207 个,1785 年 210 个。因此 1715—1785 年间贵族控制的议席翻了一倍,与 18 世纪初相比则翻了两番。② 另据统计,1796 年,下院有 120 名议员为贵族或贵族子裔,占下院总数的 21%,另有数百人与贵族有亲戚关系,或是在贵族庇护下当选的,二者加在一起超过下院总席位的 70%。③ 对此,18 世纪末议会改革派亨利·弗德勒痛斥道:"下院不是一个大众代议机构,而是一个二流的贵族机构。"④可见,在 18 世纪,土地贵族借助不合理的选举制度,依靠手中的政治、经济权力,牢牢地控制议会,从而长期把持政权,强化自己的统治地位。⑤

在国家官僚机构中,贵族的优势也非常明显。以 1744 年底的佩勒姆内阁为例,内阁 15 名成员中有 7 人是公爵,再加上坎特伯雷大主教是内阁荣誉成员,公爵的比例就占到一半以上。继任者纽卡斯尔内阁中,"小内阁"6 名成员中有 5 名是贵族,"大内阁"14 名成员中 12 名是贵族。18 世纪 60 年代格伦维尔任首相时,内阁 9 名成员中只有他自己没有贵族头衔。⑥ 这些数据都表明 18 世纪的中央政府由贵族牢牢控制,到工业

---

① John Cannon, *Aristocratic Century*: *The Peerage of Eighteenth Century England*, Cambridge: Cambridge University Press, 1984, pp. 105—106.

② Ibid. , p. 107.

③ 程汉大:《英国政治制度史》,中国社会科学出版社,1995 年,第 223 页。

④ Richard Pares, *King George* Ⅲ *and the Politicians*, Oxford: Oxford University Press, 1973, p. 43.

⑤ 姜德福:《社会变迁中的贵族——16—18 世纪英国贵族研究》,商务印书馆,2004 年,第 218 页。

⑥ Ian R. Christie, "The Cabinet During the Grenville Administration, 1763—1765", *English Historical Review*, Vol. 73, No. 286(Jan, 1958), pp. 86—92.

革命开始后,这种局面依然没有改变。据约翰·坎农的统计:1782—1820 年间 65 名内阁成员中 43 名是贵族,剩下的 22 人中 14 人是贵族之子,其他 8 人也与贵族有亲戚关系。[①] 以内阁首相为例,1721—1832 年的 22 位首相中,13 人是上院贵族,6 人是贵族之子,1 人为贵族之孙。[②]

地方政府也在贵族的控制下。各郡最高长官是郡守,负责维持地方治安,该职位基本上被贵族把持。有学者对 18 世纪英格兰和威尔士 294 名郡守的身份做了统计,其中 255 人为贵族之子,其余的 39 人中,2 人为主教,25 人来自贵族势力弱小的威尔士和蒙茅斯(Monmouth),剩下的 12 人中有 5 人后来成为贵族,7 人是贵族的亲戚。[③] 贵族在地方上的权势由此可见一斑。

总之,在 18 世纪,贵族控制着从中央到地方的政治权力,其基础是庞大的土地财产。但这种局面自工业革命开始后就越来越不合理了:工业革命造就了新的财富即工业财富,工业资本家阶级随之崛起;工业革命也创造了新的工人阶级,他们在工业社会中失去立身之所,而在人数上又占绝对优势。这两个新阶级的出现改变了英国的力量对比,贵族控制国家政权的局面不可能再继续维持,一场轰轰烈烈的以议会改革为核心的政治运动勃然而起,标志着一个新的历史阶段的到来。

早在 17 世纪革命时,就有人倡导穷人选举权。1640 年,议员西蒙兹·迪尤斯(Simmonds D'Ewes)在下院指出:"最穷困者也应有自己的声音,这是英国人与生俱来的权利。"[④]18 世纪,贵族中有人提出改革。1711 年,辉格党贵族莫尔斯沃思(Molesworth)在一本小册子中提出:议会召开要更加频繁,最好每年一次;从王室那里获取头衔、年金和商业合

① John Cannon, *Aristocratic Century*:*The Peerage of Eighteenth Century England*, Cambridge:Cambridge University Press,1984,p. 117.

② 阎照祥:《英国近代贵族体制研究》,人民出版社,2006 年,第 98—99 页。

③ John Cannon, *Aristocratic Century*:*The Peerage of Eighteenth Century England*, Cambridge:Cambridge University Press, 1984, pp. 121—122.

④ John Cannon, *Parliamentary Reform 1640—1832*, Cambridge:Cambridge University Press, 1972, p. 4.

同的人应该被清除出议会下院;议席应分配给拥有物质财富、尤其是有地产者,而不能仅给有钱人。① 汉诺威王朝建立之初,伦敦城部分辉格党人成立"汉诺威社"(Hanover Society),该组织要求将选举权赋予那些有财产的非自由民。1734 年,沃特金斯·维恩爵士(Sir Watkins Wynn)提出每年举行议会选举,认为这样能有效避免通过贿赂来控制选民的现象。② 18 世纪 30 年代各地出现了一些倡导改革的政治组织,如布里斯托尔(Bristol)的"坚定者协会"(Steadfast Society)和"联合会"(Union Society)、科尔切斯特的"宪章俱乐部"(Charter Club)、威斯敏斯特与考文垂(Coventry)的"独立选民协会"(Independent Electors Society)等。③ 不过,贵族倡导的议会改革只是为消除议会选举中的弊端,不是真正的议会改革。④

18 世纪 60 年代爆发了威尔克斯事件,威尔克斯多次被推选为议员,但又多次被君主控制的下院剥夺议员资格。这件事让中等阶级的某些人意识到:现存议会制度是被歪曲的,并不体现民意,王权之所以能够用种种方法控制住议会,就在于新兴社会力量缺乏代表权,因此,改革议会,让真正的人民代表进入议会,是纠正时弊的唯一出路。于是,1769 年,伦敦改革派在约翰·霍恩·图克(John Horne Tooke)的领导下成立了"权利法案支持者协会"(Society of the Supporters of the Bill of Rights)。这是中等阶级的首个政治组织,成立之初仅为声援威尔克斯,但很快就将目标转向议会改革,协会纲领明确提出要"寻求更加公正与平等的人民代表权",也就是争取新兴集团尤其是商业、制造业阶层的议

---

① J. H. Plumb, *The Growth of Political Stability in England 1675—1725*, London: Macmillan, 1967, pp. 140—141.

② John Cannon, *Parliamentary Reform 1640—1832*, Cambridge: Cambridge University Press, 1972, p. 38.

③ H. T. Dickinson, *The Politics of the People in the Eighteenth-Century Britain*, London: Macmillan, 1994, pp. 207—208.

④ John Cannon, *Parliamentary Reform 1640—1832*, Cambridge: Cambridge University Press, 1972, pp. 45—46.

会代表权。① 协会的要求包括：进行议会改革，通过立法手段将官吏清除出下院；提倡无记名投票，缩短议会任期，杜绝选举舞弊。为宣传其纲领主张，协会大量印制小册子、传单和宣传海报。1769 年，协会成功地组织了一次全国性的请愿运动。就威尔克斯在米德尔塞克斯当选议员而又被剥夺资格一事，协会在全国范围内进行联络和动员，全国有 18 个郡、8 个激进组织、10 多个选邑向议会提交请愿书，共 6 万多人签名。② 可见，在启发民众意识、发动民众参与方面，协会起了引领作用。

北美独立运动时英国的议会改革运动开始高涨，北美提出的"无代表，不纳税"的口号，使英国改革派认为：既然所有英国人都纳税，那么所有人也应该有选举权。约翰·卡特赖特在小册子《抉择》（*Take Your Choice*）中首次提出成年男子选举权，这是当时最激进的改革目标，五十多年后宪章派还在为之奋斗。③ 激进派并且用自然权利说来挑战"旧制度"，詹姆士·伯格（James Burgh）在《政治研究》（*Political Disquisitions*）中指出：国家最高权力并不在于政府，而在于人民，人民仅次于也仅对上帝负责。④ 伯格主张将选举权赋予所有纳税人，还号召一切有产者、自由之友和军官联合起来，建立"恢复宪政全国大联合会"（Grand National Association for Restore the Constitution），以推动议会改革。⑤

1779—1880 年间北美危机日益加剧，中等阶级改革组织相继建立。1779 年，克里斯托弗·怀威尔（Christopher Wyvill）领导的"约克郡联合会"（Yorkshire Association）宣告成立。这是一个以乡绅为主体的激进

① John Brewer, *Party Ideology and Popular Politics at the Accession of George Ⅲ*, Cambridge：Cambridge University Press，1976，p. 206.

② H. T. Dickinson, *The Politics of the People in Eighteenth-Century Britain*, London：Macmillan，1994，p. 242.

③ Colin Bonwick, *English Radicals and the American Revolution*, Chapel Hill：The University of North Carolina Press，1977，p. 6.

④ Michael Davis（ed.）, *Radicalism and Revolution in Britain，1775—1848*, London：Macmillan，2000，p. 22.

⑤ Albert Goodwin, *The Friends of Liberty：The English Democratic Movement in the Age of the French Revolution*, Boston：Harvard University Press，1979，p. 53.

组织,致力于经济改革与温和的议会改革。此后不到一年时间内,全国至少有 16 个郡及多个城市成立了类似的联合会,其中"威斯敏斯特联合会"(Westminster Association)甚至提出更激进的改革目标,即成年男子选举权、年度选举议会、平均划分选区、无记名投票、废除议员财产资格、议员领取薪酬等。① 1780 年,各地联合会代表在伦敦举行大会,大会提出:对公共财政实施监督,下院至少增加 100 名郡议员,实行年度议会,通过立法手段削减选举费用,并杜绝贿选行为。② 联合会运动的目标虽然未能实现,但其倡导的议会改革成为社会关注的热点。1780 年,约翰·卡特赖特等人在伦敦成立了"宪法知识会",这是一个以城市中等阶级为主体的激进组织,该组织的主要活动是在民众中普及宪政知识,以此来推动议会改革。该组织的斗争纲领比较激进,提出了平等代表权问题。卡特赖特指出:"穷人应该有平等的权利,在议会下院,穷人也应该享有与富人一样的代表权。"③ 为宣传民众,1780—1783 年,宪法知识会共出版 33 种不同的小册子,累计印数 8.8 万份,④ 希望把这些小册子"传播到整个联合王国的每一个村落"。18 世纪 80 年代中期,宪法知识会在全国 27 个城市建立起分支机构,成为法国大革命前最有影响的民众组织。正是在联合会运动以及宪法知识会的冲击下,小皮特政府曾两度提出温和的改革方案,尤其是在 1785 年方案中提出用 100 万镑重金"赎买"36 个衰败选区的代表权,而将这些代表权移交给伦敦等大城市。但以诺斯为首的保守派势力强烈反对,该议案在下院以 248∶174 票被否决,议会改革运动一时沉寂下去。

---

① Michael Davis (ed.), *Radicalism and Revolution in Britain，1775—1848*，London：Macmillan，2000，p. 21.

② Albert Goodwin, *The Friends of Liberty：The English Democratic Movement in the Age of the French Revolution*，Boston：Harvard University Press，1979，p. 61.

③ Edward Royle and James Walvin, *English Radicals and Reformers 1760—1848*，Brighton：The Harvesters Press，1982，p. 29.

④ H. T. Dickinson, *The Politics of the People in Eighteenth-Century Britain*，London：Macmillan，1994，p. 240.

1788 年是"光荣革命"一百周年纪念,1789 年爆发法国大革命,这些都给英国的改革运动带来新的动力。潘恩的激进思想迅速传播,议会改革运动进入第一个高潮期。

1788 年 11 月 4 日,为纪念"光荣革命"一百周年,各地激进分子举行纪念活动,理查德·普莱斯在伦敦纪念会上指出:"光荣革命"宣布了人民与生俱来的自由权利,却未能将其保住,人民应该重新争取这些权利,为此他要求对造成"政府腐败"的议会选举制度进行改革。[①] 普莱斯领导的"革命协会"(Revolution Society)对议会改革旧事重提,为法国大革命时期的人民改革运动提供了先导。

潘恩的《人权论》产生了巨大的社会影响,潘恩指出:"1688 年或任何别的时期的人民议会无权处置今天的人民,或者以任何形式约束和控制他们,正如今天的议会或人民无权处置、约束或控制百年或千年以后的人民一样。每一代人都符合而且必须符合那个时代所要求的一切目的。"[②]在潘恩看来,"光荣革命"后的政治制度并非完美,当今时代的人完全有理由根据时代变迁对其进行改变。《人权论》给低迷的议会改革运动注入了活力,使其进入一个高潮。

在这种形势下,"宪法知识会"恢复活动,它大量出版宣传小册子,协助并鼓励各地建立类似的组织,并同"英格兰、苏格兰甚至法国的所有通讯宪法协会保持联系"。[③] 在知识会的影响下,18 世纪 90 年代初,英国全国各地成立了多个中等阶级激进组织,包括:托马斯·沃克(Thomas Walker)组建的"曼彻斯特宪法会"(Manchester Constitutional Society),约瑟夫·普里斯特利(Joseph Priestley)组建的"沃里克宪法会"(Warwick Constitutional Society),约翰·奥德利(John Audley)组建的

---

① Clive Emsely, *Britain and the French Revolution*, Essex: Pearson Education Limited, 2000, pp. 9—10.

② Thomas Paine, *Rights of Man*, New York: Penguin Books, 1985, p. 42.

③ Edward Royle and James Walvin, *English Radicals and Reformers 1760—1848*, Brighton: The Harvesters Press, 1982, p. 45.

"剑桥宪法会"(Cambridge Constitutional Society)等。

中等阶级在唤醒民众政治意识、推动议会改革运动方面做了一系列工作。他们利用手中资源大量发行改革宣传品,普莱斯的《对公民自由性质的认识》(*Observation on the Nature of Civil Liberty*)共出版 14 版,发行了 6 万册;潘恩的《人权论》发行量达到 20 万册,读者可能超过 40 万。① 改革派还以举办辩论会、发表政治演说等方式宣传改革主张,从而极大地激发了民众的热情。改革派还发起各种请愿运动,以各地宪法知识会的请愿活动为例,设菲尔德的请愿书获得 8 000 人签名,伦敦的请愿书获得 6 000 人签名,诺里奇的请愿书获得 3 700 人签名。尽管这些请愿活动基本上无果而终,但其在动员民众方面确实发挥了极大作用。

就在中等阶级宣传改革思想、组织改革活动时,工人阶级也开始行动起来,他们不仅成立了自己的组织,而且掀起更为激进的议会改革运动。潘恩在发动工人卷入改革运动方面起了无可替代的作用。

潘恩在《人权论》中极力倡导天赋人权,他说:"所有的人生来就是平等的,并具有平等的天赋权利。"②潘恩特别强调,对于劳动人民来说,"选举议会代表的权利是其他一切权利得以保障的基本权利,取消这个权利就相当于把人变为奴隶"③。潘恩还把议会改革与改变劳动人民的经济地位联系起来,他说只要能够改变议会的组成,把劳动人民的代表选进议会,议会就会为劳动人民说话,通过立法提高他们的生活水平。为了做到这一点,首先要实行一人一票的选举制度,因为只有这样,才能使劳动人民成为选民的多数,从而选出劳动人民自己的代表。④ 潘恩的理论为工人阶级建立自己的组织指出了方向,后来"设菲尔德宪法知识会"

① H. T. Dickinson, *The Politics of the People in Eighteenth-Century Britain*, London: Macmillan, 1994, p. 242.
② Thomas Paine, *Rights of Man*, New York: Penguin Books, 1985, p. 66.
③ Philip S. Foner(ed.), *The Completed Writings of Thomas Paine*, New York: Citadel Press, 1945, p. 581.
④ 钱乘旦:《工业革命与英国工人阶级》,南京出版社,1992 年,第 56—59 页。

(Sheffield Constitutional Society)就宣称:"我们从托马斯·潘恩先生的著作中所汲取的知识,比起其他任何作者或任何领域的都要多。"①

正是在法国大革命以及国内激进主义思想的影响下,伦敦、设菲尔德(Sheffield)、诺里奇、爱丁堡等城市,在手工工人中形成了一些以议会改革为目标的政治组织,其中最有影响的是"设菲尔德宪法知识会"和"伦敦通讯会"。

"设菲尔德宪法知识会"在约瑟夫·盖尔斯(Joseph Gales)的领导下于1791年年底成立,以机械工及其他手工工人为主体。由于会费低廉,它很快就吸引到大批下层民众参加,成立后第一个月就从20多人猛增到200人,第二个月增加到600人,1792年3月增加到2 000人,该年夏季达到2 500人。② 随着会员的增长,该会开始建立分会,1792年1月就建立8个分会,2月份达到13个。"设菲尔德宪法知识会"是英国最早的工人阶级激进组织,为开启英国工人阶级的政治运动做出了贡献。

"伦敦通讯会"是更重要的工人组织,1792年初以托马斯·哈迪为首在伦敦商业区建立,起初只包括9名工匠。为广泛吸纳会员,哈迪提出了"让我们成员无数"的口号,并确定每周一便士的低廉会费。③ 通讯会定期在报刊上做广告,让更多的人了解该组织的目标。1795年夏通讯会的规模达到顶峰,在全国有70个分会,每周有2 000人实际上出席例会。历史学家迪金森的研究进一步表明:1795年夏季,通讯会活动高峰时期,积极会员达到3 576人;后来在政府的高压下,1797年积极会员的数量缩减到600人,1798年更减少到400人左右。④ 从成员的职业构成上看,通讯会以手工工匠为主体,在知道其职业的347个会员中,鞋匠有43

① Asa Briggs, *The Age of Improvement 1783—1867*, London: Longman, 1979, p. 132.

② Edward Royle and James Walvin, *English Radicals and Reformers 1760—1848*, Brighton: The Harvesters Press, 1982, pp. 49—50.

③ Albert Goodwin, *The Friends of Liberty: The English Democratic Movement in the Age of the French Revolution*, Cambridge: Harvard University Press, 1979, p. 480.

④ H. T. Dickinson, *The Politics of the People in Eighteenth-Century Britain*, London: Macmillan, 1994, p. 234.

人,手织工有 27 人,裁缝和皮裤工有 24 人,这三个行业占了 347 个会员的 1/4 以上。①

工人激进组织对中等阶级保持着明显的独立性,这可从其斗争纲领中看出来。在 1793 年发表的宣言中,通讯会提出了议会改革的目标:"我们认为,有必要将公众视线转移到我们不幸的根源上来,唤醒国民沉睡的理性,寻求唯一的被证明为行之有效的补救方式,即彻底的议会改革,通过年度议会和普选权的方式,实现平等代表权。……没有什么能比公平的、充分的以及每年推选议会代表能确保这个国家的自由。我们完全相信,彻底的议会改革将消除所有的苦难,我们绝不会放弃这种议会改革的追求。"②通讯会坚持以和平的方式追求改革,1792 年 4 月的一份宣言中明确写道:"本协会坚决反对动乱和暴力,本会目的是改革而不是无政府状态,在反抗政府的时候,理智、坚定和团结就是本会采取的唯一手段,也是本会希望我国同胞采取的唯一行动方法。"③确实,和平斗争一直是通讯会的主流,只是到 18 世纪末,当通讯会人数骤减并受到暴力派控制的时候,它才走上密谋与暴力的道路。

工人激进组织成立后开展各种政治活动,主要是通过宣传提高工人的政治觉悟,并将其组织到议会改革的斗争中来。伦敦通讯会有 1 400 多名会员订购潘恩的《人权论》,他们在"许多工场里如饥似渴地读";根据通讯会后期领导人普雷斯回忆:在每周一次固定的政治学习日上,"主席从书中读一章或一章中的一段,然后,凡是认得字的人就把书带回家去传着看",下次开会时"请在座的发表评论,想发言的都可以谈","然后大家自由讨论"。④

工人组织之间保持着密切的联系。18 世纪末,除了设菲尔德宪法知

---

① 钱乘旦:《工业革命与英国工人阶级》,南京出版社,1992 年,第 85 页。
② *An Address to the Nation from the London Corresponding Society*, *on the Subject of a Thorough Parliamentary Reform*, London, 1793, pp. 1—8.
③ 钱乘旦:《工业革命与英国工人阶级》,南京出版社,1992 年,第 111 页。
④ Francis Place, *The Autobiography of Francis Place*, Cambridge: Cambridge University Press, 1972, pp. 198—199.

识会以及伦敦通讯会外,英国还出现一批类似组织,如"曼彻斯特爱国社"(Manchester Patriotic Society)、"曼彻斯特宪法与改革协会"(Manchester Constitution and Reformation Society)、诺里奇的"革命协会"等。这些组织通过书信来往、互派代表等方式,逐步建立起日常的联系,而伦敦通讯会由于地处国家政治生活的中心,而在同类组织中有崇高的声望,对各地组织起着指导与引领作用。各地组织纷纷写信向伦敦通讯会求教,要求指导,希望得到支持和帮助,伦敦通讯会也总是给予热情答复,并根据需要派出代表,协助各地方开展活动。在伦敦通讯会生存的六年间,它与全国各地的组织交换了成千上万封信件,在全国工人组织的信息交流中起到了枢纽作用。

1793 年初,设菲尔德宪法知识会致信全国激进组织,建议采取三项行动,一是向国王请愿,二是向议会请愿,三是召开全国代表大会。这一建议受到广泛响应:1793 年各地共提交 36 份请愿书,其中 24 份来自苏格兰,设菲尔德的请愿书征集到近 1 万人签名,伦敦通讯会征集到 6 000 人,诺里奇征集到 3 700 人。从结果来看,有些请愿书被下院"收下,宣读,然后备案待议",有些则因为"语言粗鄙,不合议会体例"或者"以印刷本形式呈送,不合要求"等原因而被下院拒收。① 在这样强大的请愿压力下,下院讨论并表决格雷所提出的改革方案,但立即被否决。

18 世纪 90 年代初,托马斯·潘恩及伦敦通讯会领导人之一约瑟夫·杰拉尔德(Joseph Gerrald)建议召开全国性的代表大会,制定统一的议会改革方案,呈交给议会。② 提议未能在英格兰实行,但苏格兰改革派受到鼓舞,向前迈出了这一步。

1792 年 12 月,苏格兰 260 多名代表在爱丁堡举行第一次"国民大会",大会同意制定一项温和的议会改革方案。在"联合爱尔兰人"代表

① Albert Goodwin, *The Friends of Liberty : The English Democratic Movement in the Age of the French Revolution* , Cambridge: Harvard University Press, 1979, p. 280.

② H. T. Dickinson, *The Politics of the People in Eighteenth-Century Britain* , London: Macmillan, 1994, p. 244.

托马斯·米尔的倡议下,代表们模仿法国国民公会的方式,做出"不自由,毋宁死"的宣誓。[1] 1793年4月30日"国民大会"再度召开,大会提出召开一个更大规模的会议,并邀请英格兰代表共同参加。

1793年11月19日,全英激进组织代表齐聚爱丁堡,召开新的"国民大会"。伦敦通讯会派莫里斯·马格罗特(Maurice Margarot)和约瑟夫·杰拉尔德与会,并在会上提出改革方案,即"在任何情况下都不能违背基本的目标和原则,即用合理的合法的手段去争取年度议会和普选权"。[2] 会议一致决定改名为"联合起来争取普选权和年度议会的全英国民代表大会"。大会召开过程中,在很多细节上都模仿法国国民公会的方式:将大会划分为不同的"区",草案和决议交各区讨论,代表彼此以"公民"互称,一些报告以"公民万岁"开头,有些地方还标明"全英国民代表大会"的日期等。[3] 12月初,当大会正在讨论议会改革的请愿书时,苏格兰当局出动军警,强行驱散大会,并逮捕大会的主要领导人。威廉·斯克文(William Skirving)、莫里斯·马格罗特和约瑟夫·杰拉尔德三人被控煽动叛乱罪,结果被定罪,然后流放澳大利亚。全英改革派联合斗争的努力,在政府的严酷镇压下失败了。

在当局看来,苏格兰"国民大会"的召开,意味着无政府主义蔓延,王室写信给下院说:"国民公会……旨在将法国蔓延的混乱与无政府状态引入到我国。"[4]从1794年开始,小皮特政府通过一系列立法,对改革运动严酷镇压,其中包括:暂停《人身保护法》,使政府可以随时逮捕和审判改革派;颁布《叛逆行为法》和《煽动集会法》,取消民众的活动自由。在这种高压政策之下,中等阶级改革运动迅速沉寂,工人阶级改革运动尽

① Edward Royle and James Walvin, *English Radicals and Reformers 1760—1848*, Brighton: The Harvesters Press, 1982, p. 65.

② G. D. H. Cole & A. W. Filson(ed.), *British Working Class Movement: Selected Documents 1789—1875*, London: Macmillan, 1951, p. 47.

③ Albert Goodwin, *The Friends of Liberty: The English Democratic Movement in the Age of the French Revolution*, Boston: Harvard University Press, 1979, p. 302.

④ G. S. Veitch, *The Genesis of Parliamentary Reform*, London: Constable, 1965, p. 306.

管受到重创，但依然在艰难中奋战。

1794 年 4 月，设菲尔德宪法知识会在城堡山（Castle Hill）召开万人群众大会，这是英国历史上第一次大规模的群众集会，它开创了一种行之有效的群众运动方式，一方面能鼓舞士气、振奋人心，另一方面又能以浩大的声势给政府造成压力。随后，伦敦通讯会在白垩农场也举行集会，参加者约两三千人。大会严厉谴责苏格兰当局对马格罗特等人的审判，并做出决议：任何破坏那些尚存法律的行为，都应被视为解除英吉利民族与统治者之间社会契约之举，在这种情况下，人民有权去追求永恒的正义。① 哈利法克斯、利兹、韦克菲尔德、哈德斯菲尔德、布拉德福德等地的改革派也举行了规模不等的群众集会，反对政府的高压政策。

由于政府的高压政策，到 1795 年，运动大部分被压制下去，只有伦敦通讯会仍在坚持。6 月 29 日，通讯会在圣乔治草地（St. George's Field）召开数万人参加的群众大会，大会通过决议，要求实行成年男子普选权、每年选举议会等。10 月 26 日，通讯会又在哥本哈根大厦（Copenhagen House）附近召开万人群众大会，领导人之一约翰·瑟尔沃尔（John Thelwall）在会上对民众说："如果你们获得在立法及代议机构中应有的地位，如果实现了年度议会及普选权"，所有的苦难都将消除。② 普选是工人阶级政治组织的基本目标，工人希望通过行使普选权而把自己的代表选进议会，进而改善自己的社会、经济地位。

面对伦敦通讯会等激进组织的集会活动，政府实施更严厉的镇压。1795 年后，政府不仅袭击伦敦通讯会及伦敦宪法知识会的总部，搜缴了大量的文件、书信，而且还将这两个组织十余名领导人逮捕入狱并提交审判。在政府的打压下，中等阶级的宪法知识会一蹶不振，伦敦通讯会等工人组织也遭受重创。1796 年以后伦敦通讯会陷入分裂，其领导权渐

---

① ［英］E. P. 汤普森：《英国工人阶级的形成》上册，钱乘旦等译，译林出版社，2001 年，第 136 页。

② Edward Royle and James Walvin, *English Radicals and Reformers 1760—1848*，Brighton：The Harvesters Press，1982，p. 76.

渐落入主张采用革命暴力的人手中,这为政府进一步打击通讯会提供了借口。1799 年,议会通过《结社法》,点名取缔伦敦通讯会,法国大革命时期的工人改革运动至此瓦解了。尽管如此,议会改革运动的激流并未中断,工人运动的地下斗争一直延续到拿破仑战争结束,并为战后改革运动的复兴以及 1832 年改革的成功打下了基础。工人激进运动最大的特点是要求实行普选权,希望通过普选而控制议会,让议会制定符合工人利益的立法,进而改善工人的生活状况。正是在这一点上,工人阶级的改革运动与其他阶级的改革运动存在着根本的区别。

第二篇

经　济

第一章　经济理论的演变

　　1689—1815 年是广义的 18 世纪,此间英国在经济领域内出现了翻天覆地的变化,初步完成了从传统农业社会向现代工业社会的过渡。英国在经济方面的转型,从根本上说,受到一定时期经济理论的影响。从主流经济理论的演变来看,18 世纪的英国经历了从晚期重商主义向古典自由主义转变的过程,理论的转变为经济的转轨提供了前提。

　　18 世纪前期英国主流经济思想表现为晚期重商主义(mercantilism),晚期重商主义诞生于 17 世纪中叶,其影响力一直延续到 18 世纪中叶。为理解 18 世纪英国经济思想转变的过程,首先要从托马斯·孟(Thomas Mun)的学说谈起。

　　17 世纪开始后,"随着工场手工业的出现,各国进入竞争的关系,展开了商业斗争,这种斗争是通过战争、保护关税和各种禁令来进行的"[1]。17 世纪的英国,商业和贸易迅速扩张,母国与殖民地的贸易尤为活跃,早期重商主义所推崇的货币至上的理论不利于英国在国际市场上的扩张,因此突破这一理论的束缚就提上了议事日程。1621 年,东印度公司董事托马斯·孟发表《论英国与东印度公司的贸易》(*A Discoured of Trade*

---

[1]《马克思恩格斯选集》第一卷,人民出版社,1995 年,第 109 页。

from England unto the East Indies)一书,首次突破了货币至上理论,标志着"重商主义体系对于自己原来体系的自觉地自我脱离"。[①] 经过不断改写和完善,1664 年,这部书稿以《英国得自对外贸易的财富》(*Englands Treasure by Foreign Trade*)为名正式出版,成为英国晚期重商主义思想的代表作,并对此后一个多世纪中英国政府的经济政策产生重要影响。正如恩格斯所说:"这一著作……对立法产生了直接影响",在出版后"一百年之内,一直是重商主义的福音书。因此,如果说重商主义具有一部跨时代的著作,作为'某种入门牌号',那末这就是托马斯·孟的著作"。[②]

在这部后人给予高度评价的书中,托马斯·孟不仅在批判早期重商主义的货币理论的基础上,提出了贸易均衡思想,而且在实际政策层面上提出英国扩展海外贸易的具体方法,为制定 18 世纪的英国经济政策提供了指导思想。托马斯·孟的晚期重商主义思想可概括为以下几点:

第一,批驳早期重商主义的货币至上理论,指出对外贸易是增加社会财富的手段,因此要求取消货币输出的禁令,发展对外贸易。

早期重商主义将货币视为财富的唯一形态,把货币的多寡作为衡量国家富裕程度的标准,因此提倡货币积累,反对货币输出。但东印度公司的对外贸易却造成货币外流,[③]因此遭到早期重商主义者们的严厉批评。托马斯·孟对此做出回应,他不反对将金银(即货币)视为财富的唯一形态,但他同时指出:"输出我们的货币借以换回商品乃是增加我们财富的一种手段。"[④]他认为货币过多会使本国商品价格上涨,主张让国内货币存量保持在适度规模上,减少国内货币,将多余的货币输出国外换回商品。在他看来,增加财富即货币的手段有两种:一是保持贸易的出超地位,通过贸易盈余来增加本国货币储备;二是输出商品同时也输出

---

①②《马克思恩格斯选集》第三卷,人民出版社,1972 年,第 271 页。

③ Bruno Suviranta, *The Theory of the Balance of Trade in England：A Study in Mercantilism*, Helsingfors, 1923, pp. 6—7.

④ [英]托马斯·孟:《英国得自对外贸易的财富》,袁南宇译,商务印书馆,1959 年,第 13 页。

货币,即先输出货币购买商品,等到时机成熟时,再将这些商品加价卖出,转口贸易因此就成为增加货币财富的重要手段。

在此基础上,托马斯·孟要求国家取消货币输出禁令,倡导将货币投入贸易之中。由此看来,他已经认识到货币与贸易之间的关系,即"货币产生贸易,贸易增加货币"。托马斯·孟极力反对早期重商主义抵制进口、反对输出金银的主张,认为这样会大大限制国家致富的能力。在他看来,国家应鼓励进出口贸易并允许货币出口,只有发挥货币的流动功能,积极开展对外贸易,国家才能富强。因此,在关于货币和贸易的作用方面,托马斯·孟的思想比早期重商主义者前进了一步。

第二,指出对外贸易是国家致富之道,在此基础上创立贸易平衡论。

托马斯·孟认为:"对外贸易是增加我们的财富和现金的通常手段,在这一点上我们必须时时谨记这一原则:在价值上,每年卖给外国人的货物,必须比我们消费他们的为多。"[1]只有这样,对外贸易中的出超才会带来本国货币储备的增加。可见,托马斯·孟也和早期重商主义者一样,提倡少买多卖。但在具体操作中,他又提出不同的主张。在他看来,对外贸易不一定要追求同每一个国家的贸易出超,在一个年度中,只要实现总体上的贸易出超即可。在发展贸易的手段上,托马斯·孟强调货币流通能增加财富,要求国家允许将货币输往国外,尤其是投入转运贸易,目的依然是实现贸易出超。由于这些分歧,早期重商主义因强调货币积累被称为货币平衡论,而托马斯·孟的晚期重商主义因强调贸易致富而被称为贸易平衡论。

为实现贸易平衡论,托马斯·孟强调货币的稳定性:"货币不但是衡量国内其他一切东西的准确的尺度,而且也是我们与其他各国的人在国际贸易上所用的尺度,所以应该保持它的公正和稳定,以免发生必定随着它的变化而来的那种混乱现象。"[2]保持货币稳定由此成为贸易平衡论

① [英]托马斯·孟:《英国得自对外贸易的财富》,袁南宇译,商务印书馆,1959年,第4页。
② 同上书,第27页。

的重要内容。

第三,阐述贸易致富的具体手段,为晚期重商主义理论演变为实践层面的政府政策奠定基础。

贸易致富论的核心是减少对外国商品的消费,增加对外国的商品输出。如何减少对外国商品的消费呢? 托马斯·孟只简单提到两条:一是开垦荒地,扩大耕地面积,借以生产以前需要从外国进口的苎麻、亚麻、绳索、烟叶等;二是厉行节约,实施严厉的法律来制止奢侈浪费。对于如何增加对外国的商品输出,托马斯·孟则详尽地论证了两种手段:首先,扩大商品生产,大力发展手工业或制造业。在托马斯·孟看来,为了扩大贸易出口,必须扩大国内的商品生产,而生产必须为对外贸易服务。在出口商品的构成上,不仅应包括国内富余的产品,还应该考虑邻国所需要的物品。托马斯·孟还提出用关税保护政策来发展制造业,免除用外国原料制作的商品的出口税,借以发展生产、增加就业。托马斯·孟已经把发展生产看作促进贸易的必要条件,因此他特别强调手工业或制造业的重要性,因此可见他的思想已经从重金转到重工了,比早期重商主义者前进了一大步。正因为如此,晚期重商主义又被称为"重工主义",它对17、18世纪英国工场手工业及制造业的发展起到了推动作用。

其次,大力发展转口贸易,增加国家的财富积累。托马斯·孟认为,国家应该取消货币输出的禁令,尤其要将货币投入转口贸易中。具体方法是:国家输出货币,从亚洲国家购买货物,然后在合适的时机以高价卖给欧洲国家,由此获得的货币差额就是增加的财富。扶植转口贸易的具体表现是:一、"专为来自外国的谷物、靛蓝、香料、生丝、棉花或一切其他商品设立一种贸易场所或货栈,使这些货物由此再行出口到需要它们的地方去,便可以增加航运、贸易、现金和国王的关税收入。"二、对以再出口为目标的转口货物采取关税减免政策:"尤其是输入的外国货物,凡是又要再运出去的,就应该予以照顾,否则这样的贸易,非但不能繁荣起来,而且还难以立足。"所谓"照顾"主要就是指减免关税,但如果这些货物是在本国消费的,那么就应该"征课得重一些"。① 通过提倡转口贸易,托马斯·孟大大丰富了晚期重商主义的贸易致富理论。

第四,重视与发展航运业,为推行"航海条例"提供理论依据。

早期重商主义虽然也强调对外贸易,但对与贸易直接相关的航运业却几乎未提及。托马斯·孟从增加国家货币财富的视角出发,不但提出货币流通致富、贸易致富的理论,而且还强调发展航运业。在他看来,从英国出口的货物,如果是用英国自己的船运送,可以大大提高其价值,因为英国人不但会得到货物的售价,还可以加上商人的利润、保险费以及将货物运往海外的费用。通过发展航运业来扩大对外贸易,进而增加国家财富,这在英国可说是首创。这个结论是根据英国岛国的独特地理位置得出的。事实上,斯图亚特王朝及汉诺威王朝基本上都采取了发展航运业的措施,用国家的力量扶植和投资造船业,英国在 18 世纪成为世界上商船总吨位最大的国家,其工商业霸权由此推及整个世界。

《英国得自对外贸易的财富》问世后,在社会上引起强烈反响。17 世纪中叶至 18 世纪初的英国,晚期重商主义经历了从理论到实践的转型,历任君主及政治家都自觉采用重商主义经济政策,放松对货币的控制,实行保护关税,推进对外贸易,由此实现英国国力的增长。但是从 17 世纪末到 18 世纪下半叶,随着工场手工业的发展及制造业中资本的扩张,社会关注点从流通领域转移到生产领域,开始了从晚期重商主义向古典自由主义过渡的过程。

从 17 世纪后半叶开始,英国工场手工业进入高潮期,"社会财富的增长,不再表现为单纯的货币积累,而主要表现为生产的增长,表现为生产过程中创造出来的社会物质财富的不断扩大";②而"纺织手工业和基于纺织业的贸易在经济史中一直占有中心地位"③。人们对财富的认识

---

① [英]托马斯·孟:《英国得自对外贸易的财富》,袁南宇译,商务印书馆,1959 年,第 14 页。

② 鲁友章:《重商主义》,商务印书馆,1964 年,第 87 页。

③ G. W. Danniels and Samuel Crompton, *The Early English Cotton Industry*, Manchester: Manchester University Press, 1920, p. xx.

也发生了变化,1737 年一位主教写道:"我们所有的措施应该鼓励我们的毛纺织业,这该视作是我们财富的基础。"①越来越多的人认识到贸易不是财富的唯一源泉,将资本投入工业、农业或者其他产业,同样能够发财致富。一些人于是开始从理论上阐述生产如何增加财富,以贸易为中心的重商主义理论就被逐渐突破并修正了,由此形成古典政治经济学理论,其开创者是威廉·配第(William Petty)。

配第是 17 世纪末的科学家、哲学家及经济学家,古典政治经济学的奠基人。配第生活的年代是家庭手工业及工场手工业迅速发展的时代,资本流向也开始发生变化,从流通领域转向生产领域。与此相对应,经济学家也开始把研究对象从流通领域转向生产领域,商业与对外贸易不再是经济学家们唯一关注的目标,而与生产相关的税收、财政、货币、人口等问题成为新的研究对象。在 17 世纪后半叶,配第先后发表了《赋税论》(*A Treatise of Taxes and Contributions*)(1662)、《政治算术》(*Political Arithmetic*)(1690)、《献给英明人士》(*Verbum Sapienti*)(1691)、《爱尔兰的政治解剖》(*Political Anatomy of Ireland*)(1691)、《货币略论》(*Quantulumcunque Concerning Money*)(1695)等著作,其中对政治经济学的几乎一切领域都作了最初的探讨。② 他是在马克思之前最早从生产角度观察资本主义经济的运行规律并提出劳动价值论等许多重要观点的经济学家,为英国古典政治经济学的创立奠定了基础。因此,马克思称之为"现代政治经济学的创始者"③,是"英国政治经济学之父"④。

配第论及的问题很多,但他的经济学理论有这样几个核心内容:

第一,提出劳动创造了价值,这是经济学中的第一次。正因为如此,马克思称他为"政治经济学之父"。

---

① Arnold Toynbee, *Lectures on the Industrial Revolution of the Eighteenth Century in England*, London, 1908, p. 22.
② 吴易风:《英国古典经济理论》,商务印书馆,1988 年,第 15 页。
③《马克思恩格斯选集》第三卷,人民出版社,1972 年,第 271 页。
④《马克思恩格斯全集》第 13 卷,人民出版社,1972 年,第 43 页。

在《赋税论》一书中配第指出："假如一个人在能够生产一蒲式耳谷物的时间内,将一盎司从秘鲁的银矿采出来的白银运到伦敦来,那么,后者便是前者的自然价格。"①这里的"自然价格"指的就是商品的价值。既然谷物能与银作比较,二者间必定有相同的质,这一相同的质,配第认为就是劳动时间。配第进一步指出,商品的价值取决于生产这种商品所花费的劳动,价值量的大小取决于劳动时间的长短;劳动生产率的提高能减少生产单位产品的劳动量,因而造成商品价格的相应变化。配第的这个观点是对重商主义的重大修改,重商主义认为贵金属是财富的唯一形式,货币的价值是绝对的。配第的天才发现是对经济学的重大贡献,马克思因此说:"配第在他的《赋税论》中,对商品的价值量作了十分清楚和正确的分析。"②

在配第眼中,财富形态是多元化的,即人类创造的一切东西都可视作财富;关于财富的源泉,配第说:"土地为财富之母,而劳动则为财富之父。"③意思是所有财富都是由土地以及投身于土地上的劳动创造出来的,离开了土地和劳动,就没有财富。既然土地和劳动是财富的源泉,那么,所有商品的价值都可以用土地和劳动去衡量,这就使得土地和劳动之间存在一种等价和等式的关系,因此"单独用土地或单独用劳动即可表示任何一种东西的价值"。④ 配第的论断说明劳动和自然物质都是形成财富的源泉,阐明了劳动在形成物质财富的各种要素中是一种能动的要素。⑤

第二,在地租、利息、工资等问题上提出新的主张。

在地租理论方面,他提出关于级差地租的概念,并对造成地租变化

---

① [英]威廉·配第:《赋税论　献给英明人士　货币略论》,陈冬野等译,商务印书馆,1978年,第48页。
②《马克思恩格斯选集》第三卷,人民出版社,1972年,第271页。
③ [英]威廉·配第:《赋税论　献给英明人士　货币略论》,陈冬野等译,商务印书馆,1978年,第66页。
④ [英]威廉·配第:《爱尔兰的政治解剖》,周锦如译,商务印书馆,1964年,第57页。
⑤ 吴易风:《英国古典经济理论》,商务印书馆,1988年,第71页。

的因素做了深入探讨。配第指出,地租的高低既取决于土地上产品的价格,也取决于土地投入的变化。对土地连续追加投资会提高土地的产出,进而提高租金水平。地租是依据土地所有权而获得的利润,而地租的价格大致等同于祖、父、孙三代可同时生存的年数,即 21 年的地租量。[①] 由此可知,配第已认识到土地价格就是资本化的地租,是一定年数的年租总额。

关于利息,配第常称之为"货币的租金",是依附于货币而产生的剩余价值,这显然是从"土地的租金"中引申而来的。配第将利息看成是在一定期限内放弃货币使用权而产生的收益,但他没有看出货币是资本的表现形态,因而也未能指出利息是资本这种特殊商品的使用价值的报酬。[②]

配第的工资理论是从劳动价值论引申出来的,既然劳动能创造价值、增进财富,就意味着劳动本身具有价值,"劳动的价值"表现为工资。在配第看来,工资是由工人"为了生存、劳动和传种接代"[③]而需要的生活资料决定的,工人为了取得必要的生活资料,必须提供剩余劳动,创造剩余价值。在工资即"劳动的价值"的计算及统计方面,配第强调这样两点:一、必要的生活资料因人而异,但这里是指其平均数,是"一百个各种各样的、体格不同的人为了生存、劳动和传种接代而吃的东西的一百分之一"。二、必要的生活资料不包括消费品,只包括"世界上各个国家的最容易得到的食物"。配第支持政府授权治安法官来厘定工资,认为这样有利于保障社会稳定。

第三,对货币的概念、本质、职能等提出了新观点。

在配第看来,"货币被认为是衡量所有商品价值的一致的尺度"[④]。这是因为,充当货币的贵金属与其他商品一样具有价值,而价值的多少完全取决于生产贵金属所耗费的劳动量。作为"一般的财富"的货币,具

---

① [英]威廉·配第:《赋税论　献给英明人士　货币略论》,陈冬野等译,商务印书馆,1978 年,第 43 页。
② 吴易风:《英国古典经济理论》,商务印书馆,1988 年,第 326 页。
③④ [英]威廉·配第:《爱尔兰的政治解剖》,周锦如译,商务印书馆,1964 年,第 57 页。

有不易损坏、不易变质的属性,因而可以成为衡量其他财富价值的重要尺度,"凡是货币都是一切商品的同一的、不变的、一致的、正当的尺度"。[1] 货币还具有流通职能,在配第看来,一国中流通的货币总量应当与商品总量保持一致。在货币与财富的关系上,配第的看法是,人为地提高或贬低货币的价值,并不能改变一国的财富量,反而会造成经济混乱,"是一种对人民很坏而且很不公平的课税方法;它也是国家趋于衰弱的象征"。[2] 一国持有货币的标准应当这样来衡量,即能够"应付产业周转和流通的需要","足以应付管理完善的国家执行各种任务的需要"。[3] 显然,配第的货币理论已基本摆脱重商主义的影响,其对于货币本质、职能等问题的认识,为古典政治经济学的诞生提供了先导。

第四,在解决国家财政和经济问题方面提出了合理的主张。

17 世纪中后期,英国政府为应对财政危机而不断征税,配第认为征税"符合自然的正义",但又强调征税额度必须合理。配第尤其强调征税的公平原则,按人们的能力、地位、收入不同,纳税额也应该不同。政府应以合理比例对每个人征税,避免出现"越穷的人,课税越重"[4]。配第将政府财政支出分为六类,即国防、行政与司法、宗教、教育、社会经济和公共事业开支。配第主张削减前四项、加强后两项开支,这反映了新兴资产者的利益和诉求,代表了当时的社会潮流。

关于国家的经济职能,配第也提出一些新的思想,其中包括:重视商业与对外贸易,尤其发展海外运输;解除对爱尔兰的贸易限制,通过提高进口商品税等措施促进爱尔兰的工商业发展。[5] 这表明配第在一定程度上依然受重商主义影响,支持国家的经济干预,反对削减关税及开辟自由港;但另一方面,配第又强调经济运行是"自然的运动",具有"自然的

---

[1] [英]威廉·配第:《爱尔兰的政治解剖》,周锦如译,商务印书馆,1964 年,第 61 页。

[2] [英]威廉·配第:《赋税论　献给英明人士　货币略论》,陈冬野等译,商务印书馆,1978 年,第 89 页。

[3] 同上书,第 108 页。

[4] 同上书,第 60 页。

[5] [英]威廉·配第:《爱尔兰的政治解剖》,周锦如译,商务印书馆,1964 年,第 iii 页。

规律",由此反对"政府用猛烈药方来反抗自然的运动"。[①] 在配第看来,经济运动有其自身规律,这种自然规律并非人力所能违反,因此,国家的经济政策必须顺其自然,"违反了自然的规律"的法律注定行不通。配第提出的"自然的规律",实际上是资本主义生产方式的运作规律,他反对国家对经济领域的过多干预,因此在一定程度上又摆脱了重商主义的束缚。

总之,作为古典政治经济学的奠基人,配第的思想体现出过渡时期的模糊性:一方面,他的货币理论、财富理论、国家经济职能理论中依然保留重商主义的痕迹,比如把贵金属看作财富的一般形态,重视国家的适度干预;另一方面,他又向自由主义理论迈出了一大步,例如反对施行禁止货币出口和禁止商品进口的法令,要求国家干预不能违背"自然的规律"等,从而体现了自由主义经济学说的萌芽。

在从晚期重商主义向古典自由主义的过渡中,马修·德克尔(Matthew Decker)是另一个重要人物。德克尔出生于商人家庭,曾担任东印度公司负责人,并作为托利党议员进入下院,1749 年去世时留下约10 万镑的财产。[②] 德克尔也是一名经济学家。17 世纪上半叶,在荷兰、法国等国的竞争和挤压下,英国对外贸易的扩张势头受到遏制,引发了国内的各种经济问题,比如:毛纺织业衰落,贫困率上升和下层生活状况恶化,货币尤其是银币流通量减少,土地贬值导致大量地产被抛售,政府的高税收政策引发民众的不满。针对上述状况,德克尔先后发表《关于英国外贸衰落、土地贬值的原因及其恢复手段的分析》(*An Essay on the Causes of the Decline of the Foreign Trade, Consequently of the Value of the Lands in Britain, and on the Means to Restore Both*)、《对国家普遍征收的几种重税的慎重考虑》(*Serious Considerations on the Several High Duties which the Nation in General*)两本小册子,对英国社会面

---

① [英]威廉·配第:《赋税论 献给英明人士 货币略论》,陈冬野等译,商务印书馆,1978 年,第 58 页。

② Oscar Sherwin, "Matthew Decker, 18th Century Single Taxer", *American Journal of Economics and Sociology*, Vol. 12, No. 4(Jul. 1953), pp. 407—408.

临的问题做了分析与思考。

关于外贸衰落的原因,德克尔认为有四点:(1)政府税收种类太多,关税率太高,致使英国不能成为贸易中转站,从而阻碍了航海业的发展,削减了商人的资本,危害了制造业尤其是毛纺织业的正常运作,造成国内金银货币外流。(2)商业与贸易中的垄断及特许状制度。这是一种为少数人谋利而损害公众利益的行为,德克尔对此极力反对,认为"推行垄断制的任何国家必然导致贸易的衰落"。①(3)一些有欠考虑的法律。在德克尔看来,政府颁布的诸多关于谷物、鱼类、肉类出口的法律,削弱了本国产品在国际市场上的竞争力,进而导致贸易的衰退。(4)大量发行国债。国债的发行虽然减轻了国家的财政负担,但同时对商业贸易构成危害,即鼓励了游手好闲和奢侈品消费。可以看出,德克尔在分析对外贸易衰落的原因时,并没有从贸易本身出发,而是从与贸易相关的国内因素入手,分析因此更加深刻。

关于对外贸易的衰落与国内土地价值贬值之间的关系,德克尔认为体现在四个方面:(1)国内市场的萎缩对于土地上出产的农产品价格打击很大,土地经营的获利相对减少,于是,越来越多的土地被推向市场出售,由此导致土地贬值。(2)对外贸易的衰落增加了穷人的数量,土地阶层的负担由此加重,经营土地的利润越来越少。(3)就业机会的削减促使一些劳动力逃到其他国家谋生,由此造成土地富余而租金下降,从而导致地价下滑。(4)在以上因素的综合作用下,能出口的商品数量减少,制造业因此衰落,外国商品进口增加,由此造成货币流失。通过以上四方面的分析,德克尔将土地价值与贸易之间的联系建立起来,他由此指出:"如果地产乡绅有意提高或降低土地的价值,鼓励或抑制对外贸易是唯一的方式,这样土地与贸易就紧密联系在了一起。"②

---

① Matthew Decker, "An Essay on the Causes of the Decline of the Foreign Trade", in Lars Magnusson(ed.), *Mercantilism*, *Volume Ⅳ: The Eighteenth Century*, London: Routledge, 1995, p. 167.

② Ibid., p. 188.

德克尔从具体政策层面对如何重振英国对外贸易、提升土地价值做了分析。他认为,英国具有多方面得天独厚的条件,只要政府采取适当的举措,完全可以解决目前贸易衰减、土地贬值的问题,而这些措施包括:(1)取消所有不公平税种及压榨性的消费税,只对奢侈品的消费者征税。(2)取消关税,让所有的港口成为自由港。(3)废除贸易垄断制度,鼓励所有的个人和公司用最有利可图的方式来从事各种贸易;兼并爱尔兰,实现三个王国之间商品贸易的一体化。(4)取消国家对于谷物出口的补贴,在每个郡建立一个谷物公司,由该公司来自由经营谷物的进出口贸易。(5)由政府出面对穷人实施统一管理,通过法律严惩来消除游手好闲和不务正业。(6)让白银成为国家唯一的法定货币,实行固定利率,让黄金回归其本来价值。(7)在主要城市设立专门的商业法庭,为商人提供快捷、迅速、低价的服务。(8)发行国债以偿付政府所欠债务,减轻国家债务负担。[①](9)鼓励种植园经济,允许殖民地的农产品直接出口到欧洲各国。(10)尽最大努力改善河流航运条件,由此降低原料及商品的运输费用,刺激农业的发展。

从以上十种措施看,德克尔已接近自由主义理论了。德克尔特别强调说:"如果我们的贸易非常自由,如果我们正在'沉睡'的资金以国债形式运转起来,我们将会建立起世界上最广泛的贸易以及为我们提供保护的航运业,增加我国的人口,为所有的穷人提供就业,年复一年地增加财富;而所有这些,如果没有土地的增值就将无从实现。"[②]德克尔坚信:只要英国像他所建议的那样,放松贸易限制、鼓励贸易发展,那么英国的自然优势就会充分发挥出来,国家的财富及权势将达到前所未有的高峰。

从德克尔的思想中,我们既可以看到晚期重商主义的影子,又可以看到自由主义思想的萌芽。一方面,同晚期重商主义者一样,德克尔关

---

① Matthew Decker, "An Essay on the Causes of the Decline of the Foreign Trade", in Lars Magnusson(ed.), *Mercantilism, Volume IV: The Eighteenth Century*, London: Routledge, 1995, p. 259.

② Ibid. , p. 270.

注英国的对外贸易,把对外贸易与国内的生产、尤其是农业生产联系在一起;但另一方面,晚期重商主义者所推崇的贸易垄断或专卖制度却遭到德克尔的严厉批判,自由主义的经济思想在德克尔这里萌生。德克尔思想的双重性恰恰源于其生活的时代,此时,重商主义政策广为推行,但其弊端也日益凸现,如何解决这些问题成为学者面对的难题。德克尔在分析了问题的根源后,提出了背离重商主义、发展自由贸易的解决方案,从而为亚当·斯密(Adam Smith)的出现埋下了伏笔。

亚当·斯密于 1723 年出生于苏格兰,曾在格拉斯哥大学和牛津大学接受教育,后在爱丁堡大学和格拉斯哥大学任教。斯密一生埋头书斋,著述丰富,但出版的很少,其代表作,一是 1759 年出版的《道德情操论》(*The Theory of Moral Sentiments*),二是 1776 年出版的《国民财富的性质和原因的研究》(又称《国富论》)(*The Wealth of Nations*)。《国富论》的出版标志着古典政治经济学的诞生,马克思曾说:"在亚当·斯密那里,政治经济学已发展为某种整体,它所包括的范围在一定程度上已经形成。"[1]美国经济学家熊彼特也曾说:"《国富论》一书不仅是最为成功的经济学著作,而且也是或许除了达尔文的《物种起源》外迄今出版的最为成功的科学著作。"[2]

《国富论》敲响了重商主义的丧钟,一种全新的经济理论体系,即自由主义经济学说从此诞生。斯密的贡献主要表现在以下几个方面:

第一,系统提出了劳动分工、交换与货币的理论。《国富论》开篇就指出:"一国国民每年的劳动,本来就是供给他们每年消费的一切生活必需品和便利品的源泉。"[3]这就揭示了国民财富的性质及其源泉:财富的性质并非如重商主义者所强调的那样是金银与货币,而是人民生活的必需品

---

① 马克思:《剩余价值理论》第 1 册,《马克思恩格斯全集》第 26 卷第 2 册,人民出版社,1975 年,第 181 页。

② [美]约瑟夫·熊彼特:《经济分析史》第一卷,朱泱等译,商务印书馆,1991 年,第 276 页。

③ [英]亚当·斯密:《国民财富的性质和原因的研究》上卷,郭大力、王亚南译,商务印书馆,1972 年,第 1 页。

和便利品;财富的源泉也并非如重商主义者所推崇的那样是土地产出与贸易盈余,而是国民每年所付出的劳动,换言之,劳动构成了国家财富的源泉。斯密关于财富的观点,无疑是"对重商主义财富的观点的一次革命"①。

在劳动是财富源泉的基础上,斯密指出分工能大大提高劳动生产率,从而促进社会总财富。斯密指出:"在一个政治修明的社会里,造成普及到最下层人民的那种普遍富裕情况的,是各行各业的产量由于分工而大增。"②分工会创造出更多的财富,但分工是如何产生的呢? 基于对该问题的思考,斯密提出了交换理论。在斯密看来,"人类所共有,亦为人类所特有"的"互通有无,物物交换,相互交易"的倾向,决定了交换的产生。每个人为了得到自己不能生产的生活必需品,就必须生产别人所需要的产品,用以交换自己的必需品,分工由此产生了。斯密进一步提出,"分工的程度,因此总要受交换能力大小的限制,换言之,要受市场广狭的限制"③。在这里,斯密已经清楚地认识到市场的繁荣与交换及分工之间的内在联系。

在分工已经确立、交换日益频繁的情况下,交换的尺度如何确定? 出于对该问题的思考,斯密提出了货币理论。重商主义者将货币看成是唯一的财富,斯密对此进行批驳,认为货币是交换发展到一定阶段的产物,指出货币的数量并不能用来衡量一国财富的多寡,因为它只是交易的媒介和价值的尺度,我们"使用各种商品所能换得的货币量,来估计其他商品的价值"。④ 关于流通中的货币量问题,斯密认为,每个国家的铸币数量,都要受到国内借铸币而流通的商品的价值的支配,铸币数量的过多或过少,都会对国家经济造成危害。显然,斯密对于货币本质及其流通量的认识,是对重商主义的彻底颠覆,由此对工业化开始后英国的

---

① 成新轩、俞会新:《经济自由之神:亚当·斯密》,河北大学出版社,2001 年,第 93 页。
② [英]亚当·斯密:《国民财富的性质和原因的研究》上卷,郭大力、王亚南译,商务印书馆,1972 年,第 11 页。
③ 同上书,第 16 页。
④ [英]亚当·斯密:《国民财富的性质和原因的研究》下卷,郭大力、王亚南译,商务印书馆,1972 年,第 2 页。

货币政策产生重大影响。

第二,阐述了商品的价值理论与资本理论。价值理论是斯密经济学说的基础,也是其精华所在。在斯密看来,价值有两方面涵义:一是"表示特定物品的效用",称为"使用价值";二是"表示由于占有某物而取得对他种货物的购买力",称为"交换价值";使用价值与交换价值之间存在着明显的正比关系。[①] 在对商品的价值做了明确区分后,斯密认定:"劳动是衡量一切商品交换价值的真实尺度",因为价值是由生产商品所耗费的劳动创造的。劳动是商品的真实价格,货币只是商品的名义价格。[②]这是斯密对劳动决定价值的经典论述。

在对价值的涵义及其尺度做了分析之后,斯密进一步探讨价值规律,即商品的价值与价格的关系。在斯密看来,商品的价格分为两种,一是自然价格,即出售这些商品的人实际上所花费的费用,这相当于其本来的价值;二是市场价格,即在市场上出售时高于或低于自然价格的实际价格。自然价格与市场价格之间的关系,取决于市场上的有效需求,如果市场上商品供应量与有效需求恰好相等,则商品的市场价格与自然价格就大致相同。[③] 由此可见,斯密已清晰地揭示出价值、价格与市场需求之间的关系。

斯密还首次提出了资本理论。他写道:资本一旦在个别人手中积累起来,其中某些人就利用它去驱使别人劳动,向他们提供生活资料和生产资料,并从其劳动所得中得到相应的利润。[④] 从这里可以看出,斯密已认识到资本是一定历史条件下劳动与劳动条件相分离的产物,资本是劳动者创造的价值的一部分,它以利润的形式为资产者所占有。随后,斯密从劳动分工的视角,分析了资本在经济发展中的作用。斯密的看法是,分工能提高生产力,而影响分工的重要因素之一就是资本,资本越丰

① [英]亚当·斯密:《国民财富的性质和原因的研究》下卷,郭大力、王亚南译,商务印书馆,1972年,第25页。
② 同上书,第26页。
③ 于俊文:《亚当·斯密》,商务印书馆,1987年,第92页。
④ [英]亚当·斯密:《国民财富的性质和原因的研究》上卷,郭大力、王亚南译,商务印书馆,1972年,第43页。

裕,分工就越细密,因此,产业的发展有赖于资本的充分积累。在资本构成方面,斯密将资本划分为固定资本与流动资本两大类,这为后来的学者所继承。如何实现资本积累?斯密认为,资本的增加,不是靠勤劳,而是靠节俭,"节俭可推动更大的劳动量,更大的劳动量可增加年产物的价值"。① 在资本用途方面,斯密特别强调:"一切资本,虽都用以维持生产性劳动,但等量资本所能推动的生产性劳动量,随用途的不同而极不相同,从而对一国土地和劳动的年产物所能增加的价值,亦极不相同。"②由此斯密列出了资本应优先投入的行业,即农业、制造业、批发商业(国内外贸易)、零售商业;这种序列反映了斯密受重农学派的影响,同时也反映出工业化之初的农业在国民经济中的重要地位。

第三,以工资、利润和地租为核心,提出了财富的阶级分配理论。这个理论是建立在价值理论的基础上的,斯密说:"一国土地和劳动的全部产物,或者说,年产物的全部价格,自然分解为土地地租、劳动工资和资本利润三部分。这三部分,构成三个阶级人民的收入,即以地租为生、以工资为生和以利润为生这三种人的收入。此三阶级,构成文明社会的三大主要和基本阶级。"③在斯密看来,工资是劳动者所创造的产品及其价值的一部分,是扣除了利润或地租之后的那部分。关于工资水平,斯密指出,劳动市场价格取决于劳资双方所签订的契约,其最低标准是:"需要靠劳动过活的人,其工资至少须足够维持其生活。在大多数场合,工资还得稍稍超过足够维持生活的程度,否则劳动者就不能赡养家室而传宗接代了。"④不过,工资水平总是处于不断变化之中,从长远来看,对工资水平产生重要影响的因素有:一、劳动力的需求和供给状况;二、劳资之间就工资问题而展开的斗争;三、资本的增加;四、经济发展水平的高

---

① 〔英〕亚当·斯密:《国民财富的性质和原因的研究》上卷,郭大力、王亚南译,商务印书馆,1972年,第310页。
② 同上书,第329页。
③ 同上书,第240—241页。
④ 同上书,第62页。

低。以上四个因素的综合作用决定了一定时期的工资水平。

关于利润,斯密的看法是:"劳动者对原材料增加的价值……分为两个部分,其中一部分支付劳动者的工资,另一部分支付雇主的利润,来报酬他垫付原材料和工资的那全部资本。"①利润是劳动者所创造的价值超过工资的余额,事实上也就是后来马克思所说的剩余价值。为此,马克思评述道:"斯密认识到了剩余价值的真正起源。"②这一评价非常中肯,因为斯密已认识到劳动者与生产资料的分离是生产利润即剩余价值的前提,资本家正是凭借对资本的占有权而获得利润。尽管利润和工资一样来源于劳动创造物,但其支配原则截然不同。斯密指出:利润和工资"受着两个完全不同的原则的支配,而且资本的利润同所谓监督指挥这种劳动的数量、强度与技巧不成比例。利润完全受所投资本的价值的支配,利润的多少与资本的大小恰成比例"。③

关于地租,斯密指出:劳动者要使用土地,就"必须把他所生产或所采集的产物的一部分交给地主",这就构成"土地的地租"。④ 显然,斯密也已认识到,地租也和利润一样,是地主对农民或农业工人劳动创造的剩余价值的一种无偿占有。不仅如此,斯密还研究了级差地租问题。在他看来,地租的高低,因土地的肥沃程度以及土地的位置不同而有所差异。斯密依据土地的产出对地租做出新的分类:第一类是经营畜牧业(分为未改良和改良这两类牧场),第二类是经营一般生产物(粮食作物),第三类是经营特殊生产物(经济作物),以上三类地租之间的关系是:前两类土地的地租支配第三类土地的地租,第一类土地地租受第二类土地地租的支配,未改良牧场的地租受已改良牧场地租的支配。斯密

① [英]亚当·斯密:《国民财富的性质和原因的研究》上卷,郭大力、王亚南译,商务印书馆,1972年,第43页。
② 马克思:《剩余价值理论》第1册,《马克思恩格斯全集》第26卷第2册,人民出版社,1975年,第58页。
③ [英]亚当·斯密:《国民财富的性质和原因的研究》上卷,郭大力、王亚南译,商务印书馆,1972年,第43页。
④ 同上书,第44页。

的见解,得到马克思的高度评价:"斯密的巨大功绩在于:他说明了,用于生产其他农产品和经营独立畜牧业等等的资本的地租,是怎样由投在主要食物生产上的资本所提供的地租决定的。在斯密以后,这方面实际上并没有任何进步。"①

第四,也是最重要的,他开创了自由主义经济学说,为英国工业化提供了理论指导。重商主义强调国家干预,斯密的学说则倡导自由主义。斯密认为,追求个人利益是人的天性,也是人类一切活动的根本。利己之心在增加个人财富的同时,也相应增加了社会财富,二者都是符合自然规律的。在此基础上斯密提出了"看不见的手"理论,他说:将资本投入产业,"以牟取利润为唯一目的";因此,"每个个人都努力把他的资本尽可能用来支持国内产业……他通常既不打算促进公共的利益,也不知道他自己是在什么程度上促进那种利益。……他所盘算的也只是他自己的利益。在这场合,像在其他许多场合一样,他受着一只看不见的手的指导,去尽力达到一个并非他本意想要达到的目的。……他追求自己的利益,往往使他能比在真正出于本意的情况下更有效地促进社会利益。"②这只"看不见的手"实际上就是在自然状态下所形成的市场经济秩序,斯密对此极为推崇,认为它是资本主义经济正常运行的必要条件。

基于此,斯密坚决反对国家干预经济生活。在他看来,在自然的制度下,国家职能只限定在三个方面:抵制外来侵略,维护国内治安,兴办公共工程。国家因其性质而"不适宜于行使管理经济的职能"③,因此斯密主张一切听其自然,允许资本家自由开展经济活动,实现自由生产、自由竞争、自由经营,因为在哪些产业可以产生最大价值的问题上,资本家"显然能判断得比政治家或立法家好得多"。国家的盲目干预,往往会使

---

① 《马克思恩格斯全集》第 25 卷,人民出版社,1972 年,第 694 页。

② [英]亚当·斯密:《国民财富的性质和原因的研究》下卷,郭大力、王亚南译,商务印书馆,1972 年,第 27 页。

③ [法]夏尔·季德、夏尔·利斯特:《经济学说史》上册,徐卓英等译,商务印书馆,1986 年,第 107 页。

经济发展会受到阻碍。

亚当·斯密的自由主义经济学说是对重商主义的彻底否定,这可从他对重商主义的批判中看出来。斯密认为金银只是交易的媒介,"要一个国家输入或保留多于它所需要的金银,以增加国富,是荒谬的",这"必然会减少用于衣食住和用于维持人民生计的财富"。[①] 针对重商主义所倡导的进口限制政策,斯密从人的利己主义本性、国际分工以及国内资源配置等方面进行批驳,他指出限制进口不可能真正使国家富裕,而只能有利于具有垄断能力的少数商人。针对重商主义所倡导的出口鼓励政策,斯密认为作用有限,因为它会"给国家收入加上了一个极大的耗费,给人民大众加上了一个极大的赋税,但他们自己的商品,却没因此显著地增加其真实价值"。[②]

在分工理论的基础上,斯密提出了自由贸易的原则。斯密指出:由于商品在各国的生产成本不同,每个国家都不必生产自己所需要的一切产品,一个国家应该出口本国生产效率最高的商品,进口别国生产效率最高的商品,交易的结果是使双方都获益,因此,应该解除国家对贸易的管制,废除关税,停止贸易补贴,倡导国与国之间的自由贸易,为贸易各方带来产业发展与经济繁荣。

自由贸易理论是斯密学说的核心,对英国、欧洲乃至全世界都产生巨大影响。斯密彻底突破了重商主义的束缚,在阐释与商品生产相关的分工理论、价值理论、资本理论及分配理论的过程中,构建起一套自由主义经济学说,为工业资本主义在英国的出现奠定了理论基础。

---

① [英]亚当·斯密:《国民财富的性质和原因的研究》下卷,郭大力、王亚南译,商务印书馆,1972 年,第 12 页。
② 同上书,第 87 页。

第二章　农业领域的变革

18 世纪的英国农业仍然占主导地位,"到 18 世纪末,三分之一的国民收入依然直接来源于农业,超过三分之一的劳动力依然从事农业生产"[1],但农业经历了一场前所未有的变革,史称"农业革命"。正如罗斯托(W. W. Rostow)所说:"农业生产的革命性变化成为(英国)成功'起飞'的基本要素。"[2]

农业革命指的是自给自足的传统农业向近代资本主义农业的转变,这一转变不仅包括圈地运动及大农场兴起等制度性变革,同时也包括农业生产与技术领域内的各项变革。尽管学界对农业革命的时间点仍然有不同看法,但农业革命自 18 世纪上半叶开始,以后一直延续大半个世纪,这应该没有太大的争议。

农业革命首先表现为议会圈地及其带来的土地产权变动。一直到 18 世纪,英国基本上延续了中世纪的土地制度和耕作方法。据格里高利·金(Gregory King)估算:在 18 世纪初,英格兰和威尔士的可耕地面

---

① Peter Mathias and John A. Davis(eds.), *The First Industrial Revolutions*, Oxford: Basil Blackwell, 1989, p. 110.

② W. W. Rostow, *Stages of Economic Growth: A Non-communist Manifesto*, Cambridge: Cambridge University Press, 1971, p. 8.

积,包括森林、果园、花园在内,约为 2 500 万英亩,这些土地上放养着
1 200 万头羊、450 万头牛和 200 万头猪,价值约 1 500 万镑;此外还种植
着价值约 900 万镑的谷物。[①] 当时,英格兰和威尔士未开发或使用率甚
低的土地占全部土地的 1/4,其之所以未开垦,主要是因为当时英国人口
增长率低,对粮食生产并未构成明显压力。

就土地制度而言,"英国传统的土地关系的特征为封建庄园主的土
地所有制与农民的小土地所有制相结合"。[②] 在 18 世纪,土地大体掌握
在两个社会阶层手中:一是贵族、大地主,他们占据了全国土地的多数,靠
出租土地收取租金获益;二是中小土地所有者,包括三类人:(1) 自由持有
农(freeholder),他们拥有土地,土地权受到国王法庭的保护,人身相对自
由,只需缴纳少量地租,不承担封建义务。(2) 公簿持有农(copyholder),他
们"根据庄园习惯法,依法庭公簿证书而持有土地占有权",需缴纳与土地
占有数量相当的地租;虽然他们被法律史专家称为"占有维兰土地的自由
人"[③],但与自由持有农不同的是,他们不具有土地所有权。(3) 契约持有
农,即通过与领主签订契约而占有土地,占地多的可能成为农场主,占地少
的则是普通小农。

从耕作方式看,英国依然延续中世纪以来的敞田制(open-fields),即
一种以粮食种植为主而将作物种植与牲畜喂养结合起来的耕作方式。
在敞田制度下,整个村庄的土地依据距离的远近、土地的肥瘦、干湿状况
等分为若干条块,每一个有权利得到土地的农户在好坏不同的地块上都
得到土地,使土地的分配比较公平;但每一农户的田地都不连在一起,而
是与其他农户犬牙交错,各户田地之间也没有分界线;每一个地块都连
成一片,耕作时共同劳动,共同收割,收割后又成为公共牧场。土地的使
用采用轮作制,以三年轮作较为普遍,即第一年种小麦或黑麦,第二年种

---

① J. D. Chambers and G. E. Mingay, *The Agriculture Revolution 1750—1880*, London: B.
T. Bastford Ltd, 1966, p. 15.
② 杨杰:《从下往上看——英国农业革命》,中国社会科学出版社,2009 年,第 113 页。
③ R. C. Allen, *Enclosure and the Yeoman*, Oxford: Oxford University Press, 1992, pp. 68—69.

大麦、燕麦、大豆和豌豆,第三年休耕、作为牧场。^① 全村所有土地分头轮作,每一个地块大体都按此顺序轮流使用。

除了耕作的土地,18世纪的英国乡村还存在着大量森林、沼泽地、荒地等,这些地通常被称为"公地"。公地从法律上说属于领主,但事实上延续着中世纪的"共有权"。用威廉·布莱克斯通的话来说,共有权就是"一个人或若干人得以使用或取得另一些人的土地产品的某些部分的权利;换言之,共有权是一个人在他人的土地上享有放养牲畜、捕鱼、挖泥煤、砍伐树木之类的权利"^②。公地的存在对乡村穷人具有重大意义,因为无土地者可以在公地上放猪养牛,维持生活;少土地者也可在公地上拾柴火、摘野果,获取辅助收入。

这种制度对发展农业生产有阻碍作用,因为它要求全村的土地种植相同的植物,共同使用,因此为引进新品种设置了障碍;农户土地分散,虽然保持了相对的公正,却不利于土地改良和技术进步,因为任何单个的农民都没有办法从事这些工作,也不愿意投资;此外,没有人愿意投入比邻人更多的精力和劳动,因此就阻碍了劳动效率的提高。休耕和公共放牧的习俗,使人们不尝试畜牧方法的改变;轮作制也不利于提高土地的利用率。^③ 18世纪中叶,由于人口增长、粮食需求增加,敞田制受到挑战,圈地运动就是在这个背景下大规模兴起的。

18世纪的特点是议会圈地。前此,早在15世纪,圈地就开始了,但基本上属于协议圈地,即有土地使用权的人通过签订协议的方式,来圈占森林、沼泽等公地,或圈围农田,实行农场式经营。这时的圈地进程比较缓慢,被圈围的范围不算大。有资料显示,1455—1607年间,英格兰被圈占的土地大约有50万英亩,还不到可耕地面积的3%,因此,"庄园制

---

① Roderick Floud and Paul Johnson(eds.), *The Cambridge Economic History of Modern Britain*, Vol. Ⅰ, Cambridge: Cambridge University Press, 2004, p. 99.

② William Blackstone, *Commentaries on the Law of England*, London: A. Strhan, 1809, p. 32.

③ M. W. Flinn, *An Economic and Social History of Britain Since 1700*, London: Macmillan Education, 1978, pp. 48—49.

下的荒地或公地依然是英国乡村的通常特征"。① 历代王朝对圈地一般持反对态度,因为圈地会减少朝廷收入,并且引起社会不稳定。

"光荣革命"后,议会控制国家主权,而土地贵族又在议会中占主导地位,大土地所有者开始呼吁政府和议会支持圈地,议会的态度遂从此前的限制圈地转为支持圈地,开始以立法形式对私人提出的圈地申请予以批准,将圈地变成了国家行为。这样,大规模的圈地运动开始了,议会圈地的时代也随之而来。

起先,议会圈地的速度并不快,以每十年通过的圈地法案为例,18 世纪头十年仅为 1 项,第二个十年为 8 项,第三个十年为 33 项,第四个十年为 35 项,第五个十年为 38 项。② 在这半个世纪中,议会总共通过的圈地法案只有 100 多项。此后,在贵族、大地主的推动下圈地法案迅速增长:18 世纪 50 年代为 156 项,60 年代为 424 项,70 年代为 642 项,80 年代为 287 项,90 年代为 506 项,19 世纪前十年达到了空前的 906 项。③ 下图更是清晰地反映出 18 世纪圈地法案的增长态势。

按钱伯斯(J. D. Chambers)和明格(G. E. Mingay)的说法,18 世纪中叶以后约一个世纪时间内,议会通过的 4 000 多项圈地法案中,约 3/4 是在 18 世纪 60—70 年代以及世纪之交的 20 余年间颁布的。④

关于 18 世纪议会圈地的面积问题,沃迪尔(J. R. Wordie)的估算是,1700 年,英格兰 29% 的耕地属于敞田或公地,经过 18、19 世纪的议会圈地,到 1914 年,这一比例下降到 5%。⑤ 根据斯拉特·吉尔伯特(Slater Gilbert)

① Edawrd Jenks, *A Short History of English Law*, Boston: Little, Brown and Company, 1912, p. 268.

②③ Peter Lane, *The Industrial Revolution : The Birth of the Modern Age*, London: Book Club Associates, 1978, p. 42.

④ J. D. Chambers and G. E. Mingay, *The Agriculture Revolution 1750—1880*, London: B. T. Bastford Ltd, 1966, p. 77.

⑤ Roderick Floud and Paul Johnson (eds.), *The Cambridge Economic History of Modern Britain*, Vol. Ⅰ, Cambridge: Cambridge University Press, 2004, p. 99.

法案数量

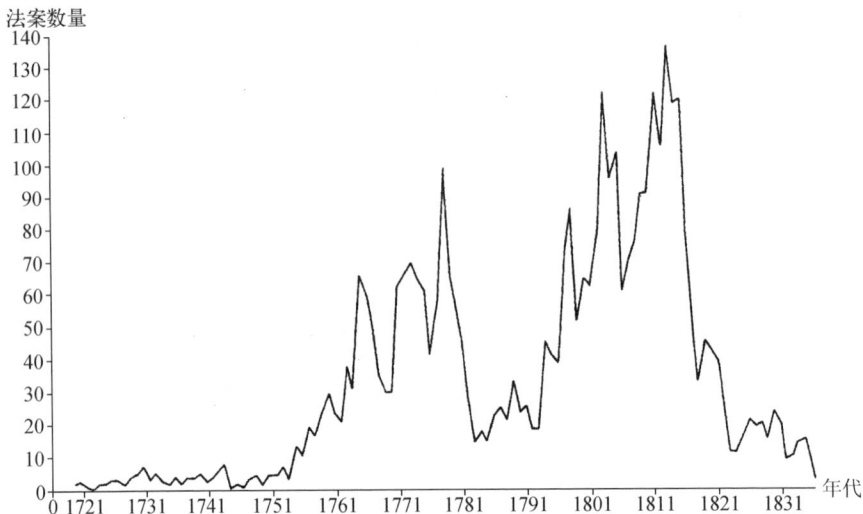

1719—1835 年间英格兰及威尔士圈地法案数量①

的研究,1727—1760 年圈地面积不到 7.5 万英亩,1761—1792 年飙升至 47.8 万英亩,1793—1815 年竟超过 100 万英亩;此后回落,1816—1845 年约 20 万英亩。②

　　议会圈地的流程大致如下:大土地所有者在向议会提交圈地申请之前,往往先召集本地区全体土地所有者开会,以达成同意圈地的协议。做到这一点并不难,因为只需要得到占土地总面积 4/5 以上的所有者的认可,协议就算有效。这就使小土地所有者,如公簿持有农、短期租约农等几乎没有发言权。协议达成后会被张贴在教堂门口公示,不过这只是形式而已。之后,就可向议会提交了,议会一般不会拒绝,讨论后便立案成法。随后,议会将任命一个圈地委员会,由当地的大土地所有者、什一税所有人、各类农户代表组成,负责土地的重新分配。这一过程往往要

---

① Eric Pawson, *The Early Industrial Revolution : Britain in the Eighteenth Century*, New York: Barnes & Noble Books, 1979, p. 61.

② Slater Gilbert, *The English Peasantry and the Enclosure of the Common Fields*, London: A. Constable, 1907, p. 267.

数年时间才能完成，其中包括土地的丈量、重新划分、估价、赔偿、筑篱笆、排沼泽、挖沟渠、建农场等。

以前曾认为圈地过程中充满暴力和掠夺，但后来的研究表明，圈地后会对小农做出某些补偿，以弥补他们的损失。但圈地对小农造成的损害依然是巨大的。首先，圈地的费用很高，据农业协会估算，18 世纪下半叶，议会圈地费用大约为每英亩 28 先令。① 在诺丁汉郡，1760—1799 年间，圈地面积为 4 498 英亩，总费用为 12 528 镑，平均每英亩圈地成本为 2.79 镑。② 这笔费用对小农来说是难以承受的，往往使他们陷入窘境。其次，土地圈围后，大土地所有者利用其雄厚的资金和技术优势，对圈围的土地进行改良，引进新作物品种、使用新工具和新技术，从而大大提高了农业生产力，在市场上占据优势；小农无力进行这些改良，被逐渐驱逐出市场，慢慢地破产了，最后被迫将土地出售，从而沦为农业工人或城镇劳工。此外，圈地也侵害了小农依据习俗所拥有的权益，公地、森林、牧场、沼泽等被圈占了，小农的放牧权、砍伐柴火权等等全都丧失了，因此，"圈地成了打击小农户的一场大灾变，使他们失去部分维生的手段"③。

议会圈地造成土地产权的大转变，使土地高度集中于贵族等大土地所有者手中。从 17 世纪末到 18 世纪末，拥有数千英亩及以上土地的大土地所有者——主要是贵族，其占有土地面积的比例，从 15%—20% 上升为 20%—25%；乡绅拥有的土地一般在三四百英亩至一两千英亩，其所拥有的土地所占比例相对稳定，保持在 50% 左右；自由持有农拥有的土地一般不超过三四百英亩，他们占有的土地比例从 1/3 骤降至 1/5。④ 这表明，圈地运动使此前所有权相对分散的土地，集中于大地主手中。

① J. D. Chambers and G. E. Mingay, *The Agriculture Revolution 1750—1880*, London: B. T. Bastford Ltd, 1966, p. 85.

② W. E. Tate, "The Cost of Parliamentary Enclosure in England", *Economic Historical Review*, New Series, Vol. 5, No. 2(1952), pp. 261—263.

③ 沈汉：《英国土地制度史》，学林出版社，2005 年，第 238 页。

④ Eric Pawson, *The Early Industrial Revolution: Britain in the Eighteenth Century*, New York: Barnes & Noble Books, 1979, p. 59.

土地圈围后出现了诸多资本主义性质的大农场,农场规模在 18 世纪呈扩大趋势。有材料表明,1714—1832 年间斯塔福德郡和希罗普郡的勒文森-古威地产上,农场平均规模从 20 英亩上升为 83—147 英亩;在拉克斯教区,100 英亩以上的农场在 1635 年只占 32%,1736 年为 44%,1789 年为 51%,到 1820 年达到了 60%。[1] 大农场建立后,贵族地主及农场主增加对土地的投入,实施农业改良,大大提高了土地使用率,从而增加了土地产出。阿瑟·扬(Arthur Young)认为:"与小土地占有者相比,拥有更多财富的大农场主,能够在其地产上从事更大的农业改良。……他也能够饲养品种更为优良的牲畜,使用更好的农具。他购买更多的肥料,接受更先进的生产技术。"[2] 艾什顿勋爵(Lord Ashton)也指出:"引人注目的是,几乎所有有据可查的农业技术进步都是在已圈围的土地或正在圈围的土地上获得的。"[3] 农场化经营大大提高了农业产出:1700—1760 年,英国农业产出每十年的增长率约 6%,1760—1800 年约5%;1800—1831 年则达到 12%。[4] 马克·欧弗顿(Mark Overton)也发现,英国农业产出的增长与议会圈地高潮大致同时出现。可见,大规模的圈地也大幅度地提高了英国的农业生产水平。[5]

农业领域内的变革不仅表现为土地所有权的变化,同时也表现为土地经营方式和农业生产技术的变革。大土地所有者为了提高土地收益、增加他们的财富,推行了一系列农业改良,而贵族在其中起引领作用。1772 年,设菲尔德勋爵(Lord Sheffield)在苏塞克斯的刘易斯(Lewes)成立"农业、制造业及工业促进协会"(Society for the Encouragement of

---

[1] 杨杰:《从下往上看——英国农业革命》,中国社会科学出版社,2009 年,第 124、132 页。

[2] Arthur Young, *Political Arithmetic*, London, 1774, pp. 287—288.

[3] Phyllis Deane, *The First Industrial Revolution*, Cambridge: Cambridge University Press, 1979, p. 44.

[4] Peter Mathias and John A. Davis(eds.), *The First Industrial Revolutions*, Oxford: Basil Blackwell, 1989, p. 111.

[5] Mark Overton, *Agricultural Revolution in England: The Transformation of the Agarian Economy 1500—1850*, Cambridge: Cambridge University Press, 1979, pp. 164—167.

Agriculture，Manufacture and Industry)，对从事农业改良的人给予补贴和奖励。① 1730 年，辉格党政治家汤森德勋爵退出政坛回到诺福克郡，此后就全身心地投入农业改良，在推广四茬轮作制、芜青种植等方面做出重大贡献。农业史专家厄恩利勋爵(Lord Ernle)因此写道："由于汤森德热心宣传种植芜青，提倡农业改良，人们给他取了'芜青汤森德'的绰号。"②18 世纪中叶以后有更多贵族加入到农业革命中，其中包括莱斯特伯爵、贝德福德公爵、阿索普勋爵(Lord Althorp)、诺福克的托马斯·科克(Thomas Coke)等；连国王乔治三世都在温莎开辟了模范农场，饲养了一群美利奴绵羊，并不断尝试畜牧繁殖实验。③ 社会上层人士推动的农业改革，在全社会起到一种表率作用。

四茬轮作制在 18 世纪广为推行。在敞田时期的三年轮作制度下，第三年要让土地休耕，以恢复土壤肥力。大约从 16 世纪后期开始，英格兰东南部一些农场开始探索利用休耕地的方法，即种植三叶草、驴喜豆、紫苜蓿等豆科作物，或种植芜青。17 世纪末期，以诺福克郡为中心，一种较为成熟的四茬轮作制逐渐成形：第一年种植小麦，第二年种植芜青，第三年种植大麦，第四年种植三叶草和黑麦等饲料作物。新的轮作制不仅避免了土地的休耕，同时也解决了土壤肥力积蓄及冬春季的牧草问题。厄恩利等历史学家曾一度认为四茬轮作制是汤森德勋爵在 18 世纪发明的，但威廉·马歇尔(William Marshall)在 1787 年就说过：诺福克东北部的农场，"至少在一个世纪前，就已相对稳定地采取下列轮作制：小麦、大麦、芜青、驴喜豆、三叶草"④。这表明诺福克轮作制并非始于 18 世纪，只是到 18 世纪中叶以后，在贵族改良家的大力倡导下，四茬轮作制被迅速推广。

---

① Peter Lane，*The Industrial Revolution：The Birth of the Modern Age*，London：Book Club Associates，1978，p. 36.

② Lord Ernle，*English Farming：Past and Present*，London：Longmans，Green & Co. Ltd，1912，p. 174.

③ Ibid.，p. 207.

④ William Marshall，*Rural Economy of Norfolk*，London，1787，p. 132.

引进新品种是 18 世纪农业革命的另一个重要内容。英国传统农作物品种有限，以小麦、大麦、燕麦、黑麦等谷物以及豌豆、菜豆等豆类作物为主。从 16 世纪开始，甜菜、马铃薯、油菜、萝卜、甘蓝、苜蓿等作物陆续引入英国，①但受到敞田制的限制，推广较为缓慢。作为块根作物的代表，马铃薯在 16 世纪末从美洲引入，它不仅增加了猪的饲养量，而且部分取代谷物成为人们的主食。大约在 17 世纪中后叶，芜青开始在英格兰东南部各郡种植。1720 年丹尼尔・笛福（Daniel Defoe）在游历东盎格利亚（East Anglia）时写道："英格兰这个地区是最先种植芜青的一个地方，由于芜青种植，土壤的肥力增强了，农民收益也增加了。"②诺福克、萨福克是引进新作物较早的两个郡，有人估算，1587—1596 年间两郡种植块根作物的农场只占总数的 0.8%，17 世纪 80 年代上升到 10%，18 世纪 20 年代上升到 50%。③

除块根作物外，豆类作物也广泛引入英国，最为典型的是三叶草。三叶草等豆类作物能使土壤含氮量增加 60%，这就为来年种植谷物提供了更肥沃的土壤，有利于增加谷物收成。从英格兰南部各郡三叶草种植面积占可耕地面积的比例来看，18 世纪初为 14%，19 世纪初为 25%，19 世纪 30 年代则超过 30%。④ 总之，无论是马铃薯、芜青等块根作物，还是三叶草等豆类作物，这些新作物的引进和推广不仅解决了传统的土地抛荒问题，增强了土地肥力，而且化解了冬春季节牲畜饲料短缺的问题，因此也在一定程度上推动了畜牧业的发展。

农具的改进、发明和推广也是农业革命的重要内容。一直到 18 世纪中叶，英国农民仍主要依靠人力和畜力，使用传统农具进行耕作。18

---

① Mark Overton, *Agricultural Revolution in England：The Transformation of the Agarian Economy 1500—1850*，Cambridge：Cambridge University Press，1979，p. 10.

② Daniel Defoe, *A Tour Through the Whole Island of Great Britain*，London：JM Dent and Co，1927，pp. 82—83.

③ 王章辉：《英国农业革命初探》，载《世界历史》1990 年第 1 期。

④ Mark Overton, *Agricultural Revolution in England：The Transformation of the Agarian Economy 1500—1850*，Cambridge：Cambridge University Press，1979，p. 110.

世纪中叶农场制兴起,由于土地的使用相对固定,一些农场主开始推广与使用新农具,农业机械化也因工业化的兴起而缓缓拉开帷幕。1730年前后,荷兰的罗德哈姆铁犁(Rotherham plough)传入英格兰,被东部和北部的农场主广为使用。1780年左右,伊普斯维奇公司(Ipswich Firm)的创立者罗伯特·兰塞姆(Robert Ransome)对罗德哈姆铁犁加以改进,发明了一种由铸铁做成、犁头更硬且犁口可自磨的新铁犁。到1808年,配件易于更换的标准化铁犁开始投入使用,铁犁全面取代木犁的进程由此加速。1731年,杰思罗·塔尔(Jethro Tull)发明了代替人力撒播的马拉播种机,由于这种机械主要适用于易于耕种、排水良好的土地,因此直到18世纪80年代后才逐步推广。[①] 塔尔还模仿马拉犁而发明了马拉锄,但由于马匹喂养比较昂贵,所以18世纪用公牛锄地的情况仍较为多见。1786年,安德鲁·迈克尔(Andrew Mikle)发明了脱粒机,这种机器可使用蒸汽、水力、马力或人力作为动力,后来人们把它和扬谷机配合在一起使用,将脱粒与扬谷同时进行,大大节省了时间和劳动力。但由于价格昂贵,脱粒机的广泛使用是一个世纪以后的事。不过,在18世纪末,一些帮工带着脱粒机走南闯北,一家一户地招揽农活,以日计酬,出租其技术和脱粒机,这种做法广受欢迎,一般的小农也有能力雇佣他们。[②]

　　但新型农具的推广及农业机械化进程极为缓慢,直到19世纪50年代,在布莱顿附近,农民仍用木犁耕地、用手工来收割谷物。新型农具倾向于剥夺小农的就业机会,这也是它推广缓慢的原因之一。有学者指出:"脱粒机在英格兰南部的推广使用,剥夺了许多劳工的就业机会,由此成为1830年暴动的因素之一。"[③]另外,英国人天性保守、农场规模较

① Peter Lane, *The Industrial Revolution : The Birth of the Modern Age*, London: Book Club Associates, 1978, p. 59.

② 杨杰:《从下往上看——英国农业革命》,中国社会科学出版社,2009年,第155页。

③ J. D. Chambers and G. E. Mingay, *The Agriculture Revolution 1750—1880*, London: B. T. Bastford Ltd, 1966, p. 72.

小、耕作条件差异大、农业劳动力廉价,这些都是农业机械化进展缓慢的原因。

畜牧业是农业的重要组成部分,18 世纪,随着块根作物及豆类作物的引进及推广,长期困扰农场主的牲畜饲料问题迎刃而解,这促使一些农场主把注意力从牲畜的育肥转移到培育良种上,由此而推动了畜牧品种的改良和推广。从 1745 年起,莱斯特郡的罗伯特·贝克韦尔(Robert Bakewell)开始进行培养绵羊良种的实验。通过人工选择法,在数年之后,贝克韦尔终于培育出良种绵羊,被命名为"莱斯特绵羊"。这种无角绵羊具有生长快、体格壮、产肉多、产毛多而消耗饲料少等特点,在当地及附近各郡农场迅速推广。贝克韦尔在培育良种绵羊方面的实践,为英国长毛羊的品种改良起到重要推动作用。[①] 除贝克韦尔之外,不少同时代人在改良畜种方面做出了努力。在绵羊育种方面,考文垂的韦布斯特·坎利成功地改良了兰开斯特长角羊;苏塞克斯的约翰·埃尔曼(John Ellman)培育出一种适合于坡地牧场的短毛羊,毛和肉的产量都较高,在诺福克等郡推广迅速。达林顿的科林兄弟(Collings brothers)对于"新长角"奶牛进行改良,成功培育出产肉和产奶量都很高的短角奶牛,并迅速占领市场。科林兄弟所培育的优质公牛和母牛,尽管售价高达 1 000 几尼和 500 几尼,但农场主仍愿意高价购买。[②]

早在 1884 年,历史学家阿诺德·汤因比(Anold Toynbee)就曾指出:现代世界是以英国近代的两场革命开始的,其一是众所周知的工业革命,其二是农业革命。对这两场革命之间的关联,学界已做过一些探讨,在此基础上,我们从粮食、原料、资本、市场这四个方面来讨论农业革命对工业革命及社会转型所起的作用。

农业革命最为直观的后果是增加了农作物、尤其是粮食的产量,缓

---

① Mark Overton, *Agricultural Revolution in England : The Transformation of the Agrarian Economy 1500—1850* , Cambridge: Cambridge University Press, 1979, p. 68.

② Peter Lane, *The Industrial Revolution : The Birth of the Modern Age* , London: Book Club Associates, 1978, p. 57.

解了因人口增长带来的粮食短缺问题,为工业革命提供了基本保障。

菲利斯·迪恩(Phyllis Deane)和科尔(W. A. Cole)对 18 世纪英国的人口数量及谷物产量做了估算,参看下表:

18 世纪英格兰及威尔士人口及谷物产量表①

年份	人口 (万人)	谷物消耗量 (万夸特)	谷物产量 (万夸特)	谷物出口量 (万夸特)
1700	582.6	1 310.9	1 329.3	18.4
1710	598.1	1 345.7	1 382.0	36.1
1720	600.1	1 350.2	1 399.3	49.1
1730	594.7	1 381.1	1 372.3	34.3
1740	592.6	1 333.4	1 385.5	52.1
1750	614.0	1 381.5	1 482.1	100.6
1760	656.9	1 478.0	1 526.5	48.5
1770	705.2	1 586.7	1 561.7	−25.0
1780	753.1	1 694.5	1 670.6	−23.9
1790	824.7	1 855.6	1 788.4	−67.2
1800	902.4	2 030.5	1 899.1	−131.4

从上表数据可测算出,18 世纪上半叶,英国人口增长幅度不大,涨幅仅为 5.39%;而谷物产量增幅达到 11.5%,约相当于人口涨幅的一倍。这样,在 18 世纪前半叶人口缓慢增长的情况下,谷物产量的增加不仅保证了粮食的充足供应,同时还可以有少量出口。英国始终保持谷物出口国地位,这给国家带来了外汇收入,有利于工业化之初的资本积累。

进入 18 世纪后半叶,情况开始发生转变。此间,英国人口数量激增,50 年间涨幅达到 46.97%。谷物产量在这 50 年间也有了增长,但涨幅只有 28.14%。可见,英国人口增速已大大超过谷物产量的增速,由此

① Phyllis Deane and W. A. Cole, *British Economic Growth 1688—1959: Trends and Structure*, Cambridge: Cambridge University Press, 1969, p. 65.

造成国内谷物供应紧张,英国也由一个谷物出口国逐渐变成了谷物进口国。1750 年,英国还出口谷物 100.6 万夸特,1760 年骤减到 48.5 万夸特;此后,英国停止谷物出口:1770 年进口谷物 25 万夸特,1780 年为 23.9 万夸特,1790 年为 67.2 万夸特,1800 年为 131.4 万夸特,英国开始转变为谷物进口国。

不过,尽管 18 世纪后半叶英国完成了从谷物出口国向进口国的转变,但英国粮食自给率始终保持在 90% 以上。例如,1770 年,英国谷物产量为 1561.7 万夸特,进口谷物仅为 25 万夸特,粮食自给率达 98.4%;1800 年英国谷物产量为 1 899.1 万夸特,进口谷物为 131.4 万夸特,粮食自给率也达到 93.5%。① 谷物的基本自给保证了人口稳定增长,从而为工业化提供了足够劳动力。正如农业史专家琼斯(E. L. Jones)所说:"很显然,如果没有食物供应的增加,与经济增长相伴随的人口持续增长便不可能实现。"②

除了保障工业革命时期的粮食供应以外,农业部门还为工业化提供生产原料。在整个 18 世纪,农业通过向工业部门提供羊毛、皮革、兽脂等原料而与工业建立起密切联系,这些原料与农业革命中畜牧业的发展密不可分。此处不妨以养羊业为例:根据格里高利·金的估算,17 世纪末英国绵羊总数为 1 100 万头,1741 年增长到 1 660 万头,19 世纪初增长到 2 600 万头。羊毛是毛纺织业的主要原料,绵羊数量的增长带来了羊毛产量的增长:1695 年英国的羊毛产量为 4 000 万吨,1741 年增长到 5 700 万吨,1805 年达到了 9 400 万吨。③ 充足的原料供应促进了毛纺织业的发展,推动着毛织品出口的增长。以 1709 年价格计算,1699—1701 年间英国毛织品年均出口价值为 250 万镑,1738—1742 年增长到 350 万

---

① Phyllis Deane and W. A. Cole, *British Economic Growth 1688—1959: Trends and Structure*, Cambridge: Cambridge University Press, 1969, p. 65.

② E. L. Jones, *Agriculture and the Industrial Revolution*, Oxford: Basil Blackwell, 1974, p. xi.

③ Phyllis Deane and W. A. Cole, *British Economic Growth 1688—1959: Trends and Structure*, Cambridge: Cambridge University Press, 1969, p. 68.

镑,增幅达到 40％以上;与此同时,羊毛进口量则从 700 万镑下降到 200 万镑,直到 1760 年工业革命爆发前羊毛的进口量一直呈下降态势。但是,18 世纪下半叶至 19 世纪初,随着新技术和新设备的发展,国内羊毛已供不应求,羊毛进口转而上升,到 19 世纪初达到 800 万镑。① 由此可见,养羊业的发展为毛纺织业提供了必需的原料,从而成为工业化的一个因素。

农业部门为工业化提供资金,其方式之一是地主、贵族对交通运输以及工矿企业的投资。18 世纪,运河的开凿吸引大量资本,沃德(J. R. Ward)对 18 世纪 50 家运河投资公司的资本来源做研究后发现,在总投资的约 500 万镑中,来自土地利益阶层[贵族、乡绅、约曼农(yeomanry)、牧场主、租佃农场主等]的资本达到 24.3％。② 钱伯斯和明格的研究表明,1758—1802 年间,各运河公司筹集的 1 300 万镑资本中,相当大一部分来自于大地产者,这些人抱着促进地方发展而非投机的目标来投资。③ 在 18 世纪,地主贵族在经营或出租地产的同时,开发矿山、创办工厂的情况并不少见。1739 年,诺丁汉郡至少有 4 个大地主在开采煤矿;在沃尔河畔的 17 个煤矿中,有 11 个属于大地产者。④ 18 世纪 60 年代,地主艾施伯恩勋爵将他在苏塞克斯郡一块地产上的冶铁场出租出去,在威尔士的一块地产上办起了铅矿,在铅矿附近又办起了纺纱厂。⑤ 贵族地主对于交通运输业及工矿企业的投资,部分解决了工业化的资本问题,对推动工业革命做出了贡献。

① Phyllis Deane and W. A. Cole, *British Economic Growth 1688—1959: Trends and Structure*, Cambridge: Cambridge University Press, 1969, p. 69.

② J. R. Ward, *The Finance of Canal Building in Eighteenth-Century England*, Oxford: Oxford University Press, 1974, p. 74.

③ J. D. Chambers and G. E. Mingay, *The Agriculture Revolution 1750—1880*, London: B. T. Bastford Ltd, 1966, p. 203.

④ M. W. Flinn, *The History of the British Coal Industry 1700—1830*, Oxford: Oxford University Press, 1984, pp. 37—39.

⑤ G. E. Mingay, *English Landed Society in the Eighteenth Century*, London: Routledge and Kegan Paul, 1963, p. 190.

18世纪是农业革命和工业革命齐头并进的时代,而农业的发展无疑为工业革命提供了广阔的国内市场。琼斯认为:在18世纪的英国,"农业在国内市场的扩张方面发挥了不小的作用"①。不妨以农具的改进为例:铁犁、收割机、脱粒机等机械的发明对冶铁业的发展有推动作用。比如铁犁,17世纪末人们用铸铁替代木材制造耕犁,但还只是在犁铧部分用铁;到18世纪,铁犁不断得到改进,用铁的部分也越来越多,到19世纪中叶犁的所有部分均由铁制造。铁犁的改进促使专业制犁厂的出现,1783年英格兰建立第一家制犁厂,到18世纪末铁犁已经进入批量生产阶段,1840年兰萨姆工厂能生产86种不同类型的铁犁来满足市场的需要。而铁犁的批量生产又刺激了铁的需求量,据估算,18世纪农业部门对铁的需求占总需求的30%—50%。② 铁的需求又刺激了冶铁业,从而推动了冶铁业中的技术革新。

农业革命提升了农民的收入水平,由此提高了对工业品的购买力。A. H. 约翰(A. H. John)的研究表明,18世纪上半叶的英国农村,粮食在农民的消费中占主要地位;后来,由于农业产量的增加及粮食价格的下降,农民花在粮食上的钱少了,收入盈余增加了,因此就开始购买工业品,扩大了国内的工业品市场。这种情况"促使制造商不断地发明创造,以使商品价格更加低廉,于是时尚也不再成为富人的特权"③。进入18世纪中叶后,由于战争及歉收等致使粮食价格持续攀升,这虽然降低了社会下层对工业品的需求,但国内工业品消费并未出现萎缩局面,其原因是,18世纪中叶以后农村中兴起了一个庞大的中等阶级消费群体,他们的存在促使对工业品的需求持续上升,而粮价波动对他们来说并未造

---

① E. L. Jones, *Agriculture and the Industrial Revolution*, Oxford: Basil Blackwell, 1974, p. 117.

② [意]卡洛·M. 奇波拉:《欧洲经济史》第三卷,吴良健等译,商务印书馆,1989年,第392页。

③ A. H. John, "Agriculture Productivity and Economic Growth in England, 1700—1760", *Journal of Economic History*, Vol. 25(1965), pp. 24—25.

成多大影响。①

　　18 世纪的农业革命不仅使农业本身越来越市场化,而且使农业部门及农业人口对工业品的需求不断增加。正是在这个意义上法国学者布罗代尔指出:"估量农业在工业革命中的作用时,我们不能忘记,英国农村很早就与岛国的民族市场结为一体了。英国农村被纳入到市场网络之中。直到 19 世纪初为止,它成功地养活城市与工业居民点……英国农村形成国内市场的主体,而国内市场是正在起步的英国工业首先与天然的销售场所。"②

　　综上所述,18 世纪的英国农业通过为工业化提供粮食、原料、资本和市场等,为工业革命的发生提供了各种有利条件,农业革命与工业革命之间的互动推动了国民经济的整体发展。对此琼斯教授曾深刻地指出:"如果没有农业变革,没有农业产出的增长,工业化与经济发展便不可能实现。"③

---

① E. L. Jones, *Agriculture and the Industrial Revolution*, Oxford: Basil Blackwell, 1974, p. 113.

② [法]费尔南·布罗代尔:《15 至 18 世纪的物质文明、经济与资本主义》第三卷,顾良等译,生活·读书·新知三联书店,1993 年,第 652—653 页。

③ E. L. Jones, *Agriculture and the Industrial Revolution*, Oxford: Basil Blackwell, 1974, p. xi.

第三章　工业革命的兴起

工业文明起步于英国,工业革命改变了人类历史发展的进程。一般认为,工业革命之所以在英国率先起步,与"光荣革命"后相对宽松的政治和社会环境、岛国的独特地理位置、殖民扩张带来的资本积累、庞大的海外市场、圈地运动等因素有直接关系。但工业革命在很大程度上起源于前工业化时期的"制造业",因此在讨论英国工业革命时,首先要了解工业革命前的英国"制造业"。

大约在17世纪或者更早,英国进入"原工业化"(proto-industrialization)时期,这个术语是美国学者富兰克林·孟德尔斯(Franklin Mendels)在1972年首次使用的。在孟德尔斯看来,"原工业化"是工业化的第一个阶段,是先于现代工业的"前工业化时代的工业",它为工业化做好了铺垫。[1] "原工业化"的实质是商业资本控制手工业生产,生产本身是小规模的、分散的,但它服从市场的需要,经常在商业资本的组织下为大规模的海外市场服务。

大工业出现之前,所谓"工业"包含这样一些部门:纺织业(以毛纺织

---

[1] Franklin Mendels,"Proto-industrialization: the First Phase of the Industrialization Process", *Journal of Economic History*, Vol. 32(1972), p. 241.

业为主,此外还有丝织业、编织业等);工具、器具制造业(刀具、家具、器皿、制陶、车辆、首饰等行业);初级产品加工业(酿酒、舂米、食品加工等);其他部门,如采矿、冶金、建筑、造船、修理业等。① 其中毛纺织业是英国最大的工业部门,也是国家外汇的主要来源。所有这些"工业"都是依靠人力或畜力来运作的,此外还可能利用风力、水力等非生物动力。

就生产组织形式而言,原工业化时期的"工业"大致分为三种类型。首先是作坊,一直到 18 世纪,英国仍有不少行业流行作坊制,其中包括木器、铁器、成衣、靴鞋、制帽、皮革等。作坊的规模依据行业差异而有所不同,少则两三人,多则十余人。作坊由师傅、学徒、帮工三种人组成,师傅既是生产者,也是主人和经营者。师傅与帮工、学徒同吃同住,亲如一家,不存在现代意义上的劳资关系。

作坊劳动一般没有严格的分工。在通常情况下,作坊里的每个劳动者都会把每件产品从头到尾做一遍,对自己的产品负责。比如在制帽作坊里面,一顶帽子的生产,包括编织、定型等工序全部由一人完成,而不会有他人参与。只有在某些特殊行业,当一个人无法完成全部工序时,才会实行简单分工。② 比如在铁器业,铁制品的生产需要经过多道工序,需要打铁、执砧等多种工匠的合作。作坊劳动一般要求较高的手工技巧,手艺的传播是通过师傅带徒弟的方法来完成的。学习技艺需要相对较长的时间,所以一个手工业劳动者要经过多年的学习和摸索,一般是七年的学徒期,才能学会某一种谋生的手段。③ 进入 17、18 世纪,由于劳动力更自由地流动,行会渐趋消失,作坊的地位也岌岌可危。在不少行业,由于技术的发展以及分工的进一步加强,由师傅带领的作坊有的走向解体,有的向工场制转变;到 19 世纪上半叶,作坊这种形式在英国近乎消失。

手工工场或大型工作场地是原工业化时代的另一种生产组织形式,

① 钱乘旦、许洁明:《英国通史》,上海社会科学院出版社,2002 年,第 215 页。
② 钱乘旦:《第一个工业化社会》,四川人民出版社,1988 年,第 16 页。
③ 金志霖:《英国行会史》,上海社会科学院出版社,1996 年,第 4 页。

这些行业生产规模较大，需要进行多人之间的分工合作，正如有学者所说："当生产过程需要专有的知识和技术能力时，企业家便有可能将生产的各个不同环节集中在一个屋檐下来进行。"① 工场制在采矿、冶金、造船、建筑等大型生产行业盛行，比如苏塞克斯的炼铁业较为发达，因此"若干大家族，如霍华德、内维尔、佩西、阿什伯纳姆等家族，在苏塞克斯郡都有炼铁厂"。笛福在环游英国时，还特别提到该郡的"许多大炼铁厂"，人们"在那里制造锅釜、壁炉里的铁板以及大炮等器材"。② 煤炭业也是一种需要许多人参与的集中生产行业，煤矿开发需要不同工种的互相配合，比如采煤、运煤等，因此工场制生产成为必然。比如在英格兰东北的威克姆（Whickham）庄园，从 15 世纪起就开采煤炭，到 18 世纪初其采煤量已达到顶峰。1716 年这里一共建有 48 个矿井，煤炭产量超过6.6 万吨，从业人数在当地各行业中位居第一。③

尽管如此，即便在 16—18 世纪中叶手工工场集中发展的时期，手工工场仍未发展成主要的工业生产组织形式，其原因是：建立工场需要较大的投资，有这种能力的一般是大地主、贵族，而他们一般在与土地有关联的炼铁、煤炭等行业投资；相反，"在毛纺织业中——旧英国最重要的工业中，真正的手工工场的存在，即处在资本家实际管理下的大作坊的存在，直到 18 世纪仍然是十分例外的"。④ 正因为如此，如弗里德里希·吕特格所说："手工工场虽然经常被人提到，它在生产中所起的作用其实比人们设想的要小。"⑤

---

① ［英］E. E. 里奇、C. H. 威尔逊:《剑桥欧洲经济史》第五卷，高德步等译，经济科学出版社，2002 年，第 424 页。

② ［法］保尔·芒图:《十八世纪产业革命——英国近代大工业初期的概况》，杨人楩等译，商务印书馆，1983 年，第 218 页。

③ David Levine and Keith Wrightson, *The Making of an Industrial Society*: *Whickham*, *1560—1765*, Oxford: Oxford University Press, 1991, p. 65.

④ ［法］保尔·芒图:《十八世纪产业革命——英国近代大工业初期的概况》，杨人楩等译，商务印书馆，1983 年，第 47 页。

⑤ ［法］布罗代尔:《15 至 18 世纪的物质文明、经济和资本主义》第二卷，顾良译，生活·读书·新知三联书店，1993 年，第 351 页。

　　但工场制生产中资本和劳动已经完全分离,表现在工场主提供场地、设备和原料,雇佣工人进行生产,自己不参加劳动;工人则以出卖劳动为生,成为纯粹的工资劳动者,雇主与劳工在生产中分离并且对立。

　　原工业化时期占主导地位的生产组织形式是家庭工业制,它表现为一家老小协同劳动,全家动手、分工合作完成一项工作。家庭工业制主要在农村地区盛行,并集中在纺织、编织等相关行业,其中尤以毛纺织业最典型。按英国学者的说法,"起初,产品只在当地市场销售,生产也主要由家庭作坊来组织。但当农村制造业开始商品化以后,农村劳动力便被那些提供原料并将产品卖到远方市场的商人所雇佣。在 1500 年以前,这种形式的生产在东盎格利亚和西英格兰的毛纺织业中已存在,1500 年后才扩张到其他工业部门,如冶铁和手套行业中。"[1]

　　家庭工业制的兴起造成了 16—18 世纪英国乡村工业的勃兴,有学者指出:"直至 1800 年,大多数从事制造业的手工业者是在自己家里,在家人之间劳动的。……在从事家庭工业的地区,几乎每座房子都有手工纺纱杆,生产单线的手纺车以及随后而来的骡机和珍妮纺纱机,组成了家具的一部分,而各个小屋子里都回响着手纺机的咔嗒声。"[2]丹尼尔·笛福在 18 世纪上半叶巡游英国时,也见证了各地乡村毛纺织业的发展状况。据笛福估计,仅诺里奇就雇佣了 12 万人来纺纱线,由此叮见纺织业的发展盛况。[3] 到 18 世纪后半叶,由于水力机械和蒸汽机的发明以及工厂制的建立,家庭工业制渐呈衰势;到 19 世纪中叶以后逐渐消失了。

　　家庭工业制最典型地体现出商业资本对生产领域的渗透,也反映出原工业化时期的重商主义本质。经济史学家里奇说:"为了购买生产过

---

① Kenneth Brown, *The English Labour Movement 1700—1951*, Dublin: Gill and Macmillan, 1982, p. 6.

② [英]罗伊斯顿·派克编:《被遗忘的苦难——英国工业革命的人文实录》,蔡师雄等译,福建人民出版社,1983 年,第 2 页。

③ Daniel Defoe, *A Tour Through the Whole Island of Great Britain*, London: JM Dent and Co, 1927, pp. 61—63.

程中所必需的原料并出售自己的产成品,手工业者需要一个广阔的市场。这样,他将离不开商人的服务,因为商人控制着进行商品交换的庞大的市场体系。商人们提供了粗纺羊毛、棉花、丝绸和金属,另一方面又将成品在相当广泛的范围内销售。"①由于商人"有资本、商业联系和专业知识,能和市场条件相协调"②,因此成为家庭工业制的实际操控者。在家庭工业制生产制度下,商人根据市场需求确定生产项目,根据项目购买原料,将原料分发给散布在乡村的手工劳动者,这些人一般以家庭为单位,将自己的住所作为工作间,依靠自己的机具(也可以租借机具)进行生产,当生产完成后将产品交给商人,商人给生产者支付相应的报酬。由此可见,尽管在家庭工业制中劳动者保持着形式上的独立性,他们在工作时间、劳动投入等方面都可以自行安排,但事实上商人控制了生产和流通的各个环节,是事实上的资本家,劳动者只因为劳动而获得工资,依赖商业资本维持生存。

原工业化为工业革命创造了必要条件,即"为工业化积累了大量资本,培养第一代企业家和熟练劳动力,开发了国内市场以及促进商品化农业生产的发展等"③。具体来看,在原工业化时期,工业部门的雇佣关系建立起来,商人和工场主是资本家,劳动者是受雇佣者,这成为后来工业革命中的劳资关系模式。原工业化时期的技术积累也为工业革命中的技术变革提供了先导。例如在16世纪,铁匠就已认识到用煤炭来熔铁更方便,后来更发明了焦炭炼铁法,在工业革命中广为运用。原工业化还为工业发展提供了广阔的市场。正如有学者所说:"原工业化与地方市场、地区市场、国内市场和国际市场组成的市场网络有密切的联系,它不仅以这样的市场网络及其产生的需求为其发展的先决条件,而且反

---

① [英]E. E. 里奇、C. H. 威尔逊:《剑桥欧洲经济史》第五卷,高德步等译,经济科学出版社,2002年,第423页。

② 杨豫:《欧洲原工业化的起源与转型》,江苏人民出版社,2004年,第61页。

③ Franklin Mendels, "Proto-industrialization: the First Phase of the Industrialization Process", *Journal of Economic History*, Vol. 32(1972), p. 244.

过来保证了这个市场网络的存在,这无疑为工业化准备了市场条件。"①原工业化提供的市场网络是所有这些因素中最重要的因素,事实上,正是不断扩大的市场需求,将英国从重商主义推进到工业化。

在原工业化的基础之上,从 18 世纪下半叶起,工业革命在英国兴起。

工业革命首先表现为生产工具的改进,纺织业是最早进行技术变革的。到 18 世纪,由于殖民扩张及海外市场的开拓,英国纺织品在国际市场上供不应求,由此刺激了生产领域。"需求是发明之母",持续的市场需求推动着新技术的诞生。② 1733 年,织工出身的约翰·凯伊(John Kay)发明飞梭,使织梭可以自动来回工作,不必用手工抛掷,由此大大加快了织布速度。飞梭的出现造成纺纱工序严重滞后,由此促成纺纱领域的技术变革。1738 年,路易斯·保尔(Lewis Paul)发明一种装置,用纺纱滚轴来代替手工抽线,并将滚轴技术与纺机的纱锭结合起来,用水力来驱动,在一定程度上加快了纺纱速度。1764 年,木匠出身的詹姆士·哈格里夫斯(James Hargreaves)发明一种多锭纺纱机,以其女儿的名字命名——"珍妮机"。这种机器可安装多达 8 个纱锭,一名纺工可同时纺出 8 支棉纱。经多次改良后,1784 年,多锭纺纱机可以带动 80 个纱锭,而到 18 世纪末,大型的"珍妮机"甚至可以安装 100—120 个纱锭。③ 多锭纺纱机推广速度很快,但其使用人力作为动力,局限性很明显。1769 年,理查德·阿克莱特(Richard Arkwright)发明水力纺纱机,这种机器利用水力纺纱,纺出的纱线结实耐用,使完全以棉为原料的布匹生产成为可能。1779 年,塞缪尔·克朗普顿(Samuel Crompton)结合多锭纺纱机与水力纺纱机的优点,发明走锭精纺机,又名"骡机",意指它是一种混

---

① 杨豫:《欧洲原工业化的起源与转型》,江苏人民出版社,2004 年,第 274 页。

② M. W. Flinn, *An Economic and Social History of Britain Since 1700*, London: Macmillan, 1978, p. 13.

③ Phyllis Deane, *The First Industrial Revolution*, Cambridge: Cambridge University Press, 1979, p. 89.

合的产物。"骡机"可同时带动上百个纱锭,不仅使纺纱量大大增加,而且纺出的纱柔软、精细而又结实,因而备受欢迎。纺纱技术的进步改变了纺与织之间的关系,织布技术又大大落后。1785 年,埃德蒙·卡特莱特(Edmund Cartwright)发明自动织布机,这种机器可使用马匹、水力或蒸汽机作为动力,大大提升了织布的速度。自动织布机的工作效率是手织机的 40 倍,很快得到普及推广,使纺与织之间的有效平衡终于建立起来。

"从棉纺工业中发出的那种决定性的刺激,在不几年内就普及到整个纺织工业。"[1]传统的毛纺业也逐渐走上了由新技术引发的机械化道路,珍妮机和精纺机逐步得以推广,使用机器的毛纺织厂也逐渐增多。以后,毛纺织业也尝试使用自动织布机,大大提高了生产效率。

棉纺织业是英国工业革命的支柱产业,以下数据可以看出该行业的迅速发展状况。据统计,1760 年,英国原棉进口量为 340 万磅,1772—1774 年平均进口 420 万磅,1781—1783 年平均进口 870 万磅,1784—1786 年平均进口 1 610 万磅,1787—1789 年平均进口 2 470 万磅,1795—1797 年平均进口 2 650 万磅,1798—1800 年平均进口 4 180 万磅,1801—1803 年平均进口 5 430 万磅,1811—1813 年平均进口 6 500 万磅。[2] 原棉进口量是英国棉纺织业发展的晴雨表。大量的原棉从北美、印度等地输入英国,在英国纺成纱、织成布以后,再推向海外市场,由此给国家带来大量外汇收入。据统计,1770 年,棉纺织业的出口创汇还不到国民总收入的 0.5%,1802 年已猛增到 4%—5%,1812 年甚至高达7%—8%。[3]

尽管工具改进取得了重大进展,但动力问题并没有得到很好的解

---

① [法]保尔·芒图:《十八世纪产业革命——英国近代大工业初期的概况》,杨人楩等译,商务印书馆,1983 年,第 153 页。

② Phyllis Deane and W. A. Cole, *British Economic Growth 1688—1959: Trends and Structure*, Cambridge: Cambridge University Press, 1969, p. 185.

③ Ibid., p. 184.

决。使用水力作为驱动是一个进步,但水力具有地理分布上的局限性和季节上的易变性。因此,寻找一种不受地理和季节限制的新型动力成为技术变革的迫切要求,蒸汽机的发明解决了这一难题。

在詹姆士·瓦特(James Watt)之前,英国已有人关注蒸汽动力并制造出相关机械。1698 年,托马斯·萨弗里(Thomas Savery)为解决矿井排水问题发明了蒸汽泵,用气压来吸水,并用蒸汽张力把水压出去。但这种泵只能将水提升 100 英尺左右,而且由于气压无法调控而存在爆炸的危险,因此"似乎没有产生人们所期望的那种效用"。[①] 1705 年,托马斯·纽康门(Thomas Newcomen)对萨弗里的蒸汽机进行了改造,制造出一种新式蒸汽机,这种机器依靠蒸汽冷凝产生的筒身内部真空所形成的大气压力来运转,从而克服了蒸汽抽水机易爆的危险,但耗煤量比较大。18 世纪上半叶,纽康门蒸汽机很快普及开来。即便在 1769 年瓦特发明蒸汽机后,由于价格低廉,纽康门蒸汽机在煤矿中仍广为使用。[②]

18 世纪 60 年代中期,格拉斯哥的修理工詹姆士·瓦特开始了蒸汽机的改良与发明工作。经过多年的潜心试验,于 1769 年发明了单动式蒸汽机,并获得专利权。这种机器的冷凝器与汽缸分离开来,同时使用蒸汽的压力作为动力,以驱动机器的运转。单动式蒸汽机的发明,"实现了变蒸汽动力为机械动力的第一步"[③]。从 1773 年起,在工厂主马修·波尔顿(Mathew Boulton)的资助下,瓦特经过近十年的研究又于 1782 年发明了复动式蒸汽机。这种蒸汽机把活塞紧紧地装在汽缸里,并装有联动装置,蒸汽依次由一个气缸进入另一个气缸,活塞的上下运动通过传动机变成了圆周运动,将它与纺纱机、织布机连接以后,可用来驱动机器的运转。复动式蒸汽机具有安全可靠、耗煤量低等优点,它克服了水

---

① [法]保尔·芒图:《十八世纪产业革命——英国近代大工业初期的概况》,杨人楩等译,商务印书馆,1983 年,第 251 页。

② Roderick Floud and Paul Johnson(eds.), *The Cambridge Economic History of Modern Britain*, *Volume Ⅰ:Industrialisation*, *1700—1860* , Cambridge:Cambridge University Press, 2004, p. 242.

③ 王觉非主编:《近代英国史》,南京大学出版社,1997 年,第 237 页。

力动力的不足,可以用在任何地方,对工厂制的普及起到了重大的推动作用。不仅如此,蒸汽机还"摧毁了乡村工业的优势,使人口有可能向工业城镇逐渐聚集"。①

蒸汽机的出现是人类历史上一次划时代的革命,它彻底改变了英国社会。由于蒸汽动力的使用不受地理和季节的限制,因此蒸汽机的推广非常迅速。继纺织业之后,冶金、煤炭、造船等行业也纷纷引入蒸汽机。1783 年,全国有 66 台蒸汽机投入使用,其中 2/3 用于铸造业和采矿业。② 1795 年,英国的煤炭、运河、棉纺、酿酒业四个行业中,一共安装了约 150 台瓦特蒸汽机。③ 至 1826 年,英国共拥有 1 500 台蒸汽机,蒸汽时代的序幕开启了。在这个时代,人类用一种人造的动力来驱动机器,再用机器来生产其他产品,这意味着人力的彻底解放,人类的生产方式发生了巨大变化。

工业革命时期,在冶铁、煤炭等行业也出现一系列技术革新。冶铁业在工业化之前就是英国的重要工业,此时它使用木炭做燃料。但由于森林资源日渐短缺,技术条件有限,冶铁业的发展较为缓慢,直到 18 世纪 20 年代,英国生铁产量每年只有 2 万—2.5 万吨,其绝大部分用来生产铸铁产品,而熟铁和钢主要依赖从瑞典进口的条铁。④ 从 17 世纪起人们就在不断尝试用煤炭作炼铁燃料。1709 年,亚拉伯罕·达比(Abraham Darby)在科尔布鲁克戴尔(Coalbrookdale)铁厂试用焦炭炼铁,并获得成功。不过,早期焦炭冶铁法炼出的铁含硫黄等杂质太多,质地也很脆,不能大规模使用。1735 年,达比之子改进了焦炭冶铁法,在冶

---

① William Cunningham, *The Growth of English Industry and Commerce in Modern Times*, Cambridge: Cambridge University Press, 1907, p. 627.

② [美]艾里克·威廉斯:《资本主义与奴隶制度》,陆志宝等译,北京师范大学出版社,1982 年, 第 122 页。

③ Peter Mathias, *The First Industrial Nation: An Economic History of Britain 1700—1914*, London: Methuen & Co Ltd, 1972, p. 134.

④ Phyllis Deane, *The First Industrial Revolution*, Cambridge: Cambridge University Press, 1979, p. 107.

铁时加大鼓风机的风力,以提高熔炉温度,同时将生石灰等催化剂与铁矿石相混合,避免金属在融化时变质。[1] 焦炭冶铁法的发明和改进是冶金行业的一次重大革命,但由于焦炭冶铁的成本较高,因此推广速度很缓慢,直到1760年,英格兰和威尔士只有17座焦炭炉,而苏格兰则根本没有。[2] 当时,冶铁中心希罗普郡(Shropshire)和中西部各郡的铁厂仍大量使用木炭作燃料,木炭炉在全国居于主导地位。

18世纪60年代后,随着鼓风机的改进及生铁需求量的增长,焦炭冶铁法加快了传播速度。1761年以后约翰·斯米顿(John Smeaton)发明了带有汽筒的鼓风机,大大提高了炼铁的效率及产量,此前每星期只能生产10或12吨生铁的高炉,现在增长到40多吨。[3] 1775年,在约翰·威尔金森(John Wilkinson)的炼铁厂中,首次引入了瓦特蒸汽机,这样铁厂的选址不再受制于森林及水力资源的限制,而可以设在煤矿和铁矿资源丰富的地方,冶铁业开始获得现代工业的规模效益。[4] 蒸汽鼓风机加上稍后发明的搅拌法,使焦炭冶铁法的优势进一步彰显。1774年,英国只有31座焦炭炉,1788年增长到53座,1790年增长到81座,而当年的木炭炉则降为25座。[5] 到1806年,焦炭炉增长到162座,木炭炉减少到11座,焦炭冶铁法已在全国处于绝对主导地位。冶铁行业的技术变革推动了产量的增长:1720年,英国生铁产量约为2.5万吨,1788年增长到68 300吨,1796年为125 080吨,1806年为243 851吨。[6] 由此可见,18

① 张卫良:《现代工业的起源——英国原工业化与工业化》,光明日报出版社,2009年,第34页。

② Eric Pawson, *The Early Industrial Revolution : Britain in the Eighteenth Century*, New York: Barnes & Noble Books, 1979, p. 115.

③ [法]保尔·芒图:《十八世纪产业革命——英国近代大工业初期的概况》,杨人楩等译,商务印书馆,1983年,第238页。

④ Phyllis Deane, *The First Industrial Revolution*, Cambridge: Cambridge University Press, 1979, p. 104.

⑤ Maxine Berg, *The Age of Manufactures, 1700—1820: Industry, Innovation and Work in Britain*, London: Routledge, 1994, p. 36.

⑥ B. R. Mitchell and Phyllis Deane (eds.), *Abstracts of British Historical Statistics*, Cambridge: Cambridge University Press, 1962, p. 131.

世纪 80 年代以后的约 20 年时间里,英国生铁产量几乎翻了两番,增幅非常惊人。

生铁冶炼的技术革新也促进了熟铁和炼钢技术的变革。1750 年左右,林肯郡的钟表制造商本杰明·亨茨曼(Benjamin Huntsman)发明熔炉精炼优质钢的方法,即在炼钢过程中,"把供反应之用的小量木炭和碎玻璃屑放在密封的耐火泥坩埚里,用非常高的热度来熔化它",从而获得了坩埚钢。1784 年,亨利·科特(Henry Cort)发明了新的炼钢法,即在生铁熔化成半流体状态时加以搅拌,以除掉其中的碳元素,由此炼出熟铁;然后再用碾压机将熟铁碾压成钢。科特的发明不仅使钢的纯度大大增加,而且提高了炼钢的效率,促成英国由钢铁进口国向出口国转变。参看下表:

英国钢铁的进口与出口量,1700—1799 年①

单位:万吨

年份	年均进口量	年均出口量
1700—1709	1.6	0.16
1710—1719	1.7	0.2
1720—1729	2.1	0.29
1730—1739	2.9	0.41
1740—1749	2.6	0.68
1750—1759	3.5	0.93
1760—1769	4.5	1.33
1770—1779	4.9	1.46
1780—1789	4.7	1.43
1790—1799	5.3	2.72

从上表可知,在整个 18 世纪,英国生铁进口量呈现逐年增加态势,

---

① Peter Mathias, *The First Industrial Nation : An Economic History of Britain 1700—1914* , London: Methueun & Co Ltd, 1972, p. 482.

从 1700 年的约 1.6 万吨增加到 1799 年的 5.3 万吨。大量的生铁进口，不仅满足了国内工业生产的日常需要；而且，随着炼钢技术的成熟，英国将生铁加工成熟铁或者钢以后大量出口：1750 年，英国熟铁或钢出口还不到 1 万吨，到 1799 年则达到了 2.72 万吨。这表明：到 18 世纪末，英国已成为世界上最主要的钢铁出口国。

煤炭业也经历了突飞猛进的过程。18 世纪之前，在冶金业、金属加工业、酿造业、砖窑业等行业中，使用煤作为燃料已十分普遍，在家庭中的应用也较为常见。不过，尽管在技术上已经解决了排水和运送问题，但煤炭行业远未达到机械化程度。"18 世纪煤炭主要采掘中心在中部及北方，在泰恩河谷和威尔，那里仍采用艰难的人力劳动，以后也采用一些畜力和机械。……马匹在地下得到广泛使用。"[1]从 18 世纪中叶开始，由于蒸汽机的使用、焦炭冶铁技术的推广以及人口的快速增长，煤炭的需求量大大增加，由此推动了采煤业的技术革新，带来了煤炭行业的机械化革命。[2]

煤炭行业的技术革命主要体现在蒸汽动力的应用上。在 18 世纪前期，纽康门蒸汽机在各大煤矿中广为应用。1775 年后，博尔顿-瓦特式蒸汽机开始进入采煤业，因其安全可靠而得到迅速推广。随后，威尔金森公司的铁质气缸的应用大大提高了蒸汽机的功率，这也使得矿井采煤越采越深。18 世纪 90 年代，一些大型煤矿采用蒸汽机带动的升降机，以取代此前的马拉提升滚筒，[3]从而大大提高了煤炭的开采效率，促进了煤炭产量的提高。1700 年，英国煤炭产量为 300 万吨，1760 年为 500 万吨，1800 年为 1 100 万吨。[4] 煤炭产量的增加不仅满足了国内日益增长的工

---

① ［英］W. H. B. 考特：《简明英国经济史：1750 年至 1939 年》，方廷钰等译，商务印书馆，1992 年，第 55 页。

② 王觉非主编：《近代英国史》，南京大学出版社，1997 年，第 242—243 页。

③ Eric Pawson, *The Early Industrial Revolution : Britain in the Eighteenth Century*, New York: Barnes & Noble Books, 1979, p. 123.

④ Phyllis Deane and W. A. Cole, *British Economic Growth 1688—1959 : Trends and Structure*, Cambridge: Cambridge University Press, 1969, pp. 55, 216.

业及家庭用煤的需要,而且还大量出口。1701 年,英格兰和威尔士的煤炭出口仅 7.5 万吨,1731 年为 12 万吨,1761 年为 18.9 万吨,1791 年为 63.2 万吨。[①] 英国已成为主要的煤炭出口国。

煤炭行业的发展解决了工业技术转变中最为关键的燃料问题,因而对工业化时期几乎所有行业的发展都起到推动作用。有学者曾说:"将如此之多的行业从依赖生物原料的状态中解放出来的决定性技术变革,莫过于煤炭使用方式的发明,而此前木材则是不可或缺的。"[②]这在很大程度上印证了工业化时期流行的"煤炭为王"的说法。

工业革命不仅表现为各行业的技术变革及生产增长,同时也表现为交通运输业的进步。直到 18 世纪初,英国内陆交通条件依然很糟糕。所谓的道路在夏季尘土飞扬,不见天日;冬季则遍布车辙,泥泞不堪。道路的通行能力很差,而陆路运输主要靠马匹驮运或马车载运。1670 年,尽管伦敦到牛津只有 40 英里,但马车通行需 12 小时。与陆路相比,因英国是岛国,境内又有多条河流可以通航,因此水运是当时物流运输的主要方式。不过水路运输必须依靠原有河道,内河航线未能贯通,不能将各经济区连为一体。直到 1724 年,英国通航水路的总长度为 1 000 多英里,尽管与上个世纪相比翻了一番,但仍无法满足经济发展的需要。[③]进入 18 世纪,随着商品流通量的迅速增长,严重滞后的交通运输条件已经成为经济发展的重大障碍,由此政府开始出台诱导性政策,鼓励私人资本投入交通运输业,由此促进了交通革命。

为改善公路运输状况,从 17 世纪 90 年代起,英国议会颁布一系列法令,确立收费公路信托制度。根据规定,获得议会授权的土地贵族、乡绅等等可以成立信托公司,由信托公司募集资本修筑或维护一条公路,

① B. R. Mitchell and Phyllis Deane (eds.), *Abstracts of British Historical Statistics*, Cambridge: Cambridge University Press, 1962, p. 120.

② Peter Lane, *The Industrial Revolution : The Birth of the Modern Age*, London: Book Club Associates, 1978, p. 227.

③ Peter Mathias, *The First Industrial Nation : An Economic History of Britain 1700—1914*, London: Methuen & Co Ltd, 1969, p. 109.

而公司则享有在一定年限内收取道路通行费的权利。政策鼓励促使大量民间资本涌入交通运输业,至 1750 年,全国有 143 家收费公路信托公司,修筑公路 3 000 英里。① 不过,当时修建的收费公路主要以伦敦为中心,向周边地区辐射。1750 年以后收费公路快速增长,1770 年全国有 500 家信托公司,修筑公路近 1.5 万英里;至高峰时期的 1836 年,全国有 1 000 家信托公司,修筑公路约 2.2 万英里。② 收费公路信托制的实施极大地改善了英国的公路交通状况,以首都伦敦为中心,四通八达的公路网辐射到大小城镇。公路网的建立加快了运输速度,1754 年从伦敦到布里斯托尔马车行走需 48 小时,1784 年已缩减到 16 小时。③ 同时,运输费也降低了,以每吨货物每英里计算,18 世纪初的运费为 16 先令 4 便士,18 世纪 50 年代为 13 先令 3 便士,18 世纪 90 年代为 12 先令 4 便士。④

但公路运输存在着无法避免的局限性,一些笨重物品如煤炭、钢铁、木材、矿石、陶瓷器皿等很难用马车或马匹来运送,公路也不能满足大批量货物运输的需要,因此疏浚河道和开凿运河成为工业革命中交通运输业的发展重点。这些工程也是以议会法案的形式进行的:18 世纪 60 年代,议会通过的相关法案为 29 项,70 年代为 36 项,80 年代由于受北美战争的影响减少到 22 项,90 年代则猛增到 126 项,19 世纪最初十年为 91 项。⑤

早在 1754—1757 年间,连接圣海伦(St. Helen)附近的煤炭区与港

---

① Derek Aldcroft and Michael Freeman (eds.), *Transport in the Industrial Revolution*, Manchester: Manchester University Press, 1983, p. 60.

② Eric Pawson, *The Early Industrial Revolution : Britain in the Eighteenth Century*, New York: Barnes & Noble Books, 1979, p. 141.

③ Phyllis Deane, *The First Industrial Revolution*, Cambridge: Cambridge University Press, 1979, p. 74.

④ Eric Pawson, *Transport and Economy : the Turnpike roads of Eighteenth Century Britain*, London: Academic Press, 1977, p. 296.

⑤ Derek Aldcroft and Michael Freeman (eds.), *Transport in the Industrial Revolution*, Manchester: Manchester University Press, 1983, p. 106.

口城市布里斯托尔的桑基运河(Sankey Brook)建成。1761 年,为方便在自己领地上运输煤炭,布里奇沃特公爵(Duke of Bridgewater)出资修建了沃斯利(Worsley)煤矿与工业城市曼彻斯特之间的运河,由此掀起了修建运河热。18 世纪 60 年代末,考文垂与牛津之间的运河开始修建。1770 年,连接利兹(Leeds)与利物浦(Liverpool)的运河开始修建。1772 年,将伯明翰与斯特拉福德郡(Staffordshire)、伍斯特郡(Worcestershire)连接起来的运河建成通航。1777 年,连接特伦特(Trent)河与梅西(Mersey)河的大干线运河(Grand Trunk)建成通航,使两地之间的距离缩短了 93 英里。在苏格兰,1768—1784 年间,福斯与克莱德运河(Forth and Clyder Canal)历时十余年建成,1770 年开建的孟克兰运河(Monkland Canal)也花了十余年才建成,这两条运河大大改善了工业城市格拉斯哥(Glasgow)的运输条件。18 世纪末建造的运河还包括:1788—1792 年间建造的希罗普郡运河(Shropshire Canal)、1789—1795 年间建造的克朗福德运河(Cromford Canal)、1790—1799 年间建造的尼斯与斯旺西运河(Neath and Swansea Canal)等。[①] 据估算,到 18 世纪末,英格兰内河通航里程达到2 000 英里,遍布全国的水路运输网已经建立起来,其中约 1/3 为 1760—1800 年间开凿的运河,1/3 为自然条件本来就适合通航的河道,剩下的1/3,则主要为 1600—1760 年间经疏浚后可通航的河道。[②]

运河修建对工业革命及经济发展产生了重大影响,运河的通航为煤炭、钢铁等大宗商品的运输提供了便利,在促进商品流通的也同时降低了运输成本,从而降低了商品价格,如布里奇沃特运河通航后,曼彻斯特市场上的煤炭价格下降了一半。运河的开凿还推动了资本市场的发展,使大量民间资本涌入运河开凿。据估算,至 1790 年,有 200 万—300 万镑资本投入运河建设,而至 1820 年,各大运河公司所拥有的资本更是高

① Eric Pawson, *The Early Industrial Revolution : Britain in the Eighteenth Century*, New York : Barnes & Noble Books, 1979, pp. 147—148.
② Phyllis Deane, *The First Industrial Revolution*, Cambridge : Cambridge University Press, 1979, p. 78.

达1 300万镑。① 运河开凿的初衷虽然仅是满足地方上商品流通的需要，但它促成了全国水路交通网络的贯通，由此而促进地方性市场向全国性市场的转变，对工业化起到了推动作用。

除了技术变革之外，工业革命还意味着生产组织形式的变化，即工厂制的建立。"18世纪的技术变革通常与工厂制的来临联系在一起"②，它同样起到提高生产力、促进社会变革的作用。一般认为，水力纺纱机的发明者阿克莱特是"近代大工业的真正创始人"，被公认为是工厂制的建立者。1771年12月，阿克莱特在德比郡（Derbyshire）水力资源丰富的克朗福德建立了第一个现代意义上的"工厂"，这家纺纱厂利用水力，里面安装着多台多轴纺纱机，一台水轮机可同时带动多部纺纱机，300多名工人完全按照机器的步调、跟随机器的节奏进行生产。从这以后，一种全新的生产组织形式就在英国出现了。在工厂中，工人必须严格遵守劳动纪律，按时上下班，按机器的节律进行劳动，每一件产品都必须经过许多工人的手。

阿克莱特的创造引发了建立工厂的热潮。1784年，兰开夏郡已经有41家水力纺纱厂，德比郡为22家，诺丁汉郡（Nottinghamshire）为17家；到1800年，使用水力纺纱机的棉纺厂达到300家。③ 织布行业也紧跟着走上工厂化道路。1785年卡特莱特发明动力织布机，到1791年在曼彻斯特开办了英国第一家织布厂，随后又有几家棉织厂建成投产。不过，直到19世纪后机器织布才能同手工织布进行有效的竞争，而工厂制也随之在织布行业推广开来。

18世纪后半叶使用水力机和蒸汽机的工厂逐渐增加，但使用手纺机、手织机、珍妮机等老式机械的工厂似乎更为常见。有学者指出："直

---

① Peter Lane, *The Industrial Revolution : The Birth of the Modern Age*, London：Book Club Associates，1978，p. 175.

② ［英］H. J. 哈巴库克，M. M. 波斯坦主编：《剑桥欧洲经济史》第六卷，王春法等译，经济科学出版社，2002年，第260页。

③ Eric Pawson, *The Early Industrial Revolution : Britain in the Eighteenth Century*, New York：Barnes & Noble Books，1979，pp. 88，115.

到18世纪末,使用珍妮机和手织机的工厂同使用动力机的工厂一样普遍。"①这意味着,动力机的推广在18世纪还非常缓慢。以织布行业为例,到1812年,全国棉织厂中共有动力织机(包括水力机和蒸汽机)2 400台,而手工织机则超过20万架。直到工业革命中期以后这种局面才得到改变。②但蒸汽机取代水力机的步伐更加缓慢,原因是动力机价格高昂。18世纪末,一台16马力的纽康门蒸汽机价格为200镑,而博尔顿-瓦特蒸汽机的价格更高,16马力价值800镑,30马力价值高达1 500镑。③高昂的价格是制约蒸汽机推广的重要因素,例如在纺织行业,直到1815年,水力机仍占主导地位。

尽管在工业革命中机器生产是大势所趋,但有不少行业却不得不依靠手工操作,无法使用机械,如制陶业、制鞋业、裁衣业、钟表业等。在这些行业中进行工业革命,其手段就是工厂化。具体来说,就是采用工厂制的生产组织形式,对生产流程进行重新安排,实行更合理、更精细的劳动分工,由此提高劳动生产率。

以制陶业为例,在手工作坊时代,陶器制作的所有工序,如选泥、制胚、烧窑、上彩等,几乎由一名制陶工从头到尾加以完成,但从18世纪中叶开始,制陶业经历了一个"工厂化"过程。1769年,乔赛亚·韦奇伍德(Josiah Wedgwood)在埃特鲁利亚(Etruria)开办了一家陶瓷工厂,在这家工厂中,陶器制作工序被分割开来,如拌土、制胚、上釉、烧窑、上彩等,每个工人只负责其中一道工序——以前的制陶工匠不复存在了,存在的只是挖泥工、运泥工、拌土工、制胚工、上釉工、装窑工、烧窑工、上彩工等。④韦奇伍德还根据每道工序需要的平均工作量,计算出每道工序上

① Roderick Floud and Paul Johnson(eds.), *The Cambridge Economic History of Modern Britain*, Vol. Ⅰ, p. 41.

② Phyllis Deane and W. A. Cole, *British Economic Growth 1688—1959: Trends and Structure*, Cambridge, 1969, p. 191.

③ Eric Pawson, *The Early Industrial Revolution: Britain in the Eighteenth Century*, New York: Barnes & Noble Books, 1979, pp. 86—87.

④ 钱乘旦、许洁明:《英国通史》,上海社会科学院出版社,2002年,第218页。

需要多少人,据此给每个工人规定工作量,并按年龄、性别来分配工种。1790 年,韦奇伍德的工厂共雇佣 278 名工人,除 5 名勤杂工以外,所有工人均依据其从事工种的不同而分配在不同的车间里。①

为训练工人的守时习惯,韦奇伍德在制陶厂中首创计时系统,即用打铃来召集工人。按照规定,早晨 5:45 打铃起床,准备上班;8:30 打铃吃早餐;9:00 打铃上班;如此循环,直到天黑看不见干活才打铃下班。为监督工人守时,韦奇伍德还专门雇佣一名监工。监工必须第一个到工厂,"工人进厂后为他们分配任务,对那些准时上班者给予鼓励,让他们知道自己的守时已得到关注;……对于那些超过预定时间的迟到者则予以提醒,如果屡次迟到并累计到一定次数,将停发工资"②。近代工厂中精细的劳动分工、严格的劳动纪律,不仅加快了生产速度,而且提高了产品质量。通过"工厂化",韦奇伍德将英国制陶业改造成欧洲最优秀的陶瓷工业,"韦奇伍德"至今仍是世界陶瓷业的著名品牌。

18 世纪末和 19 世纪初是英国向工业社会迈进的时期,据克拉夫茨(Crafts)估算,1700—1760 年间英国工商业年均增长率为 0.70%,1760—1780 年为 1.05%,1780—1801 年为 1.81%。③ 在 18 世纪,英国工商业呈平稳发展趋势,而最后 20 年的增长速度远远超过历史上任何一个时期。尽管如此,农业社会的本质却没有发生根本变化,参看下表:

① Neil McKendrick, "Josiah Wedgwood and Factory Discipline", *The Historical Journal*, Vol. 4, No. 1(1961), p. 33.

② Ibid. , p. 41.

③ Maxine Berg, *The Age of Manufactures*, *1700—1820: Industry, Innovation and Work in Britain*, London: Routledge, 1994, p. 28.

1688—1801 年各部门产值占国民生产总值的比重①

（单位：%）

区域	年份	农业	工业	服务业
英格兰与 威尔士	1688	40	21	39
	1770	45	24	31
大不列颠	1801	32	23	45

从表格数据可知，1688—1770 年间，在农业革命推动下，农业产值所占比重从 40% 增长到 45%，工业产值也略有上升，服务业产值则下降了 8%；而到到 1801 年，即工业化高潮时期，农业产值下降到 32%，工业产值维持在 23%，服务业产值增长到 45%。这反映出，一方面，18 世纪英国农业产值在后半叶呈现下降趋势，这跟服务业产值比例的提高有很大关系；另一方面，18 世纪下半叶工业化还未完全展开，工业产值在 18 世纪虽有增长，但一直保持在 20%—25% 左右的比例，并不如人们想象的那么高。就此而言，18 世纪的英国，尽管工业化已兴起，但从工农业之间的比例关系看，英国依然是一个农业国，工业化转型到 19 世纪中叶才最终完成。

① Maxine Berg，*The Age of Manufactures*，*1700—1820*：*Industry*，*Innovation and Work in Britain*，London：Routledge，1994，p. 44.

第四章　资本、银行与贸易

18世纪英国的经济发展不仅体现在各工业部门的技术变革与生产增长上，而且还体现在资本市场的形成、银行业的兴起以及对外贸易的扩张上，资本、银行与贸易是18世纪英国经济转型的重要内容。

保尔·芒图（Paul Mantoux）指出：18世纪，"资本或者是单纯积蓄的产物，或者是剥削土地以及直接与间接交换的产物。那时仅有地产资本、金融资本和商业资本"[1]。据经济史学家悉尼·波拉德（Sidney Pollard）的估算，1770年，英国固定资本总额为720万镑，其中农业资本为270万镑，交通运输业资本为130万镑，建筑业资本为230万镑，制造业、贸易等资本仅为90万镑；1790—1793年间，固定资本总额为1 330万镑，其中农业资本为360万镑，交通运输业资本为240万镑，建筑业资本为510万镑，制造业、贸易等资本为220万镑；1815年，固定资本总额为2 190万镑，其中农业资本为530万镑，交通运输业资本为390万镑，建筑业资本为850万镑，制造业、贸易等资本为420万镑。[2]

---

[1] ［法］保尔·芒图：《十八世纪产业革命——英国近代大工业初期的概况》，杨人楩等译，商务印书馆1983年，第296页。

[2] Sidney Pollard, "The Growth and Distribution of Capital in Great Britain, c. 1770—1870", in *Third International Conference of Economic History*, Paris, 1968, p. 362.

从以上数据可以看出，制造业、贸易等资本占固定总资本的比例，在1770年约为12.5%，在1790—1793年约为16.5%，在1815年约为19.2%。在固定资本的基本构成中，制造业、贸易等所占比例最低。如果剔除其中的贸易资本，纯粹的工业资本所占比例当然更小。这也意味着，即便到18世纪末，英国工业资本依然未占主导地位。从波拉德所提供的数据可看出，农业资本在18世纪后半叶占社会总资本的1/4左右。但更多学者认为，与土地相关的资本所占比例实际上要高得多。据帕特里克·柯克洪(Patrick Colquhoun)估算，1812年，英国土地资本所占比例约为54%。[1] 菲利斯·迪恩认为，17世纪末投入农业的资本所占比例为64%，到19世纪初仍有54%—55%左右。[2] 不同学者的估算虽然有所差异，但有一点是共同的，那就是：即便工业革命开始后，土地或农业资本依然占重要地位，这也说明18世纪英国依然是一个以农业为主体的土地社会。

各类资本集中在哪些人手里？总体来看，当时资本拥有者主要分四类：第一类是世俗的或教会的土地所有者，他们分布在英国乡村，既包括各类大小土地贵族及乡绅，也包括少数公簿持有农及富裕佃农。土地所有者是当时国内势力最大、人数众多的阶级，其经济实力由于世代积累的特权而不断巩固，在18世纪中叶以前，他们的"富裕程度超过商人和中等阶级中的其他人"[3]。第二类为商业及金融业寡头，他们依靠工商业及贸易而致富，主要居住在伦敦、利物浦、格拉斯哥、布里斯托尔等地。第三类被统称为企业主，其范围较广泛，既包括铁匠、马具制造匠、裁缝、磨坊主、酿酒商等普通小作坊主，也包括工业化时期出现的工厂主或矿主等。第四类为城市中的各类专业人士，如教士、律师、医生等，他们有

---

[1] Phyllis Deane, *The First Industrial Revolution*, Cambridge: Cambridge University Press, 1979, p. 168.

[2] Phyllis Deane, "Capital Formation in Britain before the Railway Age", *Economic Development and Cultural Change*, Vol. 9, No. 3(Apr. 1961), p. 357.

[3] Peter Lane, *The Industrial Revolution: The Birth of the Modern Age*, London: Book Club Associates, 1978, p. 118.

着稳定而丰厚的收入。不过,作为资本的主要拥有者,以上四类群体在18世纪总人口中只占很小比例,其收入的多寡也存在较大差异。① 但相对于其他社会阶层而言,这些群体的收入水平相对较高,除日常生活即衣食住行的基本开销外,还会出现程度不等的收入盈余,而这些盈余往往会投入各类市场,以实现资本的增值。

在18世纪,与资本来源的多样化相对应,资本市场也呈现出多元化特征。政府为缓解财政危机而发行的国债,为社会闲散资本提供了一种稳定的投资渠道。为缓解对外战争造成的财政危机,英国政府以发行国债的方式从民间筹集资本。据统计,1738年政府筹集资本0.46亿镑,到1793年增加到2.44亿镑;反法战争爆发后,1793—1815年间,政府通过征税及发行国债方式从民间获得资本约10亿镑。可以想象,如果没有民间资本的支撑,政府财政可能陷入崩溃。七年战争、北美独立战争、反法战争期间国债的发行都出现高潮,大批社会资本进入国债市场。1783年,英国国债达到空前的2.73亿镑。1793—1815年反法战争期间,政府开支急剧增长,战争初财政支出为0.21亿镑,1796—1804年间平均为0.55亿镑,1806—1809年间平均0.75亿镑,1815年战争结束时达到1.15亿镑,这也使得当年国债总额骤然攀升至9.02亿镑,其中需要偿付的短期国债竟达到0.86亿镑。② 如此严重的财政收支失衡及国债压力却没有压垮英国政府,这是因为庞大的民间资本通过制度化的运作得以进入国债市场,从而缓解了政府的财政危机。

圈地运动是吸纳民间资本的又一渠道。有材料显示,1760年,英国投入农业的总资本高达6亿镑,占资本总量的74%,这表明在前工业化时代资本最主要的投资领域依然与土地相关。在农业社会中,地产是富翁或有钱人进行永久性或半永久性投资的最有利场所。除非发生内乱,

---

① Robin M. Reeve, *The Industrial Revolution 1750—1850*, London: University of London, 1971, p. 37.

② M. W. Thomas(ed.), *A Survey of English Economic History*, London: Black & Son Ltd., 1957, pp. 318—319.

土地是一种安全的投资,能获得较高的利益回报。18 世纪中叶以后人口增长造成粮食需求的增长,地产投资的获益也水涨船高,这使贵族地主发起新一轮圈地运动的高潮。据估算,在整个 18 世纪及 19 世纪初,英国共有 200 万英亩土地被圈围,其中以 18 世纪 60—70 年代以及 1793—1815 年这两个时段最集中。[①] 为圈地,地主付出高昂的代价。据统计,18 世纪 60 年代圈地的单位成本是每英亩 0.66 镑,70 年代为 0.96 镑,80 年代为 0.96 镑,90 年代为 1.55 镑,19 世纪头十年涨到了 2.27 镑。[②] 圈地成本虽然较高,但回报也很丰厚。北安普敦郡及亨廷顿的菲兹威廉(Fitzwilliam)在 1790—1815 年间圈围土地 12 块,一共投入 37 658 镑,作为回报,他在 7 块地产上的平均收益率达到了 16%。另有材料表明,18 世纪贵族用于圈地的投资回报率高达 15%—20%。[③] 正因为有如此高额的利益回报,所以直到 18 世纪末,投入土地和农业的资本依然占绝对主导地位。

18 世纪中叶以后运河开凿和公路修建使大量社会资本进入到交通运输业。运河开凿经历过两个高潮,18 世纪 50—60 年代为第一个高潮,18 世纪最后十年则是狂潮。1789—1797 年议会共授权开凿 55 条运河,授权资本额(即运河发行股票的额度)总计约为 788 万镑。[④] 1755—1815 年间,英国用于运河建设及河流改善方面的投资总额共约 1 700 万镑。在收费公路方面,从 18 世纪初开始英国就推行收费公路信托制度,但高潮的来临始于 18 世纪中叶。1748—1770 年间,英国收费公路信托项目从 150 项增加到 530 项,到 19 世纪 30 年代铁路时代来临时,议会批准的

[①] J. D. Chambers and G. E. Mingay, *The Agriculture Revolution 1750—1880*, London: B. T. Bastford Ltd, 1966, p. 77.

[②] Charles H. Feinstein & Sidney Pollard, *Studies in Capital Formation in the United Kingdom, 1750—1920*, Oxford: Clarendon Press, 1988, p. 19.

[③] Robin M. Reeve, *The Industrial Revolution 1750—1850*, London: University of London, 1971, p. 39.

[④] J. R. Ward, *The Finance of Canal Building in Eighteenth-Century England*, Oxford: Oxford University Press, 1974, p. 73.

收费公路信托项目共计 1 110 多项,里程达到 2.2 万英里。[1] 收费公路投资者一般都是当地的地主、贵族和富农,他们希望借此改善交通状况,便于农矿产品的流通。此外还有当地的企业主,他们希望缓解商品流通中的运输困难。[2] 据统计,截至 1809 年,全国用于收费公路信托的资本约为 200 万镑。[3]

18 世纪后半叶,纺织、煤炭、钢铁等部门的发展刺激了资本需求,从而为社会资本提供了一个全新的市场。不过,在 18 世纪,工业部门吸纳的资本在社会资本构成中所占比例仍较小。如 1760 年左右,英国投入工商业的资本为 6 000 万镑,约占农业投资的 1/10,仅占资本总量的7%。[4] 又如,1783—1802 年间,棉纺织业的固定资本投入仅为 800 万镑;1806 年,投入钢铁业的固定资本为 1 100 万镑。[5] 与投入国债、土地及交通运输业的资本相比,工业部门的投资比重明显偏低。这是因为,"英国工业革命初期,工业部门对资本的需求并不大",工业资本是"随着工业革命的发展而增加的,它主要是靠自身的积累来实现的"。[6]

工业资本构成大体上分为两类:一是用于厂房、机器等方面的长期资本或固定资本,二是用于原料、工资等方面的短期资本或流动资本。在 18 世纪,固定资本在总资本构成中所占比例较小,流动资本则一直占很大比例。有学者估算,在工业化早期,各工业部门中流动资本与固定资本之比平均为 6∶1,但具体到各行业又有所不同。在钢铁、煤炭行业,

[1] M. W. Flinn, *An Economic and Social History of Britain Since 1700*, London: Macmillan Education,1978,p. 24.

[2] Eric Pawson, *The Early Industrial Revolution: Britain in the Eighteenth Century*, New York: Barnes & Noble Books,1979,p. 142.

[3] Phyllis Deane, "Capital Formation in Britain Before the Railway Age", *Economic Development and Cultural Change*, Vol. 9, No. 3(Apr. 1961), p. 363.

[4] Roderick Floud and Donald McCloskey(eds.), *The Economic History of Britain Since 1700*, Volume 1: *1700—1860*, Cambridge: Cambridge University Press,1981,p. 129.

[5] Peter Lane, *The Industrial Revolution: The Birth of the Modern Age*, London: Book Club Associates,1978,pp. 117—118.

[6] 舒小昀:《英国工业革命初期资本的需求》,载《世界历史》1999 年第 2 期。

固定资本占总资本比例高达一半以上,但这种资本密集型行业在18世纪毕竟只是少数,纺织业等劳动密集型行业在18世纪处于主流,其中用于支付工资、原料的流动资本处于主导地位。以伦敦杜鲁门、汉伯里和巴克斯敦联合酿酒厂为例,1760年工厂总资产达13万镑,但固定资本只有3万镑,其比例不到1/4。①

18世纪工业资本来源呈现多元化特征,大体上可以归纳为三种形式:首先是企业主的自有资金,早期企业大多为两三个人合办,每个人凑出一部分资金,这些资金或者是来自家庭的遗产或继承,或者是个人收入,或者是企业生产的利润,它们直接以投资形式投入扩大再生产中。18世纪中叶罗瑟汉姆的塞缪尔·沃克(Samuel Walker)兄弟创办的炼铁厂就是将利润转化为资本,再投入扩大再生产中的成功案例。18世纪40年代,沃克兄弟投资500镑创办一家炼铁厂,1757年企业资产达到7 500镑,沃克兄弟也仅从中拿出140镑作为分红,而绝大部分利润作为回流资本投入生产中。1774年企业资产为62 500镑,1782年为128 000镑,到1812年达到299 015镑。② 尽管如此,企业主的分红依然相对较低,利润作为储备资本投入扩大再生产。此外,工业化之初,拥有财富的贵族地主自己投资办厂的情况也较为多见,当地主独资或合资经营企业时,土地资本很自然地实现了向工业资本的转变。③

其次是从遍布各地的地方银行获得短期或长期贷款。18世纪,英国有大大小小几百家银行,它们发挥着资金集散中心的作用,各行业的人将闲散资金存入银行以获取利息,银行又以短期贷款形式提供资金给需要的企业主,从而一方面获取利润差价,同时也解决了工业化之初企业家的融资问题。在18世纪末,本杰明·哥特(Benjamin Gott)制造厂在

---

① Trevor May, *An Economic and Social History of Britain 1760—1970*, London: Longman, 1987, p. 27.

② T. S. Ashton, *The Industrial Revolution 1760—1830*, Oxford: Oxford University Press, 1968, p. 78.

③ [英]W. H. B. 考特:《简明英国经济史:1750年至1939年》,方廷钰等译,商务印书馆,1992年,第95页。

筹建过程中,除了自身的 2 万镑资本外,向亲戚友朋借款 17.4 万镑,又向银行贷款 17.2 万镑;到 1796 年,该企业仍欠私人贷款 14.6 万镑,欠银行贷款 12 万镑。[①] 有学者指出:"银行家们为 18 世纪的经济生活填平了许多鸿沟。他们缓和了正在发展工业的地区历来出现的资金短缺问题。银行家们也终于成为向工农业提供短期贷款的主要贷方。"[②]

第三是民间借贷。如南威尔士炼铁业发展初期,就有伦敦、布里斯托尔以及格拉斯哥等地的商业资本涌入。企业主为获得借款,往往以自己的财产或企业的固定资产作为抵押。如欧德诺(Oldknow)为了扩建工厂,就以自己的地产作为抵押,从阿克莱特那里贷款 1.2 万镑,年利率为 5%。[③] 这种民间的非正式资本市场使企业主能更加便捷地获取资本,从而促进了资本的流通与工业的发展。

17 世纪末 18 世纪初,为应对战争所带来的财政危机,同时也为满足经济部门的资本需求,以提供信贷、促进资本流转为宗旨的银行业在英国迅速兴起,并在 18 世纪英国经济转型中发挥重要作用。

英格兰银行(Bank of England)是英国最早创立的股份制商业银行,它的创建与 17 世纪末政府财政赤字直接相关。"光荣革命"后英国卷入一系列对外战争,至 1693 年已使政府欠下约 600 万镑债务,整个财政几乎瘫痪。[④] 为解决这个问题,以威廉·帕特森(William Paterson)为首的一批伦敦金融家与政府达成协议,根据协议,这些金融家承诺向政府提供 120 万镑贷款,年利率为 8%;作为回报,贷款人成立一家银行,该银行从政府那里获得授权,发行银行券,但发行总额不得超过其总资本,即120 万镑。这样,英格兰银行于 1694 年宣告成立。

---

① Sidney Pollard, "Fixed Capital in the Industrial Revolution in Britain", *The Journal of Economic History*, Vol. 24, No. 3(Sep., 1964), p. 305.

② [英]W. H. B. 考特:《简明英国经济史:1750 至 1939 年》,方廷钰等译,商务印书馆,1992年,第 104 页。

③ George Unwin, *Samuel Oldknow and the Arkwrights*, London: Routledge, 1996, p. 140.

④ P. G. M. Dickson, *The Financial Revolution in England : A Study in the Development of Public Credit*, London: Macmillan, 1967, p. 344.

英格兰银行的成立,本来只是政府为应对债务危机的临时之举,很少有人想到它会发展成为一个常设性机构。但在 17 世纪末、18 世纪初,英国持续卷入对外战争,巨大的军事开支促使政府不断从民间借款,而作为向社会筹款者的英格兰银行,也就演变成一个永久性机构。从 1715 年起英格兰银行接管政府国债,从而进一步密切了它与国家的财政关系:一方面,"英格兰银行在伦敦市场上享有独一无二的地位","确保了它发行的钞票,一步一步稳定地支配了伦敦的市场";①另一方面,国债利率的降低以及国债的常态化,为英国打赢一场又一场战争提供了保障。

从 17 世纪末开始,英国政府出台一系列法案,巩固英格兰银行在金融市场上的地位。除了赋予英格兰银行经营国债的财政功能外,18 世纪初的英格兰银行还被授予买卖金银和汇票、借款、发行可流通期票的权利。1697 年,政府颁发新特许状,允许英格兰银行发行不须背书即可流通的银行券,并给予独占的特权。1708 年、1742 年、1764 年、1781 年经过多次确认,英格兰银行的特许权不断得到强化,并发展成英格兰唯一的股份制银行。在英格兰银行所获得的特许权中,最为重要的莫过于发行银行券的垄断权,银行券实际上就是人们俗称的钱、钞票。英格兰银行最早发行的银行券是 20 镑面额,1759 年开始发行 10 镑面额,1793 年发行 5 镑面额,1797 年才开始发行 1 镑和 2 镑小面额银行券。②

由于实行金本位制,英格兰银行的银行券可随时兑换成黄金。由此,在商业与贸易中,英格兰银行发行的纸币实际上就等同于市场上流通的金币,这就满足了"商人或船东对纸币的需要,他们可以利用纸币结账,而不需支出或收进过多的金币。伦敦或其他地方的银行家在与客户进行业务交往的时候也使用英格兰银行的钞票或支票;他们不再发行本

---

① [英]E. E. 里奇、C. H. 威尔逊主编:《剑桥欧洲经济史》第五卷,高德步等译,经济科学出版社,2002 年,第 324 页。
② Dennis Cox, *Banking and Finance : Accounts, Audit and Practice*, London: Butterworths, 1993, p. 8.

行的钞票"①。英格兰银行的纸币及支票得到金融业的广泛认同,"英格兰银行的纸币和支票——用支票作巨额支付在 18 世纪的伦敦就已经成为通例——已足敷他们的一切需要"②。由于有政府作后盾,英格兰银行的信誉很高,它所发行的"钞票在全国成了金币的代用品"③。到 18 世纪中叶,英格兰银行完成了从私人性质的股份制银行向英格兰中央银行的转变,开始发挥政府银行的职能,这包括:在民间筹集资金以向政府贷款,发行政府债券,发售短期国债,兑现政府的债券,收购金银货币并行使铸币权,为海外商业贸易提供结算等。在向中央银行转变的过程中,其资产总额由最初的 120 万镑,发展到 1742 年的 1 078 万镑,1797 年的 1 759 万镑。④ 英格兰银行成为全国实力最强的银行。

除英格兰银行之外,各地也涌现出一批地方银行(Country Bank),地方银行的兴起是地方经济发展的产物。

18 世纪初,英国一些城镇中有些商人也开始从事金融业务,主要是为顾客提供存贷款业务和贴现票据,渐渐地,由商人开办的地方银行也就出现了。1716 年,格洛斯特(Gloucester)的呢绒商兼服装商詹姆士·伍德(James Wood)创办第一家地方银行。但至 1750 年,伦敦以外的地方银行还寥寥无几,大概只有 12 家左右。18 世纪后半叶,随着地方经济发展,地方银行纷纷建立,1784 年为 120 家,1797 年为 290 家,1800 年为 370 家,1810 年至少有 650 家。⑤ 在农村地区,一些谷物商和农场主也开始涉足银行业务,如威尔士的畜牧商就建立起"黑公牛银行""黑绵羊银行"等。工业化开始后,一批企业家,如阿克莱特、威尔金森、沃克斯、瓦

---

① [英]W. H. B. 考特:《简明英国经济史:1750 年至 1939 年》,方廷钰等译,商务印书馆,1992 年,第 105 页。

② [英]克拉潘:《现代英国经济史》上卷第一分册,姚曾廙译,商务印书馆,1997 年,第 333 页。

③ [法]费尔南·布罗代尔:《十五至十八世纪的物质文明、经济与资本主义》第三卷,施康强、顾良译,生活·读书·新知三联书店,2002 年,第 706 页。

④ 安月雷:《从私人银行到中央银行:试论 18 世纪英格兰银行职能的转变》,华东师范大学硕士论文 2009 年,第 28 页。

⑤ [法]费尔南·布罗代尔:《十五至十八世纪的物质文明、经济与资本主义》第三卷,施康强、顾良译,生活·读书·新知三联书店,2002 年,第 703 页。

特等也建立自己的银行。这些企业家之所以热衷金融业，主要原因是：一方面，他们可通过自己的银行获取现金，以发放工资及从事支票兑现业务；另一方面，为其日益增长的资本找到投资渠道。[1]

地方银行还在促进资本的跨区域流转方面发挥作用。例如，在东盎格利亚及西部农村地区，每年秋冬季节，这里的地主和农民手上富余的钱很多，储蓄额较大。与此形成对照的是，英格兰中部几个郡、兰开郡以及约克郡西区等工业区，这里的企业家在年底因支付工资或扩大再生产而急需用钱，他们愿意为贷款而支付利息。这样一来，地方银行就充当起桥梁，它们把农业区的储蓄吸收过来，再通过伦敦的中间媒介，"以银行托收的形式把钱随时借给另一个需要钱的地区"。[2] 历史学家艾什顿（T. S. Ashton）指出："银行业对于工业革命的主要贡献，在于汇集短期资本，并将其从资本需求很少的地区转移到急需资本的其他地区。"[3]这句话是对地方银行在促进资本地区性流通方面所起作用的高度概括。

除从事简单的存贷业务外，地方银行还发行纸币。由于"英格兰银行发行的纸币并不是到处受欢迎的。在更北的各郡，人们但有办法，就不愿接受一张英格兰银行纸币"[4]。这就为地方银行发行纸币提供了空间。但由于地域限制，地方银行发行的纸币，一般只可本银行兑换金币，其流通范围仅限本地，超出本地域范围，其接受程度就大大降低。

根据 1708 年议会颁布的法律，除英格兰银行外，任何银行的合伙人不得超过 6 个。[5] 这一规定大大限制了地方银行的资本规模，也决定了地方银行在业务方面无法同英格兰银行展开竞争。地方银行从事的借

---

[1] T. S. Ashton, *The Industrial Revolution 1760—1830*, Oxford：Oxford University Press, 1968, pp. 82—83.

[2] ［英］W. H. B. 考特：《简明英国经济史：1750 年至 1939 年》，方廷钰等译，商务印书馆，1992 年，第 107 页。

[3] T. S. Ashton, *The Industrial Revolution 1760—1830*, Oxford：Oxford University Press, 1968, p. 85.

[4] ［英］克拉潘：《现代英国经济史》上卷第一分册，姚曾廙译，商务印书馆，1997 年，第 334 页。

[5] Harvey Fisk, *English Public Finance From the Revolution of 1688*, London：Sir Isaac Pitman & Sons Ltd. , 1921, p. 166.

贷业务中,短期借贷成为主流,以确保其有足够的资金来应对提现要求。当遇上地方性的经济不景气或挤兑风潮时,地方银行只好向英格兰银行或伦敦的私人银行寻求帮助;一旦遇到全国性经济危机,地方银行则难免倒闭。例如,在 1772 年、1783 年、1793 年、1814—1816 年和 1825 年经济危机中,"大多数地方银行倒闭了,由此造成的灾难性影响是其他国家无法比拟的"。[1] 通常的情况是,一家银行倒闭,带动若干家其他银行倒闭,即便在经济繁荣的年份,也会有地方银行因经营不善而倒闭的情况。[2]

在伦敦金融市场上还活跃着一批私人银行(Private Bank),私人银行的历史比英格兰银行还更悠久。17 世纪中叶在伦敦伦巴德大街上,一些金匠、珠宝店就经营资金托管业务,商人或市民将资金存入金匠店铺,既得到安全保障,也可以获得一定利息。比如在查理二世时代,一些金匠店铺给出的利息甚至高达 6%。[3] 18 世纪,随着经济的发展以及资本流转的加速,一些金匠店铺开始向私人银行转变,金匠摇身一变成为私人银行家。"1700 年之后,私人银行发展迅速。"[4]1725 年,私人银行数目为 24 家,1750 年为 30 家,1770 年为 50 家,1800 年达到了 70 家。[5]

私人银行一般聚集于伦敦,依据地理位置及业务范围,可将其分为两类:一类是伦敦西区的银行,这些银行靠近议会,也就是靠近绅士和贵族的住宅区,如 17 世纪创办的"霍尔与切尔德联合银行"就是这样。这类银行几乎不同商人打交道,甚至认为与商业挂钩有损于其地位,因此不涉足商业汇票的贴现,也不充当地方银行的代理人。这类银行的主要

[1] *Historical Sketch of the Bank of England*, London: Longman, 1831, p. 8.

[2] M. W. Thomas(ed.), *A Survey of English Economic History*, London: Black & Son Ltd., 1957, p. 307.

[3] E. Lipson, *The Economic History of England*, Vol. Ⅲ, London: A. C. Black Ltd., 1931, p. 230.

[4] Milton Briggs, *Economic History of England*, London: W. B. Clive, 1914, p. 311.

[5] Peter Mathias, *The First Industrial Nation: An Economic History of Britain 1700—1914*, London: Methuen & Co Ltd, 1969, p. 168.

客户是贵族、乡绅及富裕的绅士,为他们从事抵押或透支放款。在每年5月和11月季节交替时,银行将租金从乡下汇到伦敦西区的贵族住宅区,为贵族提供在欧洲旅游的旅行支票。有些土地所有者在银行贷款,用于修建乡村宅邸、圈围土地、开挖沟渠、修筑公路和水渠。还有许多人借款是为了消费,包括为即将婚配的子女准备彩礼或嫁妆。①

另一类在伦敦城,位于伦敦金融中心。这类银行在私人银行中占主导地位,其主要业务包括经营政府债券和英格兰银行、东印度公司和南海公司的股票,为工业家及商人的汇票或支票贴现,向股票经纪人提供短期贷款,以及向各类工业家及商人提供短期贷款,最长时限不超过一年。由于不涉及长期贷款,私人银行一直保持着较好的金币储备以及较高的清偿能力,这有利于应对危机。值得注意的是,工业革命开始后,伦敦城的私人银行迅速扩张了一项业务,就是为地方银行充当代理人,主要的是进行地方银行之间的票据结算以及贴现,这使得私人银行与地方银行之间建立起密切的联系。正因为如此,当地方银行因地方经济衰退而面临挤兑危机时,伦敦城的私人银行往往及时提供现金支持,使地方银行不致倒闭。私人银行与"诸多地方银行建立起联系,形成一个覆盖全国的银行网络"②。

18世纪不仅是资本市场和银行业兴起的时期,也是对外贸易迅速扩张的阶段。"光荣革命"后英国海外贸易发展势头迅猛,又卷入多场对外殖民争霸战争。短期来看,战争对英国的海外贸易,尤其是对欧洲的贸易造成负面影响,但总体而言,英国海外贸易依然呈现平稳发展的势头。殖民帝国的扩大以及工业革命的兴起,推动了英国的贸易转型,即从重商主义贸易向自由贸易转变。不过,尽管亚当·斯密的自由主义经济理论在18世纪下半叶就推出了,但其影响并未立刻表现出来,因此,18世纪英国对外贸易基本上是在重商主义体制下进行的,18世纪可看作是重

---

① [美]P. 金德尔伯格:《西欧金融史》,徐子健等译,中国金融出版社,1997年,第108页。

② M. W. Thomas(ed.), *A Survey of English Economic History*, London: Black & Son Ltd., 1957, p.307.

商主义贸易的极盛期。

18 世纪的英国政府依然推行重商主义,主要的表现就是保护国内工业发展。工业革命发生前,毛纺织业是英国最主要的工业部门,出口也主要以毛纺织品为主。为保护毛纺织业,政府出台相关法令,禁止羊毛出口,1719—1825 年间又禁止工匠和技术工人移居国外,甚至直到 1843年,都一直禁止纺织机械及其他设备出口。为了避免外来竞争,1700 年政府颁布法令,禁止丝绸及印染棉布进口,这对于东印度公司的东方贸易造成重大打击,却促进了国内丝绸业和棉纺织业的发展。重商主义还体现为一系列关税保护法令,1692 年法令规定,对法国进口商品征收25％的关税。从 1723 年起又对茶叶、咖啡、可可等征收消费税,以限制这些物品在国内的销售,促进贸易平衡。与进口商品的高关税相对应,英国政府又实施出口补贴政策,以推动对外出口。1722 年,英国对丝绸商品实施出口补贴,1732 年对帆布出口实施补贴,1742 年对输往外国和殖民地的亚麻布实施补贴。[1] 关税保护政策是重商主义在国家政策层面的反映,它的实施推动了英国工商业的发展和繁荣,使英国在进出口贸易中处于出超地位。

重商主义还体现为对殖民地的经济控制,力图将殖民地变成原料来源地和商品销售市场,有可能形成与宗主国竞争的产业,都被禁止发展。18 世纪初英国就阻止殖民地发展毛纺织业,限制爱尔兰羊毛制品进入英国,同时还禁止殖民地之间的毛织品贸易。1750 年英国颁布法令,禁止北美殖民地发展冶铁业、炼钢业,更不允许其生产钢铁制成品。与此同时,英国却采取关税减免政策,鼓励北美殖民地开采铁矿,并将生铁输往宗主国。[2] 在重商主义政策引导下,殖民地成为英国的原料产地,蔗糖、烟草、大米、原棉、生丝、茶叶、木材等大量出口到英国,解决了工业化时期英国的原料供给问题。

---

① 张卫良:《英国社会的商业化进程》,人民出版社,2004 年,第 248 页。
② Peter Mathias, *The First Industrial Nation: An Economic History of Britain 1700—1914*, London: Methuen & Co Ltd, 1969, p. 86.

在贸易政策方面最能体现重商主义的是《航海条例》。为对抗荷兰的贸易优势，奥利弗·克伦威尔（Oliver Cromwell）政府于 1651 年颁布《航海条例》，规定所有运往英国本土、爱尔兰或殖民地的货物，都必须由英国或殖民地的船只运送；殖民地用于出口的产品，如蔗糖、烟草、棉布、靛蓝、生姜、木材等，只能出口到英国本土。[①] 这个条例以后经过多次修改，其核心内容却并无改变。条例的实施使英国成功地排挤了荷兰、法国等贸易竞争对手，实现了对殖民地贸易的垄断与控制权。

但 18 世纪末重商主义受到挑战，英国政府开始尝试自由贸易方针。1776 年亚当·斯密的《国富论》出版后，对重商主义批判或质疑的声音开始高涨，重商主义所构筑的贸易壁垒受到冲击。18 世纪 80 年代，在小皮特推动下，英国与宿敌法国签订了一份自由主义的商业协定[②]，即《艾登条约》（Eden Treaty）。该条约有 40 余项条款，赋予两国在欧洲商业和贸易中的完全自由。根据协定，英国进口法国葡萄酒以不高于其优惠国葡萄牙的进口税为准，双方同意下降多种商品的关税；金属制品征税 10%，棉花、羊毛、细布、麻纱、瓷器、玻璃等不高于 12%。该协定在 1793 年反法战争爆发后被废除，但表明英国对外贸易的根基——重商主义已被动摇。1815 年反法战争结束后，重商主义所倡导的贸易保护政策被逐渐抛弃，英国开始走上自由贸易道路。

18 世纪的英国海外贸易总体上保持平稳发展势头，可见下图：

---

① M. W. Thomas(ed.), *A Survey of English Economic History*, London: Black & Son Ltd. , 1957, p. 210.

② R. K. Webb, *Modern England: From the Eighteenth Century to the Present*, New York: Dodd Mead & Company, 1968, p. 99.

18 世纪英国对外贸易走势①

注:纯进口贸易与国内出口贸易,以每三年平均数计算。

从图中可以看出,1700—1740 年间,英国进出口贸易缓慢增长,年增幅约为 0.8%;1740—1770 年间进出口贸易则明显增速,增幅达到 1.7%;1770—1800 年间进出口贸易出现井喷状态,年增长率约为 2.6%。1780 年以后的 20 年进出口贸易几乎呈直线上升态势,这反映出工业化对于外贸的重大影响。

再看进出口贸易额的变化情况:

18 世纪英国进出口贸易额②

(年平均数,单位:万镑)

	纯进口贸易额	国内出口贸易额	进出口贸易总额
英格兰			
1697—1704	498.9	350.7	849.6
1700—1709	480.5	396.1	876.6
1706—1715	461.2	455.7	916.9

---

① Roderick Floud and Donald McCloskey(eds.),*The Economic History of Britain Since 1700*,*Volume 1: 1700—1860*,Cambridge:Cambridge University Press,1981,p. 88.

② Phyllis Deane and W. A. Cole,*British Economic Growth 1688—1959: Trends and Structure*,Cambridge:Cambridge University Press,1969,p. 48.

续　表

	纯进口贸易额	国内出口贸易额	进出口贸易总额
1710—1719	516.7	477.5	994.2
1715—1724	580.3	483.5	1 063.8
1720—1729	629.6	493.7	1 123.3
1725—1734	683.4	524.3	1 207.7
1730—1739	704.1	585.8	1 289.9
1735—1744	653.5	607.5	1 261.0
1740—1749	622.7	655.6	1 278.3
1745—1754	700.7	796.1	1 496.8
1750—1759	825.7	875.0	1 700.7
1755—1764	927.2	962.2	1 889.4
1760—1769	1 063.7	1 004.3	2 068.0
1765—1774	1 189.0	984.3	2 173.3
1770—1779	1 181.1	928.7	2 109.8
1775—1784	1 176.9	868.9	2 045.8
大不列颠			
1775—1784	1 247.7	924.6	2 172.3
1780—1789	1 576.0	1 088.9	2 664.9
1785—1794	1 952.9	14 205	3 373.4
1790—1799	2 119.2	1 769.7	3 888.9
1795—1804	2 430.6	2 193.3	4 623.9

从以上数据可以看出,18 世纪英国的进口贸易增长 387%,出口贸易增长 615%,进出口贸易总额增长 377%。18 世纪前 60 年,英国进口贸易增长 85.85%,出口贸易增长 174.36%,进出口贸易总额增长 122.3%,这段时间中出口贸易的增长幅度超过进口贸易一倍,在一定程度上反映出晚期重商主义对贸易的影响。但此后约 40 年时间中,英国进口贸易增长 136.7%,出口贸易增长 118.4%,进出口贸易总额增长

123.6％,可见进口贸易增幅已超过出口贸易,原因是大量原材料从海外进口,供工业发展之用。

从以上数据还可看出,在 18 世纪的一百多年间,除了 40—60 年代,英国每年的进口贸易额始终超过出口贸易额,这意味着英国在贸易上的入超。这种情况一方面是因为英国的进口贸易中有不少属转口贸易,许多商品进入英国之后再出口到第三方;其次是因为工业发展增大了对原料的需求量,原棉、生铁等原料的进口量大大增加,从而造成英国长期的贸易入超,直至 19 世纪上半叶为止。

18 世纪是英国从农业社会向工业社会过渡的时期,社会转型同样可以从进出口贸易的商品构成中得以体现。请看下表:

18 世纪英格兰与威尔士进出口商品构成①

(单位:%)

年 份	1700	1750	1772	1790	1800
进　口					
食　品	16.9	27.6	35.8	28.9	34.9
原　棉	—	0.9	1.2	5.0	6.0
亚麻制品	15.6	14.8	10.4	8.5	5.6
纺织原料	16.2	16.4	21.8	19.6	15.4
出　口					
毛纺织品	57.3	45.9	42.2	34.8	28.5
棉纺织品	0.5	—	2.3	10.0	24.2
其他纺织品	2.4	6.2	10.6	7.4	6.1
谷　物	3.7	19.6	8.0	0.8	—
钢　铁	1.6	4.4	8.0	6.3	6.1

从进口商品来看,食品在 18 世纪排行第一,所占比重居高不下,从

---

① Peter Mathias, *The First Industrial Nation : An Economic History of Britain 1700—1914* , London: Methuen & Co Ltd. , 1969, p. 97.

1700 年的 16.9％增长到 1800 年的 34.9％,主要原因是人口增长刺激了粮食需求,当国内农业部门无法满足这个需求时,只能加大对粮食的进口。不过,粮食只是食品的一个构成部分,属于食品类的商品还有蔗糖、烟草、香料、茶叶等,这些进口食品并非全都用于满足国内市场,其中相当一部分用于再出口。仅次于食品,与纺织业相关的各种原料据主导地位,如原棉、亚麻、生丝、羊毛、纱线等,其中原棉进口在 18 世纪增长约十倍,到 1800 年达到商品进口总量的 6％;亚麻制品的进口在 18 世纪持续下跌,到 1800 年下跌到原来的大约 1/3,原因是工业化发展了英国国内亚麻业,削减了对国外亚麻制品的需求。

　　在出口商品方面,各类纺织品在出口商品中占绝对主导地位。毛纺织品的出口始终位居第一,这是因为"几个世纪以来,英国出口贸易几乎全由羊毛或毛纺织品所构成,直到 19 世纪初,毛纺织品依然是英国最主要的出口商品"[1]。但 18 世纪毛纺织品的出口比例一直呈下降趋势,百年降幅超过一半,这是棉纺织业兴起造成的直接后果。18 世纪 70 年代后棉纺织业迅速发展,原棉进口及棉纺织品的出口骤然增加。1772 年棉纺织品出口所占比例仅为 2.3％,1800 年已扩大 10 倍,达到 24.2％,约占外贸总出口的 1/4。其他纺织品的出口比例变化不大,在 18 世纪前半叶呈增长趋势,后半叶呈下降趋势。谷物出口的变化反映了英国从粮食出口国向进口国的转变:1750 年以前谷物出口持续上升,1750 年后则逐年下滑,到 18 世纪末,英国已不再出口谷物,成为粮食进口国。至于钢铁出口,1772 年以前英国的钢铁出口逐年上升,以后则逐年下降。这是因为,动力机器及蒸汽机刺激了国内市场对钢铁的需求,英国钢铁更主要地用于满足国内需要,因此出口所占比例呈下降态势。

　　在考察了英国对外贸易的商品构成后,不妨再看看 18 世纪英国商品贸易的地理分布状况。请见下表:

---

[1] Ralph Davis, "English Foreign Trade, 1700—1774", *The Economic History Review*, New Series, Vol. 15, No. 2(1962), p. 286.

1700—1797 年英国商品贸易的地理分布①

（单位：%）

	1700—1701（英格兰）	1797—1798（不列颠）
留存进口地		
爱尔兰	5	13
欧 洲	62	29
北 美	6	7
西印度群岛	14	25
东印度及其他	14	26
总 计	100 （582 万镑）	100 （2 390 万镑）
国内出口地		
爱尔兰	3	9
欧 洲	82	21
北 美	6	32
西印度群岛	5	25
东印度及其他	4	12
总 计	100 （446 万镑）	100 （1 830 万镑）
转口输出地		
爱尔兰	7	11
欧 洲	77	78
北 美	5	3
西印度群岛	6	4
东印度及其他	4	4
总 计	100 （214 万镑）	100 （1 180 万镑）

① Roderick Floud and Donald McCloskey（eds.），*The Economic History of Britain Since 1700*，*Volume 1：1700—1860*，Cambridge：Cambridge University Press，1981，p. 91.

从中可见,欧洲大陆在整个 18 世纪都是英国最主要的贸易伙伴,作为一个岛国,英国对欧洲大陆的贸易依存度最高。18 世纪初,英国留存进口贸易的 62%、出口贸易的 82% 以及转口贸易的 77% 都是同欧洲国家进行的。到 18 世纪末,欧洲依然是英国最大的贸易伙伴,英国留存进口贸易的 29%、转口贸易的 78% 依然同欧洲国家进行,这与其他地区相比仍处于第一位。不过,英国对欧洲的出口贸易则快速下降,从 18 世纪初的 82% 骤降至 21%,排在了北美和西印度群岛之后而居于第三位。转口贸易格局在 18 世纪几乎未有任何变化,欧洲大陆、爱尔兰是英国转口贸易的主要输出地,对欧洲大陆的转口贸易一直保持在 3/4 以上。

具体来说,18 世纪初,英国每年从欧洲进口商品价值高达 390 万镑,这些商品包括亚麻、酒类、海军补给品、条形铁等,从欧洲的进口贸易占总量的 2/3 左右。[1] 与此同时,英国向欧洲的出口贸易额为 380 万镑,主要商品是毛纺织品及部分工业制成品;转口贸易额为 180 万镑,这类商品主要来自英国殖民地,其中包括烟草、蔗糖、茶叶、丝绸、染料等。欧洲市场是英国对外贸易的重要支柱,但是到 18 世纪末,英国对欧洲大陆的贸易依存度大大下降了,体现在:留存进口贸易所占比例从 62% 降至 29%,下降幅度超过一半;国内出口贸易所占比例从 82% 降至 21%,下降超过七成。随着欧洲地位下降,海外殖民地,尤其是大西洋殖民地在英国进出口贸易中的比例不断上升:1700 年,英国与北美殖民地及西印度群岛殖民地的贸易占英国进口贸易的 20%、转口贸易的 11% 及出口贸易的 11%;经过一个世纪的扩张,英国与北美及西印度群岛殖民地之间的进口贸易额所占比例上升到 32%,出口贸易额上升到 57%,显示出到 18 世纪末,美国及西印度群岛殖民地已经成为英国最主要的贸易伙伴。[2]

---

[1] E. B. Schumpeter, *English Overseas Trade Statistics*, *1697—1808*, Oxford: Oxford University Press, 1960, p. 11.

[2] Roderick Floud and Donald McCloskey (eds.), *The Economic History of Britain Since 1700*, *Volume* 1:*1700—1860*, Cambridge: Cambridge University Press, 1981, p. 91.

在英国对外贸易中,转口贸易占有非常重要的地位。英国的转口贸易主要是从殖民地进口蔗糖、茶叶、烟草、咖啡、可可、香料、丝绸、亚麻等,经过一段时期的储存或简单加工,再以高价转卖到欧洲及英帝国的亚非市场,由此让英国商人获利。① 这种转口贸易有赖于英国对殖民地的经济控制。17 世纪后半叶英国政府就出台法令,规定殖民地商品不能直接出口到第三国,而是要通过母国的转口贸易来进行,比如《航海条例》就明确规定殖民地商品必须首先运到英格兰或苏格兰港口,然后再转运到欧洲市场予以出售。②

由上表还可以看出转口贸易在 18 世纪的发展状况。18 世纪初,转口贸易占外贸总出口额的 32.4%,到 18 世纪末这一比例上升到 39.2%。有学者统计,18 世纪英国转口贸易额在 1700 年为 109.6 万镑,1720 年为 230 万镑,1740 年为 308.6 万镑,1760 年为 371.4 万镑,1780 年为 456.4 万镑,1800 年为 1 884.8 万镑。③ 因此,18 世纪前 60 年英国的转口贸易增长 3 倍多,而 18 世纪后 40 年间转口贸易额增长了 4 倍以上,可见工业化对转口贸易有巨大推动作用。

18 世纪的英国是工业化的领头羊,而以英国为中心的国际贸易格局也处于形成之中。进入 19 世纪后,随着工业化的推进以及英国商品竞争力的增强,英国在对外贸易中最终摆脱重商主义的影响,而逐渐走上了自由贸易道路。

---

① 张亚东:《重商帝国:1689—1783 年的英帝国研究》,中国社会科学出版社,2004 年,第117 页。

② M. W. Flinn, *An Economic and Social History of Britain Since 1700*, London: Macmillan Education,1978,p. 28.

③ B. R. Mitchell and Phyllis Deane (eds.), *Abstracts of British Historical Statistics*, Cambridge: Cambridge University Press,1962,pp. 279—281.

第三篇

社　会

第一章 社会分层

　　18世纪是英国从农业社会转向工业社会的过渡期,其突出特点之一是社会分化加剧。18世纪英国社会呈现出三层式结构,处于社会顶层的是贵族集团,居于社会底层的是下层民众,介于二者之间的是一个日益壮大的中间阶层。

　　早在17世纪末,英国人口学家格里高利·金就把当时的英国社会划分为"最贫穷者……中间阶层……生活状况较佳者"三个部分。随后的丹尼尔·笛福同样采取了三分法,他把英国人分成"乡绅"、"商人"和"单纯劳动者"。再后来,大卫·休谟指出,英国存在着一个"生活处于中等水平的阶层",这些人有别于"贵族大人"与"穷人"。[①] 可见,这种三层式社会结构在当时就已经被一些人所认识。不过,三层式社会结构模型并不能充分解释当时所有的社会分层问题。由于社会结构本身具有复杂性,转型时期的社会变化又十分迅速,因此任何静态的分层模型都只具有相对有效性,不可将其看得太绝对、太笼统。

---

① W. A. Speck, *Stability and Strife*, *England 1714—1760*, Edward Arnold Publishers Ltd., 1977, p. 31.

18世纪英国是典型的家长制社会,贵族被视为家长①。托克维尔(Alexisde Tocqueville)在《论美国的民主》中说:"18世纪的英国,尽管其中有若干重要的民主因素,但它实质上是一个贵族国家,因为它的法制和习惯向来是按照贵族的要求建立起来的,并随着时间的推移而逐渐占据了统治地位和依照自己的意志去指导公共事务。"②政治上的贵族寡头制与经济上的大地产制,使贵族阶层成为英国这艘政治航船的主人,18世纪也因此被称为"贵族的世纪"③。

与欧洲大陆国家相比,英国贵族的人数一向很少。据格里高利·金的估计,1688年"光荣革命"时,英国世俗贵族的人数为160人,以每个家庭40人计算,此时的贵族连同其家庭成员约有6 400人。④ 在18世纪绝大部分时间里英国贵族的人数没有太大变化,1720年至1780年间大致稳定在190人左右,只是到最后20年才出现明显增加——当时,乔治三世和小皮特为进一步打击辉格党势力,改变上院的党派力量对比,自1784年起加快册封贵族,导致贵族人数迅速上升。英国贵族人数较少且保持相对稳定的主要原因:一是贵族为保持其特权及政治优势,反对君主和内阁随意加封贵族;二是贵族爵位受长子继承制的约束,如若某贵族无嗣而终,其爵号即失去,通常不转让给同族旁支或亲友,亦不得赠送或出售给他人。一些贵族终身不婚及贵族间相互的通婚也对贵族人数产生影响。⑤ 五级贵族中,公爵、侯爵和子爵较少,伯爵和男爵居多,其中尤以男爵为最多。

贵族阶层主要依靠地产为生,拥有大量土地财富,既是获得和维持

---

① J. C. D. Clark, *English Society, 1688—1832, Ideology, Social Structure and Political Practice During the Ancient Regime*, Cambridge University Press, 1985, pp. 75—92.

② [法]托克维尔:《论美国的民主》上卷,董果良译,商务印书馆,1997年,第289页。

③ John Cannon, *Aristocratic Century: The Peerage of Eighteen-century England*, Cambridge University Press, 1984.

④ M. Dorothy George, *England in Transition: Life and Work in the Eighteenth Century*, London, 1981, p. 216.

⑤ 阎照祥:《英国贵族史》,人民出版社,2000年,第218—219页。

贵族身份所必需的条件,更是贵族高居于其他阶层之上的坚实基础。
"土地财产是18世纪英国社会的基础"[①],地产与贵族家庭的命运息息相
关。正如托克维尔所说:"在继承法以长子继承权为基础的国家,地产总
是代代相传而不加分割。结果,家庭的声望几乎完全以土地体现。家庭
代表土地,土地代表家庭。家庭的姓氏、起源、荣誉、势力和德行,依靠土
地永久流传下去。土地既是证明家庭的过去的不朽证明,又是维持未来
的存在的确实保证。"[②]1701年上院提出动议,规定子爵每年起码要有
4 000镑的收入,男爵的年收入不应低于3 000镑。[③] 1710年议会制定相
关法案,把拥有地产作为进入政治上层的必要条件。而1711年的《财产
资格法》(*Property Qualification Act*)则规定,各郡选出的议员,其土地
收入须达到每年600镑,市镇选出的议员须拥有年收入300镑以上的不
动产。有资料表明,1700年,英国贵族占有全国土地财富的15%—
20%,到1800年,这一比例提高到约为20%—25%,全国有大约20名贵
族每人占有10万英亩以上的土地。[④] 依托大地产制,英国贵族阶层的收
入也达到可观的程度。据格里高利·金的估计,1688年,160家世俗贵
族的总收入为44.8万镑,每户年平均收入为2 800镑,约占当年英国国
民总收入的1%;到1790年,400家土地贵族每户的年平均收入则更是
达到1万镑。[⑤]

与经济上的大地产制相对应,贵族寡头制是18世纪英国政治生活
的最大特色。贵族的政治特权首先表现为控制立法权,贵族是议会上院
的当然成员,上院也因此成为贵族权力集中体现之所。尽管"光荣革命"
后下院权力呈上升趋势,但上院在立法方面的权力仍不容小觑——上院

---

① G. E. Mingay, *English Landed Society in the Eighteenth Century*, Routledge and Kegan Paul
　　Ltd. , 1963, p. 3.

② [法]托克维尔:《论美国的民主》上卷,董果良译,商务印书馆,1997年,第55页。

③ W. A. Speck, *Stability and Strife*, *England 1714—1760*, Edward Arnold Publishers Ltd. ,
　　1977, p. 35.

④ Roy Potter, *English Society in the Eighteenth Century*, Penguin Books Ltd, 1982, p. 80.

⑤ 阎照祥:《英国贵族史》,人民出版社,2000年,第231—232页。

不仅享有立法创制权,且任何法案不经上院通过,都不能最终成为法律。贵族控制立法权也表现在他们对下院的影响和控制上。1701 年,在下院513 名议员中,代表或部分代表贵族利益的有 400 多人。[1] 1760 年,56名上院贵族赞助了 111 名下院议员;1786 年,受贵族赞助的下院议员达210 名,占下院议席的 37.6%。贵族对议会下院的控制在 19 世纪初达到顶点:1802 年有 226 人靠贵族的赞助进入下院,五年后,这个数字更是达到 236 人,占议席总数的 42.3%。[2] 值得一提的是,18 世纪的英国议会下院本身也带有浓厚的贵族气息,许多议员或来自贵族家庭,或与贵族沾亲带故。例如,在 1754 年的议会下院,有 113 人系上院贵族之子或爱尔兰贵族,45 人是贵族之孙,33 人是贵族的女婿,22 人是贵族的侄、甥,14 人是贵族之兄弟或姻兄弟,总数达 227 人。[3] 下院与贵族之间这种千丝万缕的联系,大大便利了贵族对议会的控制。

贵族的特权还延伸到行政、司法、军事及地方管理部门。据统计,1721—1832 年的 22 位内阁首脑中,13 人为上院贵族,6 人为贵族之子,1人为贵族之孙;余下的 2 人中,沃尔波尔在 1742 年辞职时受封为奥福德伯爵,仅乔治·坎宁一人因在职病故而无缘爵位。此外,内阁其他职位也被贵族所占据,通常,一些荣誉职位如大法官、掌玺大臣、枢密大臣等须由贵族担任,而像殖民事务大臣、印度事务大臣、苏格兰事务大臣等职位习惯上也由贵族出任。18 世纪还形成了外交大臣须由贵族担任的惯例。据统计,18 世纪负责英国外交事务的 44 人中,28 人为大贵族,10 人为贵族后裔,另有 6 位虽出身平民,但获封为贵族;仅 5 人未曾进入上院。[4] 另据统计,1782—1820 年共有 65 人出任过内阁职务,其中 43 人为贵族,其余 22 人中 14 人系贵族之子,余下 8 人,2 人出自贵族之家,仅

---

① 舒小昀:《分化与整合:1688—1783 年英国社会结构分析》,南京大学出版社,2003 年,第88 页。
② 阎照祥:《英国贵族史》,人民出版社,2000 年,第 253 页。
③ 阎照祥:《英国近代贵族体制研究》,人民出版社,2006 年,第 92 页。
④ 同上书,第 98—99 页。

6 人出身平民,这 6 人中又有 3 人最终跻身上院。①

上院贵族还掌握着英国的司法权。早在 14、15 世纪上院就拥有部分司法权,其后几经反复,至英国革命爆发,上院始取代王室法庭审理重大案件,负责印刷品的检查,其司法权有所提升。复辟时期,上下两院围绕最高司法权展开激烈较量。1675 年,在上下两院就一个案件而发生激烈争吵时,上院郑重声明其在司法方面拥有"毋庸置疑的权利",并对下院的某些"越轨行为"表示抗议,而下院也终于做出让步,默认上院在司法方面享有较多特权。②

贵族的势力也体现在对军队的控制上。18 世纪的 20 名陆军元帅中,有 14 人是贵族,占 70%。海军军官中贵族所占比例通常更高,18 世纪先后有 23 人出任海军大臣,其中 16 人为上院贵族,1 人来自王室,2 人为贵族之子。1769 年一份登记册列举了 102 名步兵上校的名单,其中 43 人是贵族或贵族之子,7 人为贵族之孙,4 人是贵族的女婿,可见半数以上与贵族有直接联系;登记册还提到 10% 的少将、16% 的中将和 27% 的上将是贵族。值得一提的是,由于英国军队长期存在军职买卖的情况,这就为贵族及贵族子弟通过花钱跻身军队高层提供了便利。据载,18 世纪末,一个骑兵中校的售价超过 5 000 镑,如此高价使贵族之外的其他人多半只能望洋兴叹。③

由于掌握大量地产,贵族借助其财力优势及在地方上广泛的荫庇关系而对地方行政管理施加影响。地方上最重要的官职是郡督(Lord Lieutenant),18 世纪出任英格兰和威尔士各郡郡督者共计 294 人,其中 255 人系贵族或贵族之子,余下 39 人中有 2 名主教,5 人后来成为贵族,2 人系贵族的姻兄,1 人系贵族的堂(表)兄弟,1 人为贵族之孙,1 人被册

---

① John Cannon, *Aristocratic Century: The Peerage of Eighteen-century England*, Cambridge University Press, 1984, pp. 116—117. 其所以选择 1782 年作为该项统计的起始年份,是因为自 1782 年起,内阁成员的身份始能被可靠地加以确认。

② 阎照祥:《英国贵族史》,人民出版社,2000 年,第 174 页。

③ John Cannon, *Aristocratic Century: The Peerage of Eighteen-century England*, Cambridge University Press, 1984, pp. 123.

封为爱尔兰贵族,1人为贵族之婿,25人来自贵族较少的威尔士和蒙茅斯;仅1人例外。^① 贵族还通过掌握郡督一职而操纵各地治安法官的提名权,因为郡督是唯一有权向大法官推荐治安法官人选的官员,贵族在地方管理中的影响由此可见一斑。

在18世纪,贵族是一个相对封闭的群体。尽管从理论上说中间阶层可以凭财力或其他途径跻身贵族行列,但这种情形并不多见;贵族群体的"开放"属"单向开放",即贵族成员可以向下流动,其他人向上流动则不容易。然而与欧洲大陆国家相比,英国贵族享有的特权要少得多。英国从未为贵族单独制定法律,在审判方面,贵族与普通人等同,虽说只有上院才可以开审贵族。英国贵族也不享有免税权,土地税和消费税是英国革命的产物,前者主要由土地贵族承担,后者主要由普通民众承担。此外,18世纪的英国贵族在经济上表现出开放性,他们不仅在"农业革命"中发挥带头作用,还支持并积极投身于工商领域。对此,哈孟德夫妇指出:"英国在18世纪是受一个强有力的商业化的贵族统治的⋯⋯英国的大人物们并不以经商为耻本世纪中的首要大臣⋯⋯虽然对于商业成就的原则意见分歧;却一致看到商业的重要性,把商业当做政治的最高目标"^②。

伴随着英国社会的商业化尤其是世纪末的工业化浪潮,"中间阶层"的人数不断增加,影响也日益上升。中间阶层是沟通社会上层与下层的桥梁,其开放性既为18世纪的英国社会增添了流动性,更为其注入了生机和活力。不过,正因为如此,中间阶层的内涵及人数也总是处于变动之中,难以被精确判定。事实上英国中间阶层并不是一个统一的整体,其内部在经济收入、生活方式及社会意识等方面均存在较大差异。例如,大商人、大银行家、某些大地主和政府高官,其财富和影响力有可能

---

① John Cannon, *Aristocratic Century：The Peerage of Eighteen-century England*, Cambridge University Press, 1984, pp. 121—122.
② 舒小昀:《分化与整合:1688—1783年英国社会结构分析》,南京大学出版社,2003年,第316、358、106、384页。

超过贵族中的一些人;而处在中间阶层另一端的各类店主、小商小贩、小业主、独立手工业者以及占地不多的农场主,他们几乎在任何方面都没有相似性,唯一的相同之处就是他们都不是贵族。因此,18世纪的中间阶层不具备明确的身份认同,当出现一些重要问题需要做阵营的选择时,中间阶层通常是以"他们-我们"(Them and Us)、"内-外"(Ins and Outs)来确定自己的归属的。①

　　商人是中间阶层中最引人注目的一个群体。18世纪,英国取代荷兰成为头号商业大国,而早在世纪之初,"商业革命"就已先于农业革命和工业革命来到了这个国家。② 保尔·芒图指出:"英国在变为典型的工业国,即变为拥有矿山、制铁厂和纺纱厂的国家以前五十年的时候已经是一个大商业国,正如一句名言所云:是个商人的国家。在那里,商业发达走在工业变化的前头,而且,它也许决定着工业的变化。"③在时人眼中,商人范围广泛,其中既包括从事海外贸易的少数大商人和银行家,也包括许许多多的店主、小商小贩和独立手工业者。伴随着殖民地的扩张和对外贸易的快速发展,大商人、大银行家积聚起大量财富,成为富可敌国的巨富,而活跃于英国各地的无数中小商人则完全与他们不可同日而语。一方面由于城市发展,另一方面由于消费增长,从事商品批发的中间商在人数上大量增加,④壮大了商人队伍;在批发商之外,则存在大量的零售商人,他们经营着遍布城乡的各类商店和小制造厂,成为18世纪英国的一大特色。早在1776年,亚当·斯密就把英格兰称为"店主之邦"(a nation of shopkeepers)。据统计,迄18世纪末,英国经营各类商

① Roy Potter, *English Society in the Eighteenth Century*, Penguin Books Ltd, 1982, pp. 88—89.

② Thomas William Heyck, *The Peoples of the British Isles: A New History, from 1688 to 1870*, Wadsworth Publishing Company, 1992, p. 68.

③ [法]保尔·芒图:《十八世纪产业革命——英国近代大工业初期的概况》,杨人楩等译,商务印书馆,1983年,第69页。

④ W. A. Speck, *Stability and Strife, England 1714—1760*, Edward Arnold Publishers Ltd., 1977, pp. 66, 44.

品买卖的店主超过 17 万人①。

农村也存在一个中间阶层。作为五级贵族之外的土地所有者，"乡绅"是农村中间阶层的一个重要组成部分。在 18 世纪的英国，从男爵以下都是乡绅，拥有土地多寡不等，其总数约为 1.5 万家，彼此之间在收入方面差距很大。1700 年时，从男爵的土地收入约为 1 500 多镑，到 1800 年大约为 4 000 镑，而普通乡绅的收入则只有 300 镑。② 至 1790 年时，英国的土地占有情况是：400 家最大的土地所有者（主要是贵族）拥有英格兰和威尔士 20％—25％的耕地，自由持有农拥有 15％—20％，乡绅拥有 50％—60％。③ 乡绅在地方政治、经济和社会生活中扮演着重要角色，他们的乡间邸宅往往成为当地社会生活的中心。

在乡绅之下是自由持有农、公簿持有农以及租地农场主。据格里高利·金的估计，17、18 世纪之交，英国的自由持有农大约有 10 万户，年收入平均为 50—100 镑，这个收入要比租地农场主高。但一个世纪之后，迄 18 世纪末，帕特里克·柯克洪（Patrick Colquhoun）做出了与格里高利·金相反的判断：他认为在整个 18 世纪，尽管有许多约曼农上升为乡绅，但租地农场主在财富方面已经超过了自由持有农。④ 格里高利·金和柯克洪的说法反映了 18 世纪英国农村社会分化的一个侧面。通常认为，小农的衰落是该世纪的一个突出现象，在不少地方，占地 21—100 英亩的小农数量减少了一半，而租地 100 英亩以上的农场则相应增加。屈维廉（G. M. Trevelyan）指出："在英国革命时期，自由持有农加上他们的家人共约占全国人口的 1/8，大租地农场主的数量稍微少些，自由持有农一般也比租地农场主富裕。一百年后，情况正好相反，甚至自由持有农几乎

① Roy Potter, *English Society in the Eighteenth Century*, Penguin Books Ltd, 1982, p. 96.
② Ibid. , p. 81.
③ G. E. Mingay, *English Landed Society in the Eighteenth Century*, Routledge and Kegan Paul Ltd. , 1963, p. 26.
④ Roy Potter, *English Society in the Eighteenth Century*, Penguin Books Ltd, 1982, p. 83.

不再存在。"①说小农已几乎不存在似乎有些夸张,但租地农场主尤其是较大的租地农场主越来越成为农业经济的主角,也的确是事实。

专业人员即教士、律师、医生、作家、艺术家等等是中间阶层的另一个重要组成部分。关于国教会的教士人数,据格里高利·金1688年统计,当时中上层教士家庭总数为2 000家,下层教士8 000家;前者连同他们的家庭成员总计为1.2万人,后者算上他们的家庭成员共计约4万人,两者相加总共5.2万人。半个多世纪后,在约瑟夫·马西(Joseph Massie)关于1759—1760年的统计中,中上层教士仍然维持在2 000家,下层教士家庭增加到9 000家,比1688年时的数字增加了1 000家。但由于马西是以家庭为单位进行统计的,并未列出其家庭成员数,因此这一时期教士及其家庭成员共有多少人我们不得而知。再过约半个世纪,柯克洪关于1801年的普查数据中,中上层教士下降为1 000家,下层教士上升为1万家;但他认为前者平均每家有6人,后者平均每家有5人,因此教士及其家庭成员总数是5.6万人,②这个数字与一个世纪前格里高利·金得出的数字相差无几,表明整个18世纪英国国教会的教士队伍没有发生太大变化。但国教会教士的收入差别却很大,像温莎、牛津教堂以及坎特伯雷、威斯敏斯特大教堂的教士,其年收入分别达到450镑、400镑、350镑和300镑,个别教区甚至高达1 200镑;可是在18世纪大部分时间里,超过半数的教区教士年收入不足50镑,12%的教区低于20镑,其中一些甚至仅有5镑。

关于法律界的从业人数,格里高利·金的估计是1万人(1688年),马西的估计是1.2万人(1760年),柯克洪的估计是1.1万人(1801年)。有人认为前两个数据估计偏高,因为迟至1800年,全英国的初级律师(solicitors)总数仅5 300人。但18世纪初英国人已普遍认为国内从事

---

① 舒小昀:《分化与整合:1688—1783年英国社会结构分析》,南京大学出版社,2003年,第161页。

② Roy Potter, *English Society in the Eighteenth Century*, Penguin Books Ltd, 1982, pp. 386—388.

与法律有关职业的人员已经太多了，并相信是这些人造成了国家争讼不断。① 几位统计学家也对这个行业在 18 世纪的收入情况做出估计，格里高利·金认为其年平均收入是 154 镑，马西认为只有 100 镑，但马西时代的法律界从业人员已分化成高级法庭律师（barristers）和低级法庭律师（attorneys）两部分，二者在收入上的差距也已经拉开。到 19 世纪初，在帕特里克·柯克洪编制的统计表中，法律界从业人员已被分成四个职级：法官、高级律师、初级律师及办事员。依照 1729 年颁布的一项法令，每个希望成为律师的人首先必须以学徒身份作为最低级的办事员跟随初级律师学习业务，为期五年。这期间他们除了要向初级律师交纳学费（在伦敦通常不少于 100 镑），还得为"师傅"及其家庭干家务活。②

　　医生在 18 世纪的英国人眼里声望要低于律师业，虽说听起来有些奇怪，但这确实是医药界在 18 世纪公众心目中的职业形象。医疗行业本身就是一个等级分明的行业，内科医生被视为医疗行业中的"绅士"，其地位居于药剂师和外科医生之上；外科医生直到 1745 年才与理发行业脱离干系，至 1800 年，外科医生专业学会才取得皇室特许。内科医生的收入往往很可观，一位成功的伦敦内科大夫一年收入可以高达 12 000 镑。根据规定，只有获得"皇家内科医师协会"（Royal College of Physicians）颁发的许可，才能在伦敦及其附近地区开业行医，而"皇家内科医师协会"的会员必须是牛津、剑桥或都柏林三一学院的毕业生。这种明显的封闭性使该协会到 1745 年仅有会员 45 人。同样，外科医生也必须取得有关许可后方能从事外科手术，而药剂师只能配发药物。18 世纪初，内科医师曾极力反对药剂师为病人开处方，但后来他们逐渐接受了药剂师为穷人看病的做法，有些想成为内科医师的人甚至先是跟药剂

---

① W. A. Speck, *Stability and Strife*, *England 1714—1760*, Edward Arnold Publishers Ltd., 1977, p. 45.

② Ibid., pp. 45, 51；Roy Potter, *English Society in the Eighteenth Century*, Penguin Books Ltd, 1982, p. 388.

师当学徒,然后再转到内科专业。①

在 18 世纪,军官也被视为职业人士。格里高利·金只将军官分为陆军和海军两大类,他说陆军军官有 4 000 人,海军军官为 5 000 人,但没有区分高级军官与下级军官。他给出的陆军军官年薪是 60 镑,海军军官为 80 镑,但事实上海军将官的年收入达到 1 325 镑,陆军高级军官的收入也达到 1 000 镑,因此,格里高利·金的数字只能是下级军官的收入。在马西的统计表中,海军军官人数上升到了 6 000 人,年收入 80 镑;陆军军官人数则下降到 2 000 人,年收入 100 镑。与教士、律师、医务人员相比,军人在公众中的形象似乎还不错,至少不像前三类人那样广受指责。②

自由职业者包括画家、音乐家、诗人、剧作家等等,其中有些人会有其他职业,不单靠当艺术家为生。也有一些上流社会人士有业余的创作爱好,但许多人则几乎完全以写作或演艺谋生,其中一些人还成为享有盛誉的名流大家,如作家丹尼尔·笛福(Daniel Defoe)、作曲家乔治·弗雷德里克·韩德尔(George Frederick Handel)、诗人蒲柏、文学家和词典编纂家塞缪尔·约翰逊(Samuel Johnson)博士等。18 世纪成为一些人可以依靠写作为生的第一个时代,知识分子也开始具备一定的自我意识与独立精神。③ 期刊出现,出版业日益兴盛,在伦敦的"格拉布街"(Grub Street)聚集起一批专门以卖文为生的穷文人,他们听命于出版商和书商,为市场而写作。"格拉布街"成为落魄文人或低级作品的代名词。

格里高利·金将政府官员分为高级官员和低级官员两类,二者各为 5 000 人。马西估计,1760 年英国的文职官员约为 1.6 万人;帕特里克·柯克洪则估计,在他的时代,高级文官有 2 000 人,低级文官 1.05 万人,

---

① W. A. Speck, *Stability and Strife, England 1714—1760*, Edward Arnold Publishers Ltd., 1977, pp. 49—50; Roy Potter, *English Society in the Eighteenth Century*, Penguin Books Ltd, 1982, pp. 90—92.

② Ibid., pp. 51—53.

③ Ibid., p. 49; Roy Potter, *English Society in the Eighteenth Century*, Penguin Books Ltd, 1982, p. 98.

合计为 1.25 万人。就数量而言,文官的增幅并不明显,这或许与英国一直保留着地方自治的传统有关,地方自治减少了对文官的依赖。文官队伍主要集中于中央各部门;随着社会事务日益繁杂,文官队伍也发生了一些结构性变化,如邮政、国内税收、海关等新的政府部门设立起来,出现了专管军需或征收盐税、皮革税的文职人员。文官间的收入差距也很大,比如,负责军械供应的人年薪达到 1 500 镑,普通办事人员则仅有 40 镑。官员的名义薪金与实际收入往往存在一定差异,例如,邮政部大臣和法律顾问的薪金都是 200 镑,但前者的实际收入可达 1 000 镑,后者各项收入累计也可达到 550 镑。①

"制造业主"也许是工业革命发生后最值得注意的一个群体,因为它体现着工业革命带来的最重要的社会变化。当格里高利·金在编制他的社会统计表时,尚不把这个群体作为一个独立的职业群体加以考虑;但马西和柯克洪却都把这个群体纳入各自的统计中。马西称他们为"制造业师傅",按他的估计,这个群体的年平均收入仅有 200 镑,表明此时制造业的实力还很有限。在柯克洪的统计表里,其数量为 2.5 万人,家庭平均年收入上升到 800 镑,不仅如此,"制造业主"这一术语也开始摆脱"手艺人"的传统含义,而用来专指雇佣工人从事大规模生产的雇主了。② 到 19 世纪,这个阶层终于变成了"工厂主",他们是那个世纪的真正主人。

同"中间阶层"一样,"下层民众"也不是一个同质体,其意义也同样模糊。所幸的是,由于格里高利·金等统计学家用分类列举的方法为我们大致确认何谓"下层民众"提供了可资参考的相关统计信息,从而使我们可以对这一群体做一些具体考察。

手艺人、工匠处于"下层民众"的上层,他们与中间阶层中的某些群体,比如小店主或零售商颇有类似之处,有时很难区分开;但很多人还是认为,应将他们作为一个亚群体归入下层社会,而不是中间阶层。手艺

---

① W. A. Speck, *Stability and Strife, England 1714—1760*, Edward Arnold Publishers Ltd., 1977, pp. 41—42.

② Roy Potter, *English Society in the Eighteenth Century*, Penguin Books Ltd, 1982, p. 97.

人和工匠是那些凭借专门技术或手艺谋生的人,笛福在谈到他们与店主和零售商之间的区别时指出,店主和零售商是那些售卖其他地方生产的物品的人,而手艺人和工匠则是"出售自己生产的物品,但并不拥有出售这些物品的商店的人……诸如铁匠、鞋匠、铸工、细木工、木匠、雕刻匠、车工等等"。这些人又可分为两类,其中一些人是师傅,拥有自己的手工作坊且雇佣若干工人,他们中的有些人如建筑工日子通常会"过得相当不错";普通工人或帮工属第二类,其收入低得多,比如砖匠每周最多能挣 21 先令,女衣制作工最低工资仅有每周 7 先令。有些行业能在正常工资之外得到实惠,如船夫有小费收入,铁匠会得到淡啤酒招待,面包师会得到主顾们在膳宿方面提供的方便。据估计,1754 年时,一名工人在伦敦租房的开支为每周 1 先令,用于食物方面的开支是每周 5 先令。伦敦以外其他地方的食宿费用要便宜一些,但工资也比伦敦低。帮工中的不少人都期望能当上师傅,并且也确实有可能成为师傅。①

　　工业化之前,英国的行业划分已经非常细了。1747 年,由《伦敦手艺人》(London Tradesman)开列的清单显示,当时已经有超过 350 种不同的行业。② 不过对手工业者来说,18 世纪不是个福音世纪,该世纪上半叶,由于劳动力短缺,他们的日子还算过得去,但随后的处境则每况愈下。在手工时代,工人的地位会随年龄的变化而变化,一些人从少年时期起学手艺,到二十几岁,一部分成为帮工并结婚成家,另一部分变成独立的小作坊主。然而,随着工业发展、投资额增大,独立的工匠变得越来越少,资本与劳动间的差距也越来越大。有统计说,到 18 世纪中期,约有 40%—50% 的家庭成为靠工资为生的家庭。行会保护制度的取消更加速了这一过程,工人越来越成为靠出卖劳动力为生的无产者。③

　　水手不仅包括在皇家海军中服役的水兵,还包括"所有受雇于海上航行,或与航行有关的工作的人"。这些人在格里高利·金和马西的统

①② W. A. Speck, *Stability and Strife*, *England 1714—1760*, Edward Arnold Publishers Ltd., 1977, p. 55.

③ Roy Potter, *English Society in the Eighteenth Century*, Penguin Books Ltd, 1982, p. 100.

计中,总数分别是 5 万人和 6 万人。水手不仅在英国对外贸易中发挥重要作用,而且在国内各港口间的贸易中扮演重要角色。① 相比之下,在陆军服役的普通士兵境况要差很多,在格里高利·金的统计表上他们被排在"穷人"之后。英国陆军的规模一向很小,因此这个群体的人数不算多,和平时期一般在 8 000—1.7 万人之间,战争时期可能增长到 3.5 万—7.4 万人。据估计,陆军士兵的最低工资大概为每周 3 先令 6 便士,经过各项扣除往往只剩下 6 便士,并且还经常遭到拖欠,因此他们的生活非常窘困。士兵在退役后经常找不到工作,许多人因此走上犯罪道路。②

格里高利·金和马西的统计都未列出家内仆佣一栏,但斯佩克(W. A. Speck)认为,根据这个群体在伦敦及其他各地人口中所占的大致比例,可以粗略地计算出其人数。他推算格里高利·金时期的仆佣数量约为 71.5 万人,而到马西时代,这个数字应该明显扩大。③ 无论斯佩克的推算是否准确,有一点是肯定的,即这一群体的人数很多,人们一般认为 18 世纪全英国应该有 60 万—70 万之多。一些贵族雇佣六七十名甚至上百名仆人,许多中等人家也有雇佣仆人的习惯。有人认为,当时英国有近一半的农民家庭和 1/4 的工匠、商人家庭雇有仆佣或学徒。

在格里高利·金的统计表上,劳工和户外仆役的人数也不少,达到了 36.4 万人。有人认为至少应将这个庞杂的群体分为城市劳工与农村劳工两类,马西将专门从事农业劳动的人(农夫)与其他劳工区别开。当时的情况是,"大多数城镇居民都已不再直接耕种土地",像苏塞克斯的佩特沃斯镇(Petworth),1700 年时就仅有 5% 的工匠还需要依靠土地收入来贴补生活。城镇发展产生了对城市劳工的需求,一些粗活只需要非熟练工人如搬运工、运输工来做;妇女常常从事卖牛奶、卖鱼、拾垃圾等

---

① W. A. Speck, *Stability and Strife*, *England 1714—1760*, Edward Arnold Publishers Ltd., 1977, pp. 55—56.

② Ibid., p. 58.

③ Ibid., p. 56.

工作,甚至儿童也被雇来清扫烟囱。这些人的工资都很低,通常在每周1—5先令之间。户外仆役大概指的是一些在户外从事服务性工作的帮手或仆佣,斯佩克说,格里高利·金之所以会把户外仆役与劳工放在一起,无非表明了城市居民尤其是像伦敦这类大城市居民的日常生活,需要各种服务来加以满足。①

在格里高利·金的统计表中,茅舍农和贫民的数量最多,其家庭数达到40万户,按每户3.75人计算,总人数达到150万。但在马西的统计表里并没有贫民一栏,茅舍农也与小啤酒店老板放在一起,其家庭数合计为4万户。柯克洪的统计中也没有提到茅舍农和贫民,②当然这并不表明18世纪没有贫民,也不表明其数量在减少,事实上,当时的穷人不仅存在,而且数量还在增加。③ 据统计,至1800年,英国有28%的人接受救济;1680年英国每年用于救济的资金为53.2万镑,到1780年几乎达到200万镑。④

与贫民处境类似但又有一定区别的一个特殊群体是边缘人群,包括乞丐、小偷、吉卜赛人、流浪汉、妓女等等。这个群体很复杂,格里高利·金在统计时以"流浪汉,诸如吉卜赛人、小偷、乞丐等等"来笼统称呼他们,并估计其人数在3万左右。马西和柯克洪都没有统计这个人群,不过依据当时人的看法,流浪汉与贫民一样人数都呈增长趋势。英国有很多法律针对流浪人群,1744年更是出台一项严格的法案,法案将流浪人员分为三类:第一类是"懒人和妨害治安的人",包括离家出走的人、不顾家的醉汉酒鬼、不肯工作的人以及乞丐;第二类是"无业游民和流浪者"(rogues and vagabonds),包括剑术师(fencers)、四处游荡的演员、游吟诗人、算命先生、赌徒、无证经营的小贩以及冒牌的学者;第三类是"无可

① W. A. Speck, *Stability and Strife*, *England 1714—1760*, Edward Arnold Publishers Ltd., 1977, pp. 56—57.
② 参见 Roy Potter, *English Society in the Eighteenth Century* 第 388—389 页所附统计表。
③ W. A. Speck, *Stability and Strife*, *England 1714—1760*, Edward Arnold Publishers Ltd., 1977, p. 58.
④ Roy Potter, *English Society in the Eighteenth Century*, Penguin Books Ltd, 1982, p. 110.

救药的歹徒"(incorrigible rogues)，指的是一些在逃犯或再次犯罪者。①

　　贫困问题始终是威胁英国社会的一个突出问题，也是令各级政府尤其是地方政府感到头疼的难题，虽然济贫法是全国性的，但根据1662年的《定居与遣送法》(Law of Settlement and Removal)，救济责任实际上落在最基层的行政单位——教区头上。该法规定，每个人都在某个教区且仅在这个教区有"居留权"，任何要求救济的人都有权在享有"居留权"的教区获得救济，但也只能在该教区要求救济。所有领取教区救济的人都须在衣服上佩戴P字徽章，任何要离开其所在教区外出的人，都必须持有证明方可成行。这些规定限制了穷人的流动，不仅如此，因为任何教区都不愿意承担不属于它的额外负担，一些教区为了避免增加负担，还会想各种办法把穷人、老弱病残甚至临产的孕妇赶出教区。当然，也有一些地方官员及教区贫民监察员愿意帮助穷人，并利用教区的济贫资金为他们提供补贴。

---

① W. A. Speck, *Stability and Strife, England 1714—1760*, Edward Arnold Publishers Ltd., 1977, p. 59.

第二章 日常生活

在多数人的印象中,"变化"是这一时期英国社会生活的基调。诚然,作为率先经历从农业社会向工业社会转型的国家,这一时期英国的政治、经济、思想文化等领域都不同程度地发生了变化,不仅如此,变化的触角甚至延伸到人们的日常生活领域,在人们的衣食住行、风俗习惯等方面留下明显的印记。但与此同时,一些人却并不赞成这样看问题,他们认为尽管这一时期英国的变化涉及面很广,却不宜一概而论,人们不仅应了解变了什么,还需要留意那些变化不大或者未曾有变的情形。一定程度上,20 世纪六七十年代英国学术界关于变与不变、"变迁或延续"问题的讨论,正是这两种视角的一次交锋。也正是在这一学术背景下,一向备受冷落的社会生活细节开始引起人们的注意,转型期英国社会生活的各种情形也日渐增多地呈现在人们眼前。

家庭对许多人来说不仅是栖身之所,也是生活的中心。阿兰·艾维里特(Alan Everitt)说:"地方社区的大部分时间并不是被政治生活所支配,而是被购物、销售、做爱、结婚、养家糊口以及各种各样与家庭生活密切相关的小事情所占据。"[①]自 19 世纪末法国社会学家勒普莱(Frédéric

---

① Christopher Durston, *The Family in the English Revolution*, Oxford: Basil Blackwell, 1989, p. 2.

Le Play)提出三种家庭模式依序递嬗的观点之后,很长一段时期里,人们认为工业化与核心家庭的出现存在着必然联系,"渐进核心化"理论因此大行其道,其倡导者们强调,在从农业社会向工业社会转型的过程中,家庭结构也相应地发生了从扩展型家庭(即由几代人共同组成的家庭)向核心家庭(即由父母及其未成年子女组成的家庭)的转变。直到 20 世纪 60 年代,这一传统观点才受到以彼得·拉斯莱特(Peter Laslett)为首的"剑桥人口与社会结构史研究小组"(Cambridge Group for History of Population and Social Structure)的有力挑战。剑桥小组通过发掘整理教区登记簿、人口调查记录或人口普查记录等材料,力求历史地再现 16—19 世纪英国家庭情况及其变化的图景。在拉斯莱特的领导下,剑桥小组选取 1574—1821 年间英国 100 个教区作为样本,将其分为三个阶段(1650 年前、1651—1749 年、1750—1821 年)和六个地区(东部、北部和中部、南部和西部、伦敦)进行系统分析,结果显示:自 16 世纪末开始至 20 世纪头 10 年的 300 余年间,生活在这些区域中的家庭之平均规模大致稳定在 4.75 人或略低于此。这就意味着,大体而言,英国在从农业社会向工业社会转化的整个历史进程中,家庭规模都相对较小,变化始终不大。由此不难推断,那种认为对应于社会转型而必然出现的从扩展型大家庭向小规模核心家庭转变的观点,实则不过是一种与历史事实不符的想当然的产物。因此拉斯莱特指出:"事实上,在英国,大的联合或扩展家庭从来就没有作为一种普遍的形式存在过。"①

在对前工业化时期的英国家庭进行系统研究后,拉斯莱特得出的结论是,英国在工业化开始之前就是一个核心家庭占优势的国家。对 1821 年之前有可靠数据来源的 61 个教区所做的研究表明,仅有 10% 的住户包括了婚姻之外的亲族成员,占总人口的 3%;由两代人构成的住户占 70%,一代人构成的住户为 24%,三代以上共处一寓的家庭只占总数的

---

① Peter Laslett and Richard Wall(eds.), *Household and Family in Past Time*, Cambridge University Press, 1972, pp. 126, 223.

6％,其中四代同堂的还不到 1％。① 由此可见,工业化开始前及工业化时期的英国家庭是以简单的核心家庭为主,扩展家庭为数不多。有意思的是,资料显示,工业化不仅没有直接导致核心家庭的普遍出现,相反却在一些地区如纺织中心兰开夏郡导致扩展家庭增加。这不啻从反面构成了对"渐进核心化"理论的致命一击。历史人口学的研究成果拓宽了家庭史的研究视阈,同时也大大深化了人们对家庭问题的认识。此后,"渐进核心化"理论尽管余音犹在,但显然已呈式微之势,正如当代英国学者斯佩克(W. A. Speck)所言:"那种认为扩展型家庭是前工业化时期英国家庭标准模式的观念——这一观念仍被一些社会学家所顽固坚持,已被人口学家当成一个神话而戳穿了。"②

　　当然,从总体上否定转型时期英国家庭形式存在着一种由扩展型大家庭向核心家庭演变的基本趋势,并不意味着完全排除此类现象在实际生活中的少量或局部存在;同样,当历史人口学家们强调同一时期家庭平均规模较小且变化不大时,也只是就一种历史发展的总体情形及其基本趋向所作的整体判断,并不排除这一时期不同家庭之间存在规模上的大小差异。事实上,就 18 世纪的情形而言,不同阶层之间在家庭规模上的差异往往会表现得相当明显。通常,社会中上层家庭的规模较大,例如,在格里高利·金为 1688 年英国社会各阶层编制的统计表中,人们不难发现这样一个有趣现象:家庭规模的大小与社会阶层的高低有某种明显的一致性。排在统计表第一栏的是英国的世俗贵族,当时的人数为160 人,其平均家庭规模达到每户 40 人,位居所有阶层之首。排在第二至第六栏的依次为宗教贵族、从男爵、骑士、乡绅、绅士,其家庭规模依次为 20 人、16 人、13 人、10 人、8 人,恰与其社会等级形成对应。③ 这种情

---

① Michal Anderson, *Approaches to the History of the Western Family*, *1500—1914*, Cambridge University Press, 1995, p. 24.

② W. A. Speck, *Stability and Strife*, *England 1714—1760*, Edward Arnold Publishers Ltd., 1977, p. 63.

③ 参见[法]安德烈·比尔基埃等主编《家庭史——现代化的冲击》第 3 卷,袁树仁等译,生活·读书·新知三联书店,1998 年,第 42 页。

形到 19 世纪初帕特里克·柯克洪根据 1801 年英国人口普查数据编制
英国社会结构统计表时,仍未见多少变化。从柯克洪提供的统计表中可
以看到,排在前六位的依次是世俗贵族(含王室成员)、主教、从男爵、骑
士、乡绅、绅士及有收入的女士,其人口规模依序为 25 人、15 人、15 人、
10 人、10 人、8 人,①可见,贯穿整个 18 世纪,社会中上层一直保持着其
平均家庭规模对于其他社会阶层的优势。对此,安德烈·比尔基埃等人
指出:"家庭规模并不是人口生命力的指数,而是社会地位高低的指数。
正是因为富有,上层阶级才能在家中供养大批奴仆并收留无依无靠的亲
属"②,一语道出了社会中上层家庭规模偏大的个中原委。这里有两点需
要略加说明:其一,尽管中上层家庭规模较大一定程度上与扩展家庭的
存在相关,但更主要的原因是其家中收养了大批奴仆并收留了一些亲
属。研究表明,1650—1749 年间,各类仆佣占当时总人口的 14%,
1750—1821 年间比例有所下降,但仍占到 10.7%。③ 值得一提的是,自
18 世纪初期起,英国的家庭仆佣人数一直呈增长趋势。据认为,18 世纪
中期,全英国大概有 60 万—70 万家庭仆佣;④一些贵族往往雇佣六七十
名甚至上百名仆人,连一些平常人家也有雇佣仆人的习惯。正所谓家庭
的规模"主要不是由子女的多少,而是由住在家中作为仆人和同居者的
数量所决定"⑤。安德烈·比尔基埃同样认为:"使家庭规模大小发生变
化的,并不是夫妻这个核心的生殖能力,而是这个家庭有多大能力将他

---

① Roy Potter, *English Society in the Eighteenth Century*, Penguin Books Ltd, 1982, pp. 386—388.
② [法]安德烈·比尔基埃等主编:《家庭史——现代化的冲击》第 3 卷,袁树仁等译,生活·读书·新知三联书店,1998 年,第 42 页。
③ Michal Anderson, "The Social Implication of Demographic Change", in F. M. L. Thompson, ed., *The Cambridge Social History of Britain, 1750—1950*, Vol. 2, Cambridge University Press, 1990, pp. 61, 62.
④ Roy Potter, *English Society in the Eighteenth Century*, Penguin Books Ltd, 1982, p. 100.
⑤ [奥地利]米特罗尔、西德尔:《欧洲家庭史》,赵世玲等译,华夏出版社,1987 年,第 137 页。

们所生子女以外的人聚集在同一屋顶下。"①

其二,在讨论家庭规模时,必须理解"家庭"一词的含义。其实,无论是格里高利·金,还是帕特里克·柯克洪,他们使用的家庭一词与当代意义上的家庭差异很大。在 18 世纪,家庭包括居住在同一个屋檐下的所有成员,仆佣和寄居的亲戚甚至租住房屋的房客都会被当成这个家庭的成员。换言之,当时的家庭实际是当代的"户"[如拉斯莱特主编的一部著作就是以《历史上的户与家》(*Household and Family in Past Time*)作为书名的]。"户"与"家(庭)"的区别在于,前者是一个居住空间概念,它包括了共居于某一特定住所内的所有人,而后者则更多地与成员之间的血缘或婚姻关系相关,指的是居住在同一屋檐下且相互间存在亲属关系的人们。比较起来,在统计家庭人口时,以"户"为单位比较方便也更加准确,而"家"则由于其社会含义复杂而难以精确估量,因此,人口学家通常仍采用"户"进行历史人口的统计。

严格说来,血缘关系在很大程度上取决于婚姻关系,足见婚姻之于家庭所具有的决定性影响。事实上,婚姻不仅是家庭的起点,而且对家庭关系中的一些重要方面如夫妻关系、亲子关系等同样至为关键,从这个意义上说,任何有关家庭问题的讨论,都离不开对婚姻问题的关注。学者们普遍认为 16—19 世纪英国婚姻模式有两个特点:其一为晚婚,其二是存在相当数量的终身不婚者。尽管英国婚姻模式的这些特点从总体上说不成问题,但具体到 18 世纪,人们对社会转型与婚姻状况之间的互动关系却持有不同看法。争论的焦点集中在工业化是否导致英国人婚龄上升:社会学的主流观点是英国年轻人的婚龄随工业化而上升,历史学家对此质疑并得出截然相反的结论。拉斯莱特等人的研究显示:1750 年以前,英国女子的平均婚龄为 26 岁,男子为 27.5—28 岁;18 世纪起女子结婚年龄开始下降,为 24.9 岁,1800 年以后更降至 23.4 岁,同

---

① [法]安德烈·比尔基埃等主编:《家庭史——现代化的冲击》第 3 卷,袁树仁等译,生活·读书·新知三联书店,1998 年,第 42 页。

期男子婚龄分别为 26.4 岁和 25.3 岁。与此同时,终身不婚的比例在 17 世纪 80—90 年代达到最高,为 27%,而在工业转型时期则降至 6.8% 的最低点。①

另一项研究同样显示,在 1675—1699 年与 1800—1824 年这两个时间段里,男子的平均初婚年龄从前一时期的 27.7 岁下降到 25.5 岁,女子则从 26.6 岁降至 23.7 岁,分别下降了 2.2 岁和 2.9 岁。② 可见,工业化的确带来了 18 世纪下半叶英国婚姻模式的变化,但其变化的方向却并非如一些社会学家所料想,而是正好相反。至于何以会在 18 世纪下半叶出现婚龄下降和独身者减少的现象,其原因或许不止一端,但很大程度上可以归因于工业的兴起与发展。可以这样认为:随着工业发展,经济状况好转,经济机遇增多,人们有信心也有可能改变对婚姻的态度,放弃原有的婚姻模式,更早地开始婚姻生活。

婚姻的第一步是择偶。关于择偶标准及择偶自主权问题,一种观点认为,随着英国从农业社会向工业社会转变,年轻人在择偶时越来越不受父母长辈意志的左右,自主权越来越大;同时,在选择配偶时,不再以物质利益为优先考虑的因素,而是更多地从情感角度来做选择。而另一种观点则强调,社会转型并未带来择偶自主权及择偶标准的明显变化,自 16—19 世纪,英国人在这两个方面更多地表现出延续性。应该说,两种观点都能在历史上找出有利于各自立场的证据,但这恰恰说明择偶标准及择偶自主权问题十分复杂,而复杂性本身则在一定程度上暗示了这个问题所具有的延续性。因此,坚持某种排他性立场似为不宜,相反,采取具体分析和适度概括的做法或许更为可取。

由于婚姻不仅是两个人的私事,同时也是一种社会行为,而不同性

---

① 王觉非主编:《英国政治、经济和社会现代化》,南京大学出版社,1989 年,第 241 页。

② E. A. Wrigley, "Marriage, *Fertility and Population Growth in Eighteenth-century England*", in R. B. Outhwaite ed., *Marriage and Society: Studies in the Social History of Marriage*, London: Europa Publication Limited, 1981, p. 147. 转引自傅新球:《英国社会转型时期的家庭研究》,安徽人民出版社,2008 年,第 50 页。

别、年龄及不同社会地位的年轻男女在选择自己的配偶时,其动机又往往不同,因此人们择偶的具体标准也会表现得千差万别。从 18 世纪英国的具体情况看,通常只要条件允许,人们在择偶时较为普遍也较为合乎常理的做法是尽量兼顾社会经济因素与个人情感因素;当然,不同社会阶层以及同一阶层的不同群体在二者孰先孰后的问题上存在很大差异。一般来说,18 世纪英国人在择偶标准上仍然很看重社会经济因素,对此,《欧洲风化史》一书作者关于稍后一个时期的叙述可看做是对这种延续性的一个有力佐证,他指出:"贵族要让两个门第结合,以便扩大家族的权势,或者(当然也是为了同样的目的)扩充人丁和产业。富有的资产阶级用完全相同的办法把两家的产业合在一起,或者(为了产业获得最大的效益)弄个爵位。中小市民是为了把两家的收入或者男女双方的劳动力合在一起,让女人担起管家的责任,让她最合理地使用微薄的进项。至于无产阶级,结婚大多是因为'两人过日子要省些';也就是说,分开过的话,谁也挣不够生活费。"①但另一方面,人们在择偶时注重个人情感的情形也并不鲜见,有时也的确能让人隐约感受到社会风尚的一定变化。

　　贵族阶层作为 18 世纪享有特权的群体,其择偶时的突出特点是强调门第相当或门当户对。顺便指出,主张门当户对几乎在每一个阶层都有大量的支持者,正如一位家庭史学家所言:"在广大的社会中,缔结婚姻关系的两个家庭在社会分层制度中都处于或高或低的层次,而且双方都乐意保持或改善原有的地位。人们确实可以相信,两个家庭所接受的联姻条件,往往是双方在经济上或社会上门当户对。"②但就贵族而言,由于他们的特殊地位及特殊的社会影响力,其择偶时的门当户对会比其他社会阶层更加引人注目。据统计,在 18 世纪英国,81 位公爵累计发生102 次婚姻,其中有 53 次是与贵族之女结婚,占 52%;另有 28% 的伯爵

① 傅克斯:《欧洲风化史:风流世纪》,辽宁教育出版社,2000 年,第 266 页。
② [美]威廉·J.古德:《家庭》,魏章玲译,社会科学文献出版社,1986 年,第 72 页。

和 19％的子爵成为贵族家的女婿。①

　　贵族们的眼光紧盯同属于社会上层的这个小圈子，不外乎是因为这种联姻方式能够有效地确保这个阶层在财富和地位方面的优势。如同坎农在专门论及 18 世纪英国贵族婚姻时所言："在婚姻上谨慎从事，对于巩固或增加（贵族们的）家庭财富意义重大。"②威廉·坦普尔爵士（Sir William Temple）甚至这样写道："我们的婚姻有如其他一些常见的交易和买卖一样，其形成只考虑利益或收益，而毫无爱情或尊重可言。"③为了增加家庭财富，贵族们甚至打起了商人的主意，保尔·芒图指出："英国贵族，自革命以来即被发财欲所迷住。他们怀着嫉妒的心情看着金融和商业资产阶级在他们下面壮大起来。他们以一种奇特的、由骄傲与贪婪二者结合的心情来恨那些'有钱人'，并力图通过婚姻去同他们结成姻亲，借以利用他们的财富。"④

　　然而，贵族们也并非一味看重财富，而置其他条件于不顾。事实上，除了关注财富与地位，他们当中不少人对于未来配偶的德行、容貌、性情以及信仰状况等等也甚为关注。当然也不乏无视家庭利益、罔顾财富地位而追求爱情的例子，譬如，简·奥斯丁（Jane Austen）《傲慢与偏见》（成书于 1796 年）一书中的费茨威廉·达西，尽管一度表现出贵族阶层特有的"傲慢"与"偏见"，却并未因为家庭财富和地位的缘故而与其贵族出身的姨表妹德·包尔小姐结合，相反毅然选择了自己倾心爱慕但出身低微的伊丽莎白·班纳特。⑤ 真实的例子在 18 世纪的贵族当中时有发生，像钱多斯公爵（Duke of Chandos）娶了一家小酒馆的女仆，梅尔库姆勋爵（Lord Melcombe）和卡特里特勋爵（Lord Carteret of Hawnes）与家庭女

---

① J. V. Beckett, *The Aristocracy in England 1660—1914*，Basil Blackwell Ltd.，1986，p. 103.

② John Cannon, *Aristocratic Century：The Peerage of Eighteen-century England*，Cambridge University Press，1984，p. 71.

③ Roy Potter, *English Society in the Eighteenth Century*，Penguin Books Ltd, 1982，p. 40.

④ [法]保尔·芒图：《十八世纪产业革命——英国近代大工业初期的概况》，杨人楩等译，商务印书馆，1983 年，第 125 页。

⑤ 参见 [英]简·奥斯丁《傲慢与偏见》，王科一译，上海译文出版社，1990 年。

教师结婚，坦克维尔勋爵（Lord Tankerville）在 18 岁那年与一位屠夫的女儿私奔等等。① 值得一提的是，正是由于私奔及其他一些非正式婚姻形式的存在，才导致英国议会于 1753 年通过《哈德威克婚姻法》（*Lord Hardwick's Marriage Act*），以此对婚姻关系形成约束。该法规定：首先，自 1754 年开始，只有教堂婚礼而非口头婚约才具有法律效力，口头婚约不能成为取消教会婚姻的理由；其次，所有教会婚姻都必须在教区登记簿上登记，且双方都须签名；第三，承认 1604 年教规认定为非法婚姻的时间和地点，在这些时间和地点缔结的婚姻无效；第四，未满 21 岁的男女，未经父母或监护人同意而缔结的婚姻均为无效；第五，相关法律的执行权由教会法庭转归世俗法庭，对违反该法而主持秘密婚礼的教士处以 14 年流放。②

中间阶层的择偶情形如何呢？来看 1735 年登在报纸上的两则结婚通告："1735 年 3 月 25 日，约翰·帕里（John Parry），一位来自卡马森郡（Carmarthenshire）的士绅，与拥有财产 8 000 镑的同郡士绅沃尔特·劳埃德（Walter Lloyd）之女结为连理。"同时刊载的另一则通告则显得不同寻常，因为两位新人在年龄上相差悬殊："罗杰·温德（Roger Wind）牧师，年约 26，与林肯郡一位年逾八旬的女士成婚，婚后，牧师将拥有资产 8 000 镑，外加 300 镑年金，且可终生享有四轮马车一辆。"③前面的那则通告没有忘记把嫁女儿的士绅所拥有的财产公之于众，而后面这则告示中的新郎则显然是重财胜于重情，可见，中间阶层同样有不少人很在意对方的财产。

一项对伦敦工匠和商人进行的抽样调查表明，不低于 25％的受调查者在初婚时选择与寡妇结婚，其所以这样做，当然是想让自己的事业和

① John Cannon，*Aristocratic Century：The Peerage of Eighteen-century England*，Cambridge University Press，1984，pp. 77，73—74.

② Lawrence Stone，*The Family，Sex and Marriage in England 1500—1800*，Penguine Books，1979，p. 32.

③ Roy Potter，*English Society in the Eighteenth Century*，Penguin Books Ltd，1982，p. 40.

生活有一个好起点。① 劳伦斯·斯通(Lawrence Stone)在论及下层中等阶级时也提到："就婚姻而言,17 世纪末和 18 世纪的一名下层中等阶级的女子较少被看做是伴侣或性对象,而更多地被视为财产,某种程度上也是一种地位对象。"②不过,中间阶层也有不少追求浪漫之爱的例子,从亚当·斯密的一封私人信件中可以读到这样一段故事:"……就我所知,约翰·霍姆曾向您推荐一位叫约翰·柯里的先生,他是我的老同学,是一位学力在一般水平之上的好牧师,他出于爱情,贸然与一位姑娘结婚,这个姑娘是我的表妹,人品很好,我一直表示尊敬,可是没有一点点财产。他的老父只赖他独立赡养,而他的家庭人口则在增多,因此您可以相信他们的家计十分困难。有个叫普雷斯顿的是曼金奇地方的牧师,于 10 天前故世;新任命是国王的权利。您能否通过合适的方法为这个有才学的人申请这个职位? ……"③这是一封举荐信,撇开举荐一事不谈,斯密不啻为我们提供了一个重视爱情胜于重视财富的生动实例。有关 18 世纪中间阶层择偶的标准及取舍,在简·奥斯丁的《傲慢与偏见》中有生动的描述。在奥斯丁笔下,既有靠工业发财致富,遗产超过 10 万镑,年收入四五千镑的上层中间阶级,如彬格莱先生;也有靠少量地产生活,家境还算殷实的小乡绅,如班纳特先生一家;还有靠他人荫庇在军队中担任中下级军官或在英格兰教会担任教职的中下层人士,如韦翰和柯林斯牧师;同时也有生活在这群中间阶层人们周围的各色女子,如班纳特家的五个女儿、咖罗琳·彬格莱小姐等。这些人对婚姻的态度各不相同,择偶的标准也互有差异:柯林斯牧师与夏绿蒂·卢卡斯夫妇将婚姻视为纯粹的利益结合,完全置情感于不顾;咖罗琳·彬格莱小姐追求财富与地位,她自己拥有 2 万镑嫁妆,仍一心盯着年收入 1 万镑的年轻贵族达

---

① Keith Wrightson, *English Society 1580—1680* , Rutgers University Press, 1982, p. 81.

② Lawrence Stone, *The Family, Sex and Marriage in England 1500—1800* , New York, 1985, p. 197.

③ [英]欧内斯特·莫斯纳、伊恩·辛普森·罗斯编:《亚当·斯密通信集》,林国夫等译,商务印书馆,2000 年,第 48 页。

西先生;彬格莱先生与吉英·班纳特小姐把个人感情放在首位,视其为婚姻的基础;丽迪雅·班纳特为激情驱使,贸然与情人韦翰大胆私奔。值得注意的是,尽管丽迪雅·班纳特及其两个妹妹与她们的两个姐姐吉英·班纳特和伊丽莎白·班纳特在性格气质等方面有很大差异,但班纳特先生的这五个女儿的择偶态度,似乎都以个人情感为重——这一点与她们的母亲班纳特太太恰成对比,显示出某种渐露苗头的新变化。① 罗伊·波特(Roy Porter)指出,随着 18 世纪向前推移,爱情婚姻受到尊重,他同样引用简·奥斯丁的建议作为证言,奥斯丁指出:"除了选择无爱的婚姻,人们可以做其他任何选择或忍受一切情形,没有什么比缺少爱而强扭在一起的婚姻更痛苦了。"②

至于社会下层的择偶行为,他们考虑结婚,一个重要的目的是找一个共同的劳动伙伴组成家庭,而感情的因素也是他们择偶时常常考虑的条件。丹尼尔·笛福和弗朗西斯·普莱斯(Francis Place)就曾提到,劳动阶层的男子常常更愿意选择体格强健、形象标致的姑娘做妻子,而不愿选择举止轻浮的女子为伴。③ 这个阶层的年轻男女显得比较实际,多从婚后生计着想,因此很在意对方是否有劳动技能、是否善于持家。与此同时,由于社会下层没有财产和地位方面的顾虑和拖累,因此在选择配偶时往往有很大的自由度,这也使得他们只要个人心甘情愿,就可以依凭自己的感情选择中意的配偶。

在择偶自主权方面,值得一提的有两点。一是英国年轻人比欧洲大陆年轻人享有更大的自由,原因是尽管英格兰教会制定了相关的婚姻法规,但它同时也承认各种形式的私下婚姻或非法婚姻,由此造成秘密婚姻及非法婚姻在一定程度上盛行。为了堵塞秘密结婚的漏洞,才会出现1753 年的《哈德威克婚姻法》。但该法仍未能阻止如"扫帚婚"(besom wedding)之类的婚姻习俗;④而由于该法对苏格兰及英国海外领地不具

---

① 参见[英]简·奥斯丁《傲慢与偏见》,王科一译,上海译文出版社,1990 年,相关章节。
② Roy Potter, *English Society in the Eighteenth Century*, Penguin Books Ltd, 1982, p. 43.
③④ Ibid., p. 45.

约束力,这就为希望摆脱各种羁绊而彼此结合的年轻人提供了机遇。当时,苏格兰法律规定,一对情侣只需向证人表白他们希望以丈夫或妻子的身份共同生活,即可被视为合法夫妻;位于苏格兰边界的"格莱特纳·格林村"也因此成为私奔的代名词。总之,种种情形给英国年轻人带来相对宽松的自由择偶权。

二是各阶层的择偶自主权并不相同。出身上层家庭的年轻人会更多地受到来自父母及其他方面的约束,其原因在于社会上层十分注重通过婚姻保护家庭的财产及地位,所谓"社会因素越重要,父母对子女择偶施加的压力就越大"①。借助控制财产继承权,父母可以对子女的婚姻施加重大影响,其中,因英国实行长子继承制及嫁妆制,上层家庭中的长子和女儿们受到的影响最甚;长子之外的其他男孩受到的制约相对较小。从中间阶层往下,择偶的自由度相对较大;比较起来,社会下层因不受财富地位之累,在配偶选择方面自我做主的情况往往更多,如同劳伦斯·斯通所言:"与有产阶层婚姻的不自由相反,没有财产的穷人们的婚姻则自由得多。孩子们在7—14岁之间就离家去做家仆或农业仆佣,或外出当学徒(也住在师傅家里),因此他们很早便远离父母,而当他们在离家10到15年之后再准备结婚成家时,毫无疑问都由他们自己自由地选择配偶。在任何条件下,穷人的婚姻不大为家庭和亲戚所关注,由于没有钱财与土地易手,故此干涉的动机也不甚强烈。由此则我们可以认为,穷人们的婚姻更多的是其个人的事,而非家庭或亲戚的事。"②

择偶的最终结果是建立夫妻关系,但在讨论夫妻关系之前,我们先就离婚问题略做考察。在18世纪,离婚是一件很奢侈的事情,每批准一桩离婚案,议会就需要进行一次专门的讨论,这种情况一直延续到1857年颁布"离婚法"。据统计,自1715年至1825年,仅有244对婚姻是按这

---

① [法]安德烈·比尔基埃等主编:《家庭史——现代化的冲击》第3卷,袁树仁等译,生活·读书·新知三联书店,1998年,第191页。

② Lawrence Stone, *The Family*, *Sex and Marriage in England 1500—1800*, New York, 1985, pp. 75—76.

种方式解除的,每年大约两宗。① 难怪卡罗琳·诺顿(Caroline Norton)会愤愤然地说:"贫苦阶层没有自己的离婚形式。富人在议会与妻子离婚后再婚,他的再婚合法,所生的孩子合法……穷人没有能力在议会离婚,他的再婚无效,所生的孩子是私生子,他自己将会因重婚而受审。"②正因为如此,作为离婚之一种特殊形式的"卖妻"才会存在于英国社会下层当中,E. P. 汤普森对此有过专门论述。③

夫妻关系是家庭关系中最核心的关系,而丈夫与妻子在家庭中的角色分工及相互的地位则是夫妻关系中最重要的方面。18 世纪,夫妻分工基本延续男主外、女主内的模式。1747 年一份叫《统治妻子的艺术》的小册子对男女职责做了这样的划分:男子的主要职责是获取、外出并谋生、与人打交道、处理外部世界的所有事务;女人的职责则包括储藏并贮存、照看家庭、不与别人说话、处理内部事务。④ 这种男女职责分工的依据是两性的生理差异,其中浸透着夫权意识。当然,在不少家庭中,尤其是中下层家庭,我们能够看到夫妻以一种相互合作的伙伴关系出现——这种情形即便在一些中上层家庭也并不少见。然而,双方的相对地位显然是不平等的,基思·赖特森指出:"虽然就个人而言,妇女有地位上的差别,但作为集体,她们是按性别,即社会的两性关系来划分的。妇女在其地位和作用方面主要被视为男人的附属品,作为女儿、妻子、母亲、姐妹,她们得恪守妇道。"⑤而 18 世纪英国著名的法学家布莱克斯通(1723—1780)在解释已婚妇女在普通法中的地位时则更加明确地说:"通过结婚,丈夫和妻子在法律上就成了一个人:即,一进入婚姻,这位女人的存在,或她在法

① Sally Mitchell, *Daily Life in Victorian England*, London, 1996, p. 105. 转引自舒小昀:《分化与整合:1688—1783 年英国社会结构分析》,南京大学出版社,2003 年,第 208 页。

② E. P. Thompson, *Customs in Common*, New York, 1991, p. 454.

③ 参见:E. P. Thompson, *Customs in Common*, New York, 1991, Chapter Ⅷ.

④ Robert B. Shoemaker, *Gender in English Society*, *1650—1850*, London and New York: Longman, 1998, p. 30. 转引自傅新球:《英国社会转型时期的家庭研究》,安徽人民出版社,2008 年,第 156 页。

⑤ 王觉非主编:《英国政治、经济和社会现代化》,南京大学出版社,1989 年,第 208 页。

律上的存在,立即就被中止了,或至少已被合并和强化进她丈夫的存在中去了……尽管我们的法律通常将丈夫和妻子视为一个人,但在某些情况下仍将被分离出来加以考虑,如女人低劣于男人,女人必须在男人的强制下行事等。"①服从丈夫是妻子的天职,妻子本身也成为丈夫的财产,因此,打骂、虐待甚至卖掉妻子都是丈夫的权利。

但同时夫妻关系中温情的一面也同样引人关注。一位来自法国的贵族在亲眼目睹 18 世纪 80 年代英国上流社会夫妻关系的现状后,曾不无感叹地评论道:"(在当时的英国)丈夫和妻子总是形影相随,共同出现在同一个社交场合……他们一同参加一切拜访活动。在英格兰,如果(有关的社交活动)不是夫妻出双入对的话,那就如同在巴黎丈夫带着妻子出入一切场合一样让人觉得荒唐可笑。"②类似的情形同样也存在于其他阶层包括下层民众中。

家庭关系还涉及另一个重要方面:父母与子女间的关系即亲子关系。16—19 世纪,英国的道德说教文献对婚姻的目的一直灌输这样三个方面:首先是生儿育女;其次是防止罪恶,避免私通;第三是为了相互帮助、彼此慰藉。③ 生儿育女自然是婚姻的重要目的,也是婚姻的必然结果。由于 18 世纪结婚年龄下降,生育率上升,到 40 年代以后英国的人口迅速增加。18 世纪上半叶,英国人口总体呈上升态势,其中 1690—1720 年间,英格兰和威尔士的人口增长较为迅速,但随后的 1720—1740 年间,人口增长迟缓甚至一度出现负增长;此后又再度增长,至 18 世纪 60 年代,英格兰和威尔士的人口呈现出加速增长的态势。1801 年英国首次人口调查表明,当年英格兰人口总数达到前所未有的 870 万人。

---

① [美]凯特·米特利:《性的政治》,钟良明译,社会科学文献出版社,1999 年,第 100—101 页。

② Roy Potter, *English Society in the Eighteenth Century*, Penguin Books Ltd, 1982, p. 43.

③ Alan Macfarlane, *Marriage and Love in England: Modes of Reproduction 1300—1800*, Oxford: Basil Blackwell, 1986, pp. 150—151. 转引自傅新球:《英国社会转型时期的家庭研究》,安徽人民出版社,2008 年,第 86 页。

1701—1801 年英格兰人口统计[①]

	人口总数(百万)	每 10 年增长率(%)
1691	4.931	0.02
1701	5.058	2.58
1711	5.230	3.40
1721	5.350	2.29
1731	5.263	−1.63
1741	5.576	5.95
1751	5.772	3.52
1761	6.147	6.50
1771	6.448	4.90
1781	7.042	9.21
1791	7.740	9.91
1801	8.664	11.94

就亲子关系而言,一些学者强调,近代早期并没有那种把童年当作一个特定的成长阶段的观念,现代儿童观念亦即孩子成为家庭之核心的观念直到 18 世纪才得以形成。[②] 另一些人则认为情况并非如此,16—19 世纪一直存着以孩子为家庭中心的观念。事实上,一方面,应该看到,无论处于哪个时代,也不论属于哪个阶层,父母之于孩子总是会本能地体现出关爱和呵护,这种基本的人伦之情也是人类得以延续的保证;另一方面,也的确存在一些父母对孩子的感情较为淡漠、对孩子的管教太严、对其实施惩戒甚至虐待孩子的情形。但与此同时,我们也不应忽视亲子关系方面发生的变化。例如,在中上阶层家庭中,随着女性日益摆脱家

[①] E. A. Wrigley and R. Schofield, *The Population History of England 1541—1871：A Reconstruction*, Edward Arnold, London, 1981. 转引自 W. A. Speck, *Stability and Strife, England 1714—1760*, p. 381.

[②] Philippe Aries, *Centuries of Childhood：A Social History of Family Life*, Translated from the French by Robert Baldick, London：Jonatham Cape Ltd., 1962, p. 133. 转引自傅新球《英国社会转型时期的家庭研究》,安徽人民出版社,2008 年,第 222 页。

庭琐事的牵绊,她们除了用更多的时间来修饰自己,培养自己的优雅气质,同时也会把更多的时间和精力放在自己的孩子身上:她们会越来越多地用母乳喂养孩子,而不是雇请奶妈;她们会越来越少地让孩子使用襁褓,这样就可以从"抚爱、逗弄以及为孩子打扮"中得到乐趣;她们中的一些人还愿意自己直接带孩子,因为她们觉得如果一直让仆人带孩子,孩子就会沾染上仆人身上的"农民气"……①

新社会史的兴起,让一些学者把目光从一味地关注政治领域,转移到人们的衣食住行、居家过日子之类的平凡琐事上,历史叙述也因此而变得丰富多彩,更具有生活气息。日常生活同样与家庭相关,一定程度上也是以家庭为中心展开的,在对与家庭的形成及其延续相关的问题进行过梳理后,我们把目光转向家庭生活的方方面面。

先来看人们的饮食情况。罗伊·波特提到,穷人的开支中食物占了大部分,他们要将2/3的收入用于购买吃喝用品。即便如此,整个18世纪下层民众的食谱仍然显得"贫乏"、"单调","面包和干酪"成为他们的主食品。普通民众没有足够的钱购买肉类食品,而偶尔能出现在他们的餐桌上的大多是一些"肥肉培根"。18世纪,在家里酿酒日益困难,并且有条件饲养奶牛的农户也越来越少,因此自制啤酒和家产牛奶变得越来越难得,茶叶则成为普通人甚至下层民众常用的饮品,"劣质茶"(adulterated tea)取代牛奶和啤酒,被一遍又一遍地反复饮用。对于普通人来说,土豆及其广泛传播是件很重要的事,它改善了人们的日常营养。饮食方面的改善也表现在其他方面。比如,人们更倾向于食用白面包而不是黑面包,阿瑟·扬在1767年就提到,"用黑麦和大麦制成的面包被人们当成很可怕的东西,即使是那些贫穷的茅舍农对此也持同样的看法。"相对而言,社会层级越高,其生活水平也越高,肉类食品的消费量——尤其是英国人引以为自豪的"烤牛肉",通常与社会层级成正比,

① Roy Potter, *English Society in the Eighteenth Century*, Penguin Books Ltd, 1982, p. 45.

这就应了一句老话"食肉动物统治食草动物"。①

这一时期人们的饮食习惯也呈现出多样化的趋势,例如,人们对水果和蔬菜的偏见有所缓和,豆类植物和绿色蔬菜被越来越多地食用,水果品种也得到改进。一些外来食品如咖啡、茶叶、糖不再被视为奢侈品,香料、外来的水果及鱼类也大量出现在人们的食谱中。有意思的是,18世纪的英国人似乎不太讲究烹饪技术,这一点与讲究饮食的法国人截然不同,为此一位来自瑞典的到访者曾经调侃说:"大多数英国人的烹饪手艺只不过就会做点烤牛肉和葡萄干布丁罢了。"②

饮酒之风遍及18世纪英国社会的各个阶层,酒精制品的消费量很大。有关资料显示,该世纪初期,伦敦一地的酒类消费量为一年1 120万加仑,约合每个成人年平均饮酒7加仑,这些酒由散布在伦敦各处的207家旅店、447家小酒馆、5 875家啤酒馆、8 659家白兰地酒店销售,可见,当时的伦敦酒肆遍布、饮酒成风。不仅伦敦如此,中小城镇也不逊色。比如,北安普敦(Northampton)在18世纪中叶人口大约有5 000,却有60家旅店和100家啤酒馆,而此时整个英国的旅店和小酒馆加在一起则应该有5万家。③ 由于当时的酒类制品价格低廉,因此,即便是在下层社会,酒精饮品也一样受青睐。18世纪20年代的"杜松子酒热"(Gin Craze)就主要在贫困阶层中盛行。在杜松子酒风行时期,伦敦地区许多穷苦人往往会被"一便士让你喝醉,两便士让你烂醉如泥,吸管免费"之类的广告所吸引,并为此付出健康甚至生命的代价。上流社会更是有不少人热衷于此道,像当时的一些名人如博林布鲁克、查尔斯·福克斯(Charles Fox)以及埃尔登勋爵(Lord Eldon)等也同时以嗜酒闻名。④

衣着方面,18世纪的英国人相当讲究。早在1699年就有人写道:

---

① Roy Potter, *English Society in the Eighteenth Century*, Penguin Books Ltd, 1982, pp. 233—234.

② Ibid., p. 234.

③ Ibid., p. 235.

④ Ibid., pp. 27, 34.

"现在大多数的男人和女人都认为,如果穿的衣服不是用白棉布制作的,就算不得穿上了好衣服。男人需要穿白棉布衬衫,戴领饰,袖口,口袋里还得披上一块手绢,妇女的穿戴包括头巾、兜帽、裙子、长袍、衬裙等等。印度长袜则是男女都穿的一种袜子。"[①]英国人的穿着给来自欧洲大陆的旅行者留下很深印象,一位到访的德国牧师在看到牛津郡村民的衣着后评论道:"与我们德国同胞们所穿的粗制工装不同,他们穿着相当精美的衣服,显示出一定的品味。这些乡下人与城里人的区别与其说是他们的衣着,还不如说是他们行为上表现出的更多的单纯朴实与谨慎。"另一位来自法国的迪·博卡热(du Bocage)夫人对英国农民也有同样感受:"他们把自家的房子装饰得漂漂亮亮,自己的穿着很考究,吃得也不错;就连最穷的乡下姑娘也喝茶,穿着用印花棉布做成的紧身胸衣,头上戴着草帽,肩上围着猩红的斗篷。"[②]

　　在居住方面,首先,中上层与下层的差别十分明显,城市贫民住在简陋的棚屋和地下室里,农村贫民住在用枝条、草皮和碎土胡乱拼凑成的小木屋中。相形之下,中上层家庭的住屋,正面修饰整洁,砌有砖块台阶,拥有漂亮的房门,古典风格的装饰线条和装修式样十分优雅,并装有框格窗。但同时,居住条件的改善也不应被忽视,例如,在工匠阶层中,用石头或砖建成的房子越来越多,取代了原先用草泥、板条和灰泥砌成的房子。18 世纪 80 年代吉尔伯特·怀特(Gilbert White)注意到,塞尔伯恩(Selborne)地方的所有村民都住在用砖和石头砌成的农舍里。成千上万幢标准化的、上下各两间、装有框格窗的房子被建造起来,其花费约150 镑。建筑协会得到支持,以帮助境况不佳的人建房或买房。室内装潢变得更讲究了,建筑师约翰·伍德(John Wood)认为,那种老式的厚重、阴沉、坚固型的内部装饰正遭到抛弃,取而代之的是"地上铺优质松

---

① [意]卡洛·M. 奇波拉主编:《欧洲经济史》第二卷,贝昱、张菁译,商务印书馆,1989 年,第437 页。

② Roy Potter, *English Society in the Eighteenth Century*, Penguin Books Ltd, 1982, pp. 239—240.

木板或荷兰枥木板,房间漆得奢华而美观。大理石板甚至壁炉架变得很普遍,大门通常很厚实,门上配着最好的黄铜锁。椅子是用胡桃木做的,有些椅子还加装了皮革,另一些则饰以锦缎或在底座上加藤条或灯芯草。市场上出售枥木桌和五斗橱,前者有时是用红木做的,后者则用红木或胡桃木制成。(女士的)梳妆台上装有漂亮的玻璃镜,而一些房屋的烟囱往往也会加装很大的带框的镜子……"①

　　在日常用品方面,变化也越来越明显。伯克利主教(Bishop Berkeley)就认为,一些家庭开始购买比较昂贵的家用商品,比如,陶瓷餐具取代了白蜡制成的杯子和盘子,金属刀叉取代了先前的木质刀叉,此外还有铁制的火炉架和炉子、带垫的座椅、阿克斯明斯特(Axminster)和威尔顿(Wilton)的地毯、成套的厨房用具、墙纸、最新款式的谢拉顿(Sheraton)家具,以及各类黄铜装饰品等等。普通人家中也看到各种日常器具,比如夹钳、风箱、大衣箱、时钟、火炉围栏、平底锅、铜制水壶、鞍具、火炉栏、各种精美的小饰物、玩具等。②

　　尽管各社会等级的生活状况差异明显,但从整体上说人们的生活条件还是改善了。18 世纪人们的物质生活水平在逐步提高,人们对物质生活的追求也在不断上升。尤其是 18 世纪上半叶,由于当时物价较低,人们的实际工资较高,普通人除生活必需品之外,还可以购买其他物品。据统计,1700—1750 年间物价下降了约 10%—15%,糖的消费量从 1690年的 20 万磅上升到 1760 年的 500 万磅;同一时期茶叶的价格下降了一半。当时一个家庭为维持生存每周约需要 10 先令开销,而一些熟练工匠的收入可能达到每周 2—3 镑,如果家庭其他成员也有收入,那就更可观了。索姆·杰宁斯(Soame Jenyns)在 18 世纪中期这样说过:"由于伦敦地区以及事实上这个国家的每一个角落财富增加,人们对所有东西的消费也就惊人地增加;这个国家的所有阶层及各种生活条件的人,其生

① Roy Potter, *English Society in the Eighteenth Century*, Penguin Books Ltd, 1982,
　　pp. 237—238.
② Ibid., pp. 237, 243.

活方式都发生了惊人的改变。"①来看一个具体例子：18世纪末，一位生活在牛津郡乡村的工人和他的三个孩子，每年花在买面包上的钱共13镑13先令；茶叶和糖2镑10先令；啤酒和牛奶1镑；咸肉及其他肉类1镑10先令；肥皂、蜡烛等约15先令；房租3镑；外套2镑10先令；鞋和衬衫3镑；其他衣物2镑——全年总开支31镑8先令。这个家庭应该属于下层社会中家境还算过得去的，开支中所列"茶叶和糖、啤酒和牛奶"等项，原本仅限于中上层社会消费，现在也出现在平常人家的生活之中了。不过，这个工人每星期只能挣到8—9先令，算起来，他的家庭年开支已超出其年收入5镑多，这意味着一年下来，他要欠下5镑左右的债务。②

随着生活改善，人们的闲暇活动也渐趋丰富。旅行成为有钱和有闲阶层热衷的新时尚，除了游学欧陆的"大旅行"外，英格兰北部的湖区、威尔士山区以及英国各地的海滨都成为中上层人士的旅游目的地，位于布里斯托尔港东南面的温泉疗养地巴思（Bath）更受这些人的青睐。与此同时，文化生活也日益多样化，一些原本仅供上流社会享用、鉴赏的高雅艺术，在市场作用的推动下，也开始走近普通大众。1759年大英博物馆开始免费对公众开放；私营博物馆也在伦敦及其他地方建立并开放。剧场成为人们经常光顾的地方，伦敦就有许多供普通人观看戏剧的商业演出剧场，特鲁里街（Drury Lane）剧场能容纳3 600多名观众，各地也纷纷建立供当地人娱乐的剧场，到该世纪末，甚至一些小镇也建起宽大的剧场。音乐会、音乐节及其他娱乐形式，也为普通人所欣赏或参与。

报纸也开始越来越多地成为普通人的读物。到1790年，伦敦有14家早报；1788年第一家晚报问世，1799年第一家星期日发行的报纸问世。1700年之前，所有报纸均需在伦敦印刷，然后通过马车送往各地，这种现象很快被改变，各地开始发行自己的报纸，地方性报纸纷纷涌现，

---

① Roy Potter, *English Society in the Eighteenth Century*, Penguin Books Ltd, 1982, pp. 235—236.

② Ibid. , p. 108.

《诺里奇邮报》(*Norwich Post*)和《布里斯托尔邮报》(*Bristol Postboy*)分别于 1701、1702 年开始发行,到 18 世纪结束时,几乎每个地区都有自己出版的报纸。据统计,1700 年,伦敦以外的报纸销售量为每周 5 万份,1760 年达到 20 万份,1800 年再度翻番。一份报纸的阅读面往往是其销售量的 5—10 倍,若加上间接读者、包括从别人那里听说报纸内容的人,这一数字就更大。在当时,人们把报纸与文明程度联系在一起,约翰逊博士甚至说:"凡是没有出版物的地方,知识便得不到广泛传播,那里的民众也必定是野蛮或不开化的。在我们国家,知识通过报纸而在人们中间广泛传播。"

除报纸外,杂志也纷纷出现。18 世纪初《旁观者》(*Spectator*)杂志的发行量约为 3 000 份,而《绅士杂志》(*Gentleman's Magzine*)自 18 世纪 30 年代起就达到 1 万份。18 世纪后期杂志种类越来越多,迄 1800 年达到 250 种。报纸和杂志售价都不高,报纸每份约 1.5 便士,杂志(多为月刊)每份约 6 便士。书籍相对较贵,一本长篇小说至少售价 7 先令 6 便士,历史著作或文学著作可以高达 1 几尼(1 镑 1 先令)。为方便读者购买,有些出版商将一本书拆开分成几个系列出版,再以每本约 6 便士的价格销售,通过这种方式,斯莫利特(Smollett)的《英国史》就售出 1.3 万册。流通图书馆所起的作用更大,用每年 1—2 几尼的订费,人们可以从流通图书馆得到自己想看的书:1800 年,伦敦有 122 家流通图书馆,其他地区总共有 268 家。

运动方面,除传统项目如弹子游戏,一些新运动形式开始吸引观众。板球深受民众欢迎,1722 年,一场肯特对汉普郡的板球赛吸引了观众 2 万人。拳击在 18 世纪初尚未职业化,但到世纪后期,已经涌现出一批明星拳手,其中最著名的有丹尼尔·门多萨(Daniel Mendoza),他还开办了一家拳击学校,甚至著有《拳击术》一书。赛马起初属于王室和贵族,但汉诺威时代以后开始成为大众运动,许多城镇都举办自己的赛马会,比如,诺里奇和沃里克(Warwick)就分别自 1710 和 1711 年起定期举办赛马会;像德比大赛(始于 1780 年)这样的重要赛事,开始成为全国性事件。

在观赏板球、拳击和赛马比赛的同时，18 世纪的英国人也没有忘记乘此机会赌一把，事实上，赌博之风相当盛行。上流社会以赌牌为乐，辉格党政治家查尔斯·詹姆士·福克斯在 25 岁时就已因赌博输掉了 14 万镑；中下层民众赌球、赌马的兴趣也绝不亚于其他人。①

---

① 以上内容见 Roy Potter，*English Society in the Eighteenth Century*，Penguin Books Ltd，1982，pp. 246—256.

第三章　社会冲突

在经济不断发展、政治相对稳定、生活日趋改善的同时,18 世纪的英国也始终面临一些令人困扰的社会矛盾和冲突,诸如贫困、犯罪、劳资冲突以及随工业化而来的环境问题等。尽管这些问题大多并非始自 18 世纪,但从 18 世纪尤其是后期开始,问题变得越来越突出,其中一些甚至变得很严重,引起了社会的广泛关注。针对这些问题,不同阶层从自己的立场出发,提出截然不同的解决方法——而这些方法及相伴而行的观点、态度等等,其实又是另一种冲突。社会问题、社会冲突及其应对的方案,于是成为 18 世纪英国社会生活中一些不可分割的方面。

贫困问题由来已久,现在仍普遍存在于世界各地。不过,与当代复杂的贫穷问题不同,早期所谓"贫困",指的是物质生活匮乏,缺乏基本的生活资源。陷于贫困或赤贫境地的人被称为"穷人"或"贫民"。在 18 世纪,一方面人们看到物质财富正在积累,富人变多了;与此同时,相当一部分社会成员却在遭受贫穷的折磨,痛苦地挣扎在贫困的边缘。

先看 18 世纪初的情形,关于这一时期有两份材料能够说明一些问题。其一是 1700 年英国的济贫税开支数据。资料表明,当年英国的济贫开支为 60 万—70 万镑,这一数字在当时人眼中已是一笔巨大的开销,因为当年英国政府的财政收入也不过是 430 万镑①,更糟的是,在如此巨额开支背后,却是无数民众缺衣少食、贫困潦倒的残酷现实,这让不少当时人为此感到脸上无光。②

另一份数据是格里高利·金关于 1688 年英国人收入和支出方面的统计表,尽管相关数据与 18 世纪初的实际情况有一定的出入。③ 正是根据格里高利·金的数据,一些学者对 17 世纪末英国的贫困状况进行推断,罗伊·波特认为,按金的说法,1688 年时,一个普通家庭(比方说,丈夫、妻子及他们的三个孩子)要想维持正常生活而不欠债、不接受救济和捐助,每年的开支至少是 40 镑。但是在金所开列的统计表上,可以看到有 36.4 万个"劳工及仆役"家庭,其年平均收入为 15 镑;40 万个"茅舍农和穷人"家庭,其家庭年收入仅为 6 镑 10 先令;另有 5 万个海员家庭,其年收入为 20 镑;3.5 万个普通士兵家庭,其年收入为 14 镑;此外尚有人数达 3 万的流民(如吉卜赛人、小偷和乞丐等等),这些人的收入均低于或远低于 40 镑。以上所有这些家庭加在一起,超过了当时全英家庭总数的一半。这样看来,当时的英国至少有一半以上的家庭处于无法维持正常生活开支的贫困状态。④ 罗伊·波特的这一结论看上去让人不可思议,但一些学者如斯佩克还是认为,其与当时的实际情况相去不会太远。⑤

退一步说,即便将格里高利·金估算的原有贫困家庭数减除一半,仍然还有超过 1/4 的家庭处于贫困之中。据此,加上前面提到的 1700 年济贫税征收总数,人们就可对 18 世纪初英国的贫困状况有大致的了解。

资料显示,1800 年,接受贫困救济的人数达到英国总人口的 28%,⑥

① Roy Potter,*English Society in the Eighteenth Century*,Penguin Books Ltd,1982,p. 131.

② Ibid. , p. 145.

③ W. A. Speck,*Stability and Strife*,*England 1714—1760* ,Edward Arnold Publishers Ltd. ,1977,p. 33.

④ Roy Potter,*English Society in the Eighteenth Century*,Penguin Books Ltd,1982,p. 28.

⑤ W. A. Speck,*Stability and Strife*,*England 1714—1760* ,Edward Arnold Publishers Ltd. ,1977,p. 34.

⑥ Roy Potter,*English Society in the Eighteenth Century*,Penguin Books Ltd,1982,p. 110.

这个比例与 18 世纪初的情形大致相当,但由于英国人口已从 500 多万增至 1801 年的近 900 万,因此,贫困人口的绝对数字远远超过 18 世纪初。E. P. 汤普森的看法是:"18 世纪时可能有 1/5 或 1/4 的英国人是在刚刚能维持生存的边缘上挣扎过来的,处在一当价格上涨就跌入生存线以下的危险中。"他还援引一位权威人士的研究结果为证:"近来一份权威的研究表明:在困难年月,可能有 20% 的居民即使已能消除所有其他开支,也无法在没有帮助的情况下买到足够的面包;而且……在很艰难的年月,全部居民中有 45% 会被抛进这种赤贫之中。"①考虑到 18 世纪的人们缺少对下层民众的关注,更鲜有相关的系统资料保存下来,因此当时人的态度以及当局对贫困问题进行的救济工作就成了了解 18 世纪贫困问题不可或缺的参照。

在 18 世纪大部分时间里,济贫税纳税人对穷人的态度比较严苛,在他们看来,贫困人口之所以增多,穷人之所以穷,是因为"无能",也是因为天性懒惰;穷人们除了勉强糊口之外绝不愿意更多地工作,而一旦手头有钱,便会拿去喝酒,纵情酒色甚至干违法犯罪的勾当。② 笛福抱怨说:"当工资收入还不错时,他们除了挣得仅能糊口的那点钱而外就再也不愿多做一点工作了,这时候,即便他们还在干活,他们也会把多挣的钱胡乱挥霍掉,结果仍然是一无所剩。而一旦生意不景气情况又会如何呢? 这时他们会变得吵吵嚷嚷,鲁莽好斗,同时会抛弃妻儿,把自己的家人留给教区照看,自己过流浪乞讨的悲惨生活。"③总之,穷人的窘困应归咎于自己,而不应该从其他方面寻找原因。④ 从这种态度出发,富有阶层中不少人得出的结论是"让穷人变得勤快的唯一途径是使他们感到,为获取日常生活不可或缺的必需品,除了休息和睡眠之外他们必须不停地

---

① [英]爱德华・汤普森:《共有的习惯》,沈汉、王家丰译,上海人民出版社,2002 年,第 301 页。

② Dorothy Marshall, *The English Poor in the Eighteenth Century*, *A Study in Social and Administrative History*, London: George Routledge & Sons, Ltd., 1926, p. 34.

③ Roy Potter, *English Society in the Eighteenth Century*, Penguin Books Ltd, 1982, p. 145.

④ Dorothy Marshall, *The English Poor in the Eighteenth Century*, London: George Routledge & Sons, Ltd., 1926, p. 30.

劳作"。阿瑟·扬的说法甚至更绝对:"除了傻子,任何人都知道,下层阶级必须被置于贫困状态,否则他们绝不会变得勤快。"①

为了让穷人变得勤快,一些济贫税纳税人想起伊丽莎白女王时代的济贫院(workhouse)——18世纪上半叶,济贫院一直被人们视为迫使穷人工作的"唯一方法"。② 不过早期的济贫院主要是为了安置那些因年老、残疾或患病等而失去劳动能力的人,带有家长制的人道色彩。18世纪的济贫院全然不同,它主要针对"有劳动能力的穷人",③此时的济贫院不再有温情与人道的一面,而更像是"监狱"。用边沁的话来说,济贫院是"强使流氓无赖变得诚实、懒汉变得勤快的研磨"。④ 建立济贫院的尝试始自布里斯托尔,随后扩大到其他地区。1723年的一项法令进一步规定,地方当局负有建立济贫院的职责,对于凡不愿进入济贫院的贫民,不准给予任何救济。据称,到1776年已经有近2 000所济贫院;⑤这些济贫院看似为了救济穷人,实则是以惩贫而达到让人不敢成为穷人的目的,"人们依靠它所引起的恐怖,使那些尚未降到最贫程度的人不敢接近"。⑥

除了济贫院,18世纪英国还沿袭自都铎王朝以来形成的其他法律规定及有关做法。自伊丽莎白以来英国济贫工作的做法是:政府颁布法令、给出指导原则,教区承担和落实具体的济贫职责,举凡济贫税的征收、济贫对象的认定以及济贫资金的管理、发放等等,都由教区依当地的情形做出决定,由教区任命的一名济贫监督员具体负责。虽说由教区实

① Roy Potter, *English Society in the Eighteenth Century*, Penguin Books Ltd, 1982, pp. 145—146.
② Dorothy Marshall, *The English Poor in the Eighteenth Century*, London: George Routledge & Sons, Ltd. , 1926, p. 51.
③ Ibid. , pp. 26—27.
④ Roy Potter, *English Society in the Eighteenth Century*, Penguin Books Ltd, 1982, p. 147.
⑤ [英]阿萨·勃里格斯:《英国社会史》,陈叔平等译,中国人民大学出版社,1991年,第213页。
⑥ [法]保尔·芒图:《十八世纪产业革命——英国近代大工业初期的概况》,杨人楩等译,商务印书馆,1983年,第351页。

施救济的做法并非全无可取之处,但其狭隘的地方性则使济贫工作弊端重重。经常发生的情况是,各教区从自身利益出发,只救济本教区的人,同时尽量排斥那些可能成为本教区负担的外来者;有时,一些教区甚至会不择手段地将某些济贫对象赶到其他教区。为解决这一问题,复辟后的斯图亚特王朝于 1662 年颁布《定居及遣送法》,其中规定,任何(穷人)都必须在某一教区且仅能在一个教区拥有属于自己的"居住权",因而只能在拥有居住权的教区得到救济;居住权决定人们获取救助的权利,领受救济的贫民需在衣服上佩戴标有 P 字的徽章。对于那些自行变更其住所者可依法将其遣送至法定居住地,驱逐令由济贫税监督人提出请求,然后由两名治安法官宣布。只要某一外来者被认为有可能成为其所到教区的负担,该教区即可对其采取驱逐行为。倘若某人想到另一教区求职或谋生,则他必须提交一份由其所在教区的教区委员会委员及济贫税监督员签署、且有两名治安法官联署的证明书,方可在此地落住。资料表明,为避免使外来者成为教区的负担,许多地区的农场主在雇佣农工时,常常将雇佣期限定为 51 周,以免受雇者因住满一年而在当地取得居住权。①

　　这种严格的以教区为单位、以居住权为前提的救济原则并未能解决贫困问题,济贫税纳税人的负担也没有因此而减轻,有些人开始对此产生怀疑,并重新思考贫困问题及其解决之道。事实上,自 18 世纪 50 年代起,一些小册子的作者就开始对济贫院的实际效用提出质疑并要求加以改进,而他们表达的种种质疑和不满则隐约显示出在对待穷人的态度上出现变化。② 同时,自 18 世纪下半叶起,经济与社会变化加速进行,贫困问题也随之变得更为严重。比较而言,1750 年以前,由于食物价格低廉,人口增长相对缓慢,人们的实际收入相对较高,因此普通人的生活还

---

① [法]保尔·芒图:《十八世纪产业革命——英国近代大工业初期的概况》,杨人楩等译,商务印书馆,1983 年,第 351 页,第 507 页注 156。

② Dorothy Marshall, *The English Poor in the Eighteenth Century*, London: George Routledge & Sons, Ltd., 1926, p.51.

算"舒适",甚至连穷人的日子也还勉强过得去。到了 18 世纪下半叶,人们明显感觉到物价上升,尤其是食品价格的上升。以小麦为例,据说在 1710 年至 18 世纪 60 年代之间,其价格很少超过每夸特 45 先令,并且好几次降到 25 先令以下;但以后由于连年歉收,到 1773 年夏天,伦敦市场上的小麦价格竟涨到了 66 先令一夸特。英法战争开始后,粮价更是出现大幅度波动,1795 年 8 月小麦涨到 108 先令一夸特,1800 年为 127 先令,1801 年达到 128.5 先令。[①] 同时,自 18 世纪 60 年代起,英国人口加速增长。1801 年英国首次正式的人口调查表明,英格兰和威尔士的人口总数达到了前所未有的 870 万人,几十年间即增加了 200 余万。物价上涨、人口激增,再加上就业不稳定,雇主还尽可能把工人(尤其是农业工人)的工资压得很低——所有这一切都使得普通工资劳动者常常面临着贫困的威胁。

正当诸多因素让下层民众随时有可能遭受贫穷的打击时,一些有良知的人也开始从社会因素出发寻找贫困的根源,而不再将其归咎于穷人的懒惰、无知与堕落等。新的认识把济贫法改革问题逐渐推上议事日程,1782 年由吉尔伯特(T. Gilbert)提出的济贫法案(通称"吉尔伯特法")获议会通过,该法案重在打破教区救济的狭隘性,纠正教区救济实际操作过程中存在的多种弊端,同时对济贫院体制进行改造,并再次肯定了户外救济原则。该法是对 18 世纪英国济贫工作的一次重大调整,体现了对贫困和贫民问题的深刻同情。不过,由于该法案授权各教区自行选择是否接受该法,这就使法案的有效范围相对有限;同时,从法案的执行情况看,联合济贫工作的效果也不佳。尽管如此,法案还是为后来以"斯品汉姆兰制"闻名的大规模户外救济提供了法律依据。1795 年,伯克郡的地方官在斯品汉姆兰举行会议,商讨如何应对高粮价和贫困问题引发的危机,[②]与会者最后决定,依照小麦市价来估算贫民生活的实际需

---

① [法]保尔·芒图:《十八世纪产业革命——英国近代大工业初期的概况》,杨人楩等译,商务印书馆,1983 年,第 346、347 页。

② A. L. Morton, *A People's History of England*, London, 1979, p. 345.

要,并据此提高或降低救济金。这个做法很快被许多地方所采用,它一方面保证了贫民的基本生活水平不受粮食价格变动的直接影响,但同时也使全国的济贫税总量迅速攀升。

斯品汉姆兰制的初衷是善良的,但在实施过程中却被一些雇主利用来谋取私利。有些雇主蓄意压低工人工资,将这部分差额人为地转嫁到济贫税上去,用救济金来填补工资的不足。于是,这样一个充满人道关怀的制度设计被扭曲了,雇主的利润增加了,工人的工资被压低了,纳税人的负担加重了,济贫税居高不下,真正的受益者是谁一目了然。此外,部分劳工因为知道会有工资补贴而故意少干或不干活,使偷懒的人比勤快的人更讨巧,一些勤劳肯干者在缴纳济贫税后,其实际收入反而低于受救济者。这一情形使贫困与贫民再次成为人们指责的对象,并为19世纪新济贫法的出台铺平了道路。

18世纪,官方认为用威慑的办法可以解决犯罪问题,这一点从该世纪英国刑法中新增死刑罪的数量看得出来。有资料显示,1689年英国刑法中的死刑罪为50种,到1800年达到200种,增加了4倍。[1] 虽说从一个角度看,这体现了人们用法律来规范社会行为的倾向大为加强,法治的意识成为管理国家的主流意识,不过通常法律是站在当权者一边、为当权者的权力和利益辩护的,正如戈德史密斯(Goldsmith)所说:"法律折磨穷人,而富人则掌控着法律。"一位绅士在1753年写道:"在一家低级酒肆中酗酒可能会受到惩罚,但当你是在一家正式酒馆中狂饮时则不会如此;妓院可能会遭到搜查但(那些干着同样勾当的)澡堂则不会被查;在所有其他场合,法律都会维护我们对穷人的专制。"[2]

加强控制的一种常见做法是用法律、法规来取代习惯,有些习惯在许多行业中流行已久,比如工人在完成雇主所交付的任务后,可将原料的零头或剩余品如碎木头之类带回家甚至出售,但在雇主的鼓动和要求

---

[1] Roy Potter, *English Society in the Eighteenth Century*, Penguin Books Ltd, 1982, p. 151.
[2] Ibid., p. 150.

下,议会一再颁布关于侵占或偷盗财产的相关法律,使长期以来的习惯做法变成了犯罪,工人也失去了原有的一点点额外收入。1740年一项法律规定,雇工偷窃雇主的原材料属于犯罪,1773年规定对此处以三个月监禁。法律甚至规定雇主可以要求搜查雇工的住处,而雇工抗辩,则要提供并非故意侵占财产的证明。据统计,1726—1800年间,共颁布11项有关侵占雇主财产的新法令,涉及毛纺织业、棉麻混织业、精纺毛织业等行业。农村的一些习惯做法也因圈地而被剥夺,比如茅舍农长期以来可以在村庄公地或荒地上饲养家禽、砍柴拾草,但土地圈围之后这些权利就丧失了,人们甚至不可以在被圈围土地上穿行。①

　　18世纪英国法制构建中,一个显著特色是制定有关财产保护的法律、法规,据此,有些以前只是民事过错的违约行为,现在变成了刑事犯罪。1760—1788年在曼斯菲尔德勋爵(Lord Mansfield)担任英国王座法庭(King's Bench)法官期间,就形成了一大批关于商业信用、契约、票据债务、汇票以及其他重大商业问题的判案先例,而财产更成为18世纪英国社会的"灵魂",各种形式的财产都能在法律中找到它们的支持者。在18世纪,财产包括"从纯粹的物品到某些权利(一张选票或学徒身份)以及人身(所有权)",其范围相当之广。在有产者看来,财产常受到社会下层的威胁,因此以立法保护财产就显得十分紧迫,如汤普森所言:"18世纪的法律较少关心人与人之间的关系,而较多关心财产关系或对财产的要求,或是布莱克斯通称为'物权'的东西。"②因此1736年法律规定,窃取主人财物的仆佣应处绞刑;1741年法令规定,偷盗别人的羊处以死刑。一些微不足道的侵财行为,如扒窃物品价值超过1先令,偷窃商店物品价值超过5先令,都可处以死刑。甚至于毁坏他人鱼塘、偷割他人蛇麻草(hop-binds)、毁坏织机上的丝线等,也被纳入死刑之列。更让人觉得不可思议的是,18世纪的法庭对盗窃罪的处理比对杀人罪还要严厉,一些杀人

---

① Roy Potter, *English Society in the Eighteenth Century*, Penguin Books Ltd, 1982, pp. 150—151.

② [英]爱德华·汤普森:《共有的习惯》,沈汉、王家丰译,上海人民出版社,2002年,第32页。

犯常被轻判了事,例如著名演员查尔斯·麦克林(Charles Macklin)因杀死自己的同事而被判过失杀人,判决结果是"在他的手上打上烙印,然后将其释放"。1749—1771 年间,在伦敦和米德尔萨克斯两地被处以死刑的 678人中,仅有 72 人是因谋杀罪而被执行死刑的,而被认定犯有重罪(felony)的盗窃犯则通常被处以绞刑,其中多数只是因为偷盗。①

法律还以其他方式为资本效劳。自 18 世纪 20 年代起相继颁布了一批限制工人结社的法律,这类法令包括 1721 年和 1767 年针对裁缝、1777 年针对制帽工、1797 年针对造纸工人的法令。到 1799 年颁布一项总的《结社法》,已经颁布了超过 40 项的类似法令。②

法律也没有忘记服务于贵族阶层,"狩猎法"是明显的例子。狩猎法行之已久,1671 年就有法律规定,凡地产年产值未达 100 镑者,任何人不得享有捕杀猎物的权利,即便某一地产属其所有,亦不得享有对该地的狩猎权。大约自 18 世纪中期起,随着狩猎保护区大量建立,偷猎者面临越来越严重的危险。1770 年法令规定夜间盗猎者判处 6 个月监禁,1803年法令规定凡持械拒捕的偷猎者以死刑论处,1816 年法令更是规定使用捕网即可判处流放。各地绅士从 18 世纪中期就纷纷成立"狩猎协会",以针对偷猎者提起诉讼。到 1827 年,偷猎犯罪占整个英格兰犯罪判决的 1/7。③

法律方面的变化从一个侧面为我们了解 18 世纪的犯罪情形提供了间接依据,但 18 世纪的实际犯罪情况究竟如何呢? 一些历史学家认为,18 世纪英国的犯罪情形相当严重,伦敦尤其如此。保罗·兰福德在谈及18 世纪的犯罪情况时写道:"公开的犯罪与隐蔽的犯罪都十分猖獗。犯罪行为是社会的一面扭曲的镜子。但现在犯罪似乎变得更有组织,更商

---

① Roy Potter, *English Society in the Eighteenth Century*, Penguin Books Ltd, 1982, pp. 151, 152.

② Ibid., pp. 152—153.

③ Ibid., p. 153.

业化,更具有愤世嫉俗的性质。"①为证实这种判断,人们常会提起 18 世纪 20 年代著名的犯罪团伙头目乔纳森·怀尔德(Jonathan Wild)及伯克郡和汉普郡一些地方的"沃尔瑟姆黑面人"(Waltham Blacks)②。从英国官方的记录来看,它们确实很嚣张也很可怕,且有着严密的组织体系。1723 年,议会通过《沃尔瑟姆黑面人法》(*Waltham Black Act*),官方的解释是:"最近,有几个心怀不轨(ill-designing)、目无法纪的人,他们以'黑面人'的名义纠集在一起,结成团伙、相互支持,以从事偷猎或杀死野鹿、抢劫养兔场或鱼塘、砍伐林木以及其他一些非法活动,这些人同时还在一些属于皇室的森林以及属于普通臣民的几家公园里从事大量的非法盗猎活动。"至于乔纳森·怀尔德及其团伙,依据 1725 年起诉书,对其指控的罪名为:通过"与一大批强盗、扒手、入室抢劫者、从商店偷窃物品者以及其他类型的窃贼结成团伙,"然后将这些人组织起来,"形成一个由窃贼组成的公司"。怀尔德还被指控"将城镇和乡村划分为许许多多的地区,然后再授意不同的帮派控制每一个地区",并且,他本人还"掌控着几个仓库,专门用来接收和藏匿偷来的物品,他还拥有一艘用于将珠宝、手表以及其他贵重物品装运至荷兰的船舶"。③

　　官方的说法显然产生很大影响,也让后来的历史学家印象深刻。但 W. A. 斯佩克却认为这些说法与事实不符。斯佩克援引 E. P. 汤普森对黑面人的研究来证实自己的看法,汤普森说,那些人远非官方认定的职业罪犯,他们都有自己的职业,一些人甚至有"受人尊重"的体面职业,汤普森特别强调这两个郡涉案受审的人当中,有犯罪前科的"仅有一人"。④

---

① ［英］肯尼思·O. 摩根主编:《牛津英国通史》,王觉非等译,商务印书馆,1993 年,第 388 页。

② 这里,沃尔瑟姆(Waltham)是地名,而 Blacks 则指的是一伙将面部涂黑、身着黑衣,从事偷猎、抢劫及其他非法活动的人。

③ W. A. Speck, *Stability and Strife, England 1714—1760*, Edward Arnold Publishers Ltd., 1977, p. 59.

④ E. P. Thompson, *Whigs and Hunters*, London, 1970, pp. 94, 156, 163;转引自 W. A. Speck, *Stability and Strife, England 1714—1760*, Edward Arnold Publishers Ltd., 1977, p. 60.

至于乔纳森·怀尔德及其团伙,斯佩克指出所谓拥有"大量成员"的"团伙"、"帮派",其实只是由少量职业犯罪分子组成的小团体;在怀尔德活动期间(Wild's lifetime),伦敦至多存在 10 个"帮派",其总人数不过大约 150 人而已。①

其实,在整个 18 世纪,职业罪犯并不普遍,罗伊·波特指出:多数从事偷窃者并非以此为业,往往是在无法找到其他生路时才去偷窃。经济萧条时通常也是犯罪率上升的时期,这时候,工人们为了生计而对雇主的财物顺手牵羊,甚至冒险盗窃。战争结束时大批士兵复员,一些复员军人由于无法找到工作而寻衅滋事或从事其他违法行当。一些儿童在大人的唆使下扒窃,有些女孩因被抛弃而沦为妓女。② 1741 年,一位叫伊丽莎白·哈迪(Elizabeth Hardy)的 19 岁女孩因偷窃 13 先令 6 便士被判处绞刑,她之所以行窃,是由于遭到丈夫遗弃,而她在伦敦又举目无亲;哈迪在最后时刻得到缓刑,由绞刑改判为流放。③

贫困与偷窃犯罪之间的某种关联还可以从"流民"身上得到印证,比如,格里高利·金在其统计列表中给出的流民数目为 3 万人,而所谓"流民"则包括"吉卜赛人、小偷、乞丐等等"。④ 值得一提的是,尽管 18 世纪的英国法律主张重刑,死刑犯罪的名目成倍增长,但在执行过程中往往比较宽松,甚至如柯克洪所说,存在着"宽宥制度之被滥用"的情形,因此,"尽管这时在法令全书上已列有将近 100 种死罪,但每年被绞死的人实际上不超过 200 人"。⑤

在 18 世纪,偷猎行为经常发生,这一方面与普通民众关于猎捕野生动物是天然权利的看法有关,他们认为打猎不是贵族的特权,人人可以

---

① W. A. Speck, *Stability and Strife*, *England 1714—1760*, Edward Arnold Publishers Ltd., 1977, pp. 59—60.

② Roy Potter, *English Society in the Eighteenth Century*, Penguin Books Ltd, 1982, p. 154.

③ Ibid., p. 154.

④ W. A. Speck, *Stability and Strife*, *England 1714—1760*, Edward Arnold Publishers Ltd., 1977, p. 58.

⑤ [英]阿萨·勃里格斯:《英国社会史》,陈叔平等译,中国人民大学出版社,1991 年,第221 页。

为之。当然同时也与有些偷猎者出于商业利益的考虑而从事偷猎活动，以谋取暴利有关。

走私活动在有些地方也很活跃，比如南部和东部沿海的走私者往往根据市场来调节他们的行动，并得到一些政府官员的合作。"对走私者来说，政府越镇压，他们人越多，走私越猖獗，在18世纪30年代他们最活跃的时期，曾与乔治二世的龙骑兵发生激烈的战斗。他们的走私活动迎合了社会消费者的需要。"①

此外还有债务犯罪，在商业化大潮中，成千上万的债务人在债权人的要求下，不经审判就被关进监狱，在18世纪70年代几乎占所有囚犯的半数。有意思的是，债务人在押期间的费用要由债权人承担，而许多债务人也并不介意被判入狱，因为根据当时的规定，他们白天可以离开监狱，所以照样可以经营他们的生意，且在其入狱期间他们的财产是受法律保护的，因此就更不存在后顾之忧。②

除经济犯罪外，其他类型的犯罪也不在少数，诸如杀人、纵火、拦路抢劫，各种形式的民众骚动，摧毁收费公路站等等③。18世纪的犯罪活动表现出一些与以前不同的特点：一方面，由于社会流动性加强了，各种形式的罪犯很容易隐匿于人群之中而难以被发现，正因为如此，伦敦成为犯罪活动最为集中的地方，18世纪伦敦的人口始终占英国总人口的1/10，这为各种形式的犯罪分子找到了藏身之地；另一方面，由于报纸、印刷品广为传播，犯罪活动经常被报道，罪犯及赃品常被公布，这就为有些案件的侦破提供了方便，对罪犯造成了一定的压力。④ 值得一提的是，或许正是由于书刊报纸的报道，才使一些同时代人产生犯罪问题日益严重的印象。例如，亨利·菲尔丁（Henry Fielding）撰写的《乔纳森·怀尔

---

① ［英］肯尼思·O.摩根主编：《牛津英国通史》，王觉非等译，商务印书馆，1993年，第388页。
② Roy Potter, *English Society in the Eighteenth Century*, Penguin Books Ltd, 1982, p. 155.
③ 民众骚乱往往与犯罪活动难以分清，如同阿萨·勃里格斯所言："政治示威和犯罪活动也并非总能轻易分开。"参见阿萨·勃里格斯《英国社会史》，陈叔平等译，中国人民大学出版社，1991年，第220页。
④ Roy Potter, *English Society in the Eighteenth Century*, Penguin Books Ltd, 1982, p. 153.

德大王传》(*The Life of Mr Jonathan Wild the Great*)就曾激起不少同时代人对大规模有组织犯罪活动的想象。由于 18 世纪的犯罪情况并没有确实可靠的统计数字，因此其情况究竟如何很难判断，①不过总体而言，尽管犯罪活动为数不少且形式复杂，但并没有达到失控并威胁到整个社会秩序的地步。

在一些人眼里，18 世纪是一个充满和平与顺从的时代，而在另一些人看来，这个世纪却充满动乱和无序，是一个不安分的世纪。自 20 世纪社会史兴起以来，当代社会史学家更倾向于后一种看法，②细心的社会史学家描述了 18 世纪英国社会的另类图景：政治、经济及宗教不满在英国民间随时发酵，随之而来的是各种形式的宣泄——罢工、暴动、粮食骚乱、捣毁公路收费站、"威尔克斯和自由"、攻击和威胁政治人物等等。如历史学家所说："18 世纪对社会问题似乎比其他时期要敏感些，虽然这些问题的原因还不容易全面阐述清楚。穷人们仍旧主要用传统的武器进行反击，以保卫原来的有保障的经济秩序。他们反对饥荒和物价的上涨，企图诉诸古代法律来限制中间商人和垄断制。他们反对削减工资和使用机器；组织联合会对抗主人，组织俱乐部使之具有社会保险作用。有时他们走极端，铤而走险，进行反叛或骚动。虽然他们有时也取得一些胜利，但整个说来他们在这些战斗中失败了。"③

早在工业革命发生之前很久，劳资矛盾即已存在。但在 18 世纪，随着社会和经济结构不断变化，劳资冲突不仅比以前发生得更多、更普遍，而且影响也更大。按罗伊·波特的说法，整个这一世纪，有记载的劳资纠纷事件超过 400 起。④ 多布森(C. R. Dobson)在对 1717—1800 年间劳资冲突进行统计后也得出结论，同意关于劳资冲突有 400 起的说法。但

---

① 参见杨松涛《近代早期英国犯罪史学述评》，载《世界历史》2007 年第 4 期。

② Roy Potter, *English Society in the Eighteenth Century*, Penguin Books Ltd, 1982, pp. 114—118.

③ ［英］肯尼思·O. 摩根主编：《牛津英国通史》，王觉非等译，商务印书馆，1993 年，第 401—402 页。

④ Roy Potter, *English Society in the Eighteenth Century*, Penguin Books Ltd, 1982, p. 116.

弗雷泽(Hamish Fraser)强调说,多布森的统计结果只是劳资冲突中的"一部分",在他看来,劳资冲突构成了"18世纪城镇生活的重要特征"。① 此外,多布森的统计数据还表明,与工业化开始前的18世纪上半叶相比,下半叶的劳资冲突呈明显上升的趋势:1741—1760年间劳资冲突发生了57起,1761—1780年间发生的次数几乎翻番,达到113起,1781—1800年更多达153起。②

在日趋激烈的劳资冲突中,手工工人③是工人方面的主力。从18世纪初至50年代,毛纺织业中的梳毛工和手织工、裁缝业中的裁缝帮工等,都曾在劳资冲突中给人留下深刻的印象。18世纪后期,尽管工业革命已经开启,但手工工人仍然是劳资冲突中劳方的主导力量。之所以出现这种情况,原因是在工业化的过程中,机器和工厂组织形式持续取代传统的手工劳动和手工作坊,使手工工人经历了被消灭的灭顶之灾:机器剥夺了他们的工作机会,工厂毁掉了他们的生产独立性,原先相对舒适的经济地位付之东流,他们的生活水平一落千丈。为了维护自己的经济地位,手工工人发动了一次又一次无望的抗争。据统计,1761—1800年间共发生266起劳资冲突,其中,由纺织、造船、鞋帽、成衣等传统行业手工工人参与的为152起,占总数约六成,其中又以纺织行业的冲突为最多,达到55起。④ 众所周知,纺织业恰恰是工业革命的发源处,手工工人曾经大量集中在这个行业,但工业革命发生后,他们也是最早被消灭的一个工人群体;劳资冲突与手工工人的密切相关性由此可见一斑。

在反对资本家的斗争中,工人开始团结起来,建立自己的组织。最

---

① Hamish Fraser, *A History of British Trade Unionism 1700—1998*, London: Macmillan, 1999, p. 6.

② C. R. Dobson, *Masters and Journeymen, A Prehistory of Industrious Relations 1717—1800*, London: Croom Helm, 1980, p. 22.

③ 有关这一时期工人阶级的分类问题,参见钱乘旦《第一个工业化社会》,四川人民出版社,1988年,第286页。

④ C. R. Dobson, *Masters and Journeymen, A Prehistory of Industrious Relations 1717—1800*, London: Croom Helm, 1980, pp. 24—25.

先建立组织的是梳毛工人,这是毛纺织业中一个具有特殊技能的群体,他们人数不多,但流动性大,独立性强,这些因素促成他们较早形成某种组织,在切身利益受到呢绒商的威胁时,与后者进行斗争。据记载,早于1700年,蒂弗顿的梳毛工人就组成互助会,不久,其分支机构随梳毛工人四处流动而在各地建立起来。该会提出:"任何人都不得接受一定工资以下的工作;任何雇主都不得雇佣非该会成员的梳毛匠,如他雇佣这种人,那末,所有其余工人就一致拒绝为他工作;假定他雇佣了二十个工人,这二十个人就会同时走开,而且,有时还不以停工为满足,他们还侮辱留在作坊不走的老好人,殴打他并将其工具打碎。"1720年,呢绒商从爱尔兰输入梳好的羊毛供应哔叽织造,伤害了梳毛工人的利益,蒂弗顿的梳毛工人于是用暴力手段攻击呢绒商店铺,直到当局派出警察才被平息。1749年类似情况再次发生,梳毛工进行罢工,后来罢工基金告罄,工人们又一次发动暴力袭击,直到当局出动军队进行干涉。①

不久织工也仿效梳毛工建立自己的协会。最早的协会大概出现在西南诸郡,1717年和1718年曾出现过几份向议会告发德文郡和萨默塞特郡织工建立永久性同盟的请愿书。由于织工协会对呢绒商构成威胁,1725年,议会应呢绒商的请求通过一项法令,禁止织工"为控制这项工业或抬高工资而组成"任何同盟。② 1726年,官方发布一项劳工法令,从其中的文字就可以看出此类协会为数不少,且有一定影响力。法令说:"在我们王国的许多市镇和教区大量的织工以及毛纺织业的劳工,最近组成了很多的俱乐部和社团,并且违法擅自结社或制定议事规章,仿佛他们能够管理行业和商品价格,并且不合理地增加工资,或做其他类似目的的事情;上述非法结社已经对国王陛下的臣民造成了巨大的暴力和暴行,劳工通过暴力来保护他们和他们的同伙,对抗法律和正义;针对这种

① [法]保尔·芒图:《十八世纪产业革命——英国近代大工业初期的概况》,杨人楩等译,商务印书馆,1983年,第55—56页。
② 同上书,第56—57页。

非法结社,制定更多有效的条款非常有必要。"①法令规定对罢工行动严加镇压,但织工们并未退缩,织工协会仍旧存在。

大工业造成工人的大量集中,工人队伍越来越壮大。到18世纪80年代,在兰开夏郡和格拉斯哥这样的大工业生产地区,棉纺织工人也开始成立自己的协会,标志着工厂工人也开始组织起来。有些工人协会还超出地方界限,走向更大范围的联合,例如,1799年兰开夏郡就出现一个棉织工协会,该会的影响遍及全郡,甚至超出这一范围。协会的主要任务是向议会提出有关工资方面的诉求,同时寻求与工厂主协商解决问题。在约克郡西区,毛纺织业中也出现一些小团体。大约在1796年,呢绒工人建立协会,不久,该协会的分支就扩展到整个英格兰北部。此外,在18世纪80—90年代,其他一些行业中也出现工人同盟或协会,如设菲尔德的刀剪工人同盟,1795年肯特郡的造纸工人同盟等。农业工人没有形成实质性的同盟,但为了请求议会保护其工资收入,他们召开了一些会议,其中一次大会在诺福克郡的一个村庄教堂里举行,希望能够把全郡的农业工人都组织起来,采取集体行动;会议还邀请其他郡的农业工人一起参加。

工业革命开始后,机器和工厂取代手工作坊,劳资关系出现一些新的因素。与工业革命之前相比,工厂主拥有更多的资本,他们拥有机械设备,建立起严苛的劳动纪律;另一方面,工人在工厂主面前变得比任何时候都更软弱,他们无法在工资和工作环境问题上发表意见,作为出卖劳动力的一方,不论是否愿意,都必须接受资方给出的任何条件。面对剥削,工人本能地进行反抗,许多人认为是机器剥夺了他们的生计,便把所有的不满集中发泄到机器上,破坏和捣毁机器也成为工人早期的斗争形式。

反对机器的骚乱迫使当局在1769年出台了第一个制止此类骚乱的

---

① 12 GEO 1. C. 34,Ⅰ,David C. Douglas,D. B. Horn and M. Ransome(eds.),*English Historical Documents*,Vol. Ⅹ,London,Eyre & Spottiswoode,1969,p. 486.

法律,规定任何单独或合伙将安装机器的建筑物故意毁坏者,都将被判处死刑。但严峻的法令未能阻止骚乱一再出现,据统计,1768—1800 年间发生过 23 起因机器而引起的劳资冲突,其中,1768—1780 年发生了 8 起,1781—1800 年发生了 15 起。① 1779 年,在兰开夏郡这个使用机器最多的地方,发生大批工人攻击工厂和捣毁机器的事件,当局派出军队才将骚乱平息下去。毛纺织业中工人对机器的敌视行为持续得更久。在约克郡西部和西南部,就不止一次发生过类似兰开夏郡的骚乱;1796 年,约克郡一些纱厂不得不由军队驻守;1802 年,在威尔特郡和萨默塞特郡,因引进起毛机也触发了严重的骚乱。②

值得注意的是,在法国革命的激励下,英国工人也参与到政治改革运动之中,并形成相应的群众性组织,其中,1792 年成立的"伦敦通讯会"最具影响。该会的纲领相当明确,即通过议会改革,实现普选和每年选举议会。伦敦通讯会虽然存在时间不长,但其纲领、活动及其组织形式,却为此后几十年的工人改革运动树立了榜样。③

工人组织的不断涌现以及各种形式的工人运动深入发展,使雇主和政府深感不安,法国革命及随之而来的英法战争,加重了统治阶层的不安全感。1799 年,英国议会通过"结社法",禁止任何工人结社,违者处以三个月的监禁或两个月的苦役。该法在 1800 年 7 月修订,但主要条款不变。此后,工人运动在一段时间里受到较大影响,但一些工人组织仍得以保存,工人的斗争也没有完全停止。

除劳资纠纷及冲突外,18 世纪英国还存在着其他形式的民众抗争,"18 世纪英国的暴乱有两种不同的形式:一是某种程度上大众自发的直接行动;二是群众之'上'或之外的人故意利用群众作为一种压力工

---

① C. R. Dobson, *Masters and Journeymen*, *A Prehistory of Industrious Relations 1717—1800*, London: Croom Helm, 1980, pp. 154—170.

② [法]保尔・芒图:《十八世纪产业革命——英国近代大工业初期的概况》,杨人楩等译,商务印书馆,1983 年,第 328—331 页。

③ 钱乘旦:《第一个工业化社会》,四川人民出版社,1988 年,第 158、292 页。

具"。① 就第一种形式而言,最常见的例子是粮食暴动,也叫抢粮风潮,每当年成不好、饥荒逼近而粮价上涨时,粮食暴动就会发生,成百上千甚至更多的人涌向市场,打开粮商们的粮仓,将粮食抛到市场上,按他们所认为合理的价格出售。据统计,在1693—1695年、1709—1710年、1727—1729年、1739—1740年、1756—1757年、1766—1768年,以及1783年、1788年、1795年这些年份,粮食骚乱都曾不同程度地发生于英国各地。粮食骚乱的特点是"它很少只是以打开谷仓或抢劫商店为高潮的暴乱,它得到更古老的道德经济学的支持而合法化,这种准则告诫人们:任何哄抬食品价格、靠人们日常必需品来牟取暴利的不公正手段都是不道德的"。② 汤普森提醒人们注意:这类行动虽然有一些属于"放纵和无节制",但更多的是"有胆识、谨慎、正当"的行动。例如,1776年在英格兰西部普遍发生的骚乱中,格洛斯特郡的郡守,就特别表示出他本人对于骚动者的敬意。在一份报告中这位郡守写道:骚动者"走访了农场主、磨坊主、面包师傅和行商的商店,按照他们自己的价格出售谷物、面粉、奶酪、黄油和咸肉。他们把一般产品(即货币)归还给所有者,或者当他们不在场时,把钱留给他们;他们充满义愤和暴烈,但行为极有规矩和节制,他们在那里没有遭到反对;但是,由于他们加以防范,没有出现小偷小摸,现在他们将不允许妇女和孩子与他们一道行动"。③

　　关于第二种形式,即利用群众作为压力工具的暴乱,比较知名的有18世纪60年代的"威尔克斯与自由"事件、1780年的戈登暴动、1791年的伯明翰暴乱等。圈地运动及收费公路建设也会引发民众抗议。例如,1767年兰开夏郡发生了农民反对排干沼泽、圈围土地的大规模骚乱;1771年,林肯郡也发生因圈地而引起的骚动。这些活动就其性质而言比

---

① [英]E. P.汤普森:《英国工人阶级的形成》上册,钱乘旦等译,译林出版社,2001年,第56页。
② 同上书,第56页。
③ [英]爱德华·汤普森:《共有的习惯》,沈汉、王家丰译,上海人民出版社,2002年,第256、229—230、228页。

较复杂,人们可以从中看到"受人操纵的暴民和革命群众的混合体"。①
汤普森特别注意到,18 世纪存在一种与贵族-乡绅的上流文化相对应的
"平民文化":它"不是一种革命文化,甚至连原革命文化也不是;但是,人
们也不应当把它描述成一种恭谦的文化。它引起了骚动,但不是反叛:
它引起了直接行动而不是民主派组织"。②

　　值得一提的是,18 世纪存在着贵族与平民间的"社会关系均势",直
到世纪结束前平民文化与家长制传统最终发生决裂时,民众的直接行动
经常受到统治阶层的容忍甚至默许:"下层阶级不满的最极端的表现在
某种情况下是最受到容忍的,这无疑是因为用家长式的统治者的眼光来
看,这是一种无可奈何的必需的保险阀。对骚乱的镇压很少采取过分的
措施,处罚也只限于一小部分参与者,以儆效尤。即便那时,即使挑衅似
乎很严重,但牵涉不深时,处罚也轻得惊人。"③

　　整个 18 世纪,各种形式的民众抗争从未停息,平民文化也一次又一
次地冲击上层文化,有时甚至相当激烈。不过,正如汤普森所说:"如果
说穷人无纪律、蛮不讲理、有暴动和骚乱倾向的抱怨贯穿了这个世纪始
终的话,那么,在法国革命之前,人们还没有感觉到英国统治者已想到他
们整个社会秩序可能已处在威胁之中。穷人反抗是一件麻烦事,这还不
构成威胁。政治和建筑的风格,乡绅使用的华丽文辞和他们的装饰艺
术,所有这一切看来都显示了稳定、自信、惯于控制所有对其霸权的威
胁。"④就此而言,18 世纪是一个相对平静的世纪。

① [英]E. P. 汤普森:《英国工人阶级的形成》上册,钱乘旦等译,译林出版社,2001 年,第 63—
　　72、67 页。
② [英]爱德华·汤普森:《共有的习惯》,沈汉、王家丰译,上海人民出版社,2002 年,第 57 页。
③ [英]肯尼思·O. 摩根主编:《牛津英国通史》,王觉非等译,商务印书馆,1993 年,第 402 页。
④ [英]爱德华·汤普森:《共有的习惯》,沈汉、王家丰译,上海人民出版社,2002 年,第 38 页。

第四章 宗教与教育

18世纪是欧洲历史上的"启蒙时代",对于英国来说,尽管启蒙运动最初曾发端于此,但在运动的声势及影响方面却略逊于启蒙运动的后来者法国。与法国启蒙运动展示的激进色彩不同,英国启蒙运动呈现出保守和温和的形式,如同波科克(J. G. A. Pocock)等当代学者所说,英国启蒙运动属于"保守的启蒙"。依波科克等人之见,所谓"保守的启蒙",其核心特征是它决心保卫17世纪人们经过巨大努力而艰难取得的诸多成就,这些成就中最突出者不仅包括混合宪政、法律至上、财产安全等原则,同时也包括有限的宗教宽容以及英国国教会的地位。[①] 可见,英国启蒙运动在高扬理性的同时,却并未走向彻底的反教会立场,理性与信仰之间也没有呈现对立关系,相反却显示出一种共存与互动的关系。如果说18世纪可以被称作是英国的"理性时代",那么,它同样是宗教时代。18世纪的英国,宗教仍然是一个无处不在的因素,它渗透于社会生活之中,并承担着诸多重要的社会职责。

国教会(Church of England)是16世纪宗教改革的产物,虽历经英

---

① David Hempton, *Enlightenment and Faith*, in Paul Langford (ed.), *The Eighteenth Century, 1688—1815*, Oxford University Press, 2002, p.76.

国革命、王朝复辟及"光荣革命"等政治动荡,国教会的地位却终得保存,在 18 世纪享有政治、经济特权。政治上,国教会与国王、议会一同被视为英国政体的重要组成部分,国教会的主教和大主教是议会上院的当然成员;经济上,国教会独享国家捐赠,它还可以征收什一税,并拥有大量世俗财产。按罗伊·波特的说法,整个 18 世纪,国教会是英格兰"最大且最富有"的国家机构,[①]居于其顶层的是 26 位主教(包括坎特伯雷大主教和约克大主教),主教们收入丰厚,据称到该世纪中期,一些主教的年俸超过 5 000 镑。每位主教都领有一个主教堂,在主教堂任职的其他教职人员总计约 1 000 人左右;主教及主教堂的教士属高级教士,他们构成国教会的上层。其下是分布于全英格兰的约 1 万个教区(又译堂区),它们由教区长和教区牧师负责管理,由于不少牧师是非驻在牧师,其日常教务就交给助理牧师处理,助理牧师收入微薄,地位低下,属于教士中的底层。[②]

关于 18 世纪英格兰教会履行宗教职责的情形,在很长时间里人们的看法是,教会及教士的整体表现不尽如人意甚至相当糟糕。比如,在谈到 18 世纪英国的主教时,19 世纪著名福音派人士、曾任利物浦主教的莱尔(J. C. Ryle)说,主教中无疑有"学识渊博、生活作风无可指责的仁人志士",但"说实话,大部分主教都是俗世之人,并不称职"。[③] 另外一位作者写道:"18 世纪的主教们似乎与大多数民众没有什么共同之处。大多数主教甚至包括那些平民出身的主教,都生活在另一个截然不同的世界中。除了偶尔到下面进行一些多属象征性的巡视外,主教们大部分时间都花在与上流社会的交际上,他们常与高级教士和文人墨客待在一起。他们很少在大的民众集会上布道,对公共集会知之甚少。他们很少费心去思考如何改进民众精神状态,如何组织新的信仰推进方式。在主教群体中,那些轻随者忙于联络关系,拉帮结派,那些严谨者投身于神学思辨

---

① Roy Potter, *English Society in the Eighteenth Century*, Penguin Books Ltd, 1982, p. 188.

② Ibid. , pp. 188—189.

③ [英]莱尔:《英国复兴领袖传》,梁曙东等译,华夏出版社,2007 年,第 6 页。

和教义争论,而更多的则退居于自己舒适的别墅中过着自娱自乐的生活。"①

当代学者不完全认同这些说法,如斯佩克就认为,主教中的确存在玩忽职守、趋炎附势、甚至追名逐利者,如18世纪初的班戈主教本杰明·霍德利(Benjamin Hoadly)以及1724—1743年出任约克大主教的兰西罗特·布莱克本(Lancelot Blackburne)等,但其他一些主教,如索尔兹伯里主教伯内特(Burnet)、卡莱尔主教尼科尔森(Nicolson),以及先后出任林肯主教和坎特伯雷大主教的韦克(Wake)等人,则是勤勉努力、恪尽职守的典范。②

不仅18世纪的主教备受同时代人及后来人的指责,其他教士也饱受诟病,人们指责他们贪图享乐、罔顾教职。③ 例如莱尔主教就说,教区神职人员"大部分人沉湎于世俗,对他们自称所信的既不了解,也不过问。他们自己不行善,也不要别人替他们行善。他们打猎、射击、种地,他们发誓、醉酒、赌博。他们似乎已经定意,除了主耶稣基督和他钉十字架,别的都想知道。他们聚集在一起,一般是为'教会和国王'干杯。在世俗观念、偏见、无知和各种俗套上互相吹捧。他们回到自己的教区中,尽可能少做事、少讲道。如果真要讲,他们的讲章常常使听者不知所云,糟糕得难以形容。但是想想他们总是对着空凳子讲道,倒也给人一丝安慰"。④ 对于类似的观点,当代学者也有异议。如斯佩克就认为,不宜只看那些只重享乐而不负责任的教士,也应看到兢兢业业、履职尽责的很多教士;斯佩克甚至说,两类截然不同的教士形象哪一种更能反映当时的情况,尚属难以确定。戴维·亨普顿(David Hempton)则认为,大体上18世纪的国教会教士既非虔诚奉献,也非玩忽职守,他们在事业方面没

---

① John S. Simon, *John Wesley and the Methodist Societies*, London, 1937, p. 269.

② W. A. Speck, *Stability and Strife, England 1714—1760*, Edward Arnold Publishers Ltd., 1977, pp. 94—97.

③ Ibid., pp. 97—98.

④ [英]莱尔:《英国复兴领袖传》,梁曙东等译,华夏出版社,2007年,第7页。

有雄心壮志，但通常都还算尽职。①

晚近的一些研究表明，至 18 世纪 70 年代新的社会变化发生之前，英格兰教会在适应环境方面总体表现不错。② 但这并不意味着国教会从未遇到过麻烦，事实上，早在威廉三世时期，一些国教会人士就曾针对"光荣革命"后国教会所面临的形势，发出了"教会在危机中"的呼吁。③ 这些人对"光荣革命"后《宽容法》的颁布（1689 年）及《出版许可证法》的废止（1695 年），国教会特权受损甚至地位动摇的局面感到担忧，希望维护国教会的特权。在 18 世纪，国教会面对的最大威胁不是来自新教非国教派或天主教，而是来自自然神论和自由思考者（freethinkers）。④《出版许可证法》废除后不久，约翰·洛克的《基督教的合理性》（*The Reasonableness of Christianity*，1695 年）和约翰·托兰德（John Toland）的《基督教并不神秘》（*Christianity not Mysterious*，1696 年）相继问世，尤其是《基督教并不神秘》一著的出版更是被视为"英国自然神论繁盛时期"到来的标志。⑤

面对自然神论的强大攻势，国教会动员各种力量予以回应。1736 年，达勒姆主教约瑟夫·巴特勒（Joseph Butler）发表《宗教类比》一书，将自然神论推崇的自然宗教与启示性质的基督教进行对比，巴特勒以有力的前后一致性证明："自然宗教绝不因为完全合理而拥有比基督教启示优越的特权地位。比起圣经启示的完善性来，自然的完善性绝不更明显。信仰作为自然创造者的上帝，也就要求把种种或然性或可能性集中

---

① David Hempton，*Enlightenment and Faith*，in Paul Langford ed.，*The Eighteenth Century*，*1688—1815*，Oxford University Press，2002，p. 84.

② Ibid.，pp. 83—84.

③ W. A. Speck，*Stability and Strife*，*England 1714—1760*，Edward Arnold Publishers Ltd.，1977，pp. 91—93.

④ Ibid.，p. 100.

⑤ ［美］约翰·奥尔：《英国自然神论：起源和结果》，周玄毅译，武汉大学出版社，2008 年，第 137 页。

起来,作为对基督教启示上帝的信仰。"①在18世纪初国教会与自然神论的激烈论战中,巴特勒帮助国教会占了上风。此后,自然神论声势减退,但其影响仍然存在。②

到18世纪下半叶,面对快速变动的英国社会,国教会就显得力不从心甚至无所适从了。最明显的变化之一是人口的快速增长及人口分布的巨大调整。大约从1750年开始,人口向北、向西移动,原先人口稀疏的西部、北部地区,日益成为人口集中的新兴工业区。这种变化使英国原有的教区划分不能应对新的形势,比如西北部的兰开夏郡和柴郡总共只有156个国教堂区;而东、南部的埃塞克斯、萨福克和诺福克三郡共有1 634个。1750年曼彻斯特的人口已达到2万,却只有一座国教教堂;1800年马里波尼(Marylebone)计有人口4万之多,却仅有一座200个座位的国教教堂。③ 由于增设教区及增加教士会相应减少现有教区和教士的收益,并需要专门立法,因此这一问题直至19世纪才逐渐解决。这样,18世纪晚期基层教区的非驻在教士问题严重,据伊恩·克里斯蒂(Ian Christie)说,1809年,在总数11 194名领圣俸的教士中,至少有7 358人系非驻在教士,一些地方性研究表明非驻在牧师的数字可能更高。教士兼职现象成为18世纪后期的严重问题,而这也在一定程度上影响了教士们的工作成效。④

国教会除面临人口激增及人口重心转移带来的困境外,还面临来自其他方面的冲击,如卫斯理宗和罗马天主教徒显著增加,城乡各地不断出现不满情绪,以及由法国大革命所带来的政治观念及宗教无神论思想

① 参见[美]詹姆士·C. 利文斯顿《现代基督教思想——从启蒙运动到第二次梵蒂冈公会议》(上),何光沪译,四川人民出版社,1999年,第92—100页。

② Ian R. Christie, *Wars and Revolutions*, *Britain 1760—1815*, Edward Arnold Publishers Ltd., 1982, p. 35.

③ Roy Potter, *English Society in the Eighteenth Century*, Penguin Books Ltd, 1982, pp. 190—191.

④ Ian R. Christie, *Wars and Revolutions*, *Britain 1760—1815*, Edward Arnold Publishers Ltd., 1982, p. 34.

的威胁。面对危机,国教会需要改革才能应对,不过,正如戴维·亨普顿所说,这种改革要到 19 世纪才会出现。①

与国教会相对的是新教"不服从国教派"(dissenters)。尽管不遵从国教教义和教会礼仪在查理二世复辟之前即已存在,但从法律意义上说,所谓"不服从国教者"却是 1662 年《宗教一致法》颁布后才正式出现的,②所有拒绝接受该法案的新教教士就被称为"不服从国教者"。据估计,17 世纪 60—80 年代"不服从国教者"占人口总数约 5%,在威尔士占 2%。③ 自《宗教一致法》至 1689 年《宽容法》颁布的这段时期,新教"不服从国教者"遭遇国家的强力逼害,被视为对国家和社会构成威胁的异己力量。"光荣革命"后,《宽容法》承认新教非国教徒(不包括天主教徒)拥有信仰自由,容许新教其他教派的存在,由此结束了对新教"不服从国教者"的镇压。但"不服从国教者"仍然受《宣誓与市政团法》的约束,政治上受到歧视。1710 年,英国议会通过了《偶尔遵奉国教法》,规定不信奉国教者以"偶尔"参加国教仪式如领取圣餐而获担任公职资格的行为属于非法,从而阻断了新教非国教徒参与市政机构的机会。1714 年政府又颁布《教会分裂法》,宣布新教非国教教派独自兴办的教育机构非法,从而剥夺了非国教徒受教育的权利。④ 此外,"不服从国教者"还必须向国家交纳教会税,为他们并不信奉的国教提供财力支持。不过,尽管各新教"不服从国教派"在宽容体制下遭受种种不公正的对待,属于"二等"公民,但"宽容法"终究承认了英国宗教的多元化,新教非国教派的宗教信仰获得法律认可。此外,随着《偶尔遵奉国教法》和《教会分裂法》于 1719 年被废除,新教非国教派再次取得了用"偶尔"遵奉国教仪式的方式参与

---

① David Hempton, *Enlightenment and Faith*, in Paul Langford (ed.), *The Eighteenth Century*, 1688—1815, Oxford University Press, 2002, p. 85.

② Jim Smyth, *The Making of the United Kingdom, 1660—1800*, Pearson Education Limited, 2001, p. 25.

③ Ibid. , p. 37.

④ W. A. Speck, *Stability and Strife, England 1714—1760*, Edward Arnold Publishers Ltd. , 1977, p. 93.

政治的权利。据估计,18世纪有近40名新教非国教徒因"偶或"遵奉国教而当选议员,另有许多新教非国教徒通过这种方式进入地方政府,如诺丁汉市市长一职就曾由非国教徒把持达60年之久。①

大致说来,新教非国教派包括长老会、公理会、浸礼会和教友会(又称贵格会,Quakers)等,17世纪革命失败后,这些派别的斗争热情及宗教激情明显减退,在18世纪的大部分时间里,都在法律许可的范围内进行活动,成为单纯的甚至有些排外的信众团体,对国教会的特权也采取默认态度。正如E. P.汤普森所说:"它们在光荣革命后经历了相同的发展趋势,随着迫害日益减轻,宽容日益扩大,教徒们的热情日益减少,财富逐渐增加。"②按照斯佩克的说法,1715年时,浸礼会、公理会和长老会三大派别的成年教徒总数约为30万人,贵格会教徒在5万人之内;到1760年时,三大主要新教非国教派人数至多维持原状,甚至可能下降到25万人。斯佩克还提到18世纪新教非国教派在社会成分上的重要变化。在非国教派出现之初,少数有爵位的贵族及大量乡绅是其中有影响的组成部分,但到1760年,"小生意人"已成为其中最主要的成分,非国教派逐渐失去了乡绅的支持。这一结果使得"不服从国教派"的力量和影响基本集中于城镇,而在乡村地区,除少数例外,新教非国教派已基本没有多少影响。③

新教"不服从国教派"在政治和宗教方面表现出的消极态度,到18世纪后期才有所改变。一方面,各种老的非国教派受社会政治变动和新宗教运动的影响,开始在宗教和政治方面有所行动,其中,长老会受索齐尼主义(Socinianism)影响较大,部分成员愈来愈倾向于追随理性,反对三位一体,成为一位论者。到1800年,长老会信徒及一位论者合在一起,占新教非国教派各派总人数的1/20。浸礼会和公理会受国教内外福

---

① Roy Potter, *English Society in the Eighteenth Century*, Penguin Books Ltd, 1982, p.186.
② [英]E. P.汤普森:《英国工人阶级的形成》(上册),钱乘旦等译,译林出版社,2001年,第13页。
③ W. A. Speck, *Stability and Strife*, *England 1714—1760*, Edward Arnold Publishers Ltd., 1977, p.101.

音主义的影响,而公理会所受影响尤甚。福音主义不仅为这两个教派提供了一些热心的信徒,同时也使其加尔文主义的色彩逐渐淡化。两派人数开始增加,但具体数字难以确认。据称,迄 1811 年,新教非国教派和卫斯理宗加在一起,其信徒大约占英格兰和威尔士人口总数的 1/10。随着教徒人数增加,三大派开始寻求在政治上采取行动,以图解除加之于他们身上的法律限制。18 世纪 70 年代初,他们要求官方解除有关非国教牧师须签署承认国教"三十九条款"的规定;1779 年,议会通过一项法案,同意非国教徒以声明接受《圣经》为基础,取代此前签署"三十九条款"的规定。到 80 年代后期,新教非国教派又发起取消《宣誓与市政团法》的行动,但此举未能成功。两次运动均由受索奇尼主义影响的长老会领导,此后,随着 90 年代整个社会趋于反动,新教非国教信徒不仅不再得到让步,相反,其传教活动重新受到限制,一些被中止的旧式法令如《宗教集会法》(Conventicle Act)和《五哩法》(Five Miles Act)重新恢复,直至 1811 年和 1812 年才终于废除。①

另一方面,18 世纪出现新的非国教派别。先是公开否认三位一体、强调上帝单一位格的一位论派(Unitarians)声势渐壮。18 世纪初,一位论思想只在少数教士中存在,到世纪末,一位论已成为一个公开的少数派了,特别在科学家、出版商、作家、改革派人士、教育界中拥有大量信徒。② 1773 年,西奥费鲁斯·林西(Theophilus Lindsey)脱离国教会,在伦敦建一位论教堂,并修改《公祷书》;1813 年,一位论派得到议会承认,成为合法的新教非国教派别。至 18 世纪末,由卫斯理领导的福音运动则在卫斯理去世(1791 年)后不久,他的追随者于 1795 年脱离国教会形成了独立的循道宗。一位论派的影响增加和循道宗的形成为新教不服从国教队伍注入了新的活力。

18 世纪前期,由于国教会只注重形式而忽视对民众的心灵关怀,非

---

① Ian R. Christie, *Wars and Revolutions*, *Britain 1760—1815*, Edward Arnold Publishers Ltd., 1982, pp. 38—39.

② Roy Potter, *English Society in the Eighteenth Century*, Penguin Books Ltd, 1982, p. 197.

国教派别渐次失去宗教热情,英国人的信仰生活普遍衰落,宗教麻木与淡漠状况遍及社会。这时,以乔治·怀特菲尔德(George Whitefield)、约翰·卫斯理为代表的一些人在英国掀起一场规模宏大的宗教复兴运动——福音运动,旨在恢复国人的信仰。

约翰·卫斯理(John Wesley)1703 年出生于林肯郡埃普沃斯(Epworth)一个笃信宗教的家庭,1720 年考入牛津大学基督堂学院,1724 年毕业,1725 年被按立为执事;1726 年经过激烈竞争,当选为牛津大学林肯学院研究员,1728 年受牧师职。在牛津大学这段时间,他开始接触著名神学家威廉·洛(William Law)的著作,受到深刻影响,他尤其赞赏威廉·洛关于"名义上的"基督徒与"真正的"基督徒之间的区分,[1]决心要"通过神的恩典,完全献身于上帝"。[2] 另一方面,他在教学之余参加到由他弟弟查理·卫斯理(Charles Wesley)等人组织的一个宗教小团体——"圣社"(Holy Club)的活动中去,并很快成为这个团体的领袖。"圣社"定期举行宗教聚会,他们拟订了一套学习计划及生活准则,强调要按《圣经》的规定过循规蹈矩的生活。因此,他们很快被人戏称为"循规蹈矩者"(Methodists),"循道宗"由此得名。

在神学观点上,卫斯理倾向于阿明尼乌主义(Arminianism),反对加尔文的预定论,认为该信条使神变成独裁者;他认为上帝之爱是普遍的,神决意要拯救所有的人。出于这种信念,他要向所有人布道,让所有人感受到上帝的恩宠;尤其要向被国教会和其他非国教派别忽略的劳苦大众布道,让他们体会上帝的温暖。正因为如此,卫斯理"时刻准备在任何时间、任何地方传道——无论是早晨还是深夜,无论在大教堂还是在小礼拜堂或房间里,无论在街道上、野地里还是在公共场合或草坪上"。[3]

---

① W. A. Speck, *Stability and Strife, England 1714—1760*, Edward Arnold Publishers Ltd., 1977.

②[美]布鲁斯·雪莱:《基督教会史》,刘平译,北京大学出版社,2004 年,第 378 页,译文略有调整。

③[英]莱尔:《英国复兴领袖传》,梁曙东等译,华夏出版社,2007 年,第 61 页。W. A. Speck, *Stability and Strife, England 1714—1760*, Edward Arnold Publishers Ltd., 1977, p. 110.

他与怀特菲尔德并列,被认为是那个时代最伟大的传教士;但与怀特菲尔德不同,他不仅是一位传教士,也是优秀的组织者和管理者。在四处布道的过程中,卫斯理发现仅靠一两次布道不足以维持人的信仰,唯有建立健全的组织,才能巩固人们的信念。为此他建立了"会社"(Society),并为会社成员制定了严格的行为准则,他要求会员避免恶行与"不义之事","尽其所能"地向"所有人行一切可能之善事"。①

随着传教事业的不断发展,"会社"在各地建立起来,"会社"所具有的开放性使之对广大下层民众产生巨大的吸引力,卫斯理强调:循道派"不强加……任何观点于人,他们……可以是国教徒,也可以是非国教徒;可以是长老派,也可以是独立派,这些都不是问题"。② 通过建立会社、班组和年会等等,卫斯理使户外布道变成有组织的传教活动,从而使零星的传道活动发展成一场席卷全英的宗教复兴运动。1746 年循道宗大会第一次划分了巡回布道区(circuits),传道士可以在不同的布道区巡回讲道,从而打破了固定教区的限制。卫斯理还打破了由教士进行布道的教会传统,任用平信徒(俗人)作为传道人,这些人被卫斯理称作"助手"(helpers)。他甚至还任命妇女承担布道工作,这些在那个时代都是革命性的变革。

卫斯理宗吸引了来自不同阶层的信徒,但主要还是由社会中较为贫困者组成。③ 按伊恩·克里斯蒂的说法,卫斯理宗的吸引力源于其教义的"极其简朴"及其具有的"乐观主义"精神。④ 卫斯理相信所有人均可获

---

① 王勇:《约翰·卫斯理与卫斯理运动的兴起》,南京大学博士论文 2002 年,第三章。
② [英]E. P. 汤普森:《英国工人阶级的形成》上册,钱乘旦等译,译林出版社,2001 年,第 27 页。
③ W. A. Speck, *Stability and Strife*, *England 1714—1760*, Edward Arnold Publishers Ltd., 1977, pp. 114, 113. 这里,值得一提的是,下层阶级中唯一没有受到福音复兴运动太多影响的成员是那些在农场里工作的农业工人。参见: W. A. Speck, *Stability and Strife*, *England 1714—1760*, Edward Arnold Publishers Ltd., 1977, p. 116.
④ 此外,戴维·亨普顿认为,参与以循道派教堂(chapel)为中心的、由信仰者集体参与的各种形式的活动,也是循道派信众产生归属感的原因之一。参见:David Hempton, *Enlightenment and Faith*, in Paul Langford ed., *The Eighteenth Century*, *1688—1815*, Oxford University Press, 2002, p. 95.

救,他对于深奥的神学毫不在意,基督教教义的绝大部分也被他弃置不顾,留下的只是"耶稣救世论"。① 在卫斯理看来,上层阶级的宗教至多只是一系列关于良好行为的规范,连"名义上的"宗教都算不上;在国教诉诸人们的理智时,循道宗诉诸人们的情感。总之,卫斯理宗教的个人色彩及他向情感发出呼吁,使他远离上层阶级,而在下层阶级中得到强烈反响——这些人恰恰是国教会长期所忽视的。②

如果说卫斯理的组织和管理能力是卫斯理运动成功的主观因素,那么,18 世纪中期开始的英国工业革命则是推动卫斯理运动迅速发展的最有利的客观因素。工业革命改变了英国的经济地理布局,人口重心也由东、南部向北方转移。而面对这些变化,国教会没有做出有效反应,其高高在上的态度,也使它与广大民众严重脱节。相反,"卫斯理兄弟把传道活动面向城市和大市镇的群众,以及矿区,因为这些人一向为教会所忽视,不关心宗教,往往还道德败坏,酗酒习以为常并成为越来越严重的恶习"。③ 处于社会边缘、一向被国教会忽视的穷苦工人们热情欢迎卫斯理及他差派的布道士,诚如汤普森所言:"循道派打开教堂的大门,为工业革命中流离失所、无家可归的人提供了某种团体,以取代正在瓦解的旧社团模式。"④1767 年循道宗首次公布其会员人数,当时总计为 25 911 人,其中约克郡一郡就占大约 1/4;由此可见,卫斯理信徒集中的地区,正是工业革命最早发生的地区。⑤

卫斯理运动对于工人阶级的影响是多重的,它既为屡受挫折的工人们提供了精神慰藉,也以强调服从和循规蹈矩而为工业革命培养了第一批遵守纪律的工厂工人,它并且还以宗派内部各种形式的民主参与为工

---

① Ian R. Christie, *Wars and Revolutions*, *Britain 1760—1815*, Edward Arnold Publishers Ltd., 1982, p. 37.

② W. A. Speck, *Stability and Strife*, *England 1714—1760*, Edward Arnold Publishers Ltd., 1977, pp. 115—116.

③ [美]G. F. 穆尔:《基督教简史》,郭舜平等译,商务印书馆,2000 年,第 285 页。

④ [英]E. P. 汤普森:《英国工人阶级的形成》上册,钱乘旦等译,译林出版社,2001 年,第 440 页。

⑤ 王勇:《约翰·卫斯理与卫斯理运动的兴起》,南京大学博士论文 2002 年,第 55 页。

人们培育起最初的政治觉悟,同时为工人们提供了学习场所,并为其积累组织工作经验创造了条件。汤普森认为18世纪的卫斯理运动是重大的社会事件,其意义远远超出于纯宗教事务之外。①

相对于新教不服从国教派信徒,18世纪居于英国境内的天主教徒受到更大的压制。在詹姆士二世逃离伦敦、威廉三世于1688年12月抵达伦敦之前,"临时政府"曾命令所有的天主教徒离开伦敦,并下令逮捕苏塞克斯和肯特境内所有港口的耶稣会士。"光荣革命"后,当其他新教不服从国教者得到自由时,天主教徒却被排除在《宽容法》之外,失去了信仰自由。不仅如此,从1692年开始,天主教徒需交纳双重赋税;1700年天主教学校被宣布为非法,天主教教士一旦被发现在履行其宗教职责,将被处以终身监禁。② 18世纪上半叶,天主教徒一再因斯图亚特王朝复辟企图而受牵连,处境艰难。天主教徒的财产也遭到剥夺,根据阿瑟·扬的说法,到1775年,仅有5%的爱尔兰土地仍然掌握在天主教徒手中。③ 直到18世纪后期天主教徒的处境才有所改善,其在苏格兰、英格兰和威尔士的人数从1700年大约8万人上升到1778年的大约11万人。1778年,议会通过一项法案,取消天主教徒拥有和继承土地的限制。1793年的另一项法案将选举权扩大到拥有40先令收入的信奉天主教的自由持有农。④

英国是世界上最先步入现代化的国家,但其在教育方面却一直进展迟缓,长时间落在其他西方国家之后。总体上说,18世纪的英国既缺少全国统一的国民教育体系,也没有形成涉及各门学科尤其是自然科学和应用技术学科的现代教育体制;政府不过问教育,在教育问题上承担主要责任的是各宗教教派尤其是国教会。

---

① 参见[英]E. P.汤普森《英国工人阶级的形成》上册,钱乘旦等译,译林出版社,2001年,第十一章,"十字架的转换力"。
② Jim Smyth, *The Making of the United Kingdom, 1660—1800*, Pearson Education Limited, 2001, p. 70.
③ Ibid., p. 71.
④ Ibid., pp. 188—194.

宗教改革后,由国教各教区负责的教区学校逐渐发展起来,这类学校接纳穷人子弟入学,以《圣经》为主要教学内容,教学时多采用英语,这可以说是英国初等教育的最初形式。1662年《宗教一致法》规定,教师必须宣誓效忠国教,初等学校的开办权一律归国教会,从而加强了国教会对初等教育的控制。18世纪上半叶,初等教育的主要形式是由国教会主办的慈善学校。1699年,英国国教会成立"基督教知识促进会"(Society for Promoting Christian Knowledge),1701年又成立"国外福音宣传会"(Society for the Propagation of the Gospel in Foreign Parts),为在国内外广泛开展传教活动,这两个团体开办了许多招收贫苦儿童的慈善学校。此后,各地纷纷仿效,出现了"乞儿学校"(Ragged School)、"劳动学校"(Industrial School)、"贫民日校"(Charity Day School),以及收容犯罪儿童的"劳动感化学校"(Reformation School)等各种形式的学校,总称为"慈善学校"(Charity School)。这类学校大多条件简陋、规模不大、教学水平低,在其中就读的贫苦儿童大都不能进入中等学校继续学习。①

18世纪后期,英国的初等教育仍未发生实质性变化,但随着社会对初等教育需求的增加,一些新形式的初等教育开始出现。一是"主日学校"(Sunday School)的开设。1781年,传教士罗伯特·雷克斯(Robert Raikes)首创一种让贫苦儿童尤其是童工在星期日学习宗教条文及简单读写知识的班级,称作"主日学校",很快被推广,迄1795年,全英"主日学校"已达1 012所。二是私立学校的出现。这类学校由私人创办,收取学费,其中以"妇女学校"(Dame School)和"普通私立学校"(Common Private School)最具代表性。前者系由老年妇女在自己家中开办,学生中女生比例较大,除教授基本读写知识外,也教缝纫。有些"女学"还兼有托儿所性质,招收5岁以下的幼儿。而"普通私立学校"中男生比例较大,教授读写算及文法等。这些私立学校为数不少,收费较低,但通常规

---

① 王天一等编著:《外国教育史》(上册),北京师范大学出版社,2005年,第149—150页。

模都很小,且存在的时间不长;其教学内容大多比较实用,适合中产家庭孩子们的就业需要。它们与新教非国教学校的区别在于,这些学校一般没有宗教背景。①

第三是慈善学校有了新发展,出现两种新的慈善学校:"导生制学校"(Monitorial System of School)和"幼儿学校"(Infant School)。"导生制"也称"相互教学制度",1798 年,非国教传教士约瑟夫·兰卡斯特(Joseph Lancaster)在伦敦创办一所学校,因经费短缺,无法多聘教师,于是采取从学生中选取一些年龄较大、成绩优秀者作为"导生"(Monitor),对他们先行施教,然后再让他们转授其他学生的做法,由此形成"导生制"教学制度。差不多同时,另一位国教会牧师贝尔(Andrew Bell)在英属印度殖民地采取类似做法,并自 1796 年回国后宣传其办学经验,故"导生制"又被称作"兰卡斯特-贝尔制"。这种方法简便易行,花费很少,因此颇受欢迎,在英国盛行近 30 年,对欧美一些国家也有一定影响。

第一所"幼儿学校"系由空想社会主义者罗伯特·欧文(Robert Owen)创办。自 1800 年起,他在自己经营的新拉纳克纺织厂内为工人子女设立包括托儿所、幼儿园等在内的"幼儿学校",规定,凡工人子女满 2 岁即可入学,同时规定,10 岁以下儿童不得为童工,并从 6 岁起进"幼儿学校"学习文化知识。欧文首创的"幼儿学校"经过他的宣传,一时形成了"幼儿学校"运动。②

18 世纪英国的中等教育仍然延续传统,教学模式陈旧,覆盖面窄。当时的中等学校主要有两类:文法学校(Grammar School)和公学(Public School)。英国的文法学校历史悠久,其名称的确定可上溯至 1387 年。文法学校强调学习古典语言和文法,使用拉丁语教学,其毕业生一般可以进入牛津和剑桥继续学习,或成为普通官吏、医师、法官等。由于文法

---

① Roy Potter, *English Society in the Eighteenth Century*, Penguin Books Ltd, 1982, p. 180; W. A. Speck, *Stability and Strife*, *England 1714—1760*, Edward Arnold Publishers Ltd., 1977, p. 83.

② 王天一等编著:《外国教育史》上册,北京师范大学出版社,2005 年,第 151—154 页。

学校需交纳学费,因此只有贵族和有财产家庭的子弟才能就读。"公学"其实也是一种文法学校,主要进行古典文科教学,但由于受教会支持,因此在教学中重视宗教课程及开展集体宗教活动。其所以称为"公学",是因为这类学校最初系由公众团体集资兴办,其目的在于提高公共教育水平及培养一般的公职人员。实际上,公学是一种寄宿制的私立学校,需交纳学费且学费昂贵,只有贵族和富家子弟才能进入公学。由于公学办学条件优越,师资力量强,教学水平高,教学质量优秀,因此其地位一直在文法学校之上。① 英国著名的九所公学是:温切斯特(Winchester,1384)、伊顿(Eton,1440)、圣保罗(St. Paul's,1510)、施鲁斯伯格(Shrewsburg,1552)、威斯敏斯特(Westminster,1560)、泰勒(Merchant Taylor's,1561)、拉格比(Rugby,1567)、哈罗(Harrow,1571)、查特豪斯(Charter-house,1612)。

18 世纪英国高等教育的主要形式仍然是始建于中世纪的古典大学,即分别创建于 1167 年和 1209 年的牛津大学和剑桥大学。在当时,所谓大学并非近代学制中继初等教育、中等教育之后的高等教育阶段,并且在入学时有严格的宗教限制,仅对国教徒开放。两所大学以教授古典文科和神学为主,但从 18 世纪初开始设立自然科学讲座。两校各有约 20 所学院,教学方面采用导师制。② 在 18 世纪,两校入学人数均呈下降趋势,1733 年,剑桥大学基督学院仅有 3 名新生入学;牛津大学的情况也好不了多少,据称,到该世纪中期,其新生人数已降至每年不足 200 人。两所大学学费高昂,贫民出身的子弟,除少数可获奖学金者外,大多被排除在校门之外。不仅如此,当时人们对其教学水平及学校管理也颇有微词。例如,著名历史学家爱德华·吉本(Edward Gibbon)就对牛津大学教师的总体表现相当不满,在他看来,这些人除了喝酒闲聊,在教学上几

---

① 参见:Roy Potter, *English Society in the Eighteenth Century*, Penguin Books Ltd, 1982, pp. 176—177.

② 王天一等编著:《外国教育史》上册,北京师范大学出版社,2005 年,第 159—163 页;袁锐锷:《外国教育史新编》,广东高等教育出版社,2006 年,第 110—113 页。

乎乏善可陈。当时一些著名学者如法律改革家杰里米·边沁(Jeremy Bentham)、历史学家爱德华·吉本、科学家约瑟夫·普里斯特利、亨利·卡文迪什(Henry Cavendish)等均未在这两所大学任教。①

受宗教条件限制,新教非国教徒子弟既不能进公学,也几乎没有机会进牛津、剑桥;为解决这一问题,新教非国教各派创建属于他们自己的教育机构——"学院"(一译"学园")(Dissenting Academy)。许多学院由当时的杰出学者如菲利普·多德里奇(Philip Doddridge)、约瑟夫·普里斯特利担任校长,知名度很高,一些国教徒甚至也慕名把自己的子弟送去就读。学院的教学内容及其课程设置与文法学校及牛津、剑桥不同,其中既有当时流行的古典学科,也有应用性科目,如地理、速记、算术及科学等。与文法学校及两所大学的管理模式不同,学院通常由校长个人负责,没有其他外在的规范及约束,显得比较自由。但正因为如此,盛行于学院里的自由探讨之风最终使它变成倡导理性和怀疑精神、进而颠覆新教非国教正统神学的摇篮,其中,哈克尼学院(Hackney Academy)和霍克斯顿学院(Hoxton Academy)尤为著名,在这两所学校里,加尔文主义被彻底抛弃,取而代之的是充满理性色彩的索齐尼主义。埃德蒙·伯克把哈克尼学院称为"一座制造颠覆性教义和观点的新兵工厂"。到18世纪末,一些以异端著称的学院如哈克尼学院、沃林顿学院(Warrington)以及霍克斯顿学院被强制关闭,但新教非国教学院的校长及其所培养的学生们,却继续朝着抛弃正统、追求思想自由的方向发展。②

整体而言,18世纪英国的教育事业尚停留在比较落后的阶段,虽然初等教育、中等教育和高等教育的形式均已存在,但既缺乏完整的体制,也缺少相互衔接,教育对象和教学内容更是亟待扩展和更新,英国社会的急剧变革呼唤着教育改革时代的到来。

① 其中有一些有宗教的因素。参见:Roy Potter, *English Society in the Eighteenth Century*, Penguin Books Ltd, 1982, pp. 177—178.
② Roy Potter, *English Society in the Eighteenth Century*, Penguin Books Ltd, 1982, p. 179.

第四篇

外 交

第一章　连横欧陆

1688 年 6 月 30 日,六位英格兰贵族和一位英国主教秘密致信詹姆士二世长女玛丽的丈夫、时任荷兰执政的奥兰治的威廉,请他率军到英国,帮助他们保护英国的自由。10 月 30 日,一直在关注英国事态发展的威廉,率领一支由 1.5 万人组成的军队,分乘 275 艘战船启程开赴英国。11 月 5 日,威廉一行打着保护"英格兰新教与自由"的旗帜,在德文郡的托尔湾登陆,随后缓缓向伦敦开进。不久,詹姆士二世众叛亲离,仓皇逃往法国。1689 年 2 月,威廉召开特别会议①,与会的托利党和辉格党经过多方权衡之后,决定接受哈利法克斯侯爵乔治·萨维尔(George Savile)的主张,由威廉和玛丽共同出任英国君主;威廉和玛丽在接受议会提出的"权利宣言"后,正式即位为英国国王和女王。②

"光荣革命"不仅是一次王权更替,它还开启了英国历史的一个新时代:通过一场不流血的政变,英国实现了政体转换,确立了君主立宪制,并由此走上稳步发展的道路。"光荣革命"不仅影响了英国内政,它还意

① George Clark, *The Later Stuarts, 1660—1714*, Oxford, 1956, p. 144.
② Thomas William Heyck, *The Peoples of the British Isles: A New History*, Wadsworth Publishing Company, 1992, pp. 36—40;[英]温斯顿·丘吉尔:《英语民族史》第三卷,薛力敏等译,南方出版社,2004 年,第 12—13 页。

味着英国外交政策的根本转向。保罗·兰福德(Paul Langford)指出:
"1688 年之前,从克伦威尔到查理二世和詹姆士二世,他们的外交政策基
本上是亲法反荷的。1688 年之后,法国多多少少地成为英国永久的敌
人,与英国一直不断地争夺海上霸权。冲突的规模是前所未有的。九年
战争(1688—1697)和西班牙王位继承战争(1701—1714)使英国既再次
卷入了大陆上的战争,又卷入了争夺殖民地的战争,这是自伊丽莎白与
西班牙斗争以来所从来没有的。"①

　　1689 年 2 月威廉正式即位为英国国王,称威廉三世,与此同时他仍
是荷兰共和国执政,由于此前一年荷兰已正式对法开战,"始于 1688 年
11 月的法荷之战因此也就成了法英之战"。② 对当时的威廉而言,阻止
法国扩张,"利用一切能够获取的权力——无论是从荷兰还是从英格兰,
去履行由上帝赋予他的角色——打败'太阳王'统治下的天主教的法
国",是他所追求的主要目标。③ 可见,威廉入主英国,在使英荷特殊关系
得以形成的同时,也开启了英荷联合对抗法国的新局面,英国由此卷入了
反对法国的大规模欧洲战争。从 1689 年开始,除短暂中断外(1697.9—
1702.4),战争一直持续到 1713 年,几乎贯穿着威廉和安妮女王两朝。正
因为如此,战争的前一阶段(1689—1697 年)有时也被称为"威廉王之战"
(King William's War),也就是欧洲历史上的"奥格斯堡同盟战争";后一
阶段(1701—1714 年)被称为"安妮女王之战"(Queen Anne's War),即
通常所说的"西班牙王位继承战争"。④

　　威廉三世反对法国,首先是由于荷兰面临着法国入侵的威胁。威廉

① [英]肯尼思·O. 摩根主编:《牛津英国通史》,王觉非等译,商务印书馆,1993 年,第 375—
　　376 页。
② [美]伊曼纽尔·沃勒斯坦:《现代世界体系》第二卷,吕丹等译,高等教育出版社,1998 年,第
　　334 页。
③ Thomas William Heyck, *The Peoples of the British Isles: A New History*, Wadsworth
　　Publishing Company, 1992, p. 37.
④ W. A. Barker, G. A. St. Aubyn and R. L. Ollard, *A General History of England*, *1688—*
　　1832, A & C. Black Ltd., 1963, p. 18; Barry Coward, *The Stuarts Age: A History of*
　　England, *1603—1714*, Longman, 1980, pp. 321—322.

出生于 1650 年,他的政治生涯从一开始就与反抗法国侵略联系在一起。1672 年 3 月路易十四发动对荷战争,法军很快进入荷兰内地,阿姆斯特丹形势危急,荷兰当局在法国的入侵面前领导战争不力,引起了人们的不满。迫于压力,荷兰议长约翰·德·维特任命威廉为军事统帅和执政,就这样,年仅 22 岁的威廉临危受命,成为荷兰共和国执政,开始了他与法国持续斗争的政治人生。① 丘吉尔写道:"威廉冷漠而不残暴。他无暇顾及小仇,而是集中精力同路易十四斗争。他英勇无畏,年轻时已成为大军统帅,然而他不是一个伟大的军事家。对战斗的预见性是军事天才的标志,而他缺乏这种预见能力,他只是一个比较理智而意志坚定的人,凭着天生的条件得到了指挥军队的机会。他的天才是在外交领域,他十分精明、耐心和谨慎。他结成的同盟,克服的困难,对时间因素或他人弱点的巧妙利用,掌握分寸和区分轻重缓急的能力——这一切使他享有极高的威望。"② 的确,如丘吉尔所说,威廉在外交方面能力出众,③ 而这一点,在他成为荷兰共和国执政不久即有所表现。

针对当时荷兰所处的不利国际环境,威廉展开了有力的外交攻势。他先是利用哈布斯堡王朝与波旁王朝之间的矛盾,与同属哈布斯堡王朝的奥地利、西班牙结成军事同盟,以分散法军的兵力,减轻对荷兰的压力。继而他利用英国国王查理二世因议会拒绝拨款而面临的财政困难,以及《多佛密约》泄密而遭遇的窘境,提出与英国单独议和,让英国退出战争,瓦解了法国拼凑起来的反荷同盟,使国际形势向有利于荷兰方面转变,并最终使路易十四同意与荷兰和谈。④

17 世纪欧洲国际关系的突出特点是法国逐步确立对欧洲大陆的霸权,"如果说,十六世纪时,在西欧国际关系中起首要作用的是西班牙,那

---

① [美]房龙:《荷兰共和国兴衰史》,施诚译,河北教育出版社,2002 年,第 20 页。
② [英]温斯顿·丘吉尔:《英语民族史》第三卷,薛力敏等译,南方出版社,2004 年,第 10 页。
③ Thomas William Heyck, *The Peoples of the British Isles：A New History*, Wadsworth Publishing Company, 1992, p. 48.
④ 王绳祖主编:《国际关系史》第一卷,世界知识出版社,1995 年,第 111—112 页。

么,可以说十七世纪是法国真正称霸时期,至少在大陆上是如此"。[1] 法国自亨利四世(Henry Ⅳ,1589—1610 年在位)起就制定了称霸欧洲的宏大计划,至路易十四(Louis ⅩⅣ,1643—1715 年在位)亲政(1661 年)后,更是"把法国的霸权政策推进到一个新的阶段"。路易十四野心勃勃,亲政不久即四处寻找机会,不断对外扩张。继 1667—1668 年发动对西班牙的"遗产战争"之后,1672 年又把战争的矛头对准荷兰。1678 年,法国与荷兰签订《奈梅根和约》(Treaties of Nijmegen),尽管该约并未完全实现法国的目标,但它造成的国际形势却大大推进了法国的霸权战略,因此被视为"法国在欧洲最强盛时期的标志"。随后,路易十四又展开一系列扩张行动,迫使欧洲诸国屈服,法国成为称雄一时的欧洲霸主。[2]

法国的扩张使整个欧洲惊恐不已,而作为法国的近邻,荷兰尤其深感不安。就在《奈梅根和约》签订后不久,奥兰治的威廉便积极开展外交活动,以期形成一个针对法国的新同盟。威廉充分利用不同国家与法国之间的矛盾及不同的利益追求,一方面向神圣罗马帝国皇帝和勃兰登堡选帝侯阐述共同抗法的思想,另一方面抓住时机分化法国的旧盟友,1681 年,一度曾是法国盟友的瑞典与荷兰结成反法同盟;由于威廉的"外交艺术",一个对抗法国的秘密同盟逐渐形成。[3]

1685 年路易十四颁布"枫丹白露敕令"(Edit de Fontainebleau),取消"南特敕令"(Edit de Nantes),这为威廉缔结大同盟的努力提供了难得的机会。"南特敕令"取消后,"几十万胡格诺教徒拼命逃走,散到整个西欧各地。……不久以后,就有个一般的信念传播开来,以为全欧洲都在酝酿着一个共同毁灭新教的阴谋"。[4] 欧洲一些新教国家很快做出反应,

---

[1] [苏]波将金等编:《外交史》第一卷(上),史源译,生活·读书·新知三联书店,1979 年,第 339 页。

[2] 王绳祖主编:《国际关系史》第一卷,世界知识出版社,1995 年,第 106、113—114 页。

[3] [苏]波将金等编:《外交史》第一卷(上),史源译,生活·读书·新知三联书店,1979 年,第 351、353 页。

[4] [英]阿·莱·莫尔顿:《人民的英国史》下册,谢琏造等译,生活·读书·新知三联书店,1976 年,第 379—380 页。

荷兰、瑞典、勃兰登堡三国联合起来,共同反对法国的政策。不仅如此,因取消"南特救令"而引起的反法浪潮,甚至将正在与土耳其作战的奥地利也卷入其中,同样信奉天主教的奥地利此时却成了反法联盟的倡导者。在这些国家的带动下,欧洲新教势力及受法国扩张之害而仇视法国的天主教王公纷纷加入到反法阵营中。1686 年,各种反法势力在德意志南部城市奥格斯堡集会,正式形成了"奥格斯堡同盟",参加该同盟的有荷兰、瑞典、勃兰登堡、奥地利、西班牙、萨伏依以及德意志的一些邦国,甚至连罗马教皇英诺森十一世也加入了同盟。①

不过,正当威廉不遗余力地筹建反法同盟时,英国却置身事外,与法国保持着密切关系,甚至一度与法国结盟,反对荷兰。查理二世和詹姆士二世企图在英国恢复天主教,进而恢复专制统治,为此他们把目光投向欧洲大陆最强大的专制国家法国,希望从路易十四那里得到支持。1670 年,查理二世与路易签订《多佛密约》(Treaty of Dover),根据密约,查理二世同意与法国联合对荷兰作战,法国则支持英国恢复天主教,并给查理二世 200 万利维尔和 6 000 名步兵的援助。路易十四还答应在战争期间每年向查理二世提供 300 万利维尔的补助,以帮助后者摆脱议会的约束;英国答应对荷兰作战时提供 6 000 名步兵和 50 艘战舰。1676 年,查理二世以不经法国国王同意不与其他国家签订条约为条件,换取法国每年提供 10 万镑的补助金。1681 年,查理二世再次从法国方面获得每年 500 万利维尔的巨额补助金,从而使他能够在 1681 年 3 月至 1685 年 2 月去世这段时间里,摆脱议会干扰,实行个人统治。②

詹姆士二世上台后一意孤行地想在英国恢复天主教,因此同样采取对法友好的态度。詹姆士继位时,正是路易十四取消"南特救令"的时候,然而,正当欧洲新教国家纷纷站到联合反法的立场上时,作为新教国家君主的詹姆士二世,却由于自己的天主教信仰及恢复天主教的企图而

---

① 王绳祖主编:《国际关系史》第一卷,世界知识出版社,1995 年,第 129 页。
② 同上书,第 110、97、98 页。

与法国站到了一起。

由于英国置身反法阵营之外,威廉的反法包围圈深受损害。参加反法同盟的国家为数不少,但多数是小国或弱国;而作为主力成员的奥地利,则身陷与土耳其的战争之中,难以集中力量对付法国。在如此情况下,反法同盟若能得到英国的支持,从海上对法国构成威胁,就能大大增强同盟的实力。出于这种考虑,奥兰治的威廉始终关注英国动向,随时准备抓住机遇,把英国拉入反法同盟。如戴维·海敦(David Hayton)所说:威廉最终选择直接干预英国国内政治,"其动机之一便是让英国成为大同盟(Grand Alliance)的一员,以此增强'大同盟'的实力,共同反对路易十四"。[①]

威廉在反法问题上明显存在荷兰情结,[②]但英荷联手共同对抗法国,显然不仅有利于荷兰,同时有利于英国。一方面,法国的欧洲霸权改变了原有的国际格局,随着奥地利和西班牙这两个哈布斯堡家族的衰落,17世纪以来哈布斯堡王朝与波旁王朝对峙的局面不复存在,[③]欧洲大陆均势有被打破的危险。从这个意义上说,奥兰治的威廉促成"奥格斯堡同盟"的形成,尽管其初衷是维护荷兰的安全,但就其结果而言无疑有利于维系欧洲大陆的力量均衡,这一点对英国来说意义重大。[④] 因为,一旦法国独霸欧洲大陆,就既可能对英国本土造成威胁,也有损于英国在欧洲大陆的商业利益;并且,由于法国的大陆霸权有助于法国的殖民扩张,因此还会大大损害英国的海外利益,这是英国最不愿意看到的。事实上,早在1672—1678年的法荷战争期间,英国议会就曾因反对与法国一

[①] David Hayton, *Contested Kingdoms*, *1688—1756*, in Paul Langford ed., *The Eighteenth Century*, *1688—1815*, Oxford University Press, 2002, p. 41. 关于"大同盟条约"(1689年5月12日),参见 George Clark, *The Later Stuarts*, *1660—1714*, Oxford, 1956, pp. 160—161.

[②] 有意思的是,荷兰人似乎对威廉的对外政策也颇有微词。参见[美]房龙《荷兰共和国兴衰史》,施诚译,河北教育出版社,2002年,第20—21页。

[③] 王绳祖主编:《国际关系史》第一卷,世界知识出版社,1995年,第115页。

[④] W. A. Barker, G. A. St. Aubyn and R. L. Ollard, *A General History of England*, *1688—1832*, A & C. Black Ltd., 1963, p. 15.

起进攻荷兰而拒绝向查理二世拨款,迫使查理在 1674 年退出战争,可见在当时的英国统治阶层中,不少人"已开始看出法国是他们最强大的对手";①此外,大多数普通英国人也对政府推行与法国这个信奉罗马天主教的国家维持友好关系的政策深表不满。②

其实,在"光荣革命"发生时,对威廉的邀请在一定程度上即意味着对其反法立场的认可;而议会接受威廉担任英国国王,事实上就意味着选择对法战争。当然,议会做出这样的选择也是迫不得已:路易十四很快承认詹姆士二世仍旧是英国国王,这一立场让法国的入侵迫在眉睫。英国议会清醒地认识到:离开威廉及其军队的支持,法国的威胁立刻会变成现实。果然,1689 年 3 月,路易十四决定由法国提供船只和军队,帮助詹姆士二世入侵爱尔兰。至此,威廉和英国在对法战争中终于有了一个真正的共同点,那就是,共同捍卫"光荣革命"的结果,共同捍卫"光荣革命"造成的王位更替。③。

在威廉全力投入对法战争之前,他需要首先解决詹姆士二世及其支持者在爱尔兰和苏格兰发动的叛乱,而这也就成了双方在欧洲范围内展开军事较量的一个组成部分。④ 詹姆士二世在爱尔兰登陆后,得到当地天主教徒响应,也得到时任爱尔兰总督的泰康内尔伯爵(Earl of Tyrconnel)的军事支持。1690 年 6 月,威廉亲率大军赶赴爱尔兰;7 月 12 日,威廉在都柏林以北的博因(Boyne)一战中打败詹姆士二世,并夺取都柏林。深感绝望的詹姆士二世逃回法国,从此未能重返爱尔兰。1691 年 10 月,威廉与爱尔兰签订《利默里克条约》(*Treaty of Limerick*),结

---

① 〔苏〕波将金等编:《外交史》第一卷(上),史源译,生活・读书・新知三联书店,1979 年,第 351、353 页。

② W. A. Barker, G. A. St. Aubyn and R. L. Ollard, *A General History of England*, 1688—1832, A & C. Black Ltd., 1963, p. 15.

③ Ibid., p. 23.

④ Thomas William Heyck, *The Peoples of the British Isles: A New History*, Wadsworth Publishing Company, 1992, p. 47.

束了对爱战争。苏格兰的情形与爱尔兰不同,在这里,多数人支持威廉和玛丽,而支持詹姆士二世的主要是来自苏格兰高地的天主教徒及忠于斯图亚特旧王的人,他们在邓迪子爵(Viscount Dundee)约翰·格雷厄姆(John Graham)领导下,起兵反对威廉,但不久邓迪战死,叛军随之瓦解。① 这样,到 1692 年,英伦全境已无人反抗威廉的统治,②他现在可以把主要精力放在带领"大同盟"打败法国的问题上了。

奥格斯堡同盟战争开始后,在欧洲大陆出现了三个战场,分别是南尼德兰、莱茵区和意大利。陆上作战的主力是奥地利军队,莱茵区是主战场;在海上,英荷联合舰队与法国舰队在英吉利海峡进行战斗。此外,英法还在欧洲以外地区如西印度群岛、纽芬兰、阿卡迪亚、本地治理展开争夺。③ 双方在陆上的行动主要表现为争夺一些重要城镇,如蒙斯(Mons)、那慕尔(Namur)等,其中威廉领导的英国军队在尼德兰打了七场战役,这些战役为久未打仗的英国军队提供了锻炼。直到 1694 年,同盟军才挡住法军的凌厉攻势;1695 年那慕尔城向威廉投降,至此法军的气势得到遏制。④

在海上,决定性的战斗发生在 1692 年。当时,法国集结了大量陆军准备入侵英格兰;5 月,詹姆士二世也赶到驻扎在阿格角(Cape la Hogue)附近的营地,与其支持者会合。在入侵英国的大军起航之前,法国舰队在英吉利海峡开始行动,旨在扫清海上障碍。但不久这支舰队遭到爱德华·罗素(Edward Russell)率领的英荷联合舰队的拦截,联合舰

---

① Thomas William Heyck,*The Peoples of the British Isles:A New History*,Wadsworth Publishing Company,1992,pp. 43—44,46.

② [英]阿·莱·莫尔顿:《人民的英国史》下册,谢琏造等译,生活·读书·新知三联书店,1976 年,第 387 页。

③ 王绳祖主编:《国际关系史》第一卷,世界知识出版社,1995 年,第 131—132 页。

④ W. A. Barker, G. A. St. Aubyn and R. L. Ollard,*A General History of England*,*1688—1832*,A & C. Black Ltd. ,1963,p. 24. George Clark,*The Later Stuarts*,1660—1714,Oxford,1956,pp. 172—173.

队不仅在数量上超过法国舰队,[1]同时还将后者压缩在法国海岸附近,使之失去机动性。经过六天激战,双方在阿格角展开会战,法国舰队损失惨重,15 艘战舰被击毁,路易十四入侵英国的计划也随即停止。阿格角海战使英国赢得海上优势,丘吉尔则将其称作是 17 世纪的"特拉法加之战"。[2]

阿格角海战大大挫伤了法军的士气,1693 年,法国开始试探与同盟国家进行和谈。1695 年,威廉率军攻克那慕尔,持续了七年的战争便在 1696 年不了了之。随着战争的拖延,参战各方都面临巨大的经济和军事压力,厌战情绪日渐蔓延。路易十四尤其急于摆脱战争,因为当时西班牙国王查理二世重病缠身,随时可能毙命,如果法国与西班牙维持战争状态,显然不利于早已垂涎西班牙遗产的法国从中获利。因此,他采取分化大同盟的策略。他首先选择萨伏伊公爵,通过让出法国占领的卡萨莱(Casale)等地,换取与后者在 1696 年签订《都灵条约》。[3] 随后,萨克森又与法国单独媾和。在此形势下,各国纷纷展开外交行动,英法之间的和谈也颇有成效,于是在海牙附近的里斯维克(Ryswick)召开和会,经过彼此妥协,与会各方最终达成协议。1697 年 9 月,除神圣罗马帝国皇帝外,其余各国均在《里斯维克和约》(*Treaty of Ryswick*)上签字;10 月,神圣罗马帝国皇帝与法国签约。至此,历时九年的奥格斯堡同盟战争告一段落。

尽管奥格斯堡同盟战争并未分出胜负,和约对签约国来说也是各有得失,但英国却获益良多,达到甚至超过了它的预期目标。首先,法国的欧洲霸权受到打击,其在欧洲的政治地位开始下降;其次,与法国形成对照的是,英国的国际地位大大增强。在打败法国海军舰队后,英国不仅取得了海上优势,同时还获得了进入地中海的权利,并具备了干预欧洲

---

① 罗素率领的联合舰队有 99 艘军舰、4 万名士兵和 7 000 门大炮;法国舰队仅有 44 艘军舰。参见:George Clark, *The Later Stuarts, 1660—1714*, Oxford, 1956, p. 166.

② [英]温斯顿·丘吉尔:《英语民族史》第三卷,薛力敏等译,南方出版社,2004 年,第 20 页。

③ George Clark, *The Later Stuarts, 1660—1714*, Oxford, 1956, p. 173.

大陆事务的能力。从此,英国已不再是欧洲二流国家,它跻身于大国行列,成为争雄欧陆的后起之秀。①

威廉还有其他收获,根据条约,法国承认威廉为英国国王,并不再给詹姆士二世及其后裔以任何支持,②英法正式建立外交关系。法国的这一承诺至少表明路易十四暂时放弃支持詹姆士二世,威廉三世的合法性得到了承认。与此同时,荷兰则获得在西属尼德兰一些要塞驻军的权利,同时获得法国在关税及商业方面的较大让步。经过这场战争,由威廉代表的英荷联盟在经济、军事、政治方面的实力得以大大提升,成为欧洲首屈一指的力量,而作为英荷联盟主导力量的英国,则更是由此活跃于欧洲舞台,并将在即将到来的新一轮角逐中发挥更大作用。

《外交史》一书的作者指出:"从路易十四当政的后半期起,开始了欧洲外交史的新时期,其标志为英国国际作用的逐渐加强和英法两国在掠夺殖民地上争雄的斗争。"而"这一斗争中最重要的阶段,便是西班牙王位继承战争(1701—1714年)"。③《里斯维克和约》结束了迁延已久的战争,为欧洲带来了和平,不过在威廉三世看来,和约并未解决欧洲的持久和平问题,因为它未就西班牙王位继承问题做出实质性安排。④ 事实上,在路易十四急切地关注西班牙的同时,威廉三世及神圣罗马帝国皇帝也同样对西班牙问题高度关切。早在1689年"大同盟条约"签订时,荷兰就与神圣罗马帝国有过一项关于西班牙王位继承问题的秘密条款,其中约定,一旦西班牙国王查理二世无嗣而终,英国和荷兰将动用全部力量支持神圣罗马帝国皇室,反对法国在西班牙的任何图谋。⑤

---

① 王绳祖主编:《国际关系史》第一卷,世界知识出版社,1995年,第134、135页。

② W. A. Barker, G. A. St. Aubyn and R. L. Ollard, *A General History of England*, *1688—1832*, A & C. Black Ltd., 1963, p. 25.

③ [苏]波将金等编:《外交史》第一卷(上),史源译,生活·读书·新知三联书店,1979年,第404页。

④ Barry Coward, *The Stuarts Age*:*A History of England*, *1603—1714*, Longman, 1980, pp. 340—341.

⑤ George Clark, *The Later Stuarts*, *1660—1714*, Oxford, 1956, pp. 160—161.

西班牙问题在 1665 年即引起关注,当年,西班牙国王菲利普四世(Felip Ⅳ,1621—1665 年在位)去世,年仅 4 岁的查理二世登位,这位年幼的国王体弱多病,所有的人都认为他只能活上几个月,王位空缺的情形随时可能出现。但出人意料的是,这位国王却在众人的担心或期待中活到了 39 岁,直到 1700 年 11 月才撒手人寰。[①] 由于查理二世始终没有子嗣,因此,根据西班牙哈布斯堡王朝王位继承法,享有继承权的各方如法国、奥地利(神圣罗马帝国)等,就一直在各怀心机,明争暗斗。

西班牙是个老牌的大国,至 17 世纪末,除西班牙本土,它还拥有意大利的大片领土、尼德兰南部地区,南美、中美和北美广大地区,非洲西海岸一些重要据点,此外还有菲律宾、加罗林、安的列斯、加那利群岛等。但这个大国自 16 世纪末开始就步步衰落,到 17 世纪,更是内外交困。[②]昔日不可战胜的西班牙已完全无力自保,这就为法国等觊觎其遗产的国家提供了难得的机遇。根据西班牙的王位继承法,若现任国王死后无男嗣,则三人享有继承权,他们是:路易十四之孙安茹的菲利普(Philip of Anjou)、巴伐利亚选帝侯(Electoral Prince of Bavaria)之子约瑟夫·斐迪南(Joseph Ferdinand)、神圣罗马帝国皇帝次子奥地利的查理大公(Archduke Charles)。在这三人背后,首先是欧洲的两大王朝即法国的波旁王朝与奥地利的哈布斯堡王朝之间的斗争,而英国及其盟友荷兰也希望从中获益,至少不丢失什么。围绕西班牙王位继承问题,相关国家各有盘算,由此而展开了激烈的角逐。

所有这些国家中法国野心最大,也表现得最积极。在法国的主动之下英法秘密协商,于 1698 年 10 月签订了瓜分西班牙的“第一个瓜分条约”(first Partition Treaty)。双方商定,西班牙王位将由巴伐利亚选帝侯之子约瑟夫·斐迪南继承,他将领有西班牙本土、西印度群岛和尼德兰;奥地利的查理大公将得到米兰和卢森堡;安茹的菲利普将得到那不

---

① W. A. Barker, G. A. St. Aubyn and R. L. Ollard, *A General History of England*, 1688—1832, A & C. Black Ltd., 1963, p. 26.

② 王绳祖主编:《国际关系史》第一卷,世界知识出版社,1995 年,第 137 页。

勒斯、西西里等地;英国和荷兰则获得商业和殖民地方面的利益。但神圣罗马帝国皇帝对条约表示不满,拒绝履约;西班牙的查理二世在得知英法竟然撇开自己秘密瓜分其遗产,更是震怒不已,并愤而决定将整个西班牙遗产全部交由约瑟夫·斐迪南继承。①"第一个瓜分条约"遂告流产。

1699 年 2 月,查理二世指定的继承人突然去世,威廉三世及荷兰议长安托尼·海因秀斯(Antonie Heinsius)与路易十四再度谈判,不久后②达成第二个"瓜分条约",条约规定:西班牙王位由奥地利的查理大公继承,并领有西班牙本土、西印度群岛及尼德兰地区;安茹的菲利普将获得那不勒斯、西西里和米兰;英国和荷兰则享有在西班牙领地通商等权利。③这次条约再次为神圣罗马帝国皇帝所拒绝,并为查理二世所痛恨。1700 年 10 月查理二世签署遗嘱,将王位传给路易十四之孙即安茹公爵菲利普,条件是西班牙与法国永远不合并。11 月 1 日查理二世去世;路易十四随即违反密约,决定接受西班牙王位。1701 年初,安茹公爵被宣布为菲利普五世(Felip V,1700—1746 年在位),波旁王朝取代哈布斯堡王朝,成为西班牙的统治王朝。

此时,威廉三世领导下的英国和荷兰并不想与法国开战,原因在于,自《里斯维克和约》签订后,英国的国内舆论"决定性地并且一致地"反对战争、反对英国介入大陆事务。④ 但不久,野心膨胀的路易十四采取一系

---

①③ W. A. Barker, G. A. St. Aubyn and R. L. Ollard, *A General History of England*,*1688—1832*,A & C. Black Ltd.,1963,p. 28;王绳祖主编:《国际关系史》第一卷,世界知识出版社,1995 年,第 139 页。

② 据巴里·考沃德(Barry Coward)《斯图亚特时代》一书,第二次瓜分条约签订时间为 1700 年 3 月。参见 Barry Coward, *The Stuarts Age*:*A History of England*,*1603—1714*,Longman,1980,p. 341. 而丘吉尔在《英语民族史》中,则将第二次瓜分条约的签订时间写作 1699 年 6 月 11 日,参见[英]温斯顿·丘吉尔《英语民族史》第三卷,薛力敏等译,南方出版社,2004 年,第 28 页。

④ Barry Coward,*The Stuarts Age*:*A History of England*,*1603—1714*,Longman,1980,p. 345.

列挑衅行动,终于再度激起英国民众的反法情绪:他先是违背已故西班牙国王关于西、法永远不得合并的遗嘱,于 1701 年初发布敕令,公开宣布菲利普五世有权在其兄长去世后继承法国王位;接着于 1701 年 2 月派兵进入西属尼德兰,占领原属荷兰的一些要塞,俨然将南尼德兰视为法国的属地。① 而令英国人最不能容忍的是,1701 年 9 月,詹姆士二世去世,路易十四竟违背《里斯维克和约》,公开承认其子詹姆士·爱德华,即后来的"老僭位者"为英王。路易十四还企图将英荷两国从西印度群岛的贸易中排挤出去。这样,到 1701 年 6 月,不仅英国舆论再度转向支持战争,辉格、托利两派也放弃分歧,投票赞成大笔战争拨款。② 9 月 7 日,在威廉三世的努力下,英、荷、奥等组成新的"大同盟";不巧的是,威廉于 1702 年 2 月骑马摔伤,引起并发症,随后于 3 月 8 日去世。玛丽女王之妹安妮随即继位,称安妮女王。

安妮女王在马尔博罗伯爵(Earl of Marlborough)③约翰·丘吉尔(John Churchill)的辅佐下继续执行反法政策,1702 年 5 月 4 日,英、荷、奥正式对法宣战。马尔博罗伯爵出任英国军队总司令,在女王执政初期,他不仅是女王的主要顾问,"而且可以说是唯一的顾问"。马尔博罗伯爵还被荷兰方面任命为荷军代理总司令,从而成为两个强国的最高军事统帅。从此,马尔博罗伯爵"在敌人的绝对优势面前开始了连连取胜的十年征程",成为威廉三世反法政策的忠实的继承人和有力的执行者。④

1702 年,路易十四乘威廉三世去世、英荷关系出现微妙变化之际,派军大举进攻荷兰,企图以此达到击败荷兰、吓退英国的目的。面对强敌,联军内部士气低落,将领们相互嫉妒。马尔博罗伯爵充分展示出领导才

① 王绳祖主编:《国际关系史》第一卷,世界知识出版社,1995 年,第 141 页。
② Barry Coward, *The Stuarts Age: A History of England, 1603—1714*, Longman, 1980, p. 346.
③ 马尔博罗伯爵于 1702 年受封为公爵,此后称马尔博罗公爵。
④ [英]温斯顿·丘吉尔:《英语民族史》第三卷,薛力敏、林林译,南方出版社,2004 年,第 36、37、33 页;W. A. Barker, G. A. St. Aubyn and R. L. Ollard, *A General History of England, 1688—1832*, A & C. Black Ltd., 1963, p. 29.

能,将进占荷兰的法军赶至戴尔(Dyle)河一线,取得对法战争的首场胜利。这次胜利大大提振了联军的士气,也确立起马尔博罗伯爵本人的名声。[①] 1704年马尔博罗取得更加辉煌的胜利。当时,路易十四与巴伐利亚选帝侯共同发起对维也纳的攻击,维也纳城岌岌可危。英荷联军在马尔博罗伯爵率领下从北海出发向多瑙河进军,横穿整个欧洲。6月,当英荷联军突然出现在巴伐利亚时,整个欧洲都为之而震惊。在与普鲁士及德意志其他军队会合后,6月11日又与奥军会合;8月13日,由马尔博罗伯爵和欧根亲王(Prince Eugene)指挥的同盟军向法国及巴伐利亚联军发起攻击,在布伦海姆之战(Battle of Blenheim)中大获全胜,法军阵亡1.4万人,另有1.1万人被俘,巴伐利亚倒向同盟一方,维也纳得救。布伦海姆大捷使同盟力量得到巩固,马尔博罗伯爵也成为当时首屈一指的大军事家。[②]

1706年5月,马尔博罗伯爵又取得拉米伊(Ramillies)之役的巨大胜利,在温斯顿·丘吉尔看来,"拉米伊战斗的影响比布伦海姆战斗的影响还要大,如果像有些人所说的那样,布伦海姆大捷挽救了维也纳,那么可以说,拉米伊大捷征服了比利时"。[③] 1708年7月,同盟军与法军在奥德纳德(Oudenarde)再次激战,重创法军,此役使同盟军包围并占领里尔(Lille)。至此,马尔博罗伯爵向巴黎进军的一切障碍均不存在了,不过,如丘吉尔所言,马尔博罗伯爵作为联军统帅征战欧陆的"黄金时期"也就此宣告结束。[④]

在不断取得陆上胜利的同时,英军在海上也取得重大进展。1704年,英军占领了通往地中海的咽喉直布罗陀;1708年占领梅诺卡

---

① [英]温斯顿·丘吉尔:《英语民族史》第三卷,薛力敏、林林译,南方出版社,2004年,第38页。

② W. A. Barker, G. A. St. Aubyn and R. L. Ollard, *A General History of England*, 1688—1832, A & C. Black Ltd., 1963, pp. 30—33;[英]温斯顿·丘吉尔:《英语民族史》第三卷,薛力敏、林林译,南方出版社,2004年,第42、44页。

③ [英]温斯顿·丘吉尔:《英语民族史》第三卷,薛力敏、林林译,南方出版社,2004年,第48、49页。

④ 同上书,第60页。

(Minorca),为英国海军在地中海提供了巩固的基地。由于占领了这两个具有重要战略意义的地点,英国海军实际上控制了地中海。

路易十四开始求和。早在拉米伊战斗之后,路易十四即向同盟方面提出停战条件,但未为同盟方面接受。1709 年路易十四再次向同盟求和,这一次,由于法军屡遭败绩,加之国内财政枯竭,1708 年冬又出现可怕的饥荒,路易十四准备接受一切条件以结束战争。但法国的和平条款再次为同盟方面拒绝,原因是 1708 年英国政局发生变化,主战的辉格党完全控制政府,辉格党担心和平可能会让托利党重新得势,因此从党派利益出发,辉格党政府提出了法国完全不能接受的条件:要路易十四派军队将其孙菲利普从西班牙王位上赶下台。谈判终于破裂,路易十四答复道:"倘若我必须战斗,我也将选择同我的敌人一决雌雄,而决不会与我的子孙自相残杀。"①

1709 年 6 月战端再起,但战争的性质却发生了改变,同盟一方由反侵略转向"公然进行入侵活动",而法国则"形成了反对外国侵略和压迫的民族阵线,西班牙也形成了较弱的民族阵线。法国人和西班牙人迸发出惊人的爱国热情"。② 一时间,双方求战的情绪激增。9 月,马尔博罗伯爵和欧根亲王率领联军在马尔布拉凯(Malplaquet)与法军激战,双方均损失惨重;法军败退,死亡 1.2 万人,同盟一方虽然获胜,但也付出了 2 万人阵亡的巨大代价。此役是马尔博罗伯爵在西班牙王位继承战争中的最后一场大战,同时也是英军在欧陆战场的最后一次决战。1711 年底马尔博罗伯爵被解职,1712 年英军从大陆撤出。③

导致马尔博罗伯爵去职的不是他在军事方面的失误,而更多的是因为主和的托利党重新掌权。1710 年秋英国议会大选,托利党获胜,该派

---

① W. A. Barker, G. A. St. Aubyn and R. L. Ollard, *A General History of England*, 1688—1832, A & C. Black Ltd.,1963, pp. 33—34.

② [英]温斯顿·丘吉尔:《英语民族史》第三卷,薛力敏、林林译,南方出版社,2004 年,第 61 页。

③ W. A. Barker, G. A. St. Aubyn and R. L. Ollard, *A General History of England*, 1688—1832, A & C. Black Ltd.,1963, p. 34.

反对辉格党将波旁王朝赶出西班牙的战争目标,其领袖哈利和圣约翰(St. John,即后来的博林布鲁克子爵)不断抱怨战争所带来的负担,并且不忘提醒女王,说马尔博罗想当军事独裁者,成为克伦威尔第二。女王听其所言,为使托利党在上院也能获得多数,还特意加封 12 名新贵族,以确立托利党在上院的优势。① 托利党通过秘密渠道与法方建立联系,并派圣约翰与他们谈判;谈判在 1711 年进行了一整年,而英国议会居然毫不知情,同盟的其他国家更是被蒙在鼓里。丘吉尔对此评论说:"哈利等人在这方面采取卑鄙的手段,但他们追求着正确的目标。"②

1712 年英法和谈公开化,双方之间的军事行动也停止了。1713 年 3 月 21 日至 4 月 11 日,在荷兰的乌得勒支召开了由各国代表参加的和谈会议,以英、荷、普鲁士、萨伏依、葡萄牙为一方,以法国和西班牙为另一方,正式签订《乌得勒支和约》(*Treaty of Utrecht*)。其后,法、奥于 1714 年 3 月签订《拉什塔特和约》(*Treaty of Rastadt*),西班牙王位继承战争宣告结束。《乌得勒支和约》、《拉什塔特和约》以及 1713—1715 年间英、荷、奥签订的《界防条约》均属《乌得勒支和约》体系,统称为《乌得勒支和约》。其主要内容有:一、大同盟各国承认菲利普五世继承西班牙王位及西班牙海外领地,但菲利普五世需放弃法国王位继承权,其继承人也永远不得享有此项权利;二、将南尼德兰、米兰、曼图亚、托斯卡纳、那不勒斯的大陆部分和撒丁岛划归奥地利,作为查理大公放弃西班牙王位的补偿;此外,荷兰得到南尼德兰的某些要塞作为屏障,勃兰登堡、萨伏依公国及葡萄牙也各有所获。③

英国成为战争的最大受益者。根据条约,英国获得了法国在北美和西印度群岛的一些属地,包括哈得孙湾、纽芬兰、圣克里斯托弗岛及新斯科舍,并占领具有重要战略意义的梅诺卡岛和直布罗陀;英国还获得对

---

① W. A. Barker, G. A. St. Aubyn and R. L. Ollard, *A General History of England*, 1688—1832, A & C. Black Ltd., 1963, pp. 34—35.

② [英]温斯顿·丘吉尔:《英语民族史》第三卷,薛力敏、林林译,南方出版社,2004 年,第 67 页。

③ 王绳祖主编:《国际关系史》第一卷,世界知识出版社,1995 年,第 145—147 页。

西班牙港口、特别是加的斯以及西属南美殖民地进行贸易的权利，并通过与西班牙签订《阿先托条约》（*Asiento Treaty*）而获得向西属美洲出售黑奴的垄断权。此外，法国须承认安妮女王的合法性，承认信奉新教的汉诺威家族有继承英国王位的权利，并答应将"老僭位者"驱逐出法国。

　　总之，经过西班牙王位继承战争，法国的军事力量大为削弱，其实力历经了很长一段时期的衰落；荷兰虽获得了相应的国防安全，却也与法国一样变得筋疲力尽，此后再也未能恢复其大国地位。[①] 相形之下，英国不仅从法国、西班牙手中夺得了陆上、海上以及殖民地方面的许多特权，而且其国际地位也进一步提高，上升为欧洲头等强国。[②]

① W. A. Barker, G. A. St. Aubyn and R. L. Ollard, *A General History of England*, 1688—1832, A & C. Black Ltd. ,1963, p. 36.

② 王绳祖主编：《国际关系史》第一卷，世界知识出版社，1995 年，第 146、147 页。

第二章　英法角逐

　　1714 年 8 月 1 日安妮女王去世,斯图亚特王朝就此告终。根据1701年的《王位继承法》,王位由信奉新教的汉诺威选帝侯乔治·路易斯(George Lewis)继承。1714 年 9 月 18 日乔治一行在格林威治登陆,随后继任英国国王,称乔治一世,开始了汉诺威王朝在英国的统治。随着汉诺威王朝的建立,辉格党进入一个长期执政的时期,自 1714—1761 年该派一直执掌大权,在政治上处于明显的优势地位;托利党则"为一种不热心的詹姆士主义所牵累,他们不愿为这种信条而奋斗或牺牲,却被它阻住而不能成为汉诺威政权的行政人员"。1715 年"老僭位者"的叛乱和1745 年"小僭位者"的叛乱使托利党的政治影响大为受挫,托利党乡绅被迫退居乡间。在辉格党当政的几十年间,尽管托利党当中仍有少数人作为各郡代表出席议会,却"从来没有成为有力的反对党",未能对辉格党的优势构成挑战。①

　　辉格党长期执政,英国国内政局总体稳定,但对外政策经历了明显变化。大致说来,1714—1739 年为第一个阶段,其主要特点是用和平方

---

① [英]阿·莱·莫尔顿:《人民的英国史》上册,谢琏造等译,生活·读书·新知三联书店,1976年,第 401、400 页。

式追求英国政府的对外目标,和平本身甚至也成为英国的目标;后一阶段始自 1740 年,至 1763 年左右结束,此时,英法争夺再次展开,以"奥地利王位继承战争"(1740—1748 年)与"七年战争"(1756—1763 年)为标志,战争成为这一阶段的显著特点。

汉诺威王朝继位之初,英国面临的外部形势并不乐观,与威廉三世和安妮女王时期的"大同盟"阵营相比,此时的英国几乎没有朋友,处境较为孤立,昔日的盟友奥地利和荷兰因当年托利党背着他们单独与法国媾和而心存不满;西班牙则由于英国占领直布罗陀和梅诺卡岛并插手西班牙美洲帝国的贸易而怀恨在心;法国继续支持詹姆士党人,斯图亚特王朝复辟的威胁依然存在。[①] 为恢复与荷兰及神圣罗马帝国的结盟关系,1716 年 2 月和 5 月,辉格党政府先后与荷兰及奥地利签订协定,重修旧好。[②] 此外,因汉诺威王朝入主英国,英国在其传统的对外目标——保护英国贸易与维持欧洲均势——之外,又面对一项新任务:维护汉诺威选帝侯的利益。[③] 在很大程度上,后面这个因素影响了乔治一世统治初期的英国外交取向。

乔治一世继位时,始自 1700 年的"北方大战"仍在持续,以俄国为首的"北方同盟"在战争中日益占有优势,同盟阵营也在扩大。1715 年,普鲁士和汉诺威加入同盟,当时,乔治加入北方同盟对瑞典作战,其直接目的是为汉诺威夺取原属瑞典、后为丹麦兼并的不莱梅(Bremen)和费尔登(Verden)。不难看出,乔治一世此举显然是借助英国的资源为汉诺威服务,而俄国等"北方同盟"国家之所以愿意与区区汉诺威结盟,也无非是看中了乔治身兼英国国王,同盟可以利用英国的海上力量而取得对瑞典的优势而已。

事实上,汉诺威王朝的前两任国王都曾因动用英国军队为汉诺威利

---

① W. A. Barker, G. A. St. Aubyn and R. L. Ollard, *A General History of England*, *1688—1832*, A & C. Black Ltd. ,1963, p. 57.

② W. A. Speck, *Stability and Strife*, *England 1714—1760*, Edward Arnold Publishers Ltd. , 1977, p. 188.

③ Clayton Roberts, D. Roberts and D. R. Bisson, *A History of England*, Vol. II, Prentice Hall, 2002, p. 448.

益服务而遭到许多英国人的诟病。汉诺威对瑞典开战后,1715—1718年间,英国先后四次向北欧地区派遣舰队,表面上是保护受瑞典威胁的英俄贸易,实则每次都参加了与丹麦海军联合展开的针对瑞典的军事行动。① 在乔治一世的首届政府中,负责外交事务的两位国务大臣是分别担任南方事务大臣(Secretary of State for the Southern Department)的詹姆士·斯坦霍普和担任北方事务大臣的汤森德,其中,被贺拉斯·沃尔波尔(Horace Walpole)称为"外交事务天才"的斯坦霍普因熟悉欧洲大陆事务且外交经验丰富,很快得到乔治一世的信任,成为英国外交的核心人物。

本来,辉格党曾有意重新回到反法立场上,但由于乔治一世将关注重点放在与汉诺威有关的波罗的海事务上,因此愿意与法国维持和好局面,以便腾出手来专心应付北方事务。恰巧,1715年9月路易十四去世,路易十五继位,由奥尔良公爵出任法国摄政。而曾在《乌得勒支和约》中宣布放弃法国王位的西班牙国王菲利普五世,此时却不顾自己的承诺,觊觎法国摄政一职。奥尔良公爵对此十分警惕,同时也为了避免再次卷入战争,他认为应该与英国达成和解。这种情况让乔治一世颇为得意,他认为如果能够很好地利用,就既可以消除来自法国方面的对英国王位的威胁,又能使西欧国家保持中立,让他本人放心地将注意力集中于北方事务。斯坦霍普也被局势的变化所吸引,他想借此施展自己的外交才能,他甚至以"欧洲仲裁者"的角色自诩,力图在英国与其他大国间建立友好关系,由此构筑一个和平体系,确保英国新教王权世系的安全。②

1716年夏,斯坦霍普随乔治一世前往汉诺威,其间与法国的迪布瓦(Abbé Dubois)秘密会谈;1716年11月英法签订条约,承诺双方共同保证《乌得勒支和约》的条款不受破坏,从而达成和解。在斯坦霍普的劝说下,荷兰于1717年1月加入该条约,由此形成所谓"三国同盟"(Triple

---

① W. A. Speck, *Stability and Strife*, *England 1714—1760*, Edward Arnold Publishers Ltd., 1977, pp. 187—188.

② Ibid., pp. 186,188.

Alliance），同盟的宗旨是确保《乌得勒支和约》各项解决办法的有效性，在此后 14 年里，该同盟成为"英国外交的支柱"。①

"三国同盟"是英国外交政策方面的一次重大转向，为稳固汉诺威王朝营造了良好的外部环境，但斯坦霍普的做法及乔治一世的北方政策在英国政府内部引起严重的分歧，最终导致政府成员发生重大调整。在当时英国政府中，除斯坦霍普和汤森德外，还有两位重要成员即桑德兰和罗伯特·沃尔波尔，其中，沃尔波尔和汤森德是姻亲关系，政治见解也一致，他们对派遣英国海军到波罗的海执行任务十分反感，而斯坦霍普的和解条约，在他们看来则太过仓促。于是二人采取拖延战术阻止条约批准，此举令乔治一世十分不满。加之桑德兰利用国王与王储之间的不和挑拨离间，诱使斯坦霍普和他一起在国王面前攻击汤森德和沃尔波尔。1716 年 12 月乔治一世解除汤森德的国务大臣之职，改授其爱尔兰总督一职，1717 年 4 月 9 日又解除其爱尔兰总督一职；次日，财政大臣罗伯特·沃尔波尔主动请辞，以示与汤森德共进退。汤森德和沃尔波尔去职后，桑德兰接替汤森德出任国务大臣，斯坦霍普出任首席财政大臣。在对外政策方面，斯坦霍普终于可以放手实现自己的目标了，他仍希望以英法条约为基础构筑一个外交体系，为此把下一个劝说的目标对准奥地利。1718 年 8 月，英、法、奥签订条约，三国同盟变成了"四国同盟"（Quadruple Alliance）。②

斯坦霍普的同盟体系很快遭到西班牙的挑战。1717 年夏，菲利普五世派军队入侵奥地利控制的意大利撒丁地区，次年又对西西里展开行动，从而构成了对《乌得勒支和约》体系的威胁。英法迅速做出反应，1718 年 11 月，一支英国舰队在帕萨罗角（Cape Passaro）附近摧毁西班牙舰队；随后英法及奥地利等国在伊比利亚、地中海对抗西军，西军屡遭败

---

① W. A. Barker，G. A. St. Aubyn and R. L. Ollard，*A General History of England，1688—1832*，A & C. Black Ltd.，1963，pp. 58—59.

② W. A. Speck，*Stability and Strife，England 1714—1760*，Edward Arnold Publishers Ltd.，1977，pp. 188—190.

绩。1719 年,英国还挫败了西班牙企图支持"老僭位者"复辟的行动。1720 年菲利普五世被迫同意加入"四国同盟"。1721 年,交战各方与西班牙签订《马德里条约》(*Treaties of Madrid*),条约重新肯定了《乌得勒支和约》体系,唯一的变动是将西西里从萨伏依家族手中转归奥地利,奥地利则把撒丁交由萨伏依统治。欧洲的和平暂时得以维持,斯坦霍普针对西欧地区的外交努力也终于获得成功。①

在北方波罗的海地区,瑞典国王查理十二世于 1718 年阵亡,其妹乌利里·埃利奥诺拉(Ulrica Eleanor)继位,瑞典的对外政策转向亲英。1719 年斯坦霍普派遣卡特里特爵士赴斯德哥尔摩开展外交活动,同时派一支英国舰队到波罗的海,意在遏制俄方的扩张。经卡特里特的努力,1720 年 2 月英国与瑞典签订联合防御条约,其中规定,在战争中英方派军舰帮助瑞典并提供津贴,但同时又强调"给予帮助,并不意味着英国对俄直接宣战",从而为英方行动留下余地。②

但不久,随着"南海泡沫"事件的发生,危机很快降临到斯坦霍普政府头上。南海公司表面上是一家贸易垄断公司,实际却是一家金融公司。1720 年,南海公司提出承包国债计划,被政府接受,公司于是大量发行股票并使用各种方法引诱人们购买。为获取巨利,公众纷纷抢购该公司股票,南海公司的股票价格一路攀升,到 1720 年 7 月,票面价值为 100 镑的股票已飙升至 1 000 多镑的交易价;随后,一些大投资者开始抛售股票以兑取现利,股市风暴随之来临,许多人倾家荡产,南海公司制造的"南海泡沫"终于破灭。南海事件的发生,政府作为公司的支持者难逃其咎,而当人们得知包括桑德兰在内的政府大臣曾接受南海公司的贿赂时,斯坦霍普-桑德兰政府更是威信扫地。此时,以理财见长的罗伯特·沃尔波尔再度进入人们的视野,1720 年秋,沃尔波尔受命收拾残局,很快

---

① R. B. Mowat, *England in the Eighteenth Century*, George G. Harrap & Co. Ltd., London, 1932, p. 255.

② 王绳祖主编:《国际关系史》第一卷,世界知识出版社,1995 年,第 182、186 页;W. A. Speck, *Stability and Strife, England 1714—1760*, Edward Arnold Publishers Ltd., 1977, p. 194.

取得成效。次年 4 月沃尔波尔被任命为财政大臣，开始了长达 20 年的执政历程。在任期间，沃尔波尔充分发挥财政方面的卓越才能，通过运用适当的财政政策如减征土地税、建立偿债基金、改革关税、鼓励出口等，①使英国的经济得以稳步增长。据统计，1720—1740 年间，英国的国内经济总水平提高了 6.5%。② 经济繁荣、社会稳定，成为沃尔波尔执政时期的突出特点。

在对外事务方面，沃尔波尔起初并未直接介入，而是交由国务大臣们（主要是其姻兄汤森德）负责。但他在对外政策方面的基点是很明确的，他在执政之初就说："没有什么比战争状态对英国更致命，只要战争持续，它就只会给我们带来损失，而战争结束时，我们也不会有所得。"③可见，沃尔波尔的对外政策是尽可能避免战争，维持和平的外部环境，如他所宣称："我过去一直是今后还将是和平的拥护者，我以这样的观点而自豪。"④

沃尔波尔的对外政策在很大程度上与其对内政策紧密联系，他要使对外政策服从于对内政策。在沃尔波尔看来，英国的王位问题需要它与法国和西班牙实行和解，没有这些国家承认，汉诺威王朝就不可能站稳。在国内政治方面，他力图争取托利党对汉诺威王朝的忠诚，而这也需要尽力避免对外战争，以安抚托利党。作为乡绅家庭出身的政治家，沃尔波尔对战争带给土地阶级的沉重负担印象深刻，对托利党的和平政策深表理解，从稳定国内政治的需要出发，沃尔波尔感到应尽量避免战争，以降低乃至取消土地税。如乔治·马尔科姆·汤姆森所说："最重要的一条，是他决心使英国在和平环境中繁荣起来。作为一名乡绅，作为曾在

---

① W. A. Barker，G. A. St. Aubyn and R. L. Ollard，*A General History of England*，1688—1832，A & C. Black Ltd.，1963，pp. 66—70.
② 王觉非主编：《近代英国史》，南京大学出版社，1997 年，第 203 页。
③ R. B. Mowat，*England in the Eighteenth Century*，George G. Harrap & Co. Ltd.，London，1932，p. 255.
④ W. A. Barker，G. A. St. Aubyn and R. L. Ollard，*A General History of England*，1688—1832，A & C. Black Ltd.，1963，p. 70.

'土地税'下呻吟，并通过发泄不满而帮助打倒马尔博罗的那些人之一，他并非徒具其名。如果英国处于和平环境中，他就能把那些有势力的人从托利党方面争取到辉格党方面来；其实他在很大程度上已经做到了这一点。因此，必须谋求同法国和西班牙建立友好的关系。"①除此之外，沃尔波尔还希望和平能够为英国工商业的发展尤其是对外贸易的发展创造机遇，由此为英国经济带来真正的繁荣。

1725 年以后沃尔波尔开始关注对外事务，是年，西班牙与奥地利签订《维也纳和约》(Treaty of Vienna)。根据条约，西班牙答应给奥地利的"奥斯坦德东印度公司"(Ostend East India Company)在南美从事商业活动的权利，奥地利则答应帮助西班牙收复被英国占领的直布罗陀和梅诺卡岛。英国的利益因此而受到直接挑战。负责外交事务的汤森德于是着手建立相应的同盟体系，通过同年签订的《汉诺威条约》(Treaty of Hanover)，将英国、汉诺威、法国、普鲁士等组成一个同盟，荷兰、瑞典和丹麦也随后加入。汤森德组织的同盟矛头直指奥地利，显然加剧了欧洲的紧张局势，这是沃尔波尔所不愿看到的；此外，《汉诺威条约》中的一些条款也让沃尔波尔感到不满；1727 年 2 月西班牙军队包围直布罗陀，一场欧洲战争似乎不可避免。这些都让沃尔波尔感到自己有必要直接干预外交事务，而不让汤森德全权处理。面对奥、西同盟，沃尔波尔采取了收买西班牙的做法，而不是孤立奥地利。1729 年，他背着汤森德与西班牙签订《塞维利亚条约》(Treaty of Seville)；汤森德深为不满，于 1730年 5 月辞去国务大臣之职，由纽卡斯尔公爵接替，沃尔波尔遂成为外交政策的实际掌控者。随后，沃尔波尔一反汤森德的做法，通过与奥地利签订《维也纳和约》(1731 年)，恢复英奥之间的传统友好关系。根据该约，查理六世同意限制奥斯坦德公司的活动，作为回报，英国承诺在查理六世去世之后，支持其女玛丽亚·特蕾西亚(Maria Theresa)继承哈布斯

---

① [英]乔治·马尔科姆·汤姆森：《英国历届首相小传》，高坚、昌甫译，新华出版社，1986 年，第 5 页。

堡王朝的全部遗产。① 至此,由奥西同盟带来的战争威胁被解除,英国与西班牙、奥地利实现了和解。

在对法关系方面,沃尔波尔本想维持同法国的同盟关系,但随着路易十五成年、王位得到巩固,法国的态度出现微妙变化。1730 年,法国违反《乌得勒支和约》,在敦刻尔克构筑防御工事,而奥英之间的《维也纳和约》也被法国视为助长了哈布斯堡王朝的野心。更让沃尔波尔不安的是,1733 年,法国和西班牙结束了自 1715 年以来因王位之争而形成的对立,签订了"第一个家族协定"(First Family Compact),随后双方联合参与"波兰王位继承战争"(1733—1735 年),波旁王朝与哈布斯堡王朝再次形成对立,欧洲又一次被拖进一场列强争霸的战争。

根据 1731 年《维也纳和约》,英国有义务对奥地利提供支持,但沃尔波尔对此却全然不顾,他希望尽力避免英国卷入战争。乔治二世和卡罗琳王后(Queen Caroline)曾表示希望看到英国参战,但沃尔波尔不为所动。② 他后来对卡罗琳王后夸口说:"夫人,这一年欧洲有五万人遭杀戮,而其中没有一个英国人。"③

但沃尔波尔的和平政策很快受阻:一方面,一批没有经历过战争磨难的新一代人已经长成,这些人把战争视为一种荣耀;另一方面,在有关西班牙殖民地贸易的问题上,沃尔波尔的妥协政策受到各方面力量的指责。早在西班牙王位继承战争结束时,根据《乌得勒支和约》规定,西班牙允许英国向西属西印度群岛出售奴隶,具体做法是英国每年可以运送一船奴隶去贩卖。不过,由于奴隶买卖的利润可观,英国商人大量从事走私活动。据统计,1713—1731 年间,西班牙殖民当局截获英国走私船达 180 艘;此后西班牙的拦截行动一度停止,但从 1737 年起又恢复,英

---

① R. B. Mowat, *England in the Eighteenth Century*, George G. Harrap & Co. Ltd. , London, 1932, p. 257.

② W. A. Speck, *Stability and Strife*, *England 1714—1760*, Edward Arnold Publishers Ltd. , 1977.

③ R. B. Mowat, *England in the Eighteenth Century*, George G. Harrap & Co. Ltd. , London, 1932, p. 258.

国商人与西班牙殖民当局的矛盾迅速激化。1738 年 3 月,一位叫詹金斯的船长出现在英国议会下院,声称他的船在 1731 年遭西班牙抢劫,他本人还被绑在桅杆上,并被割去一只耳朵。詹金斯的说法在英国引起强烈的反西情绪,愤怒的火焰越烧越旺。①

而沃尔波尔却在考虑如何与西班牙达成和解,以平息事态。1739 年初,英西两国签订《帕多公约》,但公约条款遭南海公司抵制,而西班牙则以暂停英国对西属殖民地贩运黑奴的权利作为回应。与此同时,英国国内反对派大肆煽动公众情绪,攻击《帕多公约》;沃尔波尔的妥协政策走到了尽头。如丘吉尔所说:"整个国家对他厌烦了,不重视这种缺乏生机、平静的繁荣。商业财富迅速增加,贸易数字急剧上升,但全国仍不满意。国内似乎缺少些东西……英国民族的刚强性格和冒险精神在拖沓而缺乏生气的政府统治下受到压抑,寻找着发泄口。"②不久,沃尔波尔被迫向国内的战争情绪让步,1739 年 10 月 19 日英国向西班牙宣战,"詹金斯耳朵之战"由此开始。乔治·马尔科姆·汤姆森说:沃尔波尔"使英国处于和平环境中差不多有二十年之久。这可不是一件容易的事,但最后他还是失败了"。③

沃尔波尔政府对战争局面准备不足,战争连连失利。让沃尔波尔更加伤脑筋的是,英西战争开始后不久,1740 年,欧洲围绕奥地利王位继承问题的战争序幕又拉开了,英西战争也由此汇入"奥地利王位继承战争"中。至此,以和平为基调的沃尔波尔时代结束了,取而代之的是"皮特时代"。新的时代自 1740 年起至 1763 年"七年战争"结束为止,其间,除1748 年之后若干年的短暂间歇外④,英国相继在欧洲大陆和亚、非、美洲

---

① W. A. Speck, *Stability and Strife, England 1714—1760*, Edward Arnold Publishers Ltd., 1977.

② [英]温斯顿·丘吉尔:《英语民族史》第三卷,薛力敏、林林译,南方出版社,2004 年,第 91 页。

③ [英]乔治·马尔科姆·汤姆森:《英国历届首相小传》,高坚、昌甫译,新华出版社,1986 年,第 6 页。

④ "虽则在名义上奥地利王位继承战争和七年战争之间间隔着八年的和平时期,实则两者构成一个整体,因为殖民地上的战事总在进行,没有间断。"参见[英]阿·莱·莫尔顿《人民的英国史》上册,谢琏造等译,生活·读书·新知三联书店,1976 年,第 410 页。

与法国展开争夺,战争成为这一时期的显著特点。

"极度厌恶战争"的沃尔波尔在首相位置上又支撑了一年多,1742 年 2 月他辞职而去。在短暂执政的威尔明顿伯爵(Earl of Wilmington)政府中执掌实权并具体负责外交事务的是约翰·卡特里特,他在斯坦霍普-桑德兰时期就崭露头角。卡特里特上任伊始就迅速采取措施,一方面,他增加了对奥地利的资金补助,另一方面又派遣一支联合部队赴欧洲大陆,这支军队在 1743 年的代廷根(Dettingen)之战中战胜了法国。大致说来,卡特里特的对外政策有如下特点:首先,他认识到法国是英国最主要的竞争对手,这使他的外交路线与沃尔波尔力主与法国和解的思想形成鲜明对比;其次,作为乔治二世的亲信,卡特里特深知在国王的心目中,汉诺威选侯国比不列颠王国更重要,因此,维护国王在德意志的利益,遂成为卡特里特对外政策的一大重点。顺便指出,卡特里特尽管才华出众,但他对于议会政治的看法却停留在传统的认识框架内,且素来抱轻蔑态度。在他看来,国王的信任最重要,议会的态度可以不顾,他有一句名言:"只要有国王站在某人这一边,他便可以无视一切。"卡特里特的对外政策还有一个特点,那就是对海外殖民地不感兴趣,其注意力始终集中在欧洲大陆,他专注于通过构建联盟体系对抗法国,维系大陆的势力均衡,并尽力维护汉诺威的利益。①

不久,议会出现了反卡特里特的势力,为首的是威廉·皮特。皮特于 1708 年出生于伦敦一个富商家庭,1735 年通过著名的衰败选区"老萨勒姆"进入议会,不久即以反沃尔波尔立场闻名,在他周围逐渐聚集起一批政界人物,被称为"小爱国者"。② 卡特里特掌权后,皮特再次成为反对派并且扮演同样角色,这一次,反对派主要攻击政府的欧洲战争政策,在

---

① W. A. Barker, G. A. St. Aubyn and R. L. Ollard, *A General History of England*, 1688—1832, A & C. Black Ltd., 1963, pp. 92—93. 参见[英]乔治·马尔科姆·汤姆森《英国历届首相小传》,高坚、昌甫译,新华出版社,1986 年,第 16、20—21 页。

② [英]乔治·马尔科姆·汤姆森:《英国历届首相小传》,高坚、昌甫译,新华出版社,1986 年,第 51 页。

他们看来,"这是可耻而不负责任地屈从汉诺威王朝的权势"。皮特抨击政府为汉诺威王国拨款建立军队,引起乔治二世对他的极度反感。皮特认为,英国的国家利益不在欧洲大陆,而在海外的商业利益和殖民地方面,他认为英国应该放弃在大陆的军事行动,将战争完全集中于海上和殖民地。但他后来意识到这一主张与卡特里特那种完全将注意力集中于欧洲大陆的主张同样有失偏颇,这是因为,"如果不在新大陆、东方和欧洲同时打垮法国",它势必会东山再起。因此,英国要想在与法国的竞争中赢得彻底胜利,唯有在新大陆、东方和欧洲同时打垮法国。[①]

1743 年夏,威尔明顿去世,纽卡斯尔公爵的弟弟亨利·佩勒姆继任首席财政大臣之职。1744 年 10 月,实力雄厚的佩勒姆兄弟以辞职相要挟,迫使乔治二世将卡特里特解职。此后,除 1756 年 11 月至 1757 年 7 月短短的几个月由德文郡公爵出掌政府外,佩勒姆兄弟相继出任首相,兄弟二人把持英国政府近 20 年。亨利·佩勒姆掌权后的最初几年,国内外形势同样不乐观。首先是国王不高兴,因此得不到国王支持。其次,1744 年,法国相继对英国、汉诺威和奥地利宣战,欧洲大陆的战争形势非常不利。更糟的是,1745 年 7 月"小僭位者"查理·爱德华在苏格兰登陆,一度率军打到英格兰中部,只是到了次年的 4 月,才被坎伯兰公爵统率的政府军击溃。然而利用这次危机,1746 年 2 月,佩勒姆兄弟又一次向国王摊牌,他们要求让皮特出任战争大臣,否则就辞职。出于对皮特的不满,乔治二世不肯让皮特出任战争大臣,而只给了他主计大臣一职。经过这次较量,乔治二世不得不承认佩勒姆的政治实力,佩勒姆政权总算稳定下来。[②]

一旦地位稳固,佩勒姆就开始考虑如何从奥地利王位继承战争中摆脱出来。佩勒姆受沃尔波尔的影响很深,他关注战争给国家带来的财政

---

① [英]温斯顿·丘吉尔:《英语民族史》第三卷,薛力敏、林林译,南方出版社,2004 年,第 98—99、116 页。

② W. A. Speck, *Stability and Strife*, *England 1714—1760*, Edward Arnold Publishers Ltd., 1977, pp. 242, 246—251.

负担。据统计,1739 年英国的国债总额约为 4 700 万镑,到 1748 年已上升到 7 600 多万镑,从减轻国家的财政负担出发,佩勒姆希望能尽快结束战争。但皮特等人则主张减少在大陆的军事行动,把更多注意力集中到北美和西印度群岛,与法国展开殖民争夺。他们力促政府派军进攻加拿大的魁北克,但遭到佩勒姆拒绝;佩勒姆甚至认为英军夺取路易斯堡(Louisbourg)是和谈的绊脚石,公开表示不满。[①]

和谈在 1746 年即已开始,到 1748 年 1 月,英、荷与法国缔结《亚琛和约》(Treaty of Aachen),战争其他各方也先后加入。根据条约,玛丽亚·特蕾西亚的继承权得到承认,但奥地利被迫将西里西亚割让给普鲁士,并将意大利领地中的若干地区割让给西班牙和撒丁;法国归还在尼德兰占领的地区,并将印度的马德拉斯和美洲的某些地区交给英国,同时承认汉诺威王朝的合法性。英国则将路易斯堡等地归还法国,但从西班牙获得允许,将向西属美洲贩卖黑奴的权利延长至 1750 年。[②] 显然,和约没有解决问题,法、西、英三国相互对立的局面依然存在,而普、奥之间的争夺则埋藏着未来激烈争夺的祸种。从这个意义上说,和约只带来暂时的和平,它只是一个停战协定而已。

在随之而来的和平时期,英法在殖民地的冲突几乎未曾停息,但佩勒姆兄弟在这个问题上认识不清。佩勒姆因急于摆脱财政困难,便竭力推行财政紧缩政策,为此将陆军从战时的 5 万人裁减至不足 1.9 万人,水手从 5.1 万人裁减至 1 万人,政府的年度开支也从 1 200 万镑降至 700 万镑。纽卡斯尔公爵虽然对法国存有戒心,但他更多地还是把欧洲大陆视为英法争夺的重心,为此他力图维系英国与奥地利的传统结盟关系。1754 年 3 月佩勒姆去世,纽卡斯尔公爵继任首相,此时英法公开冲突已

---

① W. A. Barker, G. A. St. Aubyn and R. L. Ollard, *A General History of England*, *1688—1832*, A & C. Black Ltd., 1963, p. 97.

② W. A. Speck, *Stability and Strife*, *England 1714—1760*, Edward Arnold Publishers Ltd., 1977, pp. 252—253;王绳祖主编:《国际关系史》第一卷,世界知识出版社,1995 年,第 210—211 页。

迫在眉睫，对此，纽卡斯尔首先考虑的是如何保护汉诺威王国的安全问题，继而则忙乱地在欧洲寻找合适的盟友。

佩勒姆和纽卡斯尔的做法屡受威廉·皮特指责，皮特自1746年进入政府，但作为其中的次要角色，无法影响政府决策。对此，他的策略是攻击政府，尽管他自己也是政府的成员。他反对佩勒姆缩减海军的做法，指出这种做法与英法海外殖民争夺的形势相悖。1754年，英法在北美的争夺已日趋激烈，而纽卡斯尔则对此处置不力，皮特于是抓住时机猛批政府；1755年，英法在北美等地已实际上处于战争状态，双方在欧洲的较量眼看着也难以避免，纽卡斯尔的反应竟然是首先考虑汉诺威的安全，这引起皮特的极度不满。针对纽卡斯尔通过资金补贴为汉诺威王国在德意志诸邦中寻找同盟的做法，皮特予以严厉指责。这一次皮特不仅得罪了纽卡斯尔，同时也再次激怒乔治二世。1755年11月皮特被解除职务，离开了政府。①

皮特离开政府后，变得更加无拘无束，他对政府的攻击也更加肆无忌惮，当时的形势变化也在不断为他提供口实。1756年1月，纽卡斯尔政府在屡次寻求与奥地利结盟遇挫后，转而与普鲁士签订《威斯敏斯特协定》(Convention of Westminster)，英普之间结成同盟。而法奥则于1756年5月订立协定，基本确立了同盟关系。至此，欧洲大国的传统结盟关系发生彻底的变化，国际关系呈现新的格局，此即所谓的"外交革命"。皮特对英普联盟予以谴责，尽管他当初在职时曾提醒纽卡斯尔不可轻视普鲁士，并且强调："如果没有持久的和平，那么英国和欧洲则势难生存，而如果没有普鲁士的介入，那么目前的联盟则无力保持和平"；②但他却指责纽卡斯尔联合普鲁士的目的更多的是为了保护汉诺威的安全，而不是出于英国的国家利益考虑。皮特认为，可以任由汉诺威被对手占领，英国则应该集中力量在海外夺取法国的殖民地，待战争结束后，

---

① W. A. Speck, *Stability and Strife, England 1714—1760*, Edward Arnold Publishers Ltd., 1977, pp. 262—263.

② [英]温斯顿·丘吉尔：《英语民族史》第三卷，薛力敏、林林译，南方出版社，2004年，第105页。

再以欧洲之外的收获换取汉诺威的复国。

1756 年 5 月,法军攻占地中海上的梅诺卡岛,引起英国震动;同时,英军攻打北美尼亚加拉堡的行动失败,而 8 月奥斯威戈堡则被法军占领。战局不利迫使纽卡斯尔公爵在 11 月辞职,而皮特则等来了难得的机会。由于乔治二世的阻挠,皮特未能成为首相,而是在德文郡公爵为名义首脑的政府中出任国务大臣,成为实际上的政府首脑。据说,普鲁士的腓特烈二世在得知皮特出任国务大臣时说道:"英国经过长时间的阵痛,终于产生了一个男子汉。"①不过,由于得不到下院多数以及国王的支持,皮特-德文郡公爵政府仅仅维持了五个月之久。1757 年 4 月皮特再次被解职,德文郡公爵政府随即倒台。

然而,早已闻名全国的皮特却得到英国民众的普遍欢迎,"英格兰的城镇和和市政机关向他表示深厚的感情和坚定的支持"。1757 年 6 月,在经历了几个星期的政府空缺之后,皮特与纽卡斯尔公爵达成协议,由纽卡斯尔出任名义上的政府首脑,皮特则以国务大臣的身份,全权负责战争指导,"挑选所有的重要人物——海军将领、陆军将领、驻外大使——并支配战争战略"。对此,约翰逊博士写道"沃尔波尔是国王强加给人民的大臣,而皮特则是人民强加给国王的大臣"。②

与此前的战争不同,七年战争是一次超越欧洲范围的较量,如丘吉尔所说,这是"第一次世界性战争"。③ 在战争中,皮特表现出一位杰出政治家的气度和才干,也表现出卓越的世界性眼光。此时的皮特并未放弃对欧洲大陆的关注,他通过大力资助普鲁士,达到牵制法国、分散其注意力的目的。丘吉尔指出:"皮特曾经猛烈地攻击卡特里特的欧洲作战方案,而此时他认识到,如果像他在 40 年代所主张的那样,单纯在海上和

① [英]乔治·马尔科姆·汤姆森:《英国历届首相小传》,高坚、昌甫译,新华出版社,1986 年,第 49 页。

② 转引自[英]温斯顿·丘吉尔:《英语民族史》第三卷,薛力敏、林林译,南方出版社,2004 年,第 115、107 页。

③ 参见[英]温斯顿·丘吉尔《英语民族史》第三卷,薛力敏、林林译,南方出版社,2004 年,第十章。

殖民地进行战争,就不会取得彻底胜利。如果不在新大陆、东方和欧洲同时打垮法国,它就会东山再起。"①皮特为他的政策转变辩护,他说形势已发生根本变化,因此政策也应该做相应调整,在一场与法国展开较量的重大战争中,采取任何方法都是合理的。因此此时英国援助普鲁士,便不再是为汉诺威效劳,而是从英国自身利益出发采取的必要之举。②

英法殖民争夺主要在三个地区展开:北美、西印度群岛和印度。皮特的"政策极其简单:消灭作为大国的法国;剪除它在海外的属地,尤其是加勒比海的那些盛产食糖的岛屿;把它赶出印度;在加拿大取而代之。这是个十分庞大的计划,只有天才人物……才能想到"。③ 在北美,英国的主要目标是征服加拿大,皮特用海军阻止法国从国内派出增援部队,陆军则一边在路易斯堡牵制法军,一边兵分两路,夺取魁北克和攻打法军在大湖区及俄亥俄河等处的要塞。同时,又不断派出海陆军攻打法国占有的岛屿,从法国手中夺取其西印度群岛属地。在印度,皮特通过增援罗伯特·克莱武(Robert Clive),让其放手行动,以摧毁法国在印度的势力。

1759 年是胜利的一年:7 月,英军攻占西印度群岛的产糖岛屿瓜德罗普;8 月,英普联军在明登(Minden)大败法军;9 月,詹姆士·沃尔夫(James Wolfe)率领的英军夺取魁北克,而法国在地中海和英吉利海峡的两支舰队也先后被英国海军击溃。1760 年,英军攻占蒙特利尔,法国在加拿大的势力被彻底清除;次年,英军攻占马提尼克岛,至此,"英国在北美和西印度群岛战场取得全面胜利"。同年,英军夺取本地治理,英法在印度的较量也以英国的胜利告终。④

---

① [英]温斯顿·丘吉尔:《英语民族史》第三卷,薛力敏、林林译,南方出版社,2004 年,第 115—116 页。

② W. A. Barker, G. A. St. Aubyn and R. L. Ollard, *A General History of England*, *1688—1832*, A & C. Black Ltd., 1963, p. 108.

③ [英]乔治·马尔科姆·汤姆森:《英国历届首相小传》,高坚、昌甫译,新华出版社,1986 年,第 53 页。

④ 王绳祖主编:《国际关系史》第一卷,世界知识出版社,1995 年,第 222 页。

人们对皮特在战争中的作用有很多争论,据说,皮特自己曾声称:"我确信,我可以拯救这个国家,别人谁也拯救不了。"①丘吉尔对皮特的评价是:"自马尔博罗以来,还没有出现过这样的人物。"②保罗·兰福德则认为:"皮特的崇拜者所编造的关于战争的完美无瑕的记录也不是完全正确的。"③斯佩克也提到,近来出现了一种贬低皮特其人及其成就的倾向。尽管对皮特在七年战争中的作用存在争议,但有一点却无可否认,那就是他指挥英国打赢了这场战争,因此无愧于"伟大的战争大臣"④这一称号。

有意思的是,战争的胜利反倒加速了皮特的垮台。正当皮特盘算着如何彻底挫败法国,为英国赢得更多属地之际,一股强大的反战浪潮也迅速兴起,一些人开始怀疑继续战争是否明智,"因为英国已经夺取了超过自己的保卫能力的领土";而且,战争带来的消耗也必然加重人们的负担,等等。皮特反驳说,若在法国被彻底打败之前与之言和,英国就会重蹈当年《乌得勒支和约》的覆辙。但反对者不为所动。更糟的是,1760 年乔治二世去世,其孙乔治三世继位,新国王素来不喜欢皮特,并将皮特的战争称为"血腥与昂贵的战争"⑤,他和他的老师布特希望尽快与法国讲和,以此摆脱皮特,并清除辉格党的政治势力。1761 年 10 月,皮特在预见到西班牙终将参战,并建议英国采取先发制人的行动时遭到拒绝后,他立即辞职,皮特的时代结束了。

皮特去职不久,英国被迫向西班牙宣战。很快,英军便攻占了古巴的哈瓦那和菲律宾的马尼拉,并将西班牙海军从这些海域赶走。尽管英

---

① [英]乔治·马尔科姆·汤姆森:《英国历届首相小传》,高坚、昌甫译,新华出版社,1986 年,第54—55 页。

② [英]温斯顿·丘吉尔:《英语民族史》第三卷,薛力敏、林林译,南方出版社,2004 年,第 115 页。

③ [英]肯尼思·O. 摩根主编:《牛津英国通史》,王觉非等译,商务印书馆,1993 年,第 418 页。

④ W. A. Speck, *Stability and Strife, England 1714—1760*, Edward Arnold Publishers Ltd., 1977, p. 272.

⑤ W. A. Barker, G. A. St. Aubyn and R. L. Ollard, *A General History of England, 1688—1832*, A & C. Black Ltd., 1963, p. 113.

国在对外战争中不断获胜,但失去了皮特的纽卡斯尔政府却未能维持多久,乔治三世一心要让他的老师布特执政。1762 年 5 月纽卡斯尔辞职,布特当上了首相。

布特主张对法采取绥靖政策,1762 年 11 月,英国与法国、西班牙在巴黎签订和约;随后,普鲁士与奥地利、萨克森签订《胡贝图斯堡和约》,结束了欧洲战事,"七年战争"至此落幕。根据《巴黎和约》,英国从法国方面得到加拿大和塞内加尔,但同时将西印度群岛的瓜德罗普岛、圣卢西亚岛、马提尼克岛和玛丽-加朗特岛(Marie Galante),及西非的戈里(Goree)归还给法国;法国收回圣皮埃尔岛和密克隆岛,同时保留在纽芬兰沿海捕鱼的权利。在印度,法国的势力被摧毁,只留下五个禁止设防的贸易站。从西班牙方面,英国得到了佛罗里达和地中海上的梅诺卡岛,同时将古巴的哈瓦那港以及菲律宾的马尼拉交还给西班牙。皮特对和约进行猛烈的抨击,他认为英国让出了很多已经到手的东西;另一方面,和约无视英国对普鲁士做出的承诺,是一种背叛行为。① 皮特因此感叹道:"这次和平并不保险,因为敌人又恢复了以前的强大地位。这次和平也并不理想,因为我们得到的土地少于让出的土地。"②尽管受到皮特的指责,但就《巴黎和约》本身来看,英国仍旧是最大的赢家。沃勒斯坦指出,《巴黎和约》"标志着英国在同法国一百年的斗争中取得了最终的优势",而与此同时,等待法国的则是"类似于西班牙的一个漫长的衰落时期";正是由于英国"赢得了这场长达一个世纪之久的战争",从而使它得以在 18 世纪中叶"最终继承了荷兰的霸权"。③

---

① W. A. Barker, G. A. St. Aubyn and R. L. Ollard, *A General History of England*, 1688—1832, A & C. Black Ltd., 1963, p. 114.

② [英]温斯顿·丘吉尔:《英语民族史》第三卷,薛力敏、林林译,南方出版社,2004 年,第 126 页。

③ [美]伊曼纽尔·沃勒斯坦:《现代世界体系》第二卷,吕丹等译,高等教育出版社,1998 年,第 344 页。

第三章 结盟反法

　　1760 年 10 月,乔治三世继位为英王。他是第一位生长在英格兰的汉诺威国王,也是安妮女王之后首位能说一口纯正英语的君主。在位期间,乔治三世从未到过汉诺威,不仅如此,英格兰的政治教育甚至使他存有强烈的反汉诺威情绪,在其尚未登上王位之前,即已表现出这一倾向,"那个讨厌的选侯区总是处于这个可怜国家至关重要的位置上"。① 乔治的忠诚对象已变成英国,在向议会作的第一次演讲中他宣称:我"出生并在这个国家接受教育,我以英国人的身份而自豪"。② 新国王的这种情感归属将对英国外交产生重大影响,汉诺威因素将不再对英国外交产生决定性影响。同时,新国王又是一个喜欢自行其是的国王,这个特点也将在未来的外交中体现出来。年轻时常和乔治一起玩耍的有后来的诺斯勋爵,乔治母亲的好友中有布特伯爵,这两人也将在未来对英国外交产生重要影响。

　　乔治三世继位时七年战争仍在进行。乔治三世认为这场"德国的战

---

① P. D. G. Thomas, *George III : King and Politicians*, *1760—1770* , Manchester University Press, 2002, p. 33.

② P. Jupp, *The Governing of Britain*, *1688—1848* : *the Executive*, *Parliament and the People*, Routledge, 2006, p. 115.

争"代价高昂,又徒劳无益,决意尽快结束战争。英国民众认为"汉诺威原则"已经过去,他们现在有了一位英国国王而不是德国的选帝侯。[①] 时任首相老皮特以英国与西班牙的战争难以避免为由,提出对西班牙宣战的要求,但遭到议会否决。皮特去职后,乔治三世让布特伯爵出任首相,由他贯彻乔治三世终结战争的意图。[②]

布特同法国和谈的政策一开始并不成功,法国乘英国内阁变动之机,与西班牙、那不勒斯及奥地利结成同盟,希图重新恢复对北美大陆的统治。布特政府被迫向西班牙宣战,结果英国舰队不仅夺取了古巴的哈瓦那港,而且攻占了菲律宾的马尼拉。在这种情况下法国恢复了和谈,双方签订《巴黎和约》。虽然布特政府试图对法、西加以抚慰,但由于英国在战争中占有绝对优势,整个条约仍然有利于英国。

但战争结果也并非全都对英国有利。战后,英法间的竞争更趋激烈。1758 年开始担任路易十五首席大臣的舒瓦瑟尔公爵(Duc de Choiseul)开始主导法国外交,他是坚定的反英主义者。为了把主要精力集中在与英国的争夺上,他尽力安抚欧洲其他国家,法国的欧洲利益开始服从于英法的海外争夺,也就是说,在欧洲尽力孤立英国。1761 年,舒瓦瑟尔公爵从外交部调任海军与陆军部,致力于重建法国军队。继任外交大臣的是其堂兄,但舒瓦瑟尔公爵继续掌握实际权力。1766 年,他再次调任外交部,其堂兄则转任海军部大臣。

布特试图缓和英法之间的紧张关系,减少战争爆发的可能性,但在法国积极备战的情况下,此一目标难以实现。在与法国谈判的过程中,布特遭到辉格党的广泛批评,反对派甚至散布流言,说他是王太后的情夫。布特缓和英法关系的努力未能实现,他本人也在与法国缔结和约不久后辞职。随后,辉格党在乔治·格伦维尔的带领下重新掌握政权。

辉格党视法国为英国的天然对手,因此主张英国应最大限度地孤立

---

① J. Black, *British Diplomats and Diplomacy*, *1688—1800*, University of Exeter Press, 2001, p. 147.

② J. A. Williamson, *The Evolution of England*, Clarendon Press, 1931, pp. 311—313.

法国,在欧洲争取尽可能多的盟友。当法国积极备战时,格伦维尔政府把争取盟友作为英国外交的首要任务。① 但这个目标变得越来越困难了,因为连英国的最后一位盟友普鲁士也离开了英国——在巴黎和谈中,英国撇开普鲁士单独与法国媾和,和约也未顾及普鲁士的利益,这让腓特烈二世(Friedrich Ⅱ,1740—1786 年在位)非常生气,他对布特伯爵十分痛恨,还长期指责乔治三世。腓特烈将普鲁士的外交目标确定为避免战争,特别是避免卷入英法冲突,于是英国与普鲁士联盟的企图不再有可能了。②

补助金问题可能产生了更大的影响。七年战争中,英国向普鲁士提供补助金,该做法一直延续到 1761 年。之前的四年中,英国每年向普鲁士提供 67 万镑钱款,而战后英国的国债高达 1.4 亿镑;1762 年的财政支出也达到 2 400 万镑。③ 巨大的财政负担影响了政府的政策,英国一方面加紧了对殖民地的掠夺,另一方面则不再在和平时期向其他欧洲国家提供补助金。俾斯麦后来说:英国的外交政策是在欧洲寻找肯用自己的身躯维护英国利益的傻瓜——他说的就是英国雇佣某些国家,并唆使它们与英国的主要敌人为敌。当欧洲广泛存在雇佣军时,英国人从来不愁找不到盟友;但是当英国放弃补助金政策时,它又如何争取盟友? 可以说,放弃补助金是英国在寻找盟友方面连连碰壁的重要原因。

乔治三世曾希望与奥地利重新合作,多数英国政治家也认为奥地利才是英国最理想的盟友。但奥地利现在是法国的盟友了,它在七年战争中与法国并肩作战,英国想恢复昔日的盟友关系似乎并不乐观。而且,作为汉诺威选帝侯,乔治三世也反对奥地利皇帝扩大在德意志权力的努力,为此还与其他德意志邦国共同抵制奥地利,这当然使奥地利非常不

① H. T. Dickinson (ed.), *A Companion to Eighteenth-Century Britain*, Blackwell, 2002, p. 442.

② H. M. Scott, *British Foreign Policy in the Age of the American Revolution*, Clarendon Press, 1990, p. 36.

③ [英]R. C. 西蒙斯:《美国早期史——从殖民地建立到独立》,朱绛等译,商务印书馆,1994 年,第 160 页。

满。奥地利首席大臣考尼茨（Wenzel Anton Furst Von Kaunitz-Reitberg）就曾质问英国外交官：当乔治三世持反奥立场时，英奥联盟怎么有可能？更何况，英国在未来的战争中对奥地利没有太大价值。奥地利一位官员曾说：英国的国内事务使它在大陆战争中很难发挥作用。[1]

　　辉格党领袖罗金汉侯爵担任首相后，又出现了英普同盟的想法。罗金汉希望缓和与腓特烈的关系，提议建立英、普、俄三方同盟。1766 年老皮特出任首相，他提出要想在反法斗争中占据有利地位，英国必须在欧洲北部寻找盟友："北方强国林立，我们不能忽视这一点。"[2]他争取的对象依然是普鲁士，认为英普战时同盟关系可以恢复。尽管乔治三世勉强接受了皮特的意见，但英国的尝试还是无果而终。老皮特认为仅凭自己的名字就可以解决问题，[3]但英国派驻普鲁士的外交官却没有如此乐观，他早就预料到此项使命难以成功。果然，腓特烈作出否定性回答，他对卷入英法冲突没有兴趣；由于老皮特的好战名声，他上台就有可能使英法冲突再次发生。腓特烈并且对英国在和约中的背叛耿耿于怀，英国外交官在向伦敦报告时说，腓特烈不断暗示："他在上次和谈中遭受我方的（不公平）待遇，他谈论我们的政策不稳定，我国政府突然变更，这使与我国进行交易时得不到任何安全感。"[4]皮特不死心，但第二次尝试仍无结果；英国政府终于认识到：英普同盟难以成立。

　　老皮特的北方同盟设想中还包括俄国。实际上，七年战争之后，争取与俄国建立同盟关系一直是英国政府考虑的方案，但英国在和平时期不提供补助金，却使英俄联盟很难成功。在七年战争中，双方虽然是对

---

① J. Black, *The Continental Commitment*：*Britain*，*Hanover and Interventionism*，*1714—1793*，Routledge，2005，p. 161.

② W. Massey, *A History of England during the Reign of George the Third*，J. W. Parker and Son，1855，p. 331.

③ D. H. Willson & S. E. Prall, *A History of England*，Holt，Rinehart and Winston，1986，p. 423.

④ W. S. Taylor & J. H. Pringle（eds.），*Correspondence of William Pitt*，*Earl of Chatham*，Vol. III，John Murray，1840，p. 69.

立面,但彼此并未正面交手;英国几次拒绝普鲁士的要求,不肯把舰队派到波罗的海,其主要考虑就是避免冒犯俄国。在战争中,英俄的外交关系也维持下来,贸易关系更是达到新的高峰——英俄的贸易是互补的,双方都从贸易中获益良多。问题在于,先前的英俄关系中,英国处于优势,英国只要提供补助金即可;现在,随着战后俄国政治地位上升,其要求却也提高了:俄国答应在英国遭到攻击时自己提供援助,但俄国也要求在发生与其他国家的战争时,英国也提供援助。在波兰王位继承问题上,俄国女皇要求英国支持其对波兰王位的立场,而英国大臣却认为没有必要,因为任何国家都想与英国做交易,[①]于是就在 1763 年 9 月拒绝了俄国提出的条件。波兰的奥古斯都三世(August Ⅲ,1734—1763 年在位)去世后,俄国担心法国和土耳其的威胁,就降低了与英国结盟的条件:俄国外交大臣潘宁(Nikita Panin)不再坚持土耳其条款,只要求英国在波兰问题上支持俄国,但要求英国提供 50 万卢布的补助金。在英普联盟基本上行不通的背景下,满足俄国的要求似乎很明智,然而,英国有关补助金的规定却使英俄联盟最终还是泡了汤。[②]

1770 年 1 月,诺斯勋爵领导的"国王之友"执掌英国政权,诺斯是乔治三世的幼时玩友,是在乔治三世的直接支持下出任首相的,由此就使国王对外交政策的干预更加有可能。但诺斯控制不了议会下院,许多人担心他的政府会很快垮台。为稳固自己的地位,诺斯把主要精力放在内政特别是改善英国的金融状况上,因此就很少涉足外交事务,宣称自己在这个领域是门外汉。法国人很快就看出来:诺斯政府的存在有赖于维持和平,因此英国政府并不想与法国开战。因而,诺斯不过问外交问题的前提是英法之间不出现战争危险,一旦出现战争的兆头,诺斯将不得不介入外交领域,并且国王一定会支持他。

---

① R. Hatton & M. S. Anderson, *Studies in Diplomatic History: Essays in Memory of David Bayne Horn*, Archon Books, 1970, pp. 236—267.

② H. M. Scott, *British Foreign Policy in the Age of the American Revolution*, Clarendon Press, 1990, pp. 60—61.

　　1770 年爆发了福克兰群岛(Falkland Islands)危机,有学者认为这是在七年战争与美国独立战争之间英法最激烈的一次冲突。① 冲突的起源是英国与西班牙的争执——英国在福克兰西部殖民,西班牙则控制福克兰东部。1767 年,西班牙外交大臣发出命令,要求拔除英国在埃格蒙特港的圆木堡垒,驱除英国殖民者。在将这些命令送交南美时,他与法国政府进行沟通,得到路易十五的默许,但舒瓦瑟尔公爵不愿贸然行事。按照舒瓦瑟尔的计划,法国在 1767 年可以完成重整军备特别是重建海军的任务,然后就可以发动复仇战争。但实际上,直到 1770 年,舒瓦瑟尔仍认为法国没有做好战争准备,他因此要求西班牙把战争计划推迟两年。② 到了 1769 年,福克兰的局势更加恶化了。长期以来,在福克兰的英国殖民者与西班牙殖民者是不相来往的,1769 年 12 月,两个基地的船只第一次遭遇并交换公文,英国在福克兰的海军指挥官亨特上校(Captain Hunt)不仅拒绝西班牙的主权要求,而且宣称英国对这一地区拥有无可争议的主权,他进而威胁西班牙人,让他们在六个月的时间内撤离,否则就以武力将其驱逐出去。在布宜诺斯艾利斯的西班牙总督也态度强硬。1770 年 2 月,西班牙的两艘战舰登陆埃格蒙特港,要求英国殖民者撤离,亨特上校坚决拒绝并辩称英国对福克兰群岛拥有主权。西班牙总督于是派出第二支军队,拔除了英国的这个小型要塞。事件传到欧洲,马上引起英国与法西之间的严重对抗。

　　英国负责此事的是南部事务大臣韦茅斯子爵(Viscount of Weymouth),他认为法西海军根本无力发动战争,英国在海军的支持下,可以通过外交手段迫使西班牙接受英国的所有要求,即不仅否认西班牙政府与美洲总督的行为有关,而且重建英国在埃格蒙特港的定居点。③ 按照韦茅斯

①③ N. Tracy, "The Falkland Islands Crisis of 1770: Use of Naval Force", *English Historical Review*, Vol. 90(1975), pp. 40—75.

② L. Lasala, "England, Spain and the Family Compact", p. 244, recited in H. M. Scott, *British Foreign Policy in the Age of the American Revolution*, Clarendon Press, 1990, p. 141.

的思路,英西甚至英法之间都可能爆发战争,而战争会打乱诺斯恢复金融的工作,甚至危及其领导的政府。诺斯于是被迫介入外交事务,他迅速接受了法国的要求,开始私下谈判。在随后的秘密谈判中,诺斯对舒瓦瑟尔公爵的方案做出修正,提出:西班牙为驱逐英国人进行道歉,并恢复英国在福克兰西部的地位;作为回报,英国将在以后放弃埃格蒙特港。为了防止英国议会的攻击,诺斯坚持以口头而不是书面的形式达成协议。

法国很快答应了诺斯的要求,而诺斯则得到乔治三世的坚定支持。乔治三世发现韦茅斯子爵的目的是诱使诺斯政府垮台,因而拒绝了其增兵的要求。在诺斯和乔治三世的联手运作下,内阁接受了诺斯的方案。韦茅斯子爵随后就辞职了,理由是内阁"在五件重要的事情上"反对他,而这五件事本来是他"直接负责的"。[1] 在英国的主战派去职后,法国那位以好战名声而不是实际行动著名的外交大臣舒瓦瑟尔公爵也被路易十五罢黜,路易十五对自己在西班牙的波旁王朝亲戚说法国需要和平,从而暗示在英西战争爆发时,西班牙得不到法国的支持。西班牙于是只好妥协,况且诺斯的建议也为西班牙人留了面子。西班牙国王于是拒绝了主战派的要求,接受由诺斯和舒瓦瑟尔商定的和平条款。

福克兰事件是诺斯干预外交事务的起点,也成为他巩固其内阁地位的良机。在政策执行的过程中,诺斯与乔治三世联手,这也成为诺斯执政时期的特色。

表面上,福克兰事件加强了英国的外交地位,外界普遍认为两个波旁家族是在英国显示实力之后被迫妥协的,而舒瓦瑟尔也是在英国的强硬政策逼迫下被罢黜的。[2] 但英国的这一次胜利却导致它的傲慢与自

---

[1] H. M. Scott, *British Foreign Policy in the Age of the American Revolution*, Clarendon Press, 1990, p. 152.

[2] N. Tracy, "The Falkland Islands Crisis of 1770: Use of Naval Force", *English Historical Review*, Vol. 90(1975), pp. 40—75.

负,这一点很快就在丹麦事件中表现出来。

1766 年,乔治三世年仅 15 岁的妹妹玛蒂尔达(Caroline Mathilda)嫁给丹麦国王克里斯蒂安七世(Christian Ⅶ,1766—1808 年在位),玛蒂尔达的婚姻生活不幸福,国王对她冷漠,也很不屑。由于国王软弱,丹麦的实权逐渐落到宫廷医生施特林泽(Johann Friedrich Struensee)手中,而他很快成为玛蒂尔达的情夫。英国王室知晓此事后,曾规劝玛蒂尔达改邪归正,但不成功。施特林泽的统治最终被推翻,玛蒂尔达也沦为阶下囚。仅就利益而言,英国在丹麦没有重大利益,但英国王室的名声却受到损害。英国外交官基斯上校(Colonel Keith)要求丹麦新政府尊重玛蒂尔达,宣称如果碰她一根头发,就会造成英国对丹麦的战争。[1] 在随后的谈判中,英国甚至反对让玛蒂尔达与前国王离婚,为压服丹麦,英国出动了 11 艘战舰、2 艘炮艇、1 艘火船。在强大的压力下,玛蒂尔达既没有公开离婚,也没有被废黜王后称号,乔治三世甚至拒绝了丹麦的要求,不肯保证让玛蒂尔达不再回丹麦。更让丹麦难堪的是,丹麦政府还要向护送玛蒂尔达撤出的船只行礼,并退还嫁妆。英国的枪炮外交在处理与小国的关系中占尽风头。

虽然英国可以在与丹麦,甚至与西班牙、法国的关系中恣意妄为,但英国外交在此阶段的主要任务并没有实现:英国未能在欧洲找到盟友。实际上,正如瓜分波兰的过程所表明的那样,英国在中东欧的外交进程中被边缘化。长期以来,英法之间的冲突一直是欧洲国际关系的主要内容,在英法冲突中,中东欧国家要么站在法国一边,要么站在英国一边。但从 18 世纪 70 年代开始,俄、普、奥逐渐成为欧洲外交的主力。[2] 这三个国家背着英法瓜分波兰,英法两国被摈弃于密谈之外。在最终的结果

---

[1] C. F. L. Wraxall, *Life and Times of Her Majesty Caroline Matilda*, Vol. Ⅱ, Barnes and Noble, 1864, p. 158.

[2] H. T. Dickinson(ed.), *A Companion to Eighteenth-Century Britain*, Blackwell, 2002, p. 442.

出来后,虽然埃德蒙·伯克大声疾呼"不能把波兰看作是处在月球上",①但没有起什么效果。英国除了接受,并无其他选择,因为英国舰队不可能开进华沙。

当腓特烈二世吞并对英国来说具有重要贸易利益的波罗的海但泽时,英国同样无能为力。北部事务大臣萨福克(Henry Howard Suffolk)就坦言,海军封锁不可能影响普鲁士。② 从长远的角度看,因普、奥、俄外交地位上升而导致的欧洲国际关系的变化,甚至超过了 1757 年的外交革命。③ 不久以后,英国将在美国独立战争中充分体会到:没有中、东欧的支持,将是什么结果。

18 世纪 60 年代美洲殖民地局势恶化,英国把越来越多的注意力放在美洲,负责外交的南北大臣们都注意着美洲局势的发展,北部事务大臣萨福克是使用军事手段重新收复殖民地的主要倡导者,南部事务大臣威廉·亨利·罗克福德(William Henry Rochford)也经常需要向上院介绍英国政府的政策。当时许多大臣都认为,解决殖民地问题是提升英国外交地位的重要方面,乔治三世也说:"我们必须让殖民地回到正常的秩序中来,然后才可以与邻国交涉。"④

美洲危机为欧洲国家提供了介入的机会,法国和西班牙认为这是他们报复英国的好机会,法国外交大臣韦尔热纳(Charles Gravier Vergennes)说,法国应抓住机会羞辱英国。他认为即使英国能够成功,结果也是严重地削弱英国,而法国则可借机恢复在欧洲的主导地位。他建议法国秘密援助美洲殖民地,最终则直接介入殖民地的冲突。路易十

---

① N. Davies, *God's Playground*: *A History of Poland*, Oxford University Press, 2005, p. 396.

② Suffolk to Keith, 30 July 1773, SP 80/214, recited in H. M. Scott, *British Foreign Policy in the Age of the American Revolution*, Clarendon Press, 1990, p. 202.

③ H. T. Dickinson (ed.), *A Companion to Eighteenth-Century Britain*, Blackwell, 2002, pp. 440—442.

④ Baron H. Brougham, *Historical Sketches of Statesmen Who Flourished in the Time of George III*, Vol. I, Richard Griffin and Company, 1858, p. 81.

六支持韦尔热纳,于是向美洲秘密提供了 100 万里弗尔援助。在法国的敦促下,西班牙也提供了相同的援助额。① 英国一方面向法国提出强烈抗议,另一方面又派皇家海军抓捕法国军火船,英法关系急剧恶化。1778 年,在美洲人赢取萨拉托加大捷后,法国为防止英国与殖民地讲和,正式与美国建立了关系,英法进入战争状态。西班牙起初不愿支持美洲人造反,它自己在美洲拥有庞大的殖民地,因此担心英国殖民地独立会对自己造成不利影响。但西班牙同样想要报复英国,它一方面答应法国的要求,向美洲提供秘密军火援助,另一方面则试图利用北美革命,促使英国让出直布罗陀。英国拒绝了西班牙的要求,结果西班牙也与英国处于战争状态。

法西联合舰队的活动逐渐削弱了英国海军的优势,而英国的不谨慎又影响了荷兰的立场。为镇压殖民地,英国试图阻断殖民地与欧洲的贸易,特别是军火贸易。但欧洲不少国家却发现美洲革命为自己提供了大量机会,对荷兰而言,情况尤为真实。荷兰是靠贸易立国的,让它放弃商业活动显然不现实。荷兰在西印度群岛的殖民地圣乌斯托西阿斯在自由贸易的幌子下,利用同美国做军火生意大发其财。英国采取了强硬政策,用武力驱散荷兰的商船队,劫掠有嫌疑的船只。在发现了荷兰同北美殖民地有秘密条约时,英国对荷兰宣战。

由于法、西、荷加入战争,英国的作战能力大大减弱,而没有盟友,终使英国大吃其亏。情急之下,英国再次在欧洲寻找盟友,目标是俄国。早在 1778 年,英国驻彼得堡大使詹姆士·哈里斯(James Harris)就建议订立英俄攻守同盟,促使俄国对法宣战。但叶卡捷琳娜二世不愿同英国结盟,乔治三世于是直接向俄国女皇求助,他在给女皇的信中说:"我的姐姐! ……如果在这千钧一发的时刻陛下仍然冷眼旁观,他们的计划就会实现。使用海军力量,甚至显示一部分海军力量,都足以恢复和巩固欧洲的

---

① H. M. Scott, *British Foreign Policy in the Age of the American Revolution*, Clarendon Press, 1990, pp. 221—223, 234.

安宁,驱散反对我的同盟,并确立该同盟企图消灭的均势体系……"①

这完全是病急乱投医,结果只招来更大的羞辱。俄国女皇拒绝了乔治三世;1779 年末,哈里斯再次向俄国外交大臣提出建立英俄同盟,并表示愿意接受任何条件,但俄国再次否决。② 实际上,俄国更愿意落井下石,由于英国海军在搜捕与美洲殖民地进行贸易的船只时触犯了俄国的利益,叶卡捷琳娜发表《武装中立宣言》,宣布中立国船只可以自由地从一个港口驶往另一个港口,并在交战国沿岸航行。为此俄国派出了强大的海军护航队,其后,丹麦、瑞典、普鲁士、奥地利、葡萄牙和两西西里王国相继加入武装中立,使英国的封锁行动受到有力的打击。③ 1781 年,康沃利斯(Cornwallis)将军在约克敦向美法联军投降,消息传到伦敦,尽管乔治三世希望继续作战,但强大的压力已使诺斯政府难以维持。

诺斯辞职后,辉格党领袖罗金汉侯爵组建新的政府,辉格党反法的传统在随后的谈判中又一次发挥影响。由于南部事务大臣谢尔本开始专管国内事务,北部事务大臣查尔斯·福克斯接管了所有的外交事务。自此,南方事务部演变为内政部,北方事务部则成为外交部,福克斯也成为英国的首位外交大臣。④

作为辉格党人,福克斯强烈反对国王扩大权力,他甚至为美洲殖民地的独立而感到欣慰,认为这是反对国王的极好机会。福克斯打算对法、西采取强硬政策,同时尽力满足美国的要求,并且用贿赂美国的方法,拆散现有的美法联盟。美国的态度十分有利,富兰克林及其同事不相信法、西会真的维护美国利益,在大局已定的情况下,富兰克林首先需

---

① [苏]波将金等编:《外交史》第一卷(上),史源译,生活·读书·新知三联书店,1979 年,第498—499 页。

② H. M. Scott, *British Foreign Policy in the Age of the American Revolution*, Clarendon Press, 1990, pp. 159, 265.

③ C. W. Crawley(ed.), *The New Cambridge Modern History*, Vol. IX, Cambridge University Press, 1965, p. 250.

④ R. B. Mowat, *England in the Eighteenth Century*, George G. Harrap & Co. Ltd, 1932, p. 250.

要的是美国独立。他于是抛开法、西,单独与英国谈判。在福克斯的推动下,英国给了美国非常宽厚的条件。①

此后一年多的时间里英国产生三届政府。1783 年 12 月,以小威廉·皮特为首的托利党开始主导英国外交,而该党缓和英法关系的传统则又一次浮出水面。摆在小皮特面前的外交形势非常严峻,英国现在完全孤立,克里斯蒂在书中写道:"英国丧失了美洲帝国,因而降到了二流甚至三流国家的地位。战争失利,使英国作为一个盟国失去了对其他国家的吸引力⋯⋯连乔治三世也悲观地预测:英国在三十年内要扮演欧洲的领导角色和获得海上绝对支配权,是不可想象的。"②没有欧洲大陆的盟友,英国就不可能与法国作战。

像诺斯一样,小皮特起初也主要关注内政,在外交领域保持低调,但他的目标却相当明确:尽可能避免新的战争,让英国获得长期的和平。③而为了和平,就要与法国维持相对友好的关系。在这一点上,他与外交大臣利兹公爵(Duke of Leeds)产生了分歧。利兹在 1783—1791 年间担任外交大臣,他虽然是托利党人,却认为法国是"我们天然与根深蒂固的敌人",他愿意与任何有反法意图的国家建立联盟关系,而不管这些国家的其他政策是否会损害英国的利益。他千方百计地与俄、西、奥、丹麦等国讨论建立联盟的计划,但都无果而终。普鲁士倒是有一点兴趣,但要求英国支持它在东欧的政策。利兹公爵准备答应这个条件,但小皮特担心会引发战争——在他看来,现阶段英国不与其他国家结盟是最好的选择,于是利兹公爵与普鲁士结盟的方案也就无果而终。

更深刻影响了小皮特外交政策的也许是工业革命,工业革命改变了英国外交的目的:外交应服从于经济的发展,服从于对外贸易的需要。

---

① J. Clarke, *British Diplomacy and Foreign Policy 1782—1865: the National Interest*, Unwin Hyman Ltd, 1989, pp. 61—65.

② Ian R. Christie, *Wars and Revolutions: Britain 1760—1815*, Edward Arnold Publishers Ltd., 1982, p. 158.

③ J. Clarke, *British Diplomacy and Foreign Policy 1782—1865: the National Interest*, Unwin Hyman Ltd, 1989, p. 68.

小皮特是亚当·斯密的信徒,他认为英法之间的许多战争,都是因损人利己的关税政策引起的,相互减免关税,就可以减少战争;英法之间的一衣带水意味着两国间的贸易比遥远的殖民地更加实惠,因此小皮特主张签订英法商约。

托利党的和平传统和工业革命于是改变了英国外交的走向:不是寻求反法盟友,而是与法国改善关系。反对的声音可以想见,前外交大臣福克斯是反对派的代表,福克斯在发言中诘难小皮特,强调英、法是天然敌人。但小皮特是从政治发展的观点来看问题的,在他看来,认为一个民族是另一个民族永恒的敌人这种观点幼稚可笑,现实的情况总是在变化;一旦外交的格局发生变化,英国外交的手段也须进行相应的调整。① 如果说,英国外交的目标是保卫英国的安全,那么法国不一定是威胁英国的唯一来源。换言之,小皮特认为英国应在特定的情形下采取特定的外交政策,而非感情用事——根据均势思想、采取灵活的政策,这是小皮特外交政策的最大特征;同时,这也体现了小皮特对欧洲外交变化的深刻理解。

当时,东欧大国在国际舞台上的地位日益重要,欧洲均势正在发生深刻变化;法国已陷入严重的社会、经济危机中,英国一些敏锐的政治家已意识到这一点,预见法国在很长时间内不会是英国的主要敌人。小皮特告诫国人:英国的外交目标是均势,而不是永久不变的"天然敌人",当法国在某一特定时刻不是英国的主要敌人时,与法国缓和就是可能的;而且英法商约对两个国家都有益,英国获益甚至更大。事实证明小皮特是正确的,商约签订前,英法之间的贸易总量微不足道,条约签约后,贸易量迅速增加。后来当英法之间再次开战时,连英国商人都觉得非常惋惜。②

---

① Pitt's Speech in the House of Commons on the Commercial Treaty with France, 12 Feb. 1787, in A. Aspinall(ed.), *English Historical Documents*, *Vol. XI, 1783—1832*, Eyre & Spottiswoode Ltd, 1969, pp. 557—559.

② J. H. Rose & A. P. Newton & E. A. Benians(eds.), *Cambridge History of the British Empire*, Vol. II, Cambridge University Press, 1940, p. 31; J. Ehrman, *The British Government and Commercial Negotiations with Europe, 1783—1793*, Cambridge University Press, 1962.

小皮特尽量安抚法国,在荷兰事件中也有所体现。1784 年奥、荷发生冲突,法国应邀调停。利兹公爵认为韦尔热纳正在扩大法国的影响,荷兰的外交政策有可能被法国操纵,如果考虑到法、奥之间有同盟关系,就可能出现法国主导低地国家的危险。他主张对法采取强硬外交政策。英国驻海牙代表哈里斯也主张积极应对:"我们若失去荷兰,法国将达到它梦寐以求的力量顶峰。"①哈里斯于是在荷兰努力扶植亲英势力,小皮特却写信劝他要有所节制,换句话说,小皮特不愿意与法国产生激烈冲突。但韦尔热纳却向荷兰威胁说法国可以成为奥地利的朋友;奥伦治家族的威廉五世(William V, Prince of Orange,1751—1795 年在位)被推翻,荷兰新政权与法国签订了防务条约。

这表明法国正在威胁均势体系,小皮特于是放弃了英法关系缓和的政策,而开始寻求反法的盟友,普鲁士成为英国争取的对象。1786 年,腓特烈·威廉(Friedrich Wilhelm Ⅱ,1786—1797 年在位)继位,他是威廉五世的姻兄,腓特烈·威廉对他的妹妹、威廉的妻子在荷兰的遭遇甚感不平,于是企图帮助威廉五世恢复其地位。小皮特决定站在普鲁士一边,称维持英、普联盟关系,是维护欧洲和平的重要保证,也是"我们大陆体系的关键"。② 1787 年 9 月,腓特烈·威廉入侵荷兰,英国海军也出现在荷兰水域,英、普的联合干预取得成功,奥伦治家族重返海牙。1788 年6 月,英、普与奥伦治统治的荷兰签订同盟条约,通过荷兰事件,英国重新寻找盟友的目标实现了,英国的影响力也开始恢复。③

海外问题很容易造成英国与其他殖民国家之间的矛盾。1789 年夏,西班牙扣押了几艘进入西属美洲卢德卡松德(Nootka Sound)的英国船只,英国决定采取强硬政策。议会拨出 100 万镑军费,英国的盟友荷兰

① R. W. Seton, *Britain in Europe 1789—1914: A Survey of Foreign Policy*, Cambridge University Press, 1938, p. 10.

② T. G. Otte(ed.), *The Makers of British Foreign Policy: From Pitt to Thatcher*, Palgrave, 2002, p. 7.

③ J. Black, *Debating Foreign Policy in Eighteenth-Century Britain*, Ashgate Publishing, 2011, p. 197.

也派出军舰介入纠纷,战争有一触即发之势。西班牙起初比较强硬,但由于得不到法国的支持,最终被迫退让。不过在与俄国的斗争中英国却没有占上风。俄国在与土耳其的战争中兼并了奥佐可夫要塞,小皮特担心俄国会通过黑海进入南欧和地中海,因此决定遏制俄国。但英国的努力并未成功,一部分原因是,英国在东欧没有实力强大的反俄盟友,普鲁士的政策千变万化,奥地利的态度摇摆不定,而瑞典刚刚结束了与俄国之间的战争。实际上,正如一些历史学家指出的那样,英国的力量主要依靠海军,但在针对陆上强国的斗争中,海军没有太大价值。[1] 并且,小皮特得不到国内的支持,"整个国家的人都在告诉皮特先生说他们不愿意进行战争"。[2] 小皮特于是放弃了对俄强硬的外交政策。

其实就在这个时候,英国的注意力越来越被法国所吸引。法国大革命爆发后,均势体系受到威胁,英国政治家认为革命将沉重地打击法国,因此在短时期内法国不再是危险的国家。但是英国政府没有意识到,一个共和的法兰西比贵族的法兰西威胁更大,[3]而英国舆论又普遍认为,法国革命是进步的,应该予以同情。在这种氛围下,英国政府决定执行不偏不倚的中立政策。当路易十六与王后逃跑的事件发生时,奥皇希望乔治三世与其他君王一起,共同解救法王,但被乔治三世拒绝。其实,在英国人眼里,维持欧洲均势是其外交政策的基本出发点,而现在的威胁来自俄、奥、普瓜分波兰,以及俄国侵略土耳其。[4] 换句话说,威胁欧洲均势的主

[1] J. Black, *The Continental Commitment*:*Britain*,*Hanover and Interventionism*,*1714—1793*,Routledge,2005,pp. 165—166.

[2] E. J. Evans, *The Forging of the Modern State*:*Early Industrial Britain*,*1783—1870*,Pearson Education Ltd,2001,p. 39;J. Black, *Debating Foreign Policy in Eighteenth-Century Britain*,Ashgate Publishing,2011,p. 198.

[3] Sir A. W. Ward & G. P. Gooch(eds.), *The Cambridge History of British Foreign Policy*,Vol. I,Cambridge University Press,1922,p. 202;J. Black, *British Foreign Policy in an Age of Revolutions*,*1783—1793*,Cambridge University Press,1994,p. 385.

[4] A. Bryant, *The Years of Endurance*,*1793—1802*,Collins,1942,pp. 57—58;J. Black, *British Foreign Policy in an Age of Revolutions*,*1783—1793*,Cambridge University Press,1994,p. 383.

要是俄国,而不是正处于内乱之中的法国,所以,俄国才是干涉的对象。

英国果真是这样做的,它尽力弥合奥、普矛盾,以免有一方倒向俄国。自奥地利王位战争以来,普、奥就一直进行激烈斗争。1790年,普鲁士提出要求,要奥地利停止对土耳其的战争,并将加里西亚割让给波兰。奥皇不愿退让,便开始做战争准备。普鲁士则期望得到英国的帮助,压奥地利接受要求,并且一旦需要,也打算同奥地利开战。英国则企图维持普、奥和平关系,在莱亨巴赫会议上,英国表示不会在军事上援助普鲁士,但要求奥地利放弃它所占领的土耳其领土,并退出对土战争;只有在此条件下,英、荷、普才愿意帮助奥地利恢复它在比利时的统治。协商的结果是奥、土停战,英、普表示协助奥地利恢复对比利时的统治。《莱亨巴赫协定》是小皮特重要的外交成就,它制止了普、奥争斗,促使这两个国家接近,通过维持中欧两个强国的和解共存,保持了欧洲的均势。①

但法国大革命开始冲击欧洲均势体系。路易十六出逃失败后,法国革命政府要求奥地利停止支持法王的活动,不再敌视法国革命。奥地利拒绝,法国于是在1792年4月对奥宣战。瓦尔密大捷后,法军节节推进,占领了萨瓦、莱茵河左岸、奥属尼德兰等地。在军事胜利的鼓舞下,国民公会逐渐突破了早先的谨慎政策,宣布"向一切要求恢复自由的民族提供兄弟般的援助,并责成政府命令所有将军援助这些民族和保护那些为自由事业而受到或可能受到迫害的公民",②随即将萨瓦、比利时、莱茵地区等并入法国。法国的扩张打破了欧洲的均势,英国从不干涉转入反对。英国外交部不给革命政府委派的外交官以正式地位,小皮特在会见法国外交官时警告说:法国对荷兰的侵略意味着战争。③ 小皮特其实对法国革命十分反感,他在一份文件中发出这样的指示:"在所有时刻,你都要谨慎地宣称英国政府确信世袭君主制应该得到承认,路易十七应

---

① J. Black, *British Foreign Policy in an Age of Revolutions*, 1783—1793, Cambridge University Press, 1994, p. 372.

② Ibid., pp. 380—381.

③ A. Bryant, *The Years of Endurance*, 1793—1802, Collins, 1942, p. 71.

该是合法的统治者。"①1792 年 12 月 31 日,英国外交大臣给法国外交大臣发出信件,对法国侵犯奥属尼德兰提出抗议。② 法国的回信态度强硬;1793 年 2 月 1 日法国向英国宣战,英法两国再次进入战争。

英法开战后,小皮特的首要目标是争取足够的盟友。由于早先在《莱亨巴赫协定》中已促成普、奥和解,二者均成为英国的盟友。小皮特还同俄国、撒丁、那不勒斯等缔结共同行动条约,答应给这些国家巨额补助金。但补助金不能买到真正的团结,参与同盟的各国都心怀鬼胎。③中东欧国家想从波兰得到好处,俄国在反法战争中立场最温和,普、奥虽竭力与法国作战,但两国都对波兰存有野心,并且因此而互相猜疑。撒丁在拿到补助金后却不肯履约。各国都希望其他国家多做贡献,而自己尽可能少尽义务。结果在法国的进攻面前,小盟国渐次退出,大国则缺少团结而只关心自己的利益。比如普鲁士一面镇压波兰的反抗,一面积极要求英国的补助,暗示如果拿不到补助金,普鲁士将召回在莱茵地区的所有军队。英国希望盟国能分担财政负担,要求荷、奥各分担对普鲁士援助的 1/5,甚至俄国也分担 1/5。但由于法军挺进荷兰,英国被迫答应了普鲁士的要求,普鲁士则答应提供 6.24 万人参加作战。④

此举开了一个坏先例:英国起初只向小国提供补助金,现在却要为像普鲁士这样的大国提供补助金,而这些国家有可能像撒丁那样,拿了补助金却不履行承诺。而实际情况又恰恰如此,普鲁士在拿到补助金后,借口波兰发生暴乱而不肯在莱茵地区行动,英国于是停止向其提供后期补助。作为回应,普鲁士与法国签订停战协定。在奥地利方面,英

① Sir A. W. Ward & G. P. Gooch(eds.), *The Cambridge History of British Foreign Policy*, Vol. Ⅰ, Cambridge University Press, 1922, p. 242.

② H. W. V. Temperley, *Foundations of British Foreign Policy：from Pitt(1792) to Salisbury (1902)*, Cass. , 1966, pp. 3—8.

③ 一些英国学者甚至认为盟国间的彼此敌意反而助长了法国的扩张。参阅:J. Black, *Debating Foreign Policy in Eighteenth-Century Britain*, Ashgate Publishing, 2011, pp. 206—207.

④ Sir A. W. Ward & G. P. Gooch (eds.), *The Cambridge History of British Foreign Policy*, Vol. Ⅰ, Cambridge University Press, 1922, pp. 243—246.

国答应提供补助金,奥地利则承诺在德意志维持 12 万人的军队。和普鲁士一样,奥地利要求得到更多的援助,但回报却微不足道,奥地利担心俄国对波兰心怀不轨,因此在对法国的军事行动上作战不力,结果奥属尼德兰被并入法国,荷兰也与法国签订了同盟条约。[①] 在俄国方面,英国给俄国送了厚礼,俄国则答应支援英国皇家海军,但俄国不肯向欧洲西部派出军队,英国的如意算盘落空了。

关于反法战争失败,英国认为中东欧国家鼠目寸光,这是失败的主要原因,但俄、普、奥指责英国在战争中半心半意,它只愿意出钱,而不愿牺牲英国的士兵。约克公爵率领的远征军人数很少,在奥地利答应派出12 万军士后,英国远征军却撤回英国了。外交大臣格伦维尔曾说,"向外国军队支付金钱比让我们的年轻人离开耕犁与织布机更为便宜,也更具有策略。(否则)不仅我们的工业会陷入停滞,还会抽干我们这个岛国的人力,降低我们的天然力量。"[②]在工业革命快速进展的背景下,英国政府不愿意战争干扰经济的发展。所以,包括英国在内的同盟国相互之间钩心斗角,第一次反法联盟失败了。

在随后的 20 年时间里,英国又组织了六次反法联盟,但同盟国的钩心斗角并无改变,英国试图抑制法国,恢复欧洲均势的目标很难实现。但托利党的海外殖民政策却取得很大进展:1794 年,英国从法国手里夺取马提尼克岛、圣卢西亚和多巴哥,1795 年又从法国占领下的荷兰手中夺取锡兰和好望角,1797 年从西班牙那里夺取特立尼达。

拿破仑掌权后,英法争夺更为激烈。虽然拿破仑取得了一次又一次的胜利,但法国的人力物力损耗很大,而远征莫斯科的行动则拉开了拿破仑失败的序幕。1813 年,号称"民族之战"的莱比锡战役将拿破仑打回莱茵河西岸,此后战火烧向法国本土。而当反法战争转变成瓜分拿破仑

---

① J. Clarke, *British Diplomacy and Foreign Policy 1782—1865: the National Interest*, Unwin Hyman Ltd, 1989, pp. 84—86.

② *Parliamentary History of England from the Earliest Period to the Year 1803*, Vol. 31, London, 1818, p. 452.

帝国的遗产时,同盟内部的斗争变得一发不可收拾。实际上,拿破仑在战争中的成就,一方面与他的军事天才有关,但在很大程度上是由同盟国内部的不团结造成的,如果同盟国齐心协力地进行战争,拿破仑拿不到那么多的胜利。在反法战争中,每个盟友都担心自己是在为别人火中取栗,无穷的猜疑让各国都缩手缩脚、谨慎观望,自然就难以对付拿破仑的凌厉攻势。而同盟国打进法国后,分歧立刻又出现了,俄、普希望彻底推翻波拿巴王朝,而对奥地利来说,由于奥国公主是拿破仑的皇后,拿破仑之子因此是奥皇的外孙,奥国于是希望建立由皇后路易莎为首的摄政政权。同时,俄、普在波兰和萨克森问题上矛盾重重,彻底打败拿破仑的军事决策再次显得摇摆不定。[①]

此时,卡斯尔雷子爵(Viscount of Castlereagh)是英国的外交大臣,他是小皮特去世后英国政治的中心人物。[②] 在首相珀西瓦尔遇刺身亡后,卡斯尔雷同时兼任下院领袖一职,这使他能够更加自由地处理外交事务。卡斯尔雷外交的首要目的是将小皮特的联盟变得有效率,也就是说,英国不仅需要有足够多的盟友,更重要的是盟友之间应该团结。[③] 在拿破仑的败局已定时,卡斯尔雷前往欧洲大陆参加和谈,当时他主要有两个目标:一是保证英国的绝对海洋优势,二是重新建立欧洲均势。在奥地利首相梅特涅的支持下,英国的海洋地位获列强承认。至于第二个目标,卡斯尔雷的思路是加强中欧(普、奥)、抵制两极(法、俄)。就当前局面而言,法国不再是威胁的来源,因此卡斯尔雷提出:如果法国退回到波旁统治时期的边界之内,拿破仑便可继续统治法国。这就形成了对法国宽宏大量的解决方案:1814 年的第一次《巴黎和约》为法国保留了 1792 年 1 月 1 日以前的疆界,法国不用赔款、也不用割地,甚至可以不被军事占

---

① C. W. Crawley(ed.), *The New Cambridge Modern History*, Vol. Ⅸ, Cambridge University Press,1965,pp. 648—652.

② T. G. Otte(ed.), *The Makers of British Foreign Policy*:*From Pitt to Thatcher*, Palgrave,2002,p. 8.

③ A. Bullock & F. W. Deakin, *The British Political Tradition*, Vol. Ⅲ, Methuen, 1950,pp. 54—55.

领。普鲁士和其他一些国家要求肢解法国,英国则一一否决。但法国毕竟是一个大国,有威胁欧洲均势的可能性,因此卡斯尔雷的方案中也有限制法国的内容:他设想构建一个有效期长达20年的欧洲同盟,用来监督法国,并由英国提供财政援助。[①] 他主张在法国边境上建立一些缓冲国或看守国,每一个缓冲国后面都有一个欧洲强国作后盾,例如莱茵河流域各公国统一起来,接受普鲁士领导,热那亚并入皮埃蒙特,奥地利取得对伦巴第和威尼斯的统治,从而阻断法军由沿海进入意大利的线路。[②] 英国对低地国家的安排,更是英国外交的重大胜利,卡斯尔雷曾说,"把这个地区留在法国人手中,就等于在不列颠的头上永久架设一座战争机器"。[③] 经过谈判,先前的奥属尼德兰与荷兰统一,并处在英国的影响下,这样,法国通往北方的路线就被堵塞了。

卡斯尔雷将限制俄国作为主要目标。拿破仑失败后,俄国取代法国成为欧洲大陆的军事强国,其扩张意图也开始膨胀,沙皇希望兼并华沙大公国,进一步扩大俄国版图。卡斯尔雷不同意俄国的要求,他主张加强普、奥两国的力量,认为一个强大的中欧不仅可以抵御法国,也是阻挡俄国扩张的屏障。但普鲁士要求得到整个萨克森,奥地利则对此疑心重重。卡斯尔雷做了大量工作,奥地利最终同意普鲁士得到萨克森五分之二的土地。由于普、奥矛盾太大,卡斯尔雷企图让两国联手对抗俄国的设想失败了,这使他感到非常失望。[④]

卡斯尔雷在英国外交史上的形象长期以来是负面的,基辛格曾经说:"他没有留下任何遗产;也没有任何一位英国政治家把卡斯尔雷当作

---

① C. W. Crawley(ed.), *The New Cambridge Modern History*, Vol. Ⅸ, Cambridge University Press, 1965, p. 641.

② J. Lowe, *Britain and Foreign Affairs 1815—1885*, Routledge, 1998, p. 19.

③ H. G. Nicolson, *The Congress of Vienna: A Study in Allied Unity, 1812—1822*, Viking Press, 1969, p. 208.

④ J. Lowe, *Britain and Foreign Affairs 1815—1885*, Routledge, 1998, p. 20.

可资借鉴的典范。"①为了维护反动的封建统治体制,他经常牺牲弱小国家的利益,这与 19 世纪追求"进步"的潮流、与欧洲民族主义高涨的潮流背道而驰。尽管他参与构建的维也纳体系让英国得到最大的利益,许多人却把他看作是反动力量的代表。在外交方面,他给英国留下的遗产是通过"会议体系"(Congress System)解决问题,这种思想对 19 世纪甚至其后的英国外交产生了深远影响。战争结束后,他认为英国应该继续与盟国维持密切关系,联盟的团结就是英国的最大利益。《维也纳和约》标志着一个旧时代的结束,在 19 世纪新的时代里,英国将在全世界外交舞台上扮演主角。

---

① T. G. Otte(ed.), *The Makers of British Foreign Policy*:*From Pitt to Thatcher*, Palgrave,
2002,p. 52.

第五篇

帝　国

第一章 七年战争前的殖民扩张

　　"光荣革命"前,在殖民扩张方面英国的主要对手是荷兰,英国连续颁布针对荷兰的《航海条例》,最终引发英荷战争。经过三次英荷战争后,英国开始建立海上霸权,同时取得不少殖民地,这些殖民地主要集中在西印度群岛和北美大陆,所以文森特·哈罗(Vicent Harlow)说:英帝国是一个大西洋帝国。[①]

　　"光荣革命"后,荷兰执政成为英国国王,英国在海外扩张的主要对手也变成了法国,英法争夺海上霸权、争夺海外殖民地,成为下一个时期的显著特点。

　　17世纪开始英国已经在北美陆续建立起一批殖民地,包括弗吉尼亚(1607)、马萨诸塞(1630)、马里兰(1632)、罗得岛(1636)、康涅狄格(1638)、北卡罗来纳(1663)、纽约(1664)、新泽西(1664)、南卡罗来纳(1670)、新罕布什尔(1679)、宾夕法尼亚(1688)等。但与法国在美洲的殖民地相比,英国殖民地范围并不大,而且,因为新教各派之间的冲突有时甚至比基督教与天主教之间的斗争更加激烈,所以英属各殖民地之间

[①] V. T. Harlow, *The Founding of the Second British Empire*, *1763—93*, 2 Vols, Longmans, 1952—1964.

并不团结。① 这种情形使英国在与法国争夺北美的斗争中处于劣势。

在威廉三世登位之前,英法在北美的争夺虽然激烈,但冲突是被限制在一定范围内的。托马斯·唐根(Thomas Dongan)上校从 1683 年开始担任纽约总督——他是爱尔兰天主教徒,后来得到当时的约克公爵一位好友的支持,于 1683 年到纽约任总督。为应对法国的威胁,他加强了与易洛魁人(Iroquois)之间的联盟。由于他到纽约之前英属殖民地已经与易洛魁人签订了联盟条约,英国人就认为易洛魁人是英国的臣民,甚至宣称易洛魁地区是纽约的附属区。法国商人与易洛魁人在皮货贸易方面竞争激烈,法国人往往竞争不过易洛魁人。1684 年,法国驻魁北克总督拉巴赫(De La Barre)要易洛魁人屈服,但并未奏效。1687 年,新总督德农维尔(De Denonville)侯爵率 1 600 名正规军、400 名印第安人、400 名加拿大民兵发动战争,易洛魁人的村庄被烧毁,农作物被毁坏,牲畜被屠杀。易洛魁人于是要求英国人根据条约给予帮助,唐根遂警告法国人,说易洛魁人是英国臣民,英国不能允许法国的侵略。他随后派正规军和民兵到奥尔巴尼地区实行威慑,但他的军队人数少,行动又不及时,并且得不到足够的资金,因此效果不明显。

1688 年埃德蒙·安德罗斯(Edmund Andros)爵士出任新英格兰总督,英法矛盾更为尖锐。安德罗斯爵士想要稳住新英格兰的边界,但法国殖民者已在此拓殖;加强《航海条例》的措施使法国人的贸易情况恶化,英法在捕鱼权问题上的争吵则加深了双方的分歧。在此背景下,一位叫卡斯坦(Castine)的法国商人与印第安人建立联盟,共同对付英国人,此后随即发生冲突,法国军队攻占了英国哈得孙湾公司的三个堡垒,虽然有英国专员提议"国王陛下政府支持哈得孙湾公司恢复并维持它的权利",②但詹姆士二世不愿与法国正面冲突。

"光荣革命"后,英法在北美和西印度群岛的争夺趋于激烈,伴随着

---

① 这种情况一直到七年战争期间仍然存在,参阅:P. J. 马歇尔主编《剑桥插图大英帝国史》,樊新志译,世界知识出版社,2004 年,第 12 页。

② J. P. MacDonell, *The Ontario Boundary Controversy*, Carswell, 1896, p. 204.

英法在欧洲的战争爆发,美洲也时常发生冲突。1689 年 7 月,1 500 名易洛魁人攻击了法国在拉欣(Lachine)的殖民地,法国伤亡约 200 人。但法国很快反攻并收复了拉欣;易洛魁人要求英国援助,但英国政府的主要精力放在欧洲,殖民地问题没有引起威廉的太多注意。① 1689 年 9 月,法国的弗龙特纳克伯爵(Comte de Frontenac)再次出任新法兰西总督,他率领由法国与印第安人组成的军队三次袭击新英格兰,捣毁了斯克内克塔迪(Schenectady)等地,1690 年 5 月份又占领洛亚尔堡,杀害了已经投降的英国留守者。这些活动引起英国殖民者的高度恐慌。②

为解除法国人对新英格兰的威胁,英国殖民者打算攻打加拿大并拔除法国人的根据地。这一行动要求各殖民地之间通力合作,但弗吉尼亚认为自己无力提供兵员,马里兰也仅仅派出 100 人装点门面。最后,主要来自纽约和康涅狄格的 500 名白人以及 1 500 名印第安人对法国人进行攻击,但到 1690 年 8 月中旬这次行动就已经失败了。当时,英荷联合舰队在比奇角(Beachy Head)附近失败,法国支持的詹姆士二世党人有可能入侵英国,威廉三世把所有的兵力都集中在欧洲,所以无暇顾及美洲事态。

英国皇家海军派出一些护卫舰在新英格兰沿海地区巡航,保护英国的商业贸易。1690 年英法船舰在海上交锋,法国军队最终避让,但英军一位护卫舰舰长在冲突中丧生。1692—1693 年冬,英国派一支海军中队到西印度群岛,以惠勒爵士(Sir Francis Wheler)为指挥官,他的任务是在 1693 年 6 月北上新英格兰,与刚刚升任马萨诸塞殖民地总督的菲普斯爵士(Sir William Phips)会合,然后共同攻击魁北克。但英国海军来得太晚——天气限制了舰队的行进;菲普斯也没有征集到足够的军队,于是他就放弃了这一计划。惠勒爵士指挥的船队继续北上,企图攻击在

---

① T. O. Lloyd, *The British Empire*, *1558—1983*, Oxford University Press, 1984, pp. 53—54.

② W. J. Eccles, *The Canadian Frontier*, *1534—1760*, University of New Mexico Press, 1983, pp. 120—122.

纽芬兰的法国军队,他最终洗劫了圣皮埃尔,但是风暴打散了他的舰队。法国方面,从 1694 年起,新法兰西就很难从法国获得海军的支持了,由此限制了法军的攻势,英法在北美的战事陷于僵持。

在西印度群岛,法国在马提尼克岛建立海军基地,这对英国来说十分不利。1692 年,牙买加的贸易中心罗约尔港发生地震,2 000 多人丧生,两年之后牙买加又受到法国海军的攻击,英国损失惨重。但英法竞争在很大程度上依赖母国的支持力度,1697 年以后英国开始重视西印度群岛,因为威廉三世发现这里的种植园经济对英国政府的财政收入贡献很大。[①] 从 1698 年开始,英国派出海军和陆军增援此地,而更重要的是科德林顿(Christopher Codrington)在 1689—1698 年间获得向风群岛的指挥权——他是一位富有的种植园主,可以用自己的财力实施军事行动。1690 年他收复圣基茨岛,1691 年派兵登陆瓜德罗普,只是因为英国海军的支持不力而功败垂成。1693 年他进攻马提尼克岛,也因为同样的原因而失败。

为巩固在西印度群岛的优势,威廉三世加强了对西班牙盟友的支持,如英国商业部给威廉三世的一份信件中说的那样:"保护西班牙在该地的殖民地与他们的船队及船只,对陛下政府至关重要。"[②]在整个战争期间,法国都未能对西班牙与加勒比的贸易往来造成严重威胁,西班牙船队在 1688 年、1689 年、1692 年、1695 年、1696 年和 1698 年都成功地航行到韦拉克鲁斯,西班牙大帆船也于 1690 年和 1695 年成功到达卡塔赫纳。[③]

然而在战争快结束的时候,法国却在北美殖民地逐渐取得优势。1696 年,皮埃尔·拉·莫内·蒂贝维尔(Pierre Le Moyne d'Iberville)领

---

① P. J. Marshall(ed.), *The Oxford History of the British Empire*, Vol. II, Oxford University Press, 1998, pp. 397—399.

② Board of Trade to William III, 3 December 1696, in B. P. Lenman, *Britain's Colonial Wars, 1688—1783*, Pearson Education Limited, 2001, p. 24.

③ J. S. Bromley(ed.), *The New Cambridge Modern History*, Vol. VI, Cambridge University Press, 1970, p. 354.

导的军队攻陷威廉·亨利堡(Fort William Henry),并几乎摧毁英国在纽芬兰的渔业据点。1697年夏天,路易十四派出"迄那时为止到哈得孙湾的最可怕的舰队",这使法国可以夺取哈得孙湾公司在纳尔逊河的工厂,英国的缅因前线地区也面临险境,但英国舰队随后在纽芬兰扭转了局面。在北美西部,法国的优势更加明显。英国人对抗法国的一个重要支柱是易洛魁人,但他们对英国的表现十分不满。1690年英国进攻魁北克败北,已经让易洛魁人丧失信心;而英国人的援助往往不到位,这更让易洛魁人感到不解,一位易洛魁酋长曾经质问纽约总督:"为什么没有一位(英国)兄弟与我们站在一起? 为什么我们伟大的国王参加了反对法国的这一全面战争,而他们(英国人)却不助一臂之力? ……你总是告诉我们,他们是我们的兄弟,是同一位伟大国王的臣民,难道我们的国王抛弃了他们? 还是他们没有服从命令?"[1]事实上,英国各殖民地之间总是互相推诿,这是法国人取得优势的重要原因。康涅狄格是一个典型例子:由于它没有受到战争的直接影响,所以它的如意算盘是:让易洛魁人打仗,自己回避战争的责任。1693年2月,法国人对易洛魁人大举进攻,康涅狄格只派出150人的步兵,对易洛魁人来说,这简直就是侮辱。他们发现英国人靠不住,于是决定与法国人谈判,并达成和解。易洛魁人的离弃使英国在北美的局面极为不利,而英国政府也意识到北美殖民地的不和极其危险。1695年,英国派贝雷蒙特伯爵(Earl of Bellomont)出任马萨诸塞、新罕布什尔和纽约总督,希望能整合殖民地,但最终效果并不明显。

除了在北美和西印度群岛,英法在亚洲也激烈争夺。1690年,英国人在印度的加尔各答建立第一块殖民地,其后又与法国争夺本地治理。

长期的战争耗尽了各国的财力,"到1696年,英国托利党的农村贵族和阿姆斯特丹的市民都抱怨征税过重,而法国又遇到饥荒,因此,威廉

---

[1] C. Colden, *The History of the Five Indian Nations*: *Depending on the Province of New York in America*, Cornell University Press, 1958, p. 126.

和路易有足够的理由决定妥协"。① 1697 年,交战双方在海牙附近的里斯维克进行和谈,最终签订《里斯维克和约》,主要内容包括:荷兰获得有利的荷法贸易协定以及在西属尼德兰若干城镇驻兵的权利;英国舰队可以进入地中海,法国承认 1688 年"光荣革命",英法建立外交关系,英国则退还在美洲占领的法属殖民地。②

从条约本身来说,各方似乎都有所得,③但法国的欧洲霸权受到削弱,海上力量严重受挫,英国舰队可以进入地中海,并取得了对法国舰队的优势。在过去,英国已经打败了称雄一时的海上强国西班牙和荷兰,这时又挫败了法国舰队,英国的海上力量已无人能抗衡,从此之后,英国就可以放手扩展海上贸易和殖民地了。但威廉更加关心欧洲的格局,殖民地只是欧洲战争的附属品,所以他对北美战争兴趣索然,战后条约表明了这一点。

西班牙王位继承战争再次为英法争夺提供了战场。西班牙曾经是欧洲的霸主,在西欧和北美拥有大片领地,它还占有各大洋的不少岛屿,如菲律宾、加罗林、安的列斯、加那利群岛等。随着西班牙的衰落,这笔庞大的遗产及其商业利益就成为欧洲列强垂涎的目标。《里斯维克条约》签订后不久,法国就在西班牙王位继承问题上打进了自己的楔子,试图攫取整个西班牙帝国。英国则力图巩固自己的地位,特别是维持欧洲均势,不让任何大国取得绝对优势;资本主义的发展也要求英国努力开拓海外市场、扩张殖民势力,因此这场战争对英法两国而言都至关重要。

战争起初在南尼德兰、莱茵区和意大利三个战场进行,后奥地利的查理大公在英舰护送下率军到达葡萄牙,进军西班牙,与菲利普五世作

---

① 〔美〕保罗·肯尼迪:《大国的兴衰》,蒋葆英等译,中国经济出版社,1989 年,第 128 页; C. Roberts & D. Roberts & D. R. Bisson, *A History of England*, Vol. II, Pearson Education Inc, 2002, p. 410.

② J. Gregory & J. Stevenson, *Britain in the Eighteenth Century 1688—1820*, Routledge, 2007, p. 118.

③ J. H. Rose & A. P. Newton & E. A. Benians (eds.), *Cambridge History of the British Empire*, Vol. I, Cambridge University Press, 1929, p. 321.

战,形成第四个战场。在陆战方面,马尔博罗公爵领导的联军取得很大胜利,在西班牙王位战争中他指挥过十场战役,其中四次是大战,包围过30多座城池,在所有这些战斗中都取得了胜利。1704年巴伐利亚加入法国阵营参战,对英国的盟友奥地利造成重大威胁。马尔博罗决定援奥,他指挥军队从尼德兰挺进到巴伐利亚,在击退巴伐利亚军后立即转而对付法国追兵。虽然法军在数量上超越英军,但马尔博罗却在布伦海姆大败对手,并生擒敌军主将。布伦海姆战役结束了法军40多年不败的神话,拯救了维也纳,维持了联盟。① 其后,盟军协同作战连战连捷,在欧洲大陆掌握了主动权。

英荷联军还与法西联军争夺制海权和殖民地。起初,由英国海军上将乔治·鲁克(George Rooke)率领的英荷舰队未能完成狙击法国舰队的任务,地中海处在法西的控制中。② 经过半年多交锋,鲁克在1705年3月打败法国舰队,牢牢控制了直布罗陀。都灵大捷后,英国派肖维尔率舰队与欧根亲王的陆军配合,海陆夹攻土伦,意图夺取法国在地中海的贸易权。虽然这次战斗没有达到目标,但1708年盟军已经先后占领了撒丁岛和梅诺卡岛,马翁港(Port Mahon)也落入英国手中。英国舰队还于1708年在西印度群岛的卡塔赫纳(Cartagena)歼灭了西班牙运送白银的舰队。盟军在海战方面也取得优势。③

在殖民地争夺方面,路易十四希望利用法属美洲来牵制英国军力,他试图夺取阿巴拉契亚山脉以东的英国殖民地,为此他从两个方面加强法国在北美的势力。首先,他在伊利湖(Erie Lake)与休伦湖(Huron Lake)之间的峡谷建立了底特律堡垒,目的是把英国人赶出北美的西北地区。其次,他在密西西比河口建立了路易斯安那殖民地,目的是防止

---

① C. Roberts & D. Roberts & D. R. Bisson, *A History of England*, Vol. Ⅱ, Pearson Education Inc., 2002, pp. 415—417.

② J. S. Corbett, *England in the Mediterranean: A Study of the Rise and Influence of British Power within the Straits, 1603—1713*, Cosimo, 2007, pp. 423—424.

③ Ibid., pp. 555—564.

英国的卡罗来纳殖民地向西扩张。这样,法国就沿着密西西比河、大湖区、圣劳伦斯河建立了一条内陆防线,在这条防线以东,亲法的印第安人成为英法之间的缓冲器。但建立路易斯安那殖民地是危险之举,法属加拿大的商业集团不支持这一举动,他们担心会影响法国人在北美的皮货贸易,而这是法国殖民者在北美的最大经济利益。此外,路易十四的财政大臣科尔贝(Jean-Baptiste Colbert)警告说,法国这种"占着茅坑不拉屎"的政策将招致英国殖民者的激烈反对,最终威胁到新法兰西的存在。① 但路易十四一意孤行。1699 年,蒂贝维尔已经在比洛克西(Biloxi)湾的浅滩建立了路易斯安那殖民地;1702 年,为了方便联络印第安部落,他把殖民地总部转移到莫比尔(Mobile)湾。蒂贝维尔随后就向与英国维持密切关系的奇克索人(Chickasaws)施加压力,要求他们驱逐其所在范围之内的英国人,否则就将发动进攻。在法国采取攻势之前,卡罗来纳的奴隶贩子及其印第安人盟友袭击了从阿巴拉契亚(Apalache)去往提米团(Timicuans)的西班牙传教团。1702 年西班牙人试图报复,但被这一联盟挫败了。

1702 年,南卡罗来纳的总督穆尔(James Moore)进攻佛罗里达,给西班牙殖民者造成很大破坏;但他占领圣奥古斯丁的行动却失败了。西班牙援军从哈瓦那赶到,穆尔被迫撤退。1705 年,卡罗来纳与克里克印第安人重修旧好,使西班牙人控制的佛罗里达北部的印第安防线难以维持。1706 年,西班牙与法国联合攻击查尔斯顿,但完全失败了。1707年,西班牙的重要堡垒彭萨科拉(Pensacola)被付之一炬,而英国人攻击莫比尔据点的行动也失败了。尽管如此,到 1710 年,南卡罗来纳的优势已牢牢建立起来,它甚至可以派兵增援北卡罗来纳,以镇压起义的印第安人。

像在奥格斯堡同盟战争中一样,英国仍然把主要精力放在欧洲,因

① B. P. Lenman, *Britain's Colonial Wars*, *1688—1783*, Pearson Education Limited, 2001, pp. 31—34.

此影响了殖民地的斗争。① 战争爆发前,法国已经在西印度群岛的马提尼克岛集结了 42 艘战舰、1 200 多人的军队,而英国在美洲殖民地几乎没有兵力。马尔博罗公爵是战争的主要决策者,他反对分散兵力,他说"我当然不敢反对把军队派到西印度群岛的计划,因为内阁认为它合情合理;但我将坦率地告诉你,我认为除了代价高昂并毁灭这些军队之外,这种行动无益于战事……"②西印度群岛只好自力更生,在总督科德林顿的领导下与法国周旋。③ 马尔博罗反对向该地派兵的一个重要原因,是这里疾病肆虐,疟疾和黄热病大规模传播,许多军士因此丧生。法国的蒂贝维尔将军于 1706 年攻掠了尼维斯,后来也因为感染黄热病而去世。在尼维斯被破坏后,丹尼尔·帕克(Daniel Parke)出任向风群岛总督,他向伦敦政府求援说:"给我 10 000 名苏格兰人,以及 3 到 4 个月的燕麦维持生存",就能摧毁法国的统治中心——马提尼克岛,但伦敦政府拒绝了这个请求。④ 在这种情况下,西印度群岛的局势不可能改变。

但海盗活动帮了英国人的忙。在西班牙王位战争期间私掠活动非常盛行,英美海盗盛行于海上,在巴哈马地区尤其猖獗。西班牙的战争行动摧毁了该地区的正常秩序,西印度群岛很快成为海盗的天堂,到 1713 年左右,巴哈马地区至少有 1 000 多名活跃的海盗。而西班牙的防守力量又很薄弱,因此海盗对西班牙帝国的冲击,不亚于英国的战争行动。⑤

在新英格兰北部地区,抵抗法国人的重任也落在当地殖民者身上,当法国总督沃德勒伊(De Vaudreuil)率领加拿大民兵、法国正规军和印

---

① J. H. Rose & A. P. Newton & E. A. Benians(eds.), *Cambridge History of the British Empire*, Vol. I, Cambridge University Press, 1929, pp. 326—327.

② W. Coxe & J. Wade, *Memoirs of the Duke of Marlborough*, Henry G. Bohn, 1848, p. 37.

③ P. J. Marshall(ed.), *The Oxford History of the British Empire*, Vol. II, Oxford University Press, 1998, p. 398.

④ J. H. Rose & A. P. Newton & E. A. Benians(eds.), *Cambridge History of the British Empire*, Vol. I, Cambridge University Press, 1929, p. 520.

⑤ B. P. Lenman, *Britain's Colonial Wars, 1688—1783*, Pearson Education Limited, 2001, pp. 39—40.

第安人组成的军队,袭击缅因前线时,殖民地动员了大量英国殖民者。马萨诸塞建立了一支快速巡逻部队,他们采用印第安人伏击、奇袭的方法,摧毁了法国的边缘定居点。1707年,英国殖民者攻击阿卡迪亚殖民地和罗约尔港,由于得不到其他殖民地及伦敦政府的支持,两次袭击都以失败告终。英国殖民者再次策划进攻加拿大的核心地区,殖民地军队也在波士顿与张伯伦湖南部集结,可是英国政府承诺的舰船没有到位,于是该计划无果而终。①

1710年英国政府换届,局势开始改观。托利党政府更加关心英国的海外利益,改变了辉格党的欧洲第一的政策。1711年,托利党政府派出15艘战舰,护送46艘运输船到达美洲,而英国远征队则从海路进攻魁北克。但英军行动的时间太晚了,而且也没有找到在圣劳伦斯河航行的向导,结果英军损失了8艘运输船、1艘单桅帆船、800名军士,于是被迫放弃原先的计划。尽管如此,马萨诸塞和新罕布什尔的总督约瑟夫·达德利(Joseph Dudley)还是使天平向英国倾斜了,在他任职的13年内,英属殖民地的前线防卫工作大大加强。他还征召了两支志愿军进驻牙买加,并对敌国海盗采取强硬措施,为伦敦收缴了800盎司黄金。

欧洲的战争终于打不下去了,各国开始谈判。1713年交战各方签订《乌得勒支和约》,英国成为最大的受益者,它获得了在西班牙美洲帝国的商业利益,按照路易十四的说法,这是西印度地区最大的油水。② 在缔结条约的过程中,路易十四为确保在欧洲的利益,不得已在海外商业利益方面做出牺牲,于是这块肥肉就落入英国之手。就在战争行将结束之际,罗伯特·哈利,也就是后来的牛津伯爵,就设计了扩大英国海外贸易的方案。1711年成立南海公司,即由哈利担任首脑,这个公司后来得到除巴西和苏里南之外其他南美地区的贸易垄断特权,并获准向西班牙殖民地输送30年奴隶。在领土问题上,条约规定英国是圣基茨与纽芬兰

---

① A. D. Francis, *The Methuens and Portugal*, Cambridge University Press, 1966, pp. 346—352.

② B. P. Lenman, *Britain's Colonial Wars, 1688—1783*, Pearson Education Limited, 2001, p. 41.

地区的唯一拥有者,法国还把新斯科舍、阿卡迪亚等地割让给英国。英国也获得了直布罗陀和梅诺卡岛,这样,英国在北美、地中海、欧洲的势力大大增强,英国在海上的霸主地位已经很明显了,它开始成为唯一拥有制海权的国家。①

早期英国民众对海外利益没有什么概念,南海公司改变了这种局面。根据《乌得勒支和约》,英国可以向西班牙殖民地每年输送 4 800 名奴隶,根据正常利润,每个奴隶可以赚 4 英镑,一年差不多就是 2 万镑。②除此之外,英国还可以在西班牙殖民地进行其他贸易。南海公司成立后,以支付国债为代价获得贸易特许权,又允许持有政府债券的人用国债券换取南海公司股票,从而引发英国历史上第一次大型的投机狂潮。南海公司的所作所为使英国民众与对外贸易建立了直接的利害关系,他们开始成为英国海外殖民的狂热支持者。

在建立南美贸易特权的同时,西印度群岛的蔗糖贸易和奴隶贸易也使英国人更多地介入海外活动。威廉三世时期,英国统治者就发现西印度群岛是英国的重要财源,蔗糖是打开西印度群岛财富宝库的钥匙。从 17 世纪开始,英国人就喜欢甜食,其口味超过了欧洲其他国家的人。欧洲各国纷纷效仿,到 18 世纪 70 年代,糖已经成为欧洲贵族、中等阶级,甚至是平民不可或缺的食品。这股潮流使大西洋的糖业贸易快速发展,对促进西印度群岛的种植园经济起了很大的推动作用。随着糖业贸易的发展,英国要求在西印度生产的食糖必须首先运往英国,然后再出口到欧洲其他地方。18 世纪,英国的食糖消费以每年 2‰的速度增长,推动了英国包括英格兰、苏格兰和爱尔兰炼糖工业的发展,在伦敦建立了大约 80 座炼糖厂,而 1780 年左右,都柏林就建有 22 座精炼厂。③

种植园需要大量劳动力,为此,英国政府大力推动贩奴商人在西非地区建立奴隶贸易据点。在取代荷兰成为新的"海上马车夫"之后,英国

① J. A. Williamson, *The Evolution of England*, Clarendon Press, 1931, p. 301.
② T. O. Lloyd, *The British Empire*, 1558—1983, Oxford University Press, 1984, p. 64.
③ [法]保罗·布特尔:《大西洋史》,刘明周译,东方出版中心,2011 年,第 157—160 页。

主宰了18世纪的奴隶贸易。到18世纪中期,每年运往美洲的奴隶约为7万人,其中约半数由英国船只运送,有一半左右的奴隶流向英国殖民地。18世纪末,运往美洲的奴隶每年达到10万人,而英国占有的份额更大。可以说,甘蔗种植园与奴隶贸易已成为英国在海外的首要利益,英国海外战争基本上是为保护这些利益而进行的。①

1714年安妮女王去世,汉诺威选帝侯乔治一世继承英国王位。② 乔治一世刚刚登位,就指责托利党与法国签订的条约有悖于汉诺威及其德意志盟友的利益,缔结和约的哈利等人被控犯有叛国罪,哈利被送进伦敦塔。乔治一世及乔治二世对英国事务不感兴趣,而专注于汉诺威的事态发展。乔治国王总是想把英国拉入欧洲大陆的战争,而议会与内阁则更加注意英国在海外的殖民地。在这双重压力作用下,沃尔波尔上台后就不得不在二者之间走钢丝,于是他选择了和平政策,而这意味着不开征新税、不进行战争、不抢占新的殖民地、尽量少采取扩张行动。③ 对那些在海外有重要商业利益的人来说,沃尔波尔的政策不合时宜,他们希望英国采取积极的行动,扩大英国在海外的利益。威廉·皮特就是这些人的代表,其家族一直与英国的对印度贸易有联系。④ 皮特这些人千方百计要把沃尔波尔赶下台,而法西两国的秘密协定为他们提供了机会。

根据《乌得勒支和约》,英国取得对西班牙殖民地进行贸易的权利,但和约的规定满足不了英国商人的野心,在西班牙的压制与巨大的贩奴利益的驱动下,英国商人不顾和约中对贩奴数量的限制,而进行大规模的走私活动。西班牙殖民地政府激烈反对英国的走私活动,造成英国商

---

① T. O. Lloyd, *The British Empire*, *1558—1983*, Oxford University Press, 1984, pp. 70—72.

② F. C. Dietz, *A Political and Social History of England*, Macmillan, 1927, p. 335; J. H. Rose & A. P. Newton & E. A. Benians(eds.), *Cambridge History of the British Empire*, Vol. I, Cambridge University Press, 1929, p. 363.

③ H. T. Dickinson(ed.), *A Companion to Eighteenth-Century Britain*, Blackwell, 2002, pp. 437—438.

④ [美]尼尔·弗格森:《帝国》,雨柯译,中信出版社,2011年,第28页。

人与西班牙殖民当局间冲突不断。1718 年英国与西班牙的战争就是在这种情形下发生的,但战争没有解决问题;1727 年战争再次爆发,为解除英国海军对西班牙的封锁,西班牙政府向英国交还了被没收的英国船只和财产。但此后,西班牙反而加强了在美洲的缉查力度,规定只要在被搜查的船上发现西班牙银币,就可判定其为走私。由于西班牙银币在世界各地通行,这一规定自然引发更多的冲突。随着英西关系恶化,法国开始拉拢西班牙共同对付英国,1733 年法西两国签订"家族协定",同意以英国为目标,共同保护两国在殖民地的商业利益。法国答应帮助西班牙夺回直布罗陀,默许西班牙征服那不勒斯和西西里,西班牙则承诺取消英国在美洲殖民地的商业特权,将其转交给法国。

得到法国的支持后,西班牙加强了在南美洲的缉私活动,大规模地拦截和抓捕英国走私船。1737 年,西班牙总督调动民船组织武装缉私,抓捕了十多条英国船。英国船主不断向英国议会抱怨,说他们受到了虐待。[1] 1738 年 3 月,一位名叫詹金斯(Robert Jenkins)的走私船长出现在议会,以亲身经历诉说西班牙缉私队对英国船员的暴行。[2] 下院做出决议,称"英国臣民无疑有权在美洲海上任何地方航行",并指派海军上将哈多克率领舰队到地中海作威胁性巡航。沃尔波尔不赞成对西班牙开战,希望用和平手段解决争端。1739 年 1 月,英西双方签订《帕多公约》,西班牙同意向英国支付 9.5 万镑赔偿金。公约签订后,英国又称赔偿金额太少,进而开出了 34 万镑的赔偿总额,公约于是无法执行。[3] 最终,沃尔波尔顶不住压力向西班牙宣战,"詹金斯耳战"随之爆发,很快又与奥地利王位继承战争融为一体。

在战争中英国的成果并不明显。1739 年,爱德华·弗农(Edward

---

[1] F. C. Dietz, *A Political and Social History of England*, Macmillan, 1927, p. 347.

[2] Thomas William Heyck, *The Peoples of the British Isles: A New History*, Wadsworth Publishing Company, 1992, p. 151.

[3] O. Goldsmith, *The History of England: From the Earliest Times to the Death of George The Second*, Henry Fisher Son and Co., 1825, pp. 407—408.

Vernon)率领舰队夺取贝洛港,但 1741 年他攻击西班牙在美洲最坚固的基地卡塔赫纳时却遭遇重挫。到 1742 年,情况已经越来越明显,英国无法取得预期成果,[①]西班牙的要塞十分坚固、难以攻破,西班牙的军队也表现良好,并且在数量上超过英军。法国也派出两支海军中队抵达加勒比地区,帮助西班牙打击英军。在西班牙与法国联合舰队的威胁下,弗农放弃了对卡塔赫纳的攻击,只是因为西印度地区的疾病和飓风,才使法国海军难以继续采取行动。

在北美大陆,佐治亚殖民地是法西两国的眼中钉。对法国来说,这是英国沿着阿巴拉契亚南端进行扩张的兆头,从路易斯安那到加拿大的防线受到了威胁。对西班牙人来说,佐治亚侵蚀了佛罗里达的边界,早在 1736 年它就与奇克索印第安部落联手攻击过西班牙人。现在,佐治亚十分担心法西两国联合起来共同发动攻击。由于其他殖民地很难提供援助,英国就派出皇家海军以及 600 人的正规军保卫佐治亚,并为此花费了大约 9.2 万英镑。[②] 再往北,新英格兰人本来准备与法国殖民者和平相处,但他们在新斯科舍的渔业总是受到侵犯,新英格兰人于是打算回击。马萨诸塞总督威廉·舍利(William Shirley)组织军队进攻路易斯堡(Louisbourg),那是一个法国重镇,法国人为此投入过巨资。尽管如此,路易斯堡的防务其实并不坚固,英国人很快就夺取了该地。[③] 但英国人在加拿大的攻势却连遭惨败,尽管他们打算继续采取行动,可是欧洲战场的形势却打消了他们的计划。

在海上,英国由起初的不利局面转入主动。到 1747 年,在西班牙菲尼斯特雷海角的两次战斗中,英国舰队大败法国舰队,俘获了法国所有的军舰和商船。在 1748 年的哈瓦那近海战斗中,英国舰队重创西班牙

---

① J. H. Rose & A. P. Newton & E. A. Benians(eds.), *Cambridge History of the British Empire*, Vol. I, Cambridge University Press, 1929, p. 371.

② A. W. Parker, *Scottish Highlanders in Colonial Georgia: the Recruitment, Emigration and Settlement at Darian, 1735—1748*, University of Georgia Press, 2002, pp. 97—98.

③ B. P. Lenman, *Britain's Colonial Wars, 1688—1783*, Pearson Education Limited, 2001, p. 72.

舰队,迫使西班牙舰队投降。在海战方面,英国是彻底的胜利者。

战争中,英法首次在印度展开了激烈争夺。早在 1690 年,英国就在印度建立了加尔各答殖民地,该殖民地是由东印度公司建立的,主要追求商业利益。随着时间的推移,东印度公司逐渐发展成拥有行政、财政、军事等权力的特殊机构,以每年 1.3 万卢比的代价,从英国政府手中获得该地区的治理权。英国的竞争者主要来自法国,法国人的业务量虽然不及英国人的一半,但其资本回报率却高于英国。随着莫卧儿王朝没落,法国人与地方封建势力结盟,强化了自己的地位。战争爆发后,英法海军在印度洋交战,而英法殖民者也在印度次大陆展开争夺。法属本地治理总督约瑟夫-弗朗西斯·杜布雷(Joseph-Francois Dupleix)派出一支海军摧毁了英国海军在孟加拉湾的优势;[①]1746 年,英国一支海军中队撤退到加尔各答进行整修,法国人抓住这一机会,夺取了英国在南印度地区最重要的据点马德拉斯。虽然在 1748 年的和约中英国以美洲的路易斯堡换回了马德拉斯,但法国的优势却毋庸置疑了。[②]

战争末期,双方都无力再战,遂于 1748 年签订《亚琛和约》。根据该约,法国归还在尼德兰占领的地区,拆毁在敦刻尔克的防御工事,把印度的马德拉斯和美洲的某些地区归还给英国,英国则归还路易斯堡,它在美洲贩奴的权利延长四年。[③] 但《亚琛和约》只是一个临时性妥协,英法争夺殖民霸权的矛盾并没有解决,同时又使普奥矛盾凸显出来,玛丽亚·特蕾西亚痛感丢失西里西亚,声称为收复该地不惜“卖掉最后一条裙子”。和约使欧洲外交关系发生了微妙的变化,法国怨恨普鲁士没有履行法普瓜分奥国领地的诺言,开始与普鲁士交恶;而法奥由于共同面对普鲁士,长期的敌对关系开始缓解,并逐渐走向结盟。

---

① 张亚东:《重商帝国:1689—1783 年的英帝国研究》,中国社会科学出版社,2004 年,第 38—39 页。

② T. O. Lloyd, *The British Empire*, *1558—1983*, Oxford University Press, 1984, p. 74.

③ D. B. Horn & M. Ransome(eds.), *English Historical Documents*, *1717—1783*, Routledge, 1996, pp. 922—929.

英国的战争目标是西属美洲贸易的巨额利润，但战争结束后，英国与西属美洲的贸易并没有得到发展；战争也没有解决英法在西印度群岛的争执，双方的属地没有变化。向风群岛有争议的四个岛屿多米尼加、圣卢西亚、圣文森特、多巴哥成为中立地区，英法都撤出了这些岛屿，但双方的矛盾并没有解决。条约签订后，两国在印度和北美大陆的争夺反而更加激烈了——在印度，以马德拉斯为中心发生了多次冲突；在北美，俄亥俄河流域成为争夺的焦点。因此，"《亚琛和约》的性质更多是停战，而非持久解决的办法"①。对英国而言，殖民地争夺即将成为下一场战争的主题曲，一直到拿破仑战争结束，这个主题都没有变。

---

① ［美］保罗·肯尼迪：《大国的兴衰》，蒋葆英等译，中国经济出版社，1989 年，第 138 页。

第二章　第一帝国盛极而衰

从 1689 年开始，英法为争夺政治优势、商业和殖民霸权而展开了长期的斗争，但无论是奥格斯堡同盟战争、西班牙王位继承战争，还是奥地利王位继承战争，都没有决出最终的结果。18 世纪下半叶，随着工业革命的逐步展开，英国对市场、原料的需求与日俱增，对殖民地的渴望也变得更为迫切；[①]而法国也仍旧将追求欧洲霸权、维护海外贸易及殖民地统治作为主要目标，因此英法争夺殖民霸权的战争不可避免，鹿死谁手，将由一场大战来决定，1756—1763 年的七年战争正是双方海外利益争夺战的总爆发。

到 18 世纪中期，英帝国已形成相当规模。表面上看，英帝国是由一些商人和定居者建立起来的，实际上，在英帝国扩张的背后，是一个重商主义的民族国家在支撑。当英国殖民者发现自己的利益受到法国威胁时，他们竭力驱逐法国人，为此总是要向英国政府寻求援助，而政府也总是如其所愿。[②]

在印度，英法殖民者展开了激烈的角逐。《亚琛和约》签订后，法国

---

① J. R. Ward, "The Industrial Revolution and British Imperialism, 1750—1850", *Economic History Review*, Vol. 47, No. 1 (Feb. 1994), pp. 44—65.

② F. C. Dietz, *A Political and Social History of England*, Macmillan, 1927, p. 348.

对归还马德拉斯一直耿耿于怀,杜布雷为了维护法国在印度的地位,开始介入印度政治。他很快与海德拉巴的统治者建立联盟,并帮助昌达·萨希卜(Chanda Sahib)成为卡尔纳迪克的行政长官,从而阻断英国从马德拉斯向内陆发展的通道。英国东印度公司不甘示弱,与法国展开激烈争夺,但 1749 年英国只有 3 000 人在印度,势力并不强,所以当东印度公司把自己的人选安插到卡尔纳迪克后,法国人迅速把他驱逐了出去。东印度公司于是派出年仅 24 岁的克莱武带领 500 人的军队到卡尔纳迪克的都城阿尔科特,克莱武不仅成功地奇袭了阿尔科特,而且率军驻守 50 天之久。第二年,英国人获得了卡尔纳迪克的统治权。

在西印度群岛,英法角逐主要表现在商业上。《亚琛和约》签订后,加勒比地区的形势发生了一些变化,法国加强了与西班牙的合作,在和约宣布中立的四个岛中,法国实际上占了优势。1750 年的英西商约解决了海上争端,但没有解决贸易问题。老牌殖民者西班牙在这个地区有传统优势,法西合作之后,英国的形势更加不利。

直到 18 世纪中叶,北美的英国殖民者还很少向内陆地区推进,但弗吉尼亚的乔治·华盛顿(George Washington)很快发现,获取西部土地并销售给未来的定居者,将大有利可图,这一发现引起了殖民者的广泛兴趣。但向西部殖民,将不可避免地与印第安人及法国人发生冲突,[①] 1749 年弗吉尼亚殖民当局成立"俄亥俄公司"(Ohio Company),向阿巴拉契亚山以西的俄亥俄河流域进行殖民,而同一时期法国的加拿大殖民当局也向俄亥俄河流域渗透,占领了许多土地,阻挡英国殖民者向西发展。1753 年,加拿大殖民总督杜肯(Duquesne)宣布阿巴拉契亚山脉以西为法国所有,并在俄亥俄河上游以自己的名字建立杜肯堡(即现在的匹兹堡)。对此,英国弗吉尼亚殖民当局令俄亥俄公司派人抵挡,强占了俄亥俄河以南和摩农加希拉河、堪那华河之间印第安人的大片土地,由是双方在俄亥俄河流域形成尖锐对抗。在 1754 年召开的奥尔巴尼会议

---

① T. O. Lloyd, *The British Empire, 1558—1983*, Oxford University Press, 1984, pp. 77—78.

上,本杰明·富兰克林提出在英属殖民地建立政治联盟的想法,但由于费用问题该提议未获成功。

法国殖民地在很大程度上是法国君主直接支持的,魁北克、尚布利(Chambly)、圣吉恩(St Jean)、蒙特利尔、弗龙特纳克、尼亚加拉(Niagara)等堡垒都由法国王室出资帮助,新法兰西的经济在很大程度上依靠法国。许多英国人认为新法兰西对英国的威胁非常真实,他们希望英国政府认真处理来自法国的威胁。①

这样就出现了新斯科舍问题。《亚琛和约》议定把被英国占领的新斯科舍退还给法国,但英国在其后的时间里一直想重新占领它。1749年,英国殖民当局不顾法国人反对,向新斯科舍地区殖民,这些殖民者到新斯科舍后,与原先的法国殖民者产生尖锐冲突。法国殖民者以路易斯堡为据点,英国殖民者则建立哈利法克斯堡进行对抗。英国殖民政府还迫使受其统治的阿卡迪亚人向英王宣誓效忠,否则就把他们驱逐到路易斯安那。1754年,英国更是设立了北美总指挥一职,由爱德华·布雷多克(Edward Braddock)出任指挥官。布雷多克迅速集结一支军队向杜肯堡方向挺进,但他的军队遭到法国人与印第安人联盟的伏击,他本人也在冲突中丧命。② 在欧洲,英国开始封锁法国的布雷斯特港,英法战争已难以避免,剩下的问题只是各自寻找自己的盟友。

奥地利王位继承战争结束后,欧洲外交出现戏剧性变化,法国与奥地利本是世仇,但普鲁士夺取西里西亚后,奥普矛盾上升,法奥开始走近。英国一直是支持奥地利的,因为奥地利对保护乔治国王的汉诺威领地很有帮助,对遏制法国霸权也有重要意义。1754年,当英法争夺北美殖民地的冲突上升为战争时,英国根据英奥盟约,要求奥地利在欧洲进攻法国。但奥地利认为自己的主要敌人是普鲁士,不愿意破坏正在改善

---

① B. P. Lenman, *Britain's Colonial Wars, 1688—1783*, Pearson Education Limited, 2001, p. 118.

② F. C. Dietz, *A Political and Social History of England*, Macmillan, 1927, p. 353—354; T. O. Lloyd, *The British Empire, 1558—1983*, Oxford University Press, 1984, p. 78.

的法奥关系,因而拒绝了英国的要求,英奥联盟实际上解体了。老皮特认为可以选择与普鲁士结盟:"如果没有持久的和平,那么,英国和欧洲则势难生存;而如果没有普鲁士的介入,那么,目前的联盟则无力保持和平。"①而普鲁士的腓特烈二世为推进其德意志政策,也决定向英国靠拢。1756年1月16日普鲁士与英国签订《威斯敏斯特协定》,确定:双方共同维持德意志境内的和平,以武力反对任何破坏德国领土完整的国家。法国本来就对普鲁士不满,当奥地利把普英秘密缔约、背弃法普盟约的情况告知法国后,法国决定放弃普鲁士而与奥地利结盟。1756年,法奥订立互助条约,第二年,法奥又签订法奥同盟条约,俄国、波兰、萨克森也加入法奥阵营。

七年战争刚刚爆发时,英国人对自己的海军寄予厚望。但英国的准备不充分,很快就丢掉了地中海的海军基地梅诺卡岛,而且似乎也无力组织有效的反击。在其他战场英国也处于不利局面。在北美,1756年夏,法军攻占奥威斯哥要塞,解除了英军对安大略湖一带的威胁;在印度,"黑洞事件"(Black Hole)发生,让英国人感到群情激愤:1756年,孟加拉的行政长官西拉杰·乌德·达乌拉(Siraj-UdDaula)在法国人的鼓动下攻击加尔各答,取胜后把146名英国俘虏关在一个狭小的监狱里,而这个监狱在设计时只是为6个人准备的,结果123名英国俘虏窒息而死。

老皮特在这个时候走到了前台,英国的作战方针也发生了转向。皮特代表积极向海外扩张的商业利益集团,反对把英国的利益与欧洲大陆国家纠缠在一起。他力主扩大殖民地,主张建立海外帝国,他认为这场战争是全球性的战争,获取海外殖民地才是战争的主要目的。乔治二世却把主要精力放在欧洲,全力保护汉诺威在欧洲的地位,因此,皮特也不能忽视在欧洲的战争。这时普鲁士在战争中几乎处于绝望境地,皮特决定帮助普鲁士。他一方面派军队保卫汉诺威以及德意志的西部,另一方

---

① [英]丘吉尔:《英语国家史略》下册,薛力敏、林林译,新华出版社,1985年,第110—111页。

面以金钱支持普鲁士,每年资助 67 万镑,连续支持四年。普鲁士的军队再次展现出活力,法国则被牵制在欧洲地区。①

皮特关注的第一个目标是北美,他首先鼓励殖民地人民与英国军队紧密合作,并承诺为殖民地军队提供经费。受此鼓舞,殖民地进行了大量的军事准备。1758 年,皮特任命杰弗里·阿默斯特(Jeffery Amherst)为北美英军司令,命令英军从三个方向进攻加拿大。这个计划失败后,皮特又命令阿默斯特采取新的作战方案,使用海陆军配合作战,从新斯科舍到俄亥俄河对法军展开全面进攻。英国人很快夺取了杜肯堡,并将其命名为匹兹堡(Pittsburgh,也就是皮特堡)。路易斯堡也再次落入英国人手中。到 1759 年初,詹姆士·沃尔夫率领的远征军已沿着圣劳伦斯河挺进到法国人的统治中心魁北克,并将其从三个方面包围起来,最终将其夺取。可以说,魁北克之战是英法在北美争夺的转折点,英国的优势已不容置疑了。其后,英国军队步步为营,法国的势力一点点消退。②

法国的失败在某种程度上是由英国海军封锁造成的。如上所述,新法兰西在许多方面都依靠法国本土的支持,但在激烈的北美争夺战中,法国的补给很难进入美洲。从 1692 年到 1747 年,英国人已经在海上多次击败法国人,但法国舰队还是可以在自己选择的时间出港并攻击英属殖民地甚至英伦三岛。1759 年法国人准备进攻苏格兰,并煽动斯图亚特王朝的支持者予以响应。英国在布雷斯特封锁了法国的主力舰队,整个夏天,由霍克(Edward Hawke)率领的海峡舰队在海上等待法国舰队出港并与之决战。法国舰队出港时,英军迫使其沿布列塔尼的东南海岸行驶,当法国舰队航行到基伯龙(Quiberon)海湾时,英国舰队已经追上它们并发动攻击,法国舰队最终损失九艘战舰,而英国仅损失两艘。同年,霍克率领的英国舰队又在魁北克海湾大败法国舰队,英法海战以法军的

---

① Thomas William Heyck, *The Peoples of the British Isles: A New History*, Wadsworth Publishing Company,1992,p. 154.

② F. C. Dietz, *A Political and Social History of England*, Macmillan,1927,pp. 354—355.

彻底失败而告终。由于英国切断了法国本土对殖民地的援助,法国在北美的失败已不可避免。法国不仅丢掉了加拿大,西印度群岛也相继落入英国手中。1759 年 5 月,英军攻占瓜德罗普,这是最肥沃的甘蔗种植岛之一。7 月,英国又夺取提康德罗和尼亚拉加要塞;1760 年英军攻占蒙特利尔,摧毁了法国在加拿大的最后据点。1761 年,英军攻占马提尼克岛,至此,英国在北美和加勒比战场取得了全面胜利。[①]

皮特对印度的政策是放手让东印度公司自行作战,政府只为公司提供海军保护,并切断法国的援助。"黑洞事件"发生后,东印度公司派出由克莱武领导的英军去收复加尔各答,西拉杰被迫撤退并向英国赔偿损失。克莱武的下一个目标是法国在孟加拉的殖民据点昌德纳果尔,西拉杰保持中立。克莱武很快发现支持西拉杰的印度巨商和银行家已经对西拉杰失去了信心,控制孟加拉军队的穆斯林官员也如此。克莱武因而采取大胆策略,他策动了反对西拉杰的阴谋,带领不足 3 000 人的军队与孟加拉的 6 万军队对垒。在 1757 年的普拉西战役中,克莱武取得了决定性胜利,孟加拉全部落入英国手中。在英国人的支持下,米尔·伽法(Mir Jafar)成为新的行政长官。新任法国总督杜布雷率军到达本地治理,准备反攻,而英军则在马德拉斯屯兵备战。1760 年,英法在本地治理与马德拉斯之间的温德瓦西展开激战,结果法军大败。1761 年,东印度公司军队夺取本地治理,法国最后战败,法国在印度的影响也不复存在。此时正逢莫卧儿王朝衰落之际,因此不得不坐视英国人坐大。

乔治三世继任国王后,很快与皮特发生分歧。乔治三世打算尽快结束这场战争,在议会演讲中用"血腥而代价高昂的战争"描述英法争夺。[②]当时西班牙正准备加入法国一边对英国作战,皮特发现后,就提议派出两支远征军,一支攻击古巴的哈瓦那,另一支攻击西班牙在亚洲的殖民地菲律宾。乔治三世不喜欢皮特的战争政策,内阁也否定了他的主张,

---

① J. H. Rose & A. P. Newton & E. A. Benians(eds.), *Cambridge History of the British Empire*, Vol. I, Cambridge University Press, 1929, p. 479.

② T. O. Lloyd, *The British Empire, 1558—1983*, Oxford University Press, 1984, p. 82.

皮特于 1761 年辞职。在乔治三世的支持下,布特成为内阁首脑,他打算抛开盟友与法国单独和谈,就如同西班牙王位战争末期出现的情况那样。但是法国并不准备和谈,它认为当时的形势对法国有利。布特被迫向西班牙宣战,英国舰队很快战胜西班牙舰队,不仅夺取了哈瓦那,也攻占了马尼拉。迫于形势,法国被迫接受和谈的建议;1763 年,英法签订《巴黎和约》。

　　七年战争是英法争夺海外殖民地的高潮,英法的地位因此次战争而基本确立。战争使法国损失惨重,它不仅丧失了海外的众多殖民地和商业据点,而且在欧洲国际政治中的地位大大下降。英国在七年战争中大获全胜,获利最多。在北美,英国已得到绝对的主导权,它"可利用的陆地,其范围和潜在财富远远超出洛林、西里西亚以及欧洲大陆上激战的其他地区"。① 在印度,英国成为大部分土地的统治者,尽管法国还保留了几个据点,但仅可用于通商,在危机出现时,法国的权利难以保证。在西印度群岛,英国新获得多米尼加、格林纳达、圣文森特和多巴哥岛。在非洲,英国也获得了塞内加尔据点。一个重商主义的、世界范围的英帝国已初具雏形,而英国也拥有保卫这个帝国的强大海军。

　　如果说英国与其他欧洲国家在全球的争夺是英帝国发展的主线,那么这种争夺最终形成了以北美殖民地为核心的第一英帝国。第一英帝国是在重商主义指导下的殖民统治,英国争夺殖民地,目的绝不是发展殖民地,而是从殖民地攫取商业利益,这种唯利是图的政策不可避免地要与殖民地发生矛盾,从而深刻地影响到帝国的命运。②

　　到 1733 年,英国已经在大西洋沿岸与阿巴拉契亚山之间建立了 13 块殖民地,这些殖民地由殖民者组成的地方机构管理,英国政府在政治上的控制并不十分严厉。尽管一般来说,英国会向殖民地派驻总督,但

① 〔美〕保罗·肯尼迪:《大国的兴衰》,蒋葆英等译,中国经济出版社,1989 年,第 144 页。
② J. H. Rose & A. P. Newton & E. A. Benians(eds.), *Cambridge History of the British Empire*, Vol. I, Cambridge University Press, 1929, pp. 268—299.

总督要与殖民地议事会进行协商,共同处理当地事务。① 英国关心的其实是商业利益,它要求殖民地提供市场和原料,为英国的经济发展服务。换句话说,殖民地是英国经济的附属物,殖民地的利益要服从英国的利益。这种重商主义政策是一种自私自利的政策,最终将暴露出英国与殖民地之间的利益并不一致。七年战争之后,英国与北美殖民地之间的分歧渐渐明显,二者的关系急剧恶化。

由于连年战争,英国的债务迅速增加。据估计,到 1762 年年底,英国国债达到了 1.4 亿镑,国家财政支出也由 1757 年的 1 600 万镑上升到 1762 年的 2 400 万镑,即使在 1763 年实现和平之后,国家支出仍有 1 400 万镑,其中有 50 多万是税收所不能提供的。② 七年战争之后上台的格伦维尔政府不得不把主要精力放在税收与经济问题上。针对英国的债台高筑,格伦维尔认为从殖民地抽取某些收入是必要的,因为英国的战争事实上有利于殖民地,因此他把英国部分税收扩展到殖民地。1764 年格伦维尔向下院提出动议,要求向美洲课税,以维持帝国的必要开销,这就是美洲《税收法》(Revenue Act),也就是著名的《糖税法》,英国准备对美洲的食糖贸易征税。

但是在英国,征税须由议会决定,议会是国民的代表,是选举产生的;美洲殖民地在英国议会不享有代表权,故从理论上说,英国议会无权决定向美洲征税,这就是所谓"无代表权不纳税"的原则。从殖民地的建立到 1764 年的一百余年时间中,英国和美洲都没有想到过税权问题,英国通过对美洲商业的管制和垄断,使英国商业获得最大利益。如果说英国确实有从美洲课税,它抽取的是关税,是一种间接税,征收地点也在英国,不是在美洲。1764 年之前,直接税(亦即美国人所说的国内税)几乎不存在;所有关于美洲的法案都只与管制贸易相关,从来没有以直接获

① R. B. Mowat, *England in the Eighteenth Century*, George G. Harrap & Co. Ltd, 1932, pp. 209—210.
② [英]R. C. 西蒙斯:《美国早期史——从殖民地建立到独立》,朱绛等译,商务印书馆,1994 年,第 160 页。

取税收为目的。除商业管制外,其他的问题英国都采取不管不问的态度,各殖民地的内部事务几乎完全由美洲人自己控制;政权也带有很强的自主色彩,即使英国的官吏,也由于薪俸由殖民地议事会决定,而不得不接受殖民地的管制。因此,虽然在商业方面殖民地受英国奴役,但至少在表面上美洲人的自治权没有受到侵犯。[1]　现在,殖民地人认为糖税违反了"无代表权不纳税"的精神,因此是暴政的前奏。[2]

但英国不作退让,在税收法通过后的第二年,格伦维尔内阁又通过了《驻军法》,准备向北美派驻1.2万人的正规军,以防备法国的报复和印度安人的威胁,为此要求殖民地人民为英国驻军提供给养、营房等必需品。派驻军队需要经费,《印花税法》因此而起,该法规定北美殖民地的一切印刷品,包括商业票据、法律文件乃至报纸、年历、扑克、大学文凭等都要交付半便士至20先令的印花票,并规定违者将接受不设陪审团的海军法庭审判。在英国政府看来,这种税收是完全合理的:英国维持北美驻军大约需要35万镑,印花税每年可得约6万镑,平摊于北美殖民地,人均约为1先令,相当于一天收入的1/3。[3]

关于《印花税法》的消息传到美洲,弗吉尼亚的市议员帕特里克·亨利(Patrick Henry)就发表了攻击性的讲演:"凯撒被布鲁图斯刺杀,查理一世被克伦威尔处决,乔治三世可能走历史的老路。"[4]在《印花税法》生效后的一个月内,九个殖民地派出代表共议此事,他们一致否认英国议会有向美洲征税的权利,他们还决定联合抵制英国商品,直到该法撤销。到这一年11月,英国政府发现印花税不可行,因为装有印花税票的船只无法在美洲靠岸,被指派分发税票的人也因为担心安全问题而纷纷辞

[1] ［英］爱德蒙·柏克:《美洲三书》,缪哲译,商务印书馆,2005 年,第 4—5 页。

[2] W. D. Hussey, *The British Empire and Commonwealth: 1500 to 1961*, Cambridge University Press, 1963, p. 121.

[3] J. C. Miller, *Origins of the American Revolution: with a New Introduction and a Bibliography*, Stanford University Press, 1959, p. 113.

[4] R. B. Mowat, *England in the Eighteenth Century*, George G. Harrap & Co. Ltd, 1932, p. 212.

职。此时,格伦维尔内阁倒台,新任首相是罗金汉勋爵,而埃德蒙·伯克是其重要的智囊。伯克主张撤销这一法案,罗金汉表示赞同,但又担心会留下一个危险的先例。几经考虑后,他决定在撤销《印花税法》的同时通过一项《权利申明法案》,以申明议会对美洲享有全面主权。他解释说:撤销《印花税法》不意味着放弃主权,而是如何行使主权。罗金汉的动议得到包括皮特在内的大多数人的支持。皮特认为,在任何意义上,美洲在下院都没有代表权,故议会对美洲的立法权中,不可以包括征税权,美洲人的抗税是自由精神的体现,如果在这一事情上压服美洲,英国的宪政自由精神也将随之破灭。撤销《印花税法》的动议在议会一读时就以超过半数的多数获通过,《印花税法》被废除了。

此后不久罗金汉内阁倒台,老皮特接任首相,汤森德出任财政大臣。此人外号“香槟查理”,因为几杯酒落肚后,其口舌即变得异常伶俐,甚至大放厥词。皮特病倒后,汤森德在下院夸口说,他能从殖民地这头肥鹅身上拔下几根毛却又不会让它疼得呱呱叫。他开始对美洲的玻璃、纸张、铅、茶等征收进口税,而英国上下两院也通过了他的提案,即《汤森德法》。但《汤森德法》再次遭到美洲的反抗,各殖民地一致抵制英国产品,代表殖民地的议事会与代表英国政府的总督之间矛盾不断。虽然汤森德估计这几项税收可以为英国增加 43 万镑收入,[①]但《汤森德法》执行两年多来,每年的收入不足 300 镑,而英国维持美洲驻军,每年的费用却高达 17 万镑。殖民地对英国商品的联合抵制,也使英国的工商业蒙受重大损失。

英国与美洲殖民地之间的深层矛盾是重商主义思想无法解决的宗主国与殖民地之间的利益冲突。第一英帝国是在重商主义理论指导下形成的,连续颁布的《航海条例》就是明显例证。在重商主义思想指导下,英国制定了一系列关于殖民地的政策和法令,以保证其对殖民地的

---

① J. H. Rose & A. P. Newton & E. A. Benians(eds.), *Cambridge History of the British Empire*, Vol. I, Cambridge University Press, 1929, p. 603; W. D. Hussey, *The British Empire and Commonwealth: 1500 to 1961*, Cambridge University Press, 1963, pp. 122—123.

掠夺和控制,限制殖民地工业的发展。英国的商人已经把手深深插入美洲人的钱袋,但是,他们仍然希望独占"我们殖民地拥有的所有钱财"。[①]但是,由于英国长期以来忙于对外战争,其对美洲的控制并不是非常严格,到七年战争结束时,美洲殖民地的经济已经取得长足的发展,其木材业、酿酒业、制铁业、纺织业已经可以与英国一比高下,纽约、波士顿、费城渐成为殖民地的工业中心,美洲殖民地也成为英国对外贸易中仅次于欧洲的重要贸易对象。经济发展使美洲殖民地对英国的限制措施越来越不满,强烈要求英国放松限制,但英国却在重商主义的指导下加强对殖民地的经济控制,以获取更大的利润,双方的矛盾因此愈演愈烈。

1760年即位的乔治三世在母亲的引导下,决定做一位"真正的"国王。实际上,与其说他反对战争,不如说他是在向英国人表明:不是皮特而是他说了算。在对待殖民地的问题上,他把采取高压政策视为扩张王权的表现。1770年,"国王之友"派的诺斯政府在种种压力下被迫修改《汤森德法》,主张撤销其中的五个税种,但保留每磅三便士的茶叶进口税,以作为英国主权的象征。保留茶税还有另外一个原因,就是在1770年代,英国东印度公司面临破产危险,但其仓库里的茶叶却堆积如山,茶叶又在北美有广阔的市场。[②]为拯救东印度公司,英国政府给了它向美洲输送茶叶的垄断权;公司通过代理商出售茶叶,并以低价推销,从而使殖民地的茶商们被排挤。1773年年底,殖民地的一群青年潜入东印度公司的三艘船,把船上的茶叶抛入大海,这就是"波士顿倾茶案"。

伯克认为应该把茶税一并取消,因为茶税的收入很少,继续征税只能使英国与美洲的矛盾更加尖锐,一旦走到那一步,英国的统治将不复存在。但在国王的支持下,英国议会否决了伯克的动议,决定对美洲采取更为强硬的措施。1774年,英国颁布了五项惩罚性的"强制法令",这

① J. C. Miller, *Origins of the American Revolution: with a New Introduction and a Bibliography*, Stanford University Press, 1959, p. 8.

② M. E. Wilbur, *The East India Company and The British Empire In the Far East*, Stanford University Press, 1951, pp. 302—315.

些法律剥夺了北美殖民地人民的政治和司法权利,无视他们西进的要求,因而被视为"不可容忍的法令"。各殖民地纷纷建立地方会议,以摆脱英国总督的控制。为统一各地的抗英运动,1774 年 9 月,美洲殖民地第一届大陆会议在费城召开,帕特里克·亨利在会议上宣称弗吉尼亚人、宾夕法尼亚人、纽约人、新英格兰人之间的差别不再存在,"我不是弗吉尼亚人,而是一个美国人"。[①] 这是殖民地迈向独立的重要一步,但由于许多代表并没有下定决心与英国分裂,大陆会议最终通过的是较为温和的《请愿书》和《告不列颠人民书》等妥协性的文件,陈述了北美殖民地的抗议和不满,要求国王取消这些压迫性措施,同时宣布一旦殖民地的权利得到满足,他们就会放下武器。

一心要伸张王权的乔治三世决意用战争的方法解决问题:"必须狠狠痛击,从而断定他们是臣服我国,还是独立。"[②]英国多数民众似乎也愿意采取强硬措施,[③]老皮特和伯克的忠告没有得到足够重视。1775 年 2 月 27 日,英国议会通过诺斯的和解建议,但和解建议其实并无和解之意,因为它规定殖民地承认英国的统治权,在征税问题上也未作实质性让步,更没有涉及"强制法令"。3 月,英国议会通过新的法令,禁止新英格兰在北海岸捕鱼,断绝它与不列颠、爱尔兰、英属西印度群岛的商业联系。4 月,英国又将法令的范围扩展到新泽西、宾夕法尼亚、马里兰、弗吉尼亚和南卡罗来纳。正如乔治三世所言,现在,美洲殖民地的前途只能用战斗来决定了。

1775 年 4 月,英国政府让盖奇将军镇压北美的"叛乱",随后,莱克星敦的枪声打响了独立战争的第一枪。第二届大陆会议决定把汇集在波士顿附近的民兵改编为大陆军,并招募兵员,从国外购买军火,乔治·华

---

① A. Kukla & J. Kukla, *Patrick Henry, Voice of the Revolution*, Rosen Publishing Group, 2002, p. 38.

② W. D. Hussey, *The British Empire and Commonwealth: 1500 to 1961*, Cambridge University Press, 1963, p. 128.

③ J. H. Rose & A. P. Newton & E. A. Benians(eds.), *Cambridge History of the British Empire*, Vol. I, Cambridge University Press, 1929, p. 761.

盛顿被选举为大陆军总司令。但是妥协的声音仍然在殖民地广泛存在，中部殖民地代表约翰·迪金森(John Dickinson)就是一个典型例子。他早先是一个保卫殖民地权利的斗士，现在却是大陆会议中的保守派，他也要求维护美洲的权利，但认为应采用政治与经济手段而不是暴力的手段抗议。他起草了《橄榄枝请愿书》(Olive Branch Petition)，请求国王处理好殖民地的不满情绪并恢复英帝国的和平，这一请愿书表明在大陆会议和美国民众中确实存在着保守势力，同时也表明，大陆会议只把独立作为最后的手段。① 乔治国王再次拒绝了请愿书，宣布北美处于叛乱状态，英国议会随即派 2.5 万名军士到北美镇压起义。

在北美，各殖民地的地方主义意识限制了独立斗争的进展，而潘恩的《常识》有效地整合了人们的思想。托马斯·潘恩是一位共和主义者，在《常识》中，他号召人们与宗主国断绝关系，把权力转交到人民以及他们选出的代表的手里。《常识》发行十多万册，广为传播，在动员殖民地人民与英国彻底决裂方面，起了巨大作用。② 1776 年 7 月，大陆会议通过《独立宣言》，它以"天赋人权""社会契约""人民主权"等思想为理论基础，阐明了争取独立是北美人民不可剥夺的正当权利。

但在北美独立战争中，双方的实力差距悬殊，英国在北美有 4 000 人的正规军、36 艘战舰，英国不仅完全控制海洋，而且也牢牢把持着纽约、哈利法克斯等据点；英国还是世界上第一个正在进行工业化的国家。而北美殖民地既无正规军，经济力量又十分脆弱，因此争取外援就显得尤为重要。实际上，潘恩在《常识》中已经提出北美殖民地应该利用法国、西班牙与英国的矛盾，争取建立反英同盟。由于法国在七年战争中被英国打败，所以无时无刻不在寻找复仇的时机。1777 年 10 月殖民地军队在萨拉托加打败英军，法国决定与美国建立同盟关系，条约规定美国将

① F. D. Cogliano, *Revolutionary America, 1763—1815: A Political History*, Routledge, 2009, p. 85.

② P. J. Marshall(ed.), *The Oxford History of the British Empire*, Vol. II, Oxford University Press, 1998, pp. 318—319.

获得美洲大陆上的英国领地,法国将获得在墨西哥湾附近的英属岛屿。法国随后与英国在北美和印度展开激战,法国舰队也在大西洋的交通线和英国领海上袭击英国舰队。西班牙打算利用英国与殖民地的矛盾捞取利益,重新获取直布罗陀。1779 年它也与法国签订《阿兰惠斯条约》,根据此约,西班牙参战,届时将收复直布罗陀、梅诺卡、牙买加、佛罗里达等地,将英国人从洪都拉斯赶出去,分享在纽芬兰的捕鱼权;法国则恢复在印度的统治,并把英国人从纽芬兰赶走,分享洪都拉斯的伐木场,收回塞内加尔与多米尼加岛。双方约定任何一方不得单独与英国媾和,在西班牙收复直布罗陀前,两国不可退出战争。很显然,法西密约并非意在无私帮助殖民地独立,而是受到英国伤害的两个老牌殖民帝国力图恢复殖民统治的一次尝试。实际上,西班牙参战后,其军事行动仅限于包围直布罗陀、占领西佛罗里达的英军据点,其关心所在十分明显。荷兰起初不打算参与战争,而是想通过同交战国贸易获取利润。但阿姆斯特丹的亲法派不时施加压力要求对英国宣战,荷兰人也想夺取英国在佛罗里达角的商业特权;当战争局势逐渐明朗时,荷兰开始与美国代表谈判加入战争事宜,不久加入了武装中立同盟。在英国对荷兰宣战后,荷兰正式加入战争。[①]

　　就这样,北美殖民地争取民族独立的斗争很快演变为欧洲列强争夺殖民地和商业利益的混战。英国在对北美殖民地作战的同时,还要派舰队和兵力到大西洋、北海、地中海、加勒比海、印度洋去抵御法、西、荷三国的进攻。英国的作战能力被大大削弱,不仅丧失了海上优势,在陆上的军事行动也被局限在北美殖民地的南部。对英国来说更为糟糕的是,整个欧洲逐渐站在自己的对立面。为了限制北美殖民地的军需供应和打击法西同盟,英国实行海上封锁政策,经常拦截、搜查中立国船只,直接触犯了俄国等中立国的利益。在这种情况下,叶卡捷琳娜女皇派舰队

[①] J. H. Rose & A. P. Newton & E. A. Benians(eds.), *Cambridge History of the British Empire*, Vol. I, Cambridge University Press, 1929, pp. 710—716.

驶往北海,保护俄国的贸易,并建议瑞典和丹麦采取同样行动。1780 年
女皇发表《武装中立宣言》,宣布中立国船只可以在交战国各口岸之间和
交战国沿海自由航行,俄国派出强大舰队来保证宣言的执行。丹麦、瑞
典、荷兰、普鲁士、奥地利、葡萄牙、两西西里王国等主要欧洲国家相继加
入"武装中立同盟",这使英国在外交上陷于更孤立的境地,也在相当程
度上动摇了英国在海上的垄断地位。①

　　1781 年 10 月,康沃利斯率 7 000 名英军在约克敦向美法联军投降;
尽管乔治三世坚持战争,但遭到英国民众的强烈反对,国内舆论纷纷指
责乔治三世的个人干预是英国在北美失利的主要原因,乔治三世扩张王
权的努力失败了。在这种压力下,英国下院于 1782 年通过了停火决议,
首相诺斯被迫辞职,罗金汉勋爵主持英国政务,交战双方开始了和谈
进程。

　　1782 年 4 月,美、英、法、西代表在巴黎开会,盟国内部矛盾开始浮
现。美国要求保护胜利果实,获得完全独立和广袤的国土;法国和西班
牙都不想使美国成为一个幅员辽阔的大国,以防止美国成为它们自己的
竞争者,为此它们不惜牺牲美国的利益。英国的策略是离间分化美法同
盟,使美国不关心法西的利益,并力图同交战国单独议和。同时美国也
力争摆脱法国的控制,直接与英国谈判,1783 年 9 月,美英正式签订《凡
尔赛和约》(*Treaty of Versailles*)。②

　　虽然法、西、荷等国对参与北美战争抱有很多幻想,但结果却不尽如
人意。一方面,英国在海上扭转了局势,约克敦战役后,各国在海上继续
作战,虽然西班牙占领了梅诺卡,但英军在海军上将豪(Admiral Howe)
的支援下,保住了直布罗陀。1782 年 4 月海军上将罗德尼(Admiral
Rodney)率领英军在多米尼加附近的桑特群岛摧毁了法国舰队,俘获了
包括敌方旗舰在内的五艘军舰,罗德尼手下的部队还另外俘获两艘军

---

① [美]S. F. 比米斯:《美国外交史》第 1 分册,叶笃义译,商务印书馆,1985 年,第 45 页。
② D. B. Horn & M. Ransome(eds.), *English Historical Documents, 1717—1783*, Routledge,
　1996,pp. 946—956.

舰,因此英国的制海权仍得以保留。① 另一方面,英国同美国单独签约而
拆散了美法同盟,在相当程度上减缓了其战败的损失,除丢失 13 块殖民
地这一沉重打击外,英国的总体实力没有发生太大变化。法国在美国独
立战争中削弱了英国,增强了自己对北美的影响,但它对英国的胜利只
是短暂的,英法和约在很大程度上是 1763 年《巴黎和约》的延续,英国在
美洲保留了加拿大、纽芬兰和西印度群岛的一部分。如果按照霍布斯鲍
姆的看法,即战争是检验一个国家国力的标准,那么法国就没有什么可
以值得骄傲了,法国既没有在北美获得所期望的领土,也因为参与战争
而付出了极高的代价——战争使它深陷于国内政治危机之中,六年之
后,法国大革命就爆发了。②

　　英国对西班牙做了一些让步,但它在西属洪都拉斯取得了居留地,
为日后向拉美扩张提供了便利。英国保住了直布罗陀,使地中海不久成
为其通向东方的走廊。在英荷条约中,荷兰丢掉了在印度的港口城市讷
加帕塔姆,承认了英国在摩鹿加群岛的自由航行权。

　　由于英国处置不当、缺乏妥协与容忍精神,以北美为核心的第一英
帝国瓦解了,英国承受了沉重的打击。③ 但英国并不准备放弃英帝国,事
实上,就在美国独立战争期间,英属印度殖民地的范围却大大扩展了,而
加拿大也保留在英国手中。美国提出英国自愿将加拿大、新斯科舍交给
美国,英国坚决不同意。④ 但如果要继续维持英帝国,英国就必须对帝国
政策进行调整,从而使帝国建立在新的基础上。北美独立是对英国重商
主义政策的打击,正是重商主义政策,招致了北美 13 块殖民地的不满。
在其他地区,情况也是这样。例如,在西印度群岛,英国为了垄断蔗糖出

---

① J. H. Rose & A. P. Newton & E. A. Benians(eds.), *Cambridge History of the British Empire*, Vol. I, Cambridge University Press,1929,pp. 758—760.

② [英]艾瑞克·霍布斯鲍姆:《革命的年代》,王章辉等译,江苏人民出版社,1999 年,第 29 页。

③ R. B. Mowat, *England in the Eighteenth Century*, George G. Harrap & Co. Ltd,1932, p. 207.

④ V. T. Harlow, *The Founding of the Second British Empire,1763—1793*, Vol. I,Longmans, 1952,p. 249.

口,就强迫西印度群岛先将蔗糖运送到英国,在英国缴纳赋税后再输往其他地区,西印度群岛的种植园主当然极为不满。[①] 重商主义已经不能再维持英帝国了。因此,为了维护英国作为全球第一海军大国的地位,英国的帝国政策必须进行修改。随着英国工业革命的迅猛进展,新的帝国也势必建立在新的基础上,第二帝国就是在这个基础上形成的。

---

① T. O. Lloyd, *The British Empire, 1558—1983*, Oxford University Press, 1984, p. 71.

第三章 从旧帝国到新帝国

第一英帝国解体后，英国国内笼罩着一种悲观气氛，乔治三世认为英国很难从这一失败中恢复元气，新任首相谢尔本说："我们政府同意美洲独立的时刻，就是大英帝国夕阳西下的时刻，我们将不再是一个强大并受人尊重的民族。"①当时的国外评论也认为英国正在衰落，1783 年奥地利皇帝约瑟夫二世（Josef Ⅱ，1765—1790 年在位）断言，"英国已降为二流强国"。那些在本国及殖民地仍继续推行重商主义的欧洲国家颇为得意，它们觉得随着英帝国解体，就可以在以前的美洲殖民地进行商业活动了，英国的出口将减少，英国即将破产。但悲观气氛并未在英国持续很长时间，国外观察家也很快发现自己的判断不正确，②事实上，在工业革命的推动下，英国很快就以印度为基石，建立起一个新帝国。

在美国独立前，欧洲殖民地一直是封闭体系，一些学者把殖民地称为"外省"，意即殖民地是宗主国国家权力的延伸，而宗主国之外的国家要进入这些排他性质的势力范围之内是非常困难的。英国一再颁布《航海条例》，即是一种明证。不过，封闭的殖民体系在 18 世纪晚期出现重

---

① K. E. Knorr, *British Colonial Theories 1570—1850*, Frank Cass & CO. Ltd, 1963, p. 201.

② ［英］P. J. 马歇尔主编：《剑桥插图大英帝国史》，樊新志译，世界知识出版社，2004 年，第 10、13 页。

大调整,而调整的原因是工业革命。

工业革命使英国成为"世界工厂",英国可供出口的产品也大幅提升。1780—1783 年,英国的棉纺织品出口只有区区数十万镑,到 1820 年左右已达到 1 600 万镑。英国的羊毛制品、钢铁制品、亚麻制品、精炼食糖等都形成出口繁荣,[①]而世界工厂既需要广大的销售市场,也需要不断增长的原料。尽管殖民地可以为工业革命提供一定的原料和市场,但在很大程度上英国的出口并不限于英帝国内部,不属于英帝国的欧洲、新独立的美国以及南美等地区也是英国出口的主要场所。原料也是这样,巴西和美国南部的棉花对工业革命有非常重要的意义,英国需要这些地区。资产阶级的本性是唯利是图,当殖民地的原料价格高于外部市场时,资本家没有理由在殖民地范围内寻找原料;当制造品可以在外部市场以更高的价格销售时,资本家也不再钟情于殖民地。在工业革命轰轰烈烈开展的时候,英国资本家很快发现:英国的市场主要在欧洲和美国,而这些地方都不是英国的殖民地。如果继续绑在重商主义的封闭体系中,英国工业发展的原料和市场都将受到很大的影响。变化的现实呼唤新的理论,亚当·斯密的自由贸易思想应运而生,英国的殖民思想也发生了革命性的变化。[②]

亚当·斯密批判以封闭的殖民体系为代表的重商主义政策。在重商主义思想指导下,欧洲各国都对本国殖民地实行贸易垄断,其他欧洲国家运往该国殖民地的货物,必须经过宗主国商人之手。斯密严厉抨击这种垄断:"……殖民地贸易的独占,像重商主义其他卑劣有害的方案一样,阻抑其他一切国家的产业。但主要是殖民地的产业,不但没有一点增加,反而减少那为着本国利益而设立的产业。"虽然斯密打着为殖民地谋利的招牌,但其落脚点仍然是英国的制造业:"这种专营贸易使殖民地产物在一切其他国家腾贵起来,这样就减少了殖民地生产物的消费……

① J. H. Rose & A. P. Newton & E. A. Benians(eds.), *Cambridge History of the British Empire*, Vol. II, Cambridge University Press, 1940, p. 237.

② K. E. Knorr, *British Colonial Theories 1570—1850*, Frank Cass & CO. Ltd, 1963, p. 175.

妨碍了一切其他国家的享乐用品与产业……"斯密认为,对殖民地的垄断贸易不能促进宗主国贸易发展:"英国吞并了几乎所有殖民地国外贸易的全部,而其资本,却没和殖民地国外贸易量按同一比例增加,所以如不能不断地从其他贸易部门吸取一部分原先投在那里的资本,并吸取比原先投在那里的更大的资本,就将无法经营。因此,自从航海条例订立以来,殖民地贸易不断增加,而其他许多国外贸易部门,尤其是对欧洲其他各国的国外贸易,却不断凋落。"①

斯密认为,殖民地的防卫问题是重商主义者未曾认真考虑的问题,一旦发生战事,"它们的兵力,不足以保卫它们自己,在母国加入战争时,它们不但不能助以兵力,而且往往使母国要大大分散其兵力,来保护所属殖民地。所以,在这一点上,一切欧属殖民地,与其说使母国强大,毋宁说使母国削弱,一切都如此,没有一个例外"。② 对英国而言,这一点在七年战争后变得尤其严重,战后英国每年用于北美殖民地防务的开支高达 35 万镑,虽然从殖民地的专营贸易中可以获得部分收益,但它远远小于英国的花费。殖民地巨额的防卫及行政管理费用成了英国沉重的负担,"……英国从统治殖民地,毫无所得,只有损失"。③

既然垄断性的殖民地贸易并无益处,斯密自然而然地提出了自由贸易理论,他认为只有自由贸易政策才能同时促进母邦和殖民地的利益,为此,应解除一切贸易限制,让经济在完全自由的环境中运行。尽管如此,他也主张在英国殖民地逐渐推行自由贸易,"唯一的方案,似乎就是适度地、逐渐地放宽那给英国以殖民地贸易独占权的法律,一直到有很大程度的自由为止"。在他看来,迅速开放殖民地贸易就会使得一切国家都能参与其中,"那不仅会引起一些暂时性困难,而且将使现今以劳动

---

① [英]亚当·斯密:《国民财富的性质和原因的研究》下卷,郭大力、王亚南译,商务印书馆,2007 年,第 167—168、163、182 页。
② 同上书,第 164 页。
③ 同上书,第 187 页。

与资本经营这种贸易的人,有大部分蒙受大的永久的损失"①。

可以说,亚当·斯密的自由贸易理论,是英国作为工业革命旗手而形成的一国独霸的思想表现。工业革命使英国成为经济实力最强的国家,而重商主义的经济基础已经开始动摇,英国新兴工业资产阶级迫切需要扩大原料产地和产品销售市场,但其他欧洲国家对殖民地实行的贸易垄断,限制了英国的工业与贸易。亚当·斯密提倡自由贸易,其目的是打破各殖民国家对本国殖民地的贸易垄断,让英国不仅在自己的殖民地寻找贸易机会,也可以要求其他国家及其殖民地向英国开放产品市场。这样我们就可以理解亚当·斯密关于帝国理论的真谛了。他并不主张放弃英帝国,只是否定重商主义的殖民理论,以一种新的理论取而代之,认为在自由贸易的氛围下母国与殖民地合作,就可以继续维持英帝国。②

如果说亚当·斯密的理论主要从经济角度讨论问题,那么埃德蒙·伯克的帝国思想则否定殖民地的经济意义,而强调英国对殖民地的义务。他提出的托管理论不仅为英帝国的存在提供合理性,而且把英帝国建立在道德高尚的基础上。③

在伯克之前,帝国理论的根基是重商主义,重商主义认为:财富的体现是贵金属,金银才是真正的财富;一个国家若想富裕,就必须积累更多的金银,贵金属越多,国家就越富强。积累财富有两种方法:一是经商,二是掠夺。经商的目的是赚取货币(也就是金银),但只有少买多卖才能赚取货币,而不让金银流往外国;掠夺则是更便捷的方法,可以把别国的财富抢劫到手。无论经商还是掠夺,其对象都必须是外国,因为国内商业活动不可能增加本国的金银总量。这种想法很容易引发海外冒险活

① [英]亚当·斯密:《国民财富的性质和原因的研究》下卷,郭大力、王亚南译,商务印书馆,2007 年,第 177 页。

② K. E. Knorr, *British Colonial Theories*, Frank Cass & Co. Ltd,1963,pp. 175—195.

③ W. D. Hussey, *The British Empire and Commonwealth:1500 to 1961*, Cambridge University Press,1963,pp. 146—148.

动,于是,大规模的海外经商及扩张活动就在世界范围内出现了。但隐藏在早期殖民扩张背后的极端残酷性也非常明显,殖民地民众的鲜血与枯骨正是殖民扩张的直接后果,早期殖民国家葡萄牙和西班牙的所作所为是明显的例证,它们的殖民扩张,无不渗透着被侵占土地上土著居民的泪和血。英国早期扩张也刻下此种烙印,第一英帝国基本上是由私人冒险公司建立的,英国政府对冒险公司在海外的活动很少过问,而这些公司为了获取利益,常常进行赤裸裸的掠夺,抢掠财富,给殖民地带来深重的灾难。工业革命发生后,把对外贸易建立在更高尚的道德基础上已经变得非常迫切,此外,英国理论家很难处理残暴的殖民统治与国内自由诉求之间的矛盾,在解决这一理论困境时,英国理论家试图把英国的殖民扩张与葡萄牙、西班牙等赤裸裸的殖民掠夺区别开来,这就是伯克的帝国思想的历史背景。

伯克批判唯经济利益是图的"旧"殖民活动,他认为以利润为唯一目标的殖民地政策忽视了母邦的义务,英国的形象因此种物质主义追求而受到损害,所以就影响了英国的长远利益。在 1786—1795 年如此之长的时间内,他把大量精力放在弹劾英国前印度总督沃伦·黑斯廷斯(Warren Hastings)的活动上。客观地说,黑斯廷斯任总督时期,与以前的东印度公司相比,已经有了不少进步,但正如伯克所言,他攻击黑斯廷斯并非出于个人情感,而是为帝国的臣民谋福祉:"我们呼吁平等的精神,正义的精神,保护的精神,仁慈的精神,这应该成为英国治下每一位臣民的特色。"[①]但最核心的是伯克想重建英国形象,把英帝国建立在高尚的道德基础上:"这个决定不仅关系到现在占大英帝国最大部分的印度的利益,而且将决定英国本身的信誉,我们要通过这一审判决定个人犯罪是否会被转变成公共的罪行和民族的耻辱,或者这个国家是否将把给其政府投上短暂阴影的这类罪犯改造成反映这个王国的荣誉、正义和

---

① W. D. Hussey, *The British Empire and Commonwealth: 1500 to 1961*, Cambridge University Press, 1963, p. 147.

人道的永恒光辉的东西。"①

以黑斯廷斯为代表的印度政府之所以遭到伯克诟病,是因为它仅知索取而不事建设:"英国没有建教堂、医院、宫殿、学校;英国没有修建桥梁、公路、灌渠、水库……假如我们今天被赶出印度,那么我们留在印度的东西将说明,在我们统治的这一不光彩的时期自己的所作所为不亚于一只猩猩或老虎。"②伯克认为,重商主义鼠目寸光的利益观念在人类的历史长河中看来是得不偿失的。他提出托管理论,认为殖民地是对母国的责任委托,他强调宗主国要承担起社会责任,认为那些拥有帝国的国家应对其统治的臣民负责,给殖民地一个好政府,统治应该公正、永不出现暴政,这是大不列颠对其殖民地的道德承诺。③ 在殖民地实行法治是伯克的殖民地思想的逻辑结果,为杜绝贪污腐败、保证人道和正义原则,伯克为东印度公司设计了一套行政制度,使无法无天的东印度公司要接受伦敦的约束。他起草了好几个"印度法",目的是把东印度公司改造为并非政府但应受章程约束的公务管理机构。④

伯克的帝国理论带有自由精神,但他的自由精神不是从工业革命中得来,而是从反对乔治三世个人专制的斗争中取得。乔治三世登位之后,改变了他的两位先王不问国事的惯例,开始直接干预政治:他在政府中安插自己的亲信,收买下院议员,扩张国王的权力。随着君权急剧扩大,英国政治发生混乱,君主在政体中的角色再度成为政治话题。辉格党人罗金汉是乔治三世的主要障碍之一,而伯克则是罗金汉勋爵的私人秘书。伯克的帝国思想在很大程度上体现了反对国王个人专制的特点,在 1775 年题为《论与美洲和解》的演讲中,他反对使用武力,认为随意的镇压措施只能造成恶果:"……最轻率的做法,我看莫过于是帝国的首脑坚持认为,任何违逆它的意愿和行为而申明的特权,都是对它整个权威

---

① 郭家宏:《从旧帝国到新帝国:1783—1815 年英帝国史纲要》,商务印书馆,2007 年,第 94 页。
②④ 〔英〕布赖恩·拉平:《帝国斜阳》,钱乘旦等译,上海人民出版社,1996 年,第 29 页。
③ W. D. Hussey, *The British Empire and Commonwealth: 1500 to 1961*, Cambridge University Press, 1963, p. 147.

的否定;于是立即宣布这是暴乱,于是击鼓其镗,踊跃用兵,把激怒他的政区逐出于家门。"①伯克认为,整个帝国的纽带是自由,即便是英国殖民地,也比地球上任何其他民族拥有更强烈的自由精神。②

伯克的殖民地托管理论是对重商主义利润至上观点的否定,他试图以正义、责任等来改造旧式的英帝国,为英帝国寻找道德制高点。伯克想让英国人明白,英国应该关注其声望和名誉,而不应该只关心利益和权力,因为利益和权力都只是暂时的。伯克主张良好的殖民统治,其最终目的是缓和英国与殖民地的矛盾,从而使英帝国的统治更加长久。无论亚当·斯密还是埃德蒙·伯克,其实都并不准备放弃英帝国,他们对英国殖民政策的批评,只是为了把英帝国建立在更坚实的基础上,保持英帝国的更大活力。他们的殖民思想对英国政治家产生了深刻影响,包括谢尔本、小皮特在内的许多政治家都说自己是亚当·斯密的信徒,而在长达十年之久的黑斯廷斯弹劾案中,伯克也逐渐让英国人意识到,关心殖民地人民的生活是大有必要的,英国统治者也开始在印度等地修建铁路、兴办学校。

最能体现帝国新思想的是英国转变了它对奴隶贸易的态度。随着美洲的"发现",跨大西洋的奴隶贸易开始兴盛。西班牙从1501年开始就向殖民商人和奴隶贩子出售贩卖奴隶的特许证,鼓励他们在西非沿岸掳掠黑人,再贩卖到美洲。葡萄牙也在西非沿岸设立堡垒,进行贩奴活动。以后,荷兰人、法国人、英国人等纷纷卷入奴隶贸易,从摩洛哥西南部到安哥拉的沿海地区,尤其是塞内加尔和几内亚湾,几乎全由各国奴隶贩子和殖民公司控制,因此,包括今天加纳、多哥和贝宁等国在内的沿海地区以及尼日利亚西海岸被称为"奴隶海岸"。随着英国确立海洋霸权,它也确立了在奴隶贸易中的主导地位,布里斯托尔和利物浦是英国

---

① [英]爱德蒙·柏克:《美洲三书》,缪哲译,商务印书馆,2005年,第107页。
② J. Samson, *The British Empire*, Oxford University Press, 2002, p. 71.

奴隶贸易的主要基地,1743—1747 年间,利物浦运载的奴隶已占到总数
的一半以上,美国独立后更控制了 2/3 以上的奴隶贸易,可见下表:

1783—1807 年利物浦的航海与奴隶贩运[1]

利物浦	1783—1787	1788—1792	1793—1797	1798—1802	1803—1807
总航行数	405	475	415	675	515
%	68.06	68.34	80.58	85.98	88.00
奴隶	147 935	126 380	185 430	129 765	
%	70.29	71.76	82.08	86.18	86.5
英格兰总航行数	595	695	515	785	585
奴隶	186 795	206 150	153 955	215 160	149 865

美洲种植园为奴隶贸易提供了巨大的动力与保障,正如彭森(L. M.
Penson)所观察的:西印度群岛在英国政府的印象中具有超比例的重要
性。[2] 小皮特在 1798 年曾说,在包括爱尔兰在内的英国所有殖民地中,
来自西印度群岛的财政收入占 4/5 以上。于是,一个简单的逻辑就出现
了:西印度群岛的繁荣对英国而言至关重要,而维持奴隶制和奴隶贸易
则是西印度繁荣的根基,"如果没有奴隶,西印度地区将一无所用"。[3] 出
于这种信念,英国政府为奴隶贸易大开方便之门,而那些宣称白人道德
至上、在海外殖民就是传播文明的论调,其实并无说服力。

反对奴隶制度的声音在 17 世纪末就出现了,但真正具有全国性规
模的废奴运动则发生在 1780 年代,也就是发生在工业革命开始的时期。
1783 年之后,信奉亚当·斯密学说的小皮特开始长期执政,而
根据亚当·斯密的观点,奴隶劳动并无多少经济利益可言,"征之一切时
代和一切国民的经验,我相信,由自由人做成的作品,归根到底比由奴隶

---

① [法]保罗·布特尔:《大西洋史》,刘明周译,东方出版中心,2011 年,第 219 页。
② J. H. Rose & A. P. Newton & E. A. Benians(eds.), *Cambridge History of the British
Empire*, Vol. I, Cambridge University Press,1929,pp. 330—331.
③ Ibid. , p. 189.

做成的作品低廉"。① 1787 年,全国性的反奴隶制委员会在伦敦建立,威廉·威尔伯福斯(William Wilberforce)和小皮特将其影响扩大到议会。经过多年努力,英国于 1807 年禁止了奴隶贸易,然后用它的海上力量在全世界打击奴隶贸易。

也就在这个时候,工业革命正迅猛展开,英国的产品销向全球,英国对原料更加依赖,于是,保护英国的海外贸易成为英国政府的头等大事,夺取并占领那些对保护贸易有重要意义的战略据点在英国政府内部达成了共识。可是,这又是亚当·斯密提倡自由贸易、反对拥有殖民地的时代,政府要员都宣称自己是亚当·斯密的学生。于是,一个在精神上强调自由而在实质上实行殖民统治的"奇妙"帝国就出现了,小皮特是它的奠基者。②

1783 年,年仅 24 岁的小皮特出任英国首相,在 20 多年的时间内执掌英国权柄。他在执政期间,对英国的帝国政策进行了大刀阔斧的改革,改变了重商主义殖民政策,使英帝国建立在自由贸易的基础上。在帝国范围内,他实施伯克倡导的托管理论,加拿大和印度的情况就是这样,《1791 年加拿大宪政法》(Canada Constitutional Act of 1791)和 1784 年《印度法》就是帝国政策调整的重要体现。

美国独立后,英国在北美的殖民地开始以加拿大为中心。加拿大本是法国殖民地,七年战争中落入英国之手,英国对它本无多少兴趣,许多政治家认为加拿大对英国的税收无所助益,而他们更希望得到法国在西印度群岛的蔗糖殖民地。③ 出于这种原因,英国在得到加拿大后没有采取激烈措施。1774 年英国颁布《魁北克法》(Quebec Act),允许当地的法国移民保留天主教信仰,并继续执行法国法律。这个开明的措施保证了法国移民在美国革命中仍旧对英国表示忠诚,而美国独立后,加拿大也

---

① [英]亚当·斯密:《国民财富的性质和原因的研究》上卷,郭大力、王亚南译,商务印书馆,2004 年,第 74 页。

② 钱乘旦、许洁明:《英国通史》,上海社会科学院出版社,2002 年,第 295 页。

③ T. O. Lloyd, *The British Empire, 1558—1983*, Oxford University Press, 1984, p. 83.

继续留在英帝国内。①

不过美国独立运动使加拿大的局面变得复杂了,因为许多"效忠派"来到加拿大。美国的《独立宣言》发表后,那些希望通过渐进方式解决英帝国体制问题的人,同主张用革命方式解决帝国问题的人发生冲突,革命派将保守的美洲人称作"托利党",认为他们头在英国,身在美国,脖子应该被拧断。② 乔治三世授予这些人"帝国效忠派"的称号。在独立战争中,"效忠派"既包括持中立态度的人,也包括那些不支持独立,甚至参加英军、进行亲英宣传的人。效忠派因此在战争期间遭到革命派的围攻和迫害,其财产被没收,政治权利被剥夺,有的人甚至被涂上柏油,粘上羽毛游街示众。

英国政府尽力保护效忠派,在承认美国独立的《巴黎和约》中,英国要求美国政府阻止对效忠派的迫害活动,并劝说各州发还他们在战争中被没收的财产。但美国独立初期实行邦联体制,中央权力有限,各州不受中央政府的约束,效忠派仍然受到迫害。为躲避迫害,大约7万名效忠派向北方迁移,其中大多数人去了加拿大。由于效忠派迁入,加拿大的人口结构发生变化,英裔人占了多数,而1774年的《魁北克法》基本上是一部适合于法国人的法律。英裔居民于是要求在加拿大实行英国法律,复制英国的政治结构。1784年,他们向英国国王请愿,呼吁建立代议制政府,选举产生议会,并让议会有征税权。法裔居民起先对《魁北克法》并无好感,但随着英裔居民的增多及提出新的诉求,法裔居民变成了这一法案的主要捍卫者。③

摆在英国政府面前的是一道难题,支持英裔居民就会得罪法裔居民,支持法裔居民也会得罪英裔居民,不管是什么结果,英国在加拿大的

---

① W. D. Hussey, *The British Empire and Commonwealth: 1500 to 1961*, Cambridge University Press, 1963, pp. 155—156.

② 郭家宏:《从旧帝国到新帝国:1783—1815年英帝国史纲要》,商务印书馆,2007年,第102—103页。

③ 同上书,第148页。

统治都将受到挑战。一时间，英国在加拿大的统治似乎也朝不保夕了，如果继续以重商主义为圭臬，把英国的商业利益凌驾于殖民地之上，那么英国在加拿大的统治就有可能终结。但英国的帝国政策已经发生变化，加拿大问题有可能得到较好的解决。

1786年，小皮特任命盖伊·卡尔顿（Guy Carleton）为加拿大总督，做出这一任命，是因为其曾经出任魁北克总督，对北美事务比较熟悉。鉴于殖民地的微妙局面，小皮特还是叮嘱卡尔顿在递交殖民地形势报告之前不要采取任何行动。[①] 这样，英国放弃了旧帝国时期动辄就采取的高压手段，根据卡尔顿的报告，认真听取殖民地的不同诉求。在进行慎重考虑后，英国政府拿出了一个方案，也就是《1791年加拿大宪政法》，其主要内容包括：一、魁北克省划分为英裔居民为主的上加拿大和法裔居民为主的下加拿大，两省大致以渥太华河为界。二、两省各建代议制政府，殖民地最高行政长官为总督（在上加拿大为副总督），总督是英王的代表，总督之下设行政委员参事会和立法委员参事会，两个参事会的成员均由英王指定，另外再设立一个由选举产生的议会。法案对选民资格、议会人数、议员宣誓等作了具体规定，为法裔居民当选提供了可能性。三、各省实行何种法律，可自行选定。四、除魁北克省可以保留庄园制度外，其他省建立自耕农土地所有制。五、重申《魁北克法》中天主教会的权力，但同时鼓励传播英国国教，增加英国国教的权力，现有的共有土地中大部分不许授予私人，只能授予新教教士。[②]

《1791年加拿大宪政法》是英国政府在英裔居民与法裔居民之间采取的妥协行为，魁北克省一分为二，既可以满足英裔居民对代议制政府、英国法律等的要求，又保证了法裔居民的权利和天主教会的地位。按小皮特的说法，除非法裔居民要求改变原有的法律，否则法裔省份的司法

---

① J. H. Rose & A. P. Newton & E. A. Benians(eds.), *Cambridge History of the British Empire*, Vol. II, Cambridge University Press, 1940, p. 21.

② W. D. Hussey, *The British Empire and Commonwealth: 1500 to 1961*, Cambridge University Press, 1963, p. 157.

体制可以不变。① 宪法支持民选议会，使其成为民意表达的机构，相比过去英国漠视殖民地利益的态度，现在已经有很大不同了。

尽管如此，加拿大在英国政治家与民众心目中的地位仍然不及西印度群岛，因为加拿大人口稀少，气候寒冷，并不适于居住，对英国的经济没有什么帮助。但印度的情况就大不相同，它地广人多，物产丰富，在英帝国中的地位越来越重要，而且最终以它为中心，形成了第二英帝国。

印度殖民地是东印度公司根据英王的授权建立的，由东印度公司进行管理。18世纪初，在印度的英国人不过1 500人，他们势单力薄，主要住在贸易货栈中，印度的王公们时常袭击和抢掠他们。1750年代，东印度公司征服了孟加拉；七年战争结束时，法国人被赶出印度。至1765年，东印度公司已经驱逐了所有的竞争对手。是年8月，克莱武得到莫卧儿王朝皇帝的命令：东印度公司成为孟加拉、比哈尔、奥里萨的"第瓦尼"（Diwani），即财政管理者，而地方行政长官"纳瓦布"（Nawab）则成为领取年金的人。随着东印度公司的发展，公司在印度建立了强大的组织机构，拥有上百万镑的资金，设在加尔各答的东印度公司董事会是印度的最高权力机构，从方针政策的制定到殖民官员的任命，都由其决定，印度政府只是董事会的执行机构；换言之，英国在印度的统治是公司管理。

但公司管理带来很多问题。东印度公司奉行重商主义，唯利是图的本性表现得淋漓尽致，一旦大权在握，公司就进行大规模的掠夺活动，每征服一地，公司就抢掠当地的国库。例如，1757年普拉西战役胜利后，英国人把米尔·伽法扶上孟加拉的纳瓦布位置，迫其交付150万镑战争赔款，并对公司职员献礼123万多镑。东印度公司以各种理由索取钱财，1757—1766年间，伽法除给克莱武巨大好处外，还给其他军官每人5 000—11.7万镑，可是最后却因为不能及时付钱而被废黜。② 凡是从印度回到英国的人，每个人都腰缠万贯，很快成为上流人物，克莱武就是典

---

① J. H. Rose & A. P. Newton & E. A. Benians(eds.), *Cambridge History of the British Empire*, Vol. II, Cambridge University Press, 1940, pp. 20—21.
② 郭家宏：《从旧帝国到新帝国：1783—1815年英帝国史纲要》，商务印书馆，2007年，第115页。

型例子。他小时候读书不用功,学业无成,但在印度的冒险活动却使其成为英国的明星式人物。征服阿尔科特后他就获得大量钱财,然后到英国花销一空,随后再到印度敛财。普拉西战役后,新纳瓦布给克莱武现金23.4万镑,此外每年还有 2.7 万镑的租金收入,这些收益使他的财富堪与英国的纽卡斯尔公爵媲美。① 凭借大量财富,他在 1762 年成为爱尔兰贵族,即普拉西的克莱武男爵;其后,他又靠贿选当上议员。

丰厚的利益刺激许多英国人到印度求富,② 在这种动机驱动下显然不可能治理好印度,那些靠掠夺印度而发财的"纳博布"(nabob)们从印度回来后就靠贿赂进入议会,也引起社会的强烈不满。③ 改革派指责东印度公司腐败,克莱武回到英国后,财产受到议会调查,克莱武花尽了钱财才摆脱牢狱之灾,但他还是由于焦虑等原因而自杀。

虽然东印度公司的员工都获得了巨额财富,但其财务状况却并不好,管理也不善。1759 年克莱武曾提议由英王接管东印度公司在印度的领地,却未引起时人的重视。1771 年,公司债务已高达 150 万镑,只有通过借贷才能履行契约。1772 年 6 月,伦敦发生信用危机,东印度公司也陷入困境,无奈之下,它向英国政府求助。④ 政府担心东印度公司破产会影响到孟加拉向英国的财富转移,便答应给东印度公司 140 万镑贷款,并授予它在北美殖民地倾销茶叶的垄断权。由此,由政府取代公司的问题被提上议事日程。议会下院成立了两个专门委员会对东印度公司的历史与现状进行评估,其中一个委员会审查了英国人在印度的不当行为,有人说:"东印度公司的恶行与邪恶的职员应该被了结……"⑤ 由政府领导的秘密委员会编纂了九份关于东印度公司的报告,这些报告对调整

---

① T. O. Lloyd, *The British Empire, 1558—1983*, Oxford University Press, 1984, p. 82.

② P. J. Marshall(ed.), *The Oxford History of the British Empire*, Vol. II, Oxford University Press, 1998, pp. 582—583.

③ 王觉非主编:《近代英国史》,南京大学出版社,1997 年,第 194 页。

④ 张亚东:《重商帝国:1689—1783 年的英帝国研究》,中国社会科学出版社,2004 年,第 106 页。

⑤ H. V. Bowen, *Revenue and Reform: the Indian Problems in British Politics, 1757—1773*, Cambridge University Press, 2002, p. 131.

英国与印度的关系起到了关键作用。诺斯首相试图干预公司在印度的统治,他建议新设立孟加拉高级法院,由英王任命法官,从而使英国政府对公司属地具有"完全与决定性的权力"。但议会中的"孟加拉派"反对该建议,诺斯于是变得更加激烈,他试图把东印度公司的管理权全部移交到政府手中,因为政府的管理会比较完善。

1773 年,英国议会通过了诺斯提出的《调整法》(*Regulating Act*),该法案规定:公司董事会此后要向财政部提交与印度税收有关的一切信件,并向国务大臣提交有关民政或军政的一切信函。公司原有的三个管区,即孟加拉、马德拉斯、加尔各答置于同一人管辖之下,由加尔各答省督任总督,总督由英国议会任命,其权限覆盖英国占领下的全部印度领土。总督之下设一个四人参事会,协助其统治。《调整法》还规定在孟加拉设立一个最高法院,由一名首席法官和三名法官组成,都由国王任命,负责审理东印度公司职员和英国臣民与印度有关的案件。

《调整法》是英国政府对待印度殖民地态度的一次重大转折,英国首次准备将东印度公司置于议会控制之下,印度事务也逐渐从公司手中转移到政府手中。由议会任命的总督具有辖区内行政、宣战、媾和和批准条约的权力,最高法院法官也都由国王任命。但诺斯的设想并未全部实现,英国政府没有取得管理公司事务的权力,因此最终做到的是:英国政府实行监督而不是控制。[1]《调整法》本身也有问题,比如总督与参事会的关系不明确,二者很容易发生冲突。按照法案规定,总督与参事会的分歧由投票决定,如果出现赞同票与反对票相当的情况,总督可以多投一票。然而按照多数票决定的原则,总督唯参事会马首是瞻。[2]

法案通过后,沃伦·黑斯廷斯成为首任印度总督。到任后,他试图采取积极措施稳定英国在印度的统治,但其政策频频受到以菲利普·弗兰克为首的参事会多数票的反对,黑斯廷斯不得不花费很大的精力与参

---

[1] P. J. Marshall(ed.), *The Oxford History of the British Empire*, Vol. II, Oxford University Press,1998,p. 538.

[2] 郭家宏:《从旧帝国到新帝国:1783—1815 年英帝国史纲要》,商务印书馆,2007 年,第 123 页。

事会进行斗争。① 东印度公司的腐败行为未能被消除,因此继续对东印度公司进行改革,仍然是英国政府的重要议题。

1783 年,政府以公司借债为契机,通过两项新法案,一是"将东印度公司的事务控制在一个委员会手中",二是"在印度占领区及其附属地区建立良善政府"。英国政府打算建立一个"七人委员会",由它控制东印度公司的事务,甚至可以解散公司董事会,并任免在印度的官员。该方案由福克斯制定,因此被称为"福克斯法案"。法案试图完全取消东印度公司的特权,遭到反对派的激烈抵制。② 结果,"福克斯法案"虽然在下院获得通过,但被上院否决,福克斯-诺斯联合政府也因此倒台。

继任的小皮特是"福克斯法案"的支持者,他决定全力打击以东印度公司为代表的重商主义政策。为了使法案能够顺利通过,他调整了原先的法案,但其核心内容仍旧保留。小皮特的法案最终被议会通过,史称《印度法》,又称"皮特法案",主要内容包括:一、由国王任命一个监督局来监督、指导、控制所有涉及印度的民政与军政事务,监督局由财政大臣、一名国务大臣、四名由国王指定的枢密顾问组成。二、公司董事会下达的信件、指示、命令都必须首先向监督局报告,如果得不到监督局的同意,就不得下发。监督局接到文件后 14 天内必须将他们的意见反馈给公司董事会,监督局有权提出意见,要求董事会修改,也可以就宣战与媾和问题直接下达指令。三、惩处公司雇员在印度的敲诈勒索、贪污受贿行为;英属印度总督、省督及各级参事会由议会任命,公司则保有任命其他官员的权利,但一切雇员都必须由董事会造册呈报,由下院批准。四、加强总督的权力,规定总督有权在涉及战争、军务、税务的问题上监督其他两个管区,而其他两个管区在外交、战争、赋税等方面都必须服从孟加拉政府。五、反对东印度公司在印度的扩张,"从事征服和扩大统治权的

---

① T. O. Lloyd, *The British Empire, 1558—1983*, Oxford University Press, 1984, p. 104.

② J. H. Rose & A. P. Newton & E. A. Benians(eds.), *Cambridge History of the British Empire*, Vol. II, Cambridge University Press, 1940, pp. 140—142.

计划是违反这个国家的意愿、名誉和政策的"。①

与夭折的"福克斯法案"相比,"皮特法案"以"监督局"取代了早先的"七人委员会",但监督局既非一个独立的行政主体,也没有官职任命权,不能任命或解雇东印度公司在印度的职员,因此公司董事会和议会中的"孟加拉派"接受了这一法案。

《印度法》是继《调整法》之后,英国政府加强控制印度的又一个措施,它建立了英国在印度的双重权力中心——监督局制定政策方针,东印度公司负责处理日常事务并任命官员。表面上看,统治印度的各种政策由东印度公司提出,但实际上有关军事、政治的最高决策权已转移到英国议会手中。在政府监督下,东印度公司职员的贪污受贿、敲诈勒索行为受到遏制,对改善印度的管理具有重要意义。在实际运作中,国务大臣邓达斯很快排挤了监督局中的其他成员,完全控制了这一机构,成为事实上的印度事务大臣,印度事务至此就成为英国内阁的事。1786年,英国议会又通过一个《补充法案》,其中最重要的内容,是授予印度总督更大的权力,在紧急情况下,总督可以凌驾于参事会之上,可以出任军队总司令,这就避免出现当初黑斯廷斯与参事会之间权力不清的问题,英国政府对印度的统治一步一步牢固地确立起来。②

《调整法》和《印度法》奠定了英国统治印度的新基础,以东印度公司为代表的重商主义逐渐走向没落,为巩固工业革命所需要的原料产地和销售市场,伯克提倡的"良善政府"主张开始登场。

在《第二帝国的形成》一书中,哈罗认为,第一帝国的基础是大西洋帝国,其特征是以《航海条例》为代表的重商主义政策;他认为从1763年左右开始,英国商人和政治家的心态开始发生变化,导致其"利益与事业

---

① 郭家宏:《从旧帝国到新帝国:1783—1815 年英帝国史纲要》,商务印书馆,2007 年,第 129—130 页。

② W. D. Hussey, *The British Empire and Commonwealth:1500 to 1961*, Cambridge University Press,1963,p. 196.

从西方世界向亚非的潜在地区调整"。① 如果说哈罗关于帝国东移的观点在学者中颇有共鸣,那么关于 1763 年这个时间点却存在很大争议。在经济层面上,亚洲在 18 世纪并没有取代美洲在英国商贸中的地位。数据显示,亚洲虽然是英国一个主要的进口来源地,但其份额甚至还不如西印度群岛,而作为出口地区,它又远落在北美之后,而且二者的距离到 18 世纪末还在拉大。②

事实上,英帝国东移可能发生在 18 世纪末,尤其是美国独立以后。美国独立以后,重商主义的殖民帝国难以为继,亚当·斯密把握住时代的潮流,主张在自由贸易的基础上重塑英帝国。工业革命需要工业原料和销售市场,在这两项要求下,大西洋帝国不再有太大的吸引力。如上文所言,加拿大虽然国土广阔,但人烟稀少,既没有英国所需要的原料,也不能为英国制造品提供广阔市场。同时,英国的西印度群岛殖民地也逐步走向没落,因为西印度群岛的种植园完全建立在奴隶制和奴隶贸易的基础上,随着废奴运动步步深入,西印度群岛的种植园也难以维持。人口众多但贫穷的黑人奴隶对英国工业品没有多少购买力,因此,建立在工业基础上的新帝国不可能继续在大西洋地区繁荣昌盛。

这时,东方成为新帝国的重心。整个 17 世纪,荷兰人在亚太地区独居独占,英国被排斥在外,但英国人对中国财富的觊觎心态,随着时间的推移而变得更急迫。根据哈罗的看法,自 18 世纪后期开始,为获取新的市场和原料,英国的目光越来越转向太平洋和东南亚地区,而最重要的是中国,与中国通商成为英国"国家政策的主要目标"。③ 这一点对英国来说非常重要。当时茶叶已经成为英国大众的消费品,可以与一度风行的食糖进行竞争。18 世纪 90 年代,英国大约从中国进口了 2 000 万磅

---

① V. T. Harlow, *The Founding of the Second British Empire,1763—1793*, Vol. I, Longmans, 1952, p. 62.

② P. J. Marshall(ed.), *The Oxford History of the British Empire*, Vol. II, Oxford University Press, 1998, p. 577.

③ V. T. Harlow, *The Founding of the Second British Empire,1763—1793*, Vol. I, Longmans, 1952, p. 64.

茶叶,1800—1810 年上升为 2 500 万磅。茶叶贸易成了东印度公司最赚钱的行业,茶税大概占到印度殖民政府 6%—7% 的收入。但是,英国与中国的贸易现状却难以满足英国的欲望,因为英国人的贸易被限制在中国的广州港,英国商人的活动必须借助享有垄断地位的当地商业公会(行商)才能开展,且需受中国司法体系的管束。由于进口大量茶叶,英国必须以白银进行结算;为了方便在中国销售产品,英国希望在中国建立一个由英国完全控制的港口。1792 年,英国派马嘎尔尼勋爵(Lord Macartney)率使团出使中国,请求清政府给英国一个可以自己控制的港口;如果做不到这一点,次一级目标是改善广州的贸易情况。英国政府和民众对马嘎尔尼寄予厚望,但使团却失望而归。

在获取贸易港的同时,从 1760 年左右开始,英国人就尝试在印度与中国之间建立海路据点,而马六甲海峡就是其中的关键点。早在公元 2 世纪,罗马帝国与中华帝国之间的商路就要经过马六甲海峡,尽管当时这两大帝国之间并没有直接的贸易关系。1511 年,葡萄牙攻占了马六甲海峡沿岸的马六甲城,在此之后的一百年中,葡萄牙人凭借果阿、澳门、马六甲等商业据点,控制了东方贸易,特别是香料贸易。后来,荷兰人于 1641 年从葡萄牙手中夺取马六甲,取代了葡萄牙的地位,通过海峡的船舶都必须在马六甲停靠,荷兰借征税对其进行搜刮。英国人取得海洋霸权后,取代荷兰掌握通往中国的航路,就成为英国人的重要考虑。但荷兰是英国对抗拿破仑的盟友,而在欧洲,结盟的需要处于第一位。荷兰本土被法国侵占,成为英国夺取荷兰海外殖民地的绝佳机会。1795 年,荷兰刚被法国人占领,英国就夺取了马六甲。虽然,基于结盟的需要,英国又把马六甲归还给荷兰,但与中国进行贸易的想法太诱人了,英国人于是在 1819 年控制新加坡,并派驻 341 名军士及 10 门大炮。荷兰后来以英国承认自己在爪哇、苏门答腊、香料群岛的权利为代价,将马六甲割让给英国。至此,英国人控制了与中国通商的主要航道。[①]

---

① [英]布赖恩·拉平:《帝国斜阳》,钱乘旦等译,上海人民出版社,1996 年,第 181—186 页。

不过，哈罗好像忽视了印度，实际上，英国东方政策的主要目标应该是印度，印度也成为第二英帝国的核心。虽然就商业而言，18世纪末的印度对英国的进出口并不占据首要地位，但随着与包括中国在内的亚洲国家建立商贸联系，印度的战略地位日见重要。自18世纪后期开始，英国向那里派出大量船舰和兵士，在外交方面也更加重视这一地区。东印度公司统治着大约4 000万人口，其征收的赋税每年达1 800万镑，它可以为6 000多名英国人找到饭碗，对不少英国家庭来说，印度是英帝国之内收益最高的就业地点。初级产品、生丝和棉花、靛青、食糖取代棉布，成为印度向英国出口的主要产品，而印度也开始大量进口英国的制造品。印度对英国太重要了，因此对任何政治家或思想家而言，放弃印度都是不可想象的："如果放弃这些地区，我们将会冒损害国家自由与独立的风险。一旦它们被其他欧洲列强攫取，将使反对我们的天平严重倾斜。"[1]

谢尔本伯爵（Earl of Shelburne）曾经说，"我们更喜欢贸易而不喜欢统治"[2]，这句话很容易欺骗不了解情况的人。实际上，工业革命固然需要将贸易的触角伸向全世界，但这不影响英国夺取殖民地。谢尔本在1782年说的那句话，当时，工业革命还没有完全展开，工业资产者也没有多少理由反对重商主义，他们其实喜欢受保护的市场，因为殖民地提供原材料，给他们以扩大再生产的坚实保障，其他欧洲强国都将自己的殖民地封闭起来，英国的工业资产者无法插足。从17世纪开始，英国政府就一直将保护殖民地市场和原料供应作为自己的主要任务，工业革命实际上把这一政策推到了高峰。例如，棉花是棉纺织业的瓶颈，从1780年代开始，英国就需要进口大量棉花。在殖民地行政当局的鼓励下，西印

---

① P. J. Marshall(ed.), *The Oxford History of the British Empire*, Vol. II, Oxford University Press, 1998, p. 583.

② W. D. Hussey, *The British Empire and Commonwealth: 1500 to 1961*, Cambridge University Press, 1963, p. 138.

度群岛的棉花生产有很大发展,纺织染料也在帝国内部大量生产。① 由此可见,重商主义仍然是英国政府的主要政策。美国独立之前,西印度殖民地的食品主要通过美洲船只进口,而 1783 年以后,美国的船只就被排除出西印度群岛,《航海条例》的精神仍然在延续。1786 年和 1805 年英国两次更新《航海条例》,比早先的条例规定更严格。所以我们看到,美国独立后的英国不仅喜欢贸易,也同样喜欢"统治",二者新旧杂陈并肩而行。

因此,即使在英国政府取代东印度公司的统治权之后,英国在印度的扩张活动也没有停止,实际上反而变本加厉。在七年战争中失败后,法国将本地治理等五个据点让给东印度公司,即便如此,英国的地位也并不稳固,它所控制的地区仍非常有限。在莫卧儿王朝崩溃的过程中,帝国领土上形成许多封建割据政权,这些拥兵自立、各自为政的封建主成为英国进一步征服印度的障碍,其中反对英国最为坚决的是印度西南部的迈索尔(Mysore)苏丹政权,而军事力量最强大、控制地域最广阔的则是印度中部的马拉塔(Maratha)联盟。

从 18 世纪下半叶开始,英国就有计划地发动征服印度各地封建政权的战争,其中,侵略迈索尔的战争共有四次,历时 32 年。1767—1769 年英国发动第一次迈索尔战争,但以失败告终,双方缔结和约,结成防御同盟。但迈索尔苏丹海达尔·阿里(Hyder Ali)清楚英国的侵略野心,因此联络马拉塔联盟和海德拉巴的王公,结成反英同盟,并争取到法国和荷兰的援助。1779 年,英国第二次进犯迈索尔,阿里再次打败英军,法国舰队也在印度洋上与英国舰队作战,并打败英国舰队,一度控制印度洋的制海权,并派出一支 2 000 人的陆战队在本地治理登陆,支援阿里。阿里去世后,其子提普苏丹(Tipu Sultan)继续进行反英斗争。由于英法在美国独立后签订和约,法国退出印度洋。提普在 1784 年 3 月与英国

---

① P. J. Marshall(ed.), *The Oxford History of the British Empire*, Vol. II, Oxford University Press,1998,p. 586.

马德拉斯殖民当局签订和约,双方互相退还被占领的领土。英国要求在迈索尔享有专属贸易权,为提普苏丹所拒绝。英国殖民当局遂拉拢马拉塔和海德拉巴王公建立三角同盟,然后发动第三次迈索尔战争。此时迈索尔四面受敌,最终失败,1792 年 2 月被迫签订《锡林加帕塔姆条约》(*Treaty of Seringapatam*),同意割让一半领土,赔款 300 万英镑。① 1799 年 2 月,英国发动第四次迈索尔战争,英方收买了迈索尔的帕什瓦(Peshwa,相当于首相)和轻骑兵司令,不久,英军进逼迈索尔首都锡林加帕塔姆,提普战死。通过四次战争,英国终于完全征服迈索尔,控制了印度南部。

还在迈索尔战争期间,英国已经把矛头对准了马拉塔联盟。1772 年,英国政府支持帕什瓦(Peshwa)(马拉塔的世袭统治者)的竞争对手,由此引发战争。1779 年,一支英国军队被打败,黑斯廷斯此前并没有批准孟买政府的冒险行动,但他听到战斗失利的消息时,为挽回英国人的面子,就派出一支 6 000 人的军队向孟买进军,最终取得胜利。次年,一支小规模的英国军队也取得胜利。在第二次迈索尔战争中,为集中力量对付迈索尔,东印度公司与马拉塔人签订《萨尔拜条约》(*Treaty of Salbai*),孟买政府承诺不支持帕什瓦的觊觎者,马拉塔人则承认英国占有萨尔塞特岛(Salsette)。② 迈索尔战争结束后,英国把矛头再次对准马拉塔。1800 年马拉塔内乱,帕什瓦逃到英国管辖区巴赛因,英国人就趁机迫使他签订《巴赛因条约》(*Treaty of Bassein*)。条约规定:帕什瓦要为六个营的英国军队提供给养,并让其驻扎在帕什瓦的领地内;帕什瓦驱逐任何敌视英国的欧洲人,取消他们在苏拉特的权益;英国人将管控帕什瓦同马拉塔联盟各邦及海德拉巴的关系。③ 1803 年,马拉塔各邦王

---

① W. D. Hussey, *The British Empire and Commonwealth: 1500 to 1961*, Cambridge University Press, 1963, p. 199.

② R. B. Mowat, *England in the Eighteenth Century*, George G. Harrap & Co. Ltd, 1932, pp. 193—194.

③ 王绳祖主编:《国际关系史》第二卷,世界知识出版社,1995 年,第 204 页。

公、瓜略尔(Gwalior)王公决定联合抗英，但在战斗打响时各邦之间仍互相猜忌，致使英国人获胜，并占领德里和阿格拉，莫卧儿皇帝成为英国人的傀儡。英国人还从那格浦尔(Nagpur)王公手中夺取奥里萨(Orissa)，切断了马拉塔人与海洋之间的联系。瓜略尔王公和那格浦尔王公被迫与英国殖民当局签订"资助同盟"。1804年有其他印度王公继续对英作战，1805年也最终失败。1817年，英国殖民当局镇压了浦那的印度起义，吞并帕什瓦的领地，废除了象征马拉塔民族统一的帕什瓦，完成了对马拉塔的征服。

在使用战争手段侵占印度大片领土的同时，英国人还根据不同时期的需要与印度王公签订"资助条约"，将其领土置于间接统治下。1757年，东印度公司与孟加拉的纳瓦布签订的条约即是一种"资助条约"。1765年，印度北部的奥德(Oudh)王公与孟加拉结盟抗英失败，东印度公司没有将其纳入直接统治下，而是让奥德维持表面独立，变成公司的附属国。18世纪末、19世纪初，在征服迈索尔和马拉塔的过程中，更多土邦变成公司的附属国，这些土邦在名义上独立于东印度公司，但无论在政治还是经济上，它们都不是独立的政治体，按照尼赫鲁的说法："当他们被扶植复位之后，'这些王公'就变为自从开天辟地以来比较任何政权都要来得完全无依无靠和被人遗弃的政权了。如果英国人不加以干涉的话，摆在这些拉其普特土邦面前的，除开灭亡以外没有别的道路，而摆在这些马拉塔人面前的就只有崩溃而已……"[1]

在征服迈索尔和马拉塔人以后，东印度公司在印度的土地便连成一片，英国又通过间接统治控制了大量土邦，于是，在东自孟加拉，西到阿拉伯海、北起印度河和萨特累季河，南至印度最南端的科摩林角的整个印度次大陆，英国人建立起自己的统治。剩下还没有被征服的信德和旁遮普，也处于朝不保夕的状态。荷兰和法国被驱逐出印度，在维也纳会议和《巴黎和约》中，它们承认了英国在印度的统治权。凭着它在拿破仑

---

[1] ［印度］尼赫鲁：《印度的发现》，齐文译，世界知识社，1956年，第403页。

战争中完成的海上霸业,英国控制了印度洋的战略要冲,稳固地保证了英国对印度的殖民统治。由于伯克的贡献,印度也找到了道德制高点,废奴运动的重要人物威尔伯福斯认为,领导印度殖民地进行改革的英国总督查尔斯·康沃利斯(1786—1793年任印度总督)已经让"英国的名字被印度人民爱戴与尊敬",[①]尽管这同一个康沃利斯在美国独立战争中在约克敦向美洲大陆军投降。

印度的重要性已经确认了,保卫印度的工作就变得非常重要。英国政府从两个方面完成这一任务:一是确保印度不受近邻的威胁,二是保证英国与印度之间的海路畅通。为达成这两个目的,当某一地区被认定对保卫印度有重要意义时,英国人就毫不犹豫地予以征服。

印度的近邻缅甸是守护印度的前哨站,英国伺机向缅甸扩张。早在1627年,东印度公司已在缅甸设立分公司;其后又在沙廉设立商馆,与法国一起控制了缅甸的对外贸易。18世纪中叶英法在印度进行争夺时,也在缅甸展开了角逐。1740年缅甸孟族发动起义,法国人支持孟族,英国人则暗中向双方提供武器。1752年,缅族人雍籍牙建立贡榜王朝,东印度公司与雍籍牙签订条约,规定英国每年向缅甸提供火药和大炮,缅甸则将伊洛瓦底江三角洲的尼格莱斯岛和勃生租让给英国人。1795年以后,东印度公司两次派特使前往缅甸,试图诱使缅甸签订不平等条约,但没有成功。1824年英国发动第一次侵缅战争,以后逐渐吞并了缅甸的南部领土。[②]

锡兰是印度的另一个近邻,葡萄牙在地理大发现时占领,1658年落入荷兰手中。英国在确立印度洋的霸权地位后,发现它是一个非常重要的海军基地,于是当法国在1795年占领荷兰本土后,英国就毫不犹豫地从荷兰人手中夺取了锡兰。

---

① P. J. Marshall(ed.), *The Oxford History of the British Empire*, Vol. II, Oxford University Press, 1998, p. 584.

② [英]D. G. E. 霍尔:《东南亚史》下册,中山大学东南亚历史研究所译,商务印书馆,1982年,第689—692页。

法国在七年战争后失去大片殖民地,为了弥补损失,法国希望在南方找到新的殖民地,多次派考察队到太平洋地区活动。为保卫英国在太平洋和印度洋的利益,英国也加紧了在南部地区的探险活动。1767 年,英国海军部和皇家学会选定詹姆士·库克(James Cook)到南太平洋寻找新的陆地;1768 年,库克带领由海军、水手和科学家组成的探险队从普利茅斯港出发,1770 年到达澳大利亚的东南海岸。之后,库克以乔治三世的名义宣布英国占有从南纬 38°到南纬 10°之间的全部陆地,并将其命名为"新南威尔士"。

但库克的发现没有引起英国政府的兴趣,也没有人愿意到澳大利亚殖民。可是后来英国人发现,澳大利亚似乎是放逐罪犯的天赐之地——在那个时候,随着英国工业革命逐渐深入,社会矛盾愈演愈烈,犯罪现象日益频发,而监狱牢房则人满为患。曾随库克航行的英国皇家学会主席约瑟夫·班克斯(Joseph Banks)1779 年向英国下院提议,将库克发现的植物湾辟为流放地,由于它距离欧洲非常遥远,"罪犯逃跑将十分困难"①。1785 年,英国海军上将乔治·扬格(George Young)向政府提交了一份在新南威尔士建立由效忠派和罪犯组成的移民殖民地的详细方案,英国政府遂决定在东澳大利亚建立流放地。1786 年 8 月,英国国务大臣悉尼勋爵宣布把植物湾定为罪犯流放地,指示海军部把 750 名罪犯连同必需物品运往植物湾。② 1787 年乔治三世颁布特许状,阿瑟·菲利普(Arthur Phillip)被任命为新南威尔士第一任总督及该地的司令官,澳大利亚也就正式成为英国的殖民地。

作为总督,菲利普拥有很多权力,他既是军队首长,又是行政、立法、司法首脑,他不对居民负责,而是对英国政府负责。菲利普不信任罪犯,他主张自由拓殖者移民澳大利亚,参加到开发中来。为吸引移民,他给

---

① V. Harlow & F. Madden(eds.), *British Colonial Developments: 1774—1834*, Clarendon Press,1953,pp. 426—428.

② [澳大利亚]曼宁·克拉克:《澳大利亚简史》上册,中山大学《澳大利亚简史》翻译组译,广东人民出版社,1973 年,第 18 页。

从母国来的自由殖民者大量土地,并提供犯人作为劳动力。同时,殖民者也开始深入内陆进行探险,塔斯马尼亚和西澳大利亚也很快成为英国的殖民地。工业革命发生后,英国对羊毛的需求急剧增加。1797年,曾任新南威尔士保安团上尉的约翰·麦克阿瑟(John Macarthur)引进了西班牙种的美利奴羊,总督给他5000英亩土地作牧场,结果他的牧羊业发展得非常成功,在澳大利亚出现了许多牧羊公司和牧场,澳大利亚也开始大规模出口羊毛,被称为"骑在羊背上的国家"。

此外,英国还在新西兰、新喀里多尼亚岛、夏威夷、爪哇等太平洋诸岛开拓殖民地。

非洲的塞拉利昂殖民地的建立,既是新帝国思想的体现,也是确保海上通道畅通的结果。塞拉利昂位于尼日尔河上游,是奴隶贸易的重要据点。为打击奴隶贸易,英国的废奴主义者认为应鼓励当地人努力劳动,生产商品向欧洲销售,由此发家致富,这样就可以逐渐消除贩卖奴隶的现象。这些废奴主义者决定深入塞拉利昂的内陆地区,去实现他们的理想,①这就为英国政府介入提供了契机。1787年,英国将340名黑人和一些白人工匠、牧师、官员送到塞拉利昂,以不到60镑的代价从当地酋长手里购得一块长9—10英里、宽20英里的土地,建立了格兰维尔镇(后改名弗里敦,Freetown)。1791年,政府批准成立塞拉利昂公司,负责对这一地区进行管理。由于英法冲突激化,英国政府决定接管这块殖民地,1808年把塞拉利昂改建为皇家殖民地,规定凡被英国海军捕获的贩奴船都将被带到弗里敦,船上黑奴成为"自由的"非洲人。②

在拿破仑战争中,拿破仑对七年战争中法国战败、丢失殖民地一直耿耿于怀,他特别想收复印度。1798年拿破仑率远征军在埃及登陆,想

---

① P. J. Marshall(ed.), *The Oxford History of the British Empire*, Vol. II, Oxford University Press, 1998, p. 580.
② J. H. Rose & A. P. Newton & E. A. Benians(eds.), *Cambridge History of the British Empire*, Vol. II, Cambridge University Press, 1940, pp. 209—211.

在这里建立据点,从这里出发,实现对印度的包抄。[①] 与此同时,法国还向印度洋派出军舰,与印度一些土邦结成联盟,企图恢复法国在印度的统治。英国则千方百计维护自己的海上霸主地位,一旦发现某个地方对英国的海洋战略大有裨益,就寻找机会予以夺取,而法国占领荷兰、西班牙等国,就为英国提供了夺取战略要地的极好机会。1795 年,英国夺取原属荷兰的开普殖民地,1796 年夺取荷属几内亚和西属特立尼达。1802年,英国根据《亚眠条约》获得特立尼达、锡兰海岸;1810 年又夺取法属毛里求斯岛。

在 1815 年的维也纳会议中,英国政府主要考虑如何维护英国与印度之间的海路畅通,对那些在战争期间夺取的具有战略意义的殖民地,英国政府决定实行永久占领。这些殖民地主要包括非洲的开普敦,南美的埃塞奎博(Essequibo)、德梅拉拉(Demerara)、伯比斯(Berbice),西印度群岛中的特立尼达、多巴哥、圣卢西亚,北海的赫尔果兰岛,地中海的马耳他、爱奥尼亚群岛,印度洋的塞舌尔群岛、毛里求斯岛和锡兰殖民地。

到这个时候,一个以工业革命为依托,以印度为核心的日不落帝国开始出现了,这个帝国远远大于第一英帝国,它以一种新的思想为指导,追求工业产品在全世界的自由扩张,要把所有殖民地全都变成工业生产的附属品。到下个世纪,这个工业帝国就要向全世界伸出它的触角了。

[①] J. H. Rose & A. P. Newton & E. A. Benians(eds.), *Cambridge History of the British Empire*, Vol. II, Cambridge University Press,1940, p. 25.

第六篇

思想文化

第一章　文学

18世纪早期,英国从事文学创作的人扩展到中等阶级与女性。如果说,16—17世纪英国文学建立在贵族庇护的基础上,现在则让位于出版商对文学的培育,这是现代文学的真正开始。通过图书贸易、期刊、沙龙、图书馆等手段,文学消费成为日常生活的一个部分。[1] 虽然此时多数人尚不能阅读,但文学不再仅仅是教会、专家和乡绅的事。18世纪是新古典主义时期,这个世纪中期以后,亚历山大·蒲柏(Alexander Pope)、乔纳森·斯威夫特(Johnathan Swift)、塞缪尔·约翰逊等人作品中的"理智"主题,开始受到托马斯·格雷、约翰·沃尔波尔等人作品中"情感"因素的补充,浪漫主义因素开始出现。18世纪是小说兴起的世纪,从世纪中期开始,塞缪尔·理查逊、亨利·菲尔丁和劳伦斯·斯特恩带来了小说的繁荣。不过在这个世纪后期,英国文学中的非小说体裁仍旧繁荣,散文被塞缪尔·约翰逊、爱德华·吉本、詹姆斯·博斯韦尔(James Boswell)推向新的高度,戏剧在理查德·布林斯莱·谢立丹那里得到发

---

[1] Lance Bertelsen,"Popular Entertainment and Instruction,Literary and Dramatic:Chabooks,Advise Books,Almanac,Ballads,Farces,Pantomimes,Prints and Shows";William B. Warner,"Novels on the Market",in John Richetti(ed.),*Cambridge History of English Literature 1660—1780*,Cambridge University Press,2005,pp. 61—86,87—104.

展,诗歌的特点是回到个人生活。①

　　与 17 世纪的冲突和动荡相比,18 世纪的英国文学充满乐观,表现出相信进步和相信人的完善的特色,这与启蒙运动的总趋势相一致。许多人觉得他们生活在类似罗马帝国奥古斯都时期的黄金时代,因而在英国文学史上,18 世纪前期又称奥古斯都文学时期,古希腊、罗马作品是文学家们模仿的榜样。这个时期也称为新古典主义时期,因为在欧洲大陆,温克尔曼等人的古典文化研究再次形成了热潮。②

　　18 世纪是一个阅读的世纪,至少从世纪中期起,各个阶层的读者和各种读物都很丰富。男人和女人,乡绅和商贾,专业人士和城市文员都在阅读各式读物。从科学论文、历史书籍到旅游指南,从笑话、戏剧、广告到小说和诗集,人们为知识、消遣、获利,同时也为道德的进步而阅读,阅读成为美德。"在 18 世纪,印刷商、出版商、书商、作家、读者和批评家们一道将文学从符合精英阶层和赋闲乡绅口味的享受,变成无所不在的消费产品。"③在世纪之初,文学是一种风格与技巧,到了世纪之末,文学成为生产品,是文化人的活动或职业。在 16—17 世纪,艺术家是一群被庇护的人,除了创作属于通俗文学的戏剧,艺术家是为庇护者服务的。18 世纪,文学家第一次成为靠"卖文"为生的人,笛福和蒲柏是两个例子。笛福一生写作 560 本书(其中 260 本是政论),为 20 多家杂志撰稿。蒲柏是《荷马史诗》的译者,30 岁以后,他光凭两部诗的稿酬便可衣食无忧。

　　与宫廷文化的衰落同步而行的,是俱乐部、咖啡馆、尤其是报刊的兴起。商业社会的出现、书报审查的取消、对社会问题的兴趣和出版业的繁荣都推动了报刊文学的发展。《旁观者》(The Spectator)每期有 6 万读者,文章许多出自虚构的作者"旁观者先生",他的文章优雅而充满常

---

① *A History of English Literature*, UK:Palgrave Macmillan,2007,p. 181.

② J. M. Luebering(ed.), *English Literature From the Restoration Through Romantic Period*, Britannica Educational Publishing,2011,pp. 51—52.

③ Barbara M. Benedict, "Readers, Writers, Reviewers, and the Professionalization of Literature",in *The Cambridge Companion to English Literature, 1740—1830*, pp. 3—4.

识,对政治、道德、文化、礼仪、金融、国际事务等等都有涉及。这份报刊的宗旨是提升公众的文明程度,用创办人艾狄生的话来说,就是"要使教育有趣,消遣有用","用才智活跃道德,用道德陶冶才智"。① 其他主要的报刊,有 1692 年创办的《绅士杂志》(*The Gentleman's Magazine*)、《伦敦杂志》(*The London Magazine*),1703 年笛福创办的《评论》(*Review*),1710 年斯威夫特创办的《考察者》(*The Examiner*),1739—1740 年期间菲尔丁的《战士》(*The Guard*),1756—1763 年斯摩莱特的《批评》(*The Critical Review*),1750—1752 年约翰逊的《漫游者》(*The Rambler*)以及未名作者 1658—1760 年的《环球纪事》(*The Universal Chronicle*)。18 世纪的许多报刊深深卷入社会与文化辩论中,许多作家把杂志当作表达思想的工具,报刊本身也带上强烈的党派特性,不少作家为此还官司缠身,如笛福在成为小说家之前做过几家杂志的编辑,不止一次因为诽谤罪入狱。

18 世纪文学的关键词是启蒙、讽刺及新古典主义。从哲学倾向看,英国启蒙运动只属于怀疑论而非无神论,但以理性为指导改善人类的生活,这种理性仍旧存在于英国文化中。在 18 世纪的英国,"理智"作为理性的对等物概括了那个时代的精神,它包括实用理性、辨识好坏的能力与常识感。从托马斯·理德的《常识》,到奥斯丁的《理智与情感》,再到休谟的《自然宗教对话录》等,对理性的赞颂贯穿于不同种类的作品中。

启蒙运动的工具是写作,散文是其核心的表现方式。马修·阿诺德称 18 世纪为"散文的时代":"小说家比诗人的风头更盛,中世纪的作家里面没人能比理查逊和菲尔丁更受欢迎和爱戴。"② 笛福描绘了 18 世纪初的英国社会,为现实主义小说提供了既务实又充满张力的散文语言。笛福之后,叙事散文得到进一步的发展,亨利·菲尔丁力求语言准确并加强对修辞的使用。到 18 世纪后半叶,散文体裁变得多种多样,除报刊

① 王佐良:《英国散文的流变》,商务印书馆,1993 年,第 55 页。
② *The Norton Anthology English Literature*, Seventh Edition / Volume 1, W. W. Norton & Company, 2000, p. 2063.

文学之外，日常作品，像书信、日记或游记等，以亲切熟稔的口吻博得读者青睐。也有思想性极强的论文，涉及经济、政治和美学等领域，休谟和贝克莱是哲学类的代表，亚当·斯密则代表着政治经济学的成熟。其他的散文样式包括人物传记（包括自传）和历史著作，吉本的《罗马帝国衰亡史》和博斯韦尔的《约翰逊传》都是代表性作品。约翰逊的《英国诗人传》以熟练运用对仗句和圆周句把英国散文推至一个新的高峰。虽然18世纪末期这种风格变得生硬、刻板、充满书卷气，但英国散文的发展趋势说明，"整个社会日渐文明化……人们学会了坐下来讲道理，用理性的精神来对待不同的意见"①。

讽刺文学兴盛，与启蒙运动的理想有关联，也与贺拉斯、尤文纳里斯等古罗马文学家的作品被广泛阅读有关。"新古典主义认为诗人是人类行为和整个世界各种代表性意象的制造者，而他制造生命意象的目的是为了教育读者。为了有效地教育，他必须以他技艺所达的一切语言、韵律和修辞来修饰文章以飨读者。这个对诗人本质的认识决定了新古典主义的说教性、讽刺性、仿效性和有序性。"②18世纪的主要作家都是讽刺大师，政治现实、日常生活和人类本性中的邪恶、愚蠢和弱点等等，都是讽刺的对象。在讽刺文学中，反语、挖苦是主要工具，夸张、取笑、对比、双关也是常用的工具。18世纪前半期又是新古典主义在欧洲兴盛的时期，它与托马斯·莫尔那一代的古典主义有区别。按照新古典主义，希腊和罗马的技巧与精神是文学的最高理想，荷马、维吉尔、奥维德和贺拉斯的作品因此重新流行，而同时期法国的经典作品也被认为是模仿的范本。艺术家崇尚秩序、理性、逻辑与精确，避免情绪；文学是提升人性、改善社会生活的工具。文学家为文学创作设立了规矩，比如散文要追求准确、直接、平实，诗歌要追求抑扬格五音步、押韵、史诗风格与教化，戏剧要遵守三一律，即时间、地点、行为，要符合英雄体，努力发展悦人耳目

---

① 王佐良：《英国散文的流变》，商务印书馆，1993年，第82页。
② 王佩兰、马茜、黄际英：《英国文学史及作品选读》，东北师范大学出版社，2006年，第136页。

的表现形式,并借此教育和规范读者。

　　18世纪英国文学的主流是新古典主义,它是与蒲柏、斯威夫特、艾狄生、约翰逊联系在一起的,这四个人几乎跨越整个18世纪,是英国新古典主义文学的代表人物,在文化领域影响很大,属于文坛领袖。

　　亚历山大·蒲柏是18世纪前期最知名的诗人,也是那个时代最有影响的学者之一。他的天主教背景和身体残疾影响了他的学习机会,他便通过自学达到了那个时代的最高学术成就。蒲柏与同时代作家保持着紧密的联系,他不卷入政治派别,与辉格党和托利党作家都有联系。1714年他与朋友创立一个文学俱乐部,着力推广真诚灵活的文字风格。蒲柏的作品继承了古典传统,他早期受弥尔顿和德莱顿的影响,追求崇高的意境、诗的意象、语言的纯洁及词句优美。他凭借英雄双行体(heroic couplet)、荷马史诗翻译以及讽刺散文,成为18世纪前期最知名的英国作家。他通过自己的诗作和文学批评来建立英语的诗歌规范,提倡精确,强调格律。《温莎森林》(*Windsor Forest*,1713),将英国的过去与未来、风景与贸易写在诗歌中;长诗《论批评》(*An Essay on Criticism*,1711年匿名发表)用英雄双行体写成,强调常识与文雅,是对那个时代关于诗歌的讨论的一个回应。在这部说教性质的诗作中,诗人概括了文学评论的完整历史,批评当时学界的文风,呼吁作家学习古希腊、罗马的经典作品,以简朴的文字表达深刻的思想。艾狄生称这部作品"集合了关于文学和批评主题最深刻和最受肯定的观察","蒲柏在此诗中没有刻意求新,而只希望以最为读者喜闻乐见和最令人印象深刻的表达方式给现代诗人揭示被普遍认可的道理"。[①] 蒲柏的结论是:古典作家的诗歌规则是符合诗歌本性的,诗的规则和宗教道德规则一样,是自然规律的反映,他认为理想的批评家因其作品中的道德意味,而成为理想本身。在阐述作者道德理想的《论人》(*An Essay on Man*,1733—1734)中,他仍然用英

----

① *The Norton Anthology English Literature*, Seventh Edition / Volume 1, W. W. Norton & Company, 2000, p. 2509.

雄双行体写作,其核心内容是18世纪的天意观念。蒲柏辩称:不管宇宙看起来多么不完善、不可预测,但它按照自然法起作用,因为有自然法存在,宇宙成为上帝的作品;自然中充满偶然因素,但它是被事先安排好的,上帝是这些安排的创造者;在自然中,人不可能是中心,上帝才是,人通过信仰体会宇宙秩序,也满足于这种秩序,这就是得救。

《夺发记》(*The Rape of the Lock*,1712年初版)是采用英雄体写成的滑稽剧,蒲柏用史诗的笔法叙述两个家庭因为偷剪头发而展开大战,闺房、梳妆台、咖啡桌之间的战斗被写得像伊利亚特的战场。这部诗体现了诗人的讽刺技巧。他的后期作品《致奥古斯都》(*To Augustus*,1737)模仿贺拉斯的笔法,对乔叟以后直到他那个时代的英国诗人特别是当代文人逐一评点,再次表现了他的讽刺天赋。在《群愚史诗》中(*The Dunciad*,1728—1743),他对各种人物的讥讽、攻击发挥到淋漓尽致,他对世风,对压迫与自大,对市侩和自己的竞争对手,都极尽讽刺之能事。①

在19世纪,蒲柏的作品受到了不少批评,有些评论家认为他是散文家而不是诗人,因为他的诗歌饱含智慧,结构规范,是一板一眼的散文体,唯独缺少想象力。布莱克用"典雅的形式主义"来概括他。② 不过蒲柏的文坛地位是不可动摇的,在他笔下,英雄双行体被发挥到极致。到20世纪,由于反浪漫主义兴起,不少评论家把蒲柏誉为地位仅次于莎士比亚和弥尔顿的作家,18世纪初被称为"蒲柏时代"。

18世纪早期的第二位讽刺大师是斯威夫特。他出生于都柏林,父母是来自英格兰的移民,在爱尔兰接受教育。他对英国的统治不满,向往爱尔兰的独立。生活的坎坷和丰富的人生经历使他对所处国家和社会洞察入微。他对个人与民族的挫折都很敏感,"他的著作具有模棱两可的特征,对于对抗怀有苦涩的喜爱,对不同观点、形象和前景给予调侃,

① 刘意青:《蒲柏和英雄双韵体诗歌》,载刘意青主编:《英国18世纪文学史》(增补版),外语教学与研究出版社,2006年,第70—86页。
② 王佩兰、马茜、黄际:《英国文学史及作品选读》,东北师范大学出版社,2006年,第144页。

而且紧扣着当时不列颠和爱尔兰极富争议的政治、宗教和民族问题"①。观念的冲突在他身上反映强烈。这似乎是典型的现代问题——更多体现的是问题而不是答案;没有答案的感受使他对所有的答案都持有距离且抱有适当的讽刺态度。例如,他既是"光荣革命"的自由原则的倡导者,又赞成国教会的至上地位;既受那个时代启蒙思想的影响,也对爱尔兰的独立持民族主义的立场。他对于人性的理解很透彻,承认人性中无可避免的瑕疵。由于与许多著名的政治家结交,斯威夫特批判政治界的阴谋、罪恶和腐败,而在爱尔兰的牧师工作又帮助他了解了学术界的腐败。他甚至号召爱尔兰人民抵制英国新币的发行,因为这一政策导致爱尔兰急剧的货币贬值。

斯威夫特的作品机智而幽默,滑稽是其主调。《书之战》(*Battle of the Books*,1704)全名是《关于上星期五发生在圣詹姆士图书馆中古代书与现代书之间战斗的真实记述》(*A Full and True Account of the Battle Fought Last Friday,Between the Ancient and the Modern Books in St James's Library*),以嘲笑的口吻再现当时沙龙和学院派关于古典文学与本国文学的争论。各派混战产生了喜剧效果:亚里士多德瞄准培根,却射中了笛卡儿,这种带有荒诞特征的讽刺文学体现了拉伯雷的影响。《关于使爱尔兰的穷人孩子如何避免成为父母或国家的负担并使他们对公众有益的一个小小建议》(*A Modest Proposal*,1729)中,这个"小小的建议"就是把爱尔兰孩子做成食品吃掉,而整个作品是对这个建议的类似于实验报告的论证,不时运用逻辑论证和数学公式。当时的爱尔兰已经成为英国的属国,政治上受控制,经济上受盘剥,在此背景下斯威夫特写出此文,表面上是冷静献策,还要引用科学分析和数字考证,但字里行间渗透着尖刻的讥讽,文中许多词句令人毛骨悚然,而语气却异常平静。比如他说:"一个孩子够做两个菜,用来招待朋友。当家人自己吃饭时,

---

① [英]安德鲁·桑德斯:《牛津简明英国文学史》,谷启楠等译,人民文学出版社,2000 年,第298—290 页。

前腿或后臀就够吃一顿了。如果抹了点胡椒和盐,第四天煮了吃,是冬天的美味。"①

　　斯威夫特的代表作是《格列佛游记》(*Gulliver's Travels*,1726),将讽刺与叙述结合在一起。主人公格列佛受过良好的教育,先后做过医生和船长,他平庸但自我感觉良好。小说在形式上继承游历小说的特征,分四卷叙述主人公的所见所闻。通过小人国,他想体现"小人"们的卑微与欧洲人相似;在巨人国,他借国王之口抨击英国现状。在第三卷,格列佛目睹了斯特人的痛苦,随后便对永生失去了兴趣,这一卷叙述的是精神变态,正如前两卷叙述的是身体变态。第四卷讲述人形动物的贤马国,贤马人是有理性、有道德的生物,像18世纪的英国人那样文雅但没有激情;格列佛想做一个名誉贤马人,但没有成功,结果回到英格兰后就神经错乱了——他喜欢呆在马厩里,只觉得马能理解他。这部小说揭露了当时英国制度的种种弊端,是斯威夫特对英国政界腐败、学界虚无荒谬的控诉和攻击。作品更通过格列佛这个人物直接讽刺了人性本身,"这本书在18世纪初期的英国文坛上,上至学者下至学生,风靡一时。不夸张的说,一个人在接受教育时没有读过这本书,那将是一个重大的缺憾"②。

　　斯威夫特是讽刺大师,但他的讽刺隐藏在平静严肃的面具下。18世纪是理性主义时代,蒲柏说"存在即合理",但斯威夫特也看到不合理的存在,并对这种不合理深表愤慨。他的语言简练无华,没有复杂的句式,永远能用准确的字词来表达思想。他自己说:他能"在合适的地方用合适的词",难得的是,他的散文"一方面谁也不能比他写得更文雅;另一方面,字里行间又有一份道德感……文雅是他同时的许多散文作家共同追求的目标,但是炽热的感情和奔放的想象力却是他独有的,正是这一点使他更加靠近我们后来人"③。

---

① 王佐良、周钰良等主编:《英国文学名篇选注》,商务印书馆,1983年,第363—364页。

② Paul J. Degategno and R. Jay Stubblefield, *Critical Companion to Jonathan Swift*, Facts on File, 2006, p. 130.

③ 王佐良:《英国散文的流变》,商务印书馆,1993年,第81页。

　　艾狄生(Joseph Addison)是英国 18 世纪前期第三个重要作家,他是报刊小品文(periodical journalism)的写作大师。艾狄生的父亲是一位博学的牧师,他本人曾在著名的私立中学查特豪斯(Charterhouse School)就读,后进入牛津大学。从牛津大学毕业后他游历欧洲,于 1704 年发表诗歌《阵营》(The Campaign),歌颂英国在布伦海姆的胜利。这首诗风靡全国,从那时开始艾狄生就在政界站稳了脚跟,一度担任国务大臣。艾狄生与斯威夫特、斯梯尔等作家都有交往,1709—1711 年他主持发行《闲谈者》,1711—1712 年他与斯梯尔合作出版了《旁观者》。

　　报刊文学始于英国内战前后,复辟时期一度因出版审查法而陷于停顿,1695 年随出版审查制度被取消而再度复兴,并成为 18 世纪最重要的文体之一。蒲柏和斯威夫特都是上述两个杂志的长期撰稿人,两份杂志都以揭露生活中的丑恶、虚伪为己任,提倡文雅、真诚与简洁的文风,主要作者是化名为"闲谈者"和"旁观者俱乐部"的人,内容是叙述见闻、评论时事。"旁观者俱乐部"包括假想中的商人、军人、市民、乡绅等等,其叙述和评论的事大多发生在想象中的咖啡馆。《旁观者》刊登的文章包括社论和作品评论,受到中等阶级的欢迎,它不仅在伦敦流行,名声甚至远播至苏格兰和美洲殖民地。艾狄生在《旁观者》第 10 期中写道:"据说是苏格拉底将哲学从天堂带到人间;如果以后人们说是我把哲学从学院图书馆带到俱乐部和集会场,带到茶桌上和咖啡馆,我就满足了。"[①]报刊文学作家用日常谈话的语气表达他们对生活和世界的理解,将道理寓于日常评论中,对现代散文的发展有巨大影响。自复辟以来,文字风格多为简朴凝练,艾狄生的散文也推动了这种风气的传播,他的《加图》(Cato,1713)是古典派悲剧作品,刻画加图的高贵品质和对共和原则的支持。作为艺术批评家,他发表于《旁观者》的 18 篇论《失乐园》的文章从人物、情节、风格、结构等多方面对这部作品进行了分析。

---

① *The Norton Anthology English Literature*，Seventh Edition ／ Volume 1，W. W. Norton & Company，2000，p. 2493.

如果说 18 世纪上半叶英国新古典主义文学最重要的代表人物是蒲柏，那么下半叶最重要的人物则是塞缪尔·约翰逊(Samuel Johnson)。约翰逊生于里奇菲尔德一个书商之家，自幼身体多病，养成了敏感、忧郁的气质。1728 年他进牛津大学学习，因家道中衰辍学，年轻时做过一些不成功的家教工作。1737 年他到伦敦，在《绅士杂志》中找到一份工作，开始了以文为生的生活。怀才不遇与生活艰苦在一定程度上帮助他形成了讽刺文风，英雄双行体诗《伦敦》(*London*: *a Poem in Imitation of the Third Satire of Juvenal*, 1738)使他首次斩获文坛名声，诗中描写了伦敦的犯罪、腐败与贫困。《徒劳的愿望》(*The Vanity of Human Wishes*, 1749)表达了他对人生、道德与宗教的看法，宣扬禁欲、忍耐、勇气与坚韧等道德品质。

1750 年代约翰逊开始撰写议会演说辞和辩论报道，闲暇时写作杂文、随笔和人物传记。1755 年，两卷本的《英语辞典》(*Dictionary*)问世，为编写这部词典他花费了七年时间。辞典以规范语言、提升英语品位为己任，从名著中选出大量例句校订单词读音、细心撰写其释义。这是一项启蒙工作，使人联想起同时代法国的百科全书派的狄德罗。约翰逊为讽刺切斯特菲尔德伯爵而创作的散文《致切斯特菲尔德伯爵书》(*Letter to Lord Chesterfield*, 1755)成为英文散文的经典，其中除了它的文学价值外，还映射出英国文化人反抗贵族的意图，这与上个世纪文人寻求贵族的庇护大不相同。1750—1752 年约翰逊编辑《漫游者》(*The Rambler*)，意在与《旁观者》抗衡，培养高品位的文学语言，探讨人生与社会。约翰逊坚持好作品须提倡美德，比如在《漫游者》第 185 期(1751 年 12 月 24 日)，约翰逊深思了"我们的救赎者这个话题，借此指出宽容是最大的美德"。① 1758—1760 年间，他在《环球纪事》中开了一个名为《闲人》(*The Idler*)的专栏，主要是人物记述，也体现了约翰逊的励志目的。《闲人》的

---

① Greg Clingham(ed.), *The Cambridge Companion to Samuel Johnson*, Cambridge University Press, 1997, p. 63.

文章不作刻意加工，所以语言更为明白通畅。

1756 年约翰逊开始编写《莎士比亚全集》，因为健康状况和其他事情牵扯，这部全集直到 1765 年才完工。他为该书撰写的前言"《莎士比亚剧集》序言"(*The Preface to The Plays of William Shakespeare*)是英国文学评论的经典之作，其中文情并茂地赞扬莎士比亚："……突来的奇妙感会迅速消失，只有真理的稳固才能让思想满足。莎士比亚与别的作家相比，至少与现代作家相比是一个自然诗人，这个诗人为他的读者描写真实的生活。"①1779—1781 年，约翰逊为英国诗人的一些选集所做的序言被整理出版，名为《英国最重要的诗人的传记和评论性序言》(*Prefaces, Biographical and Critical, to the Most Eminent of the English Poets*)，后来简称《英国诗人评传》(*Lives of the English Poets*)。这是他的才华与文学理想的再度表达，也是英国文学史中的重要资料。

丹尼尔·笛福(Daniel Defoe)比前四位作家都年长，但不属于他们的圈子。他出生于伦敦的中等阶级之家，其父是屠户和蜡烛商人，属于长老派，反对国教。早年，笛福因宗教问题无法进大学，后来继承其父的政治与宗教见解，拥护威廉三世和玛丽女王，参加过威廉三世的军队并受到嘉奖。随后他经商，失败后就靠办杂志写文章谋生。作为 18 世纪的知识人而不是学者的典型，笛福自学成才，博览群书，游历过欧洲，而他观察的对象和写作的题材包括制造业、生活习惯、旅游、道德、宗教等等。从《贸易通史》、《商绅大全》和《英国商业方略》、《彼得大帝》、《环球游记》、《骑马走英伦》、《家庭指南》这些书名中，我们就可以看到他的兴趣有多广泛。

1704 年起笛福创办《评论》，历时十年。从政治上看该杂志属于温和派，把传播知识与生活文明作为宗旨。但笛福的政治见解颇为奇特，他既为托利党辩护，也为辉格党辩护。笛福未像艾狄生、斯梯尔那样自觉

---

① *The Norton Anthology English Literature*, Seventh Edition / Volume 1, W. W. Norton & Company, 2000, p. 2727.

地促进英国散文和培养时代趣味，但通过大量平实、朴素的写作在形成英国散文风格方面还是起到了作用。他的作品表达普通中等阶级的心愿，阐述他们的伦理观念，也代表他们的思想。他的作品表明小商贩也可以营造体面生活，他对日常琐事的描写，使文学的贵族气少了许多。笛福是商业时代畅销书作家的先驱，蒲柏、约翰逊的古典理想在他的身上显现无几，但他的作品却开风气之先，这就是小说的诞生。

《鲁滨逊漂流记》(*Robinson Crusoe*, 1719)是笛福的第一部小说，加上同年和次年发表的《续集》(*Farther Adventures of Robinson Crusoe*)和《鲁滨逊深思集》(*Serious Reflections during the Life and Surprising Adventures of Robinson Crusoe*)，一共三部。小说描述漂流到荒岛上的鲁滨逊·克洛索的经历，重在显示商人的道德情感。克洛索出身良家，受过良好教育，但未得一技之长，他于是去当海员。他的航海生活是探险，也是赎罪，他在荒岛上开发土地、建造房屋以及改造星期五，对荒岛实行"绝对统治"，被人们普遍认为是再现了欧洲殖民占领的历程。《摩尔·弗兰德斯》(*Moll Flanders*, 1722)和《罗克萨娜》[*The Fortunate Mistress(Roxana)*, 1724]都以女性为主人公，前者叙述摩尔从堕落、盗窃、入狱、流放到灵魂净化的过程，虽然作者声称写作是为道德教化服务的，但书中充斥着诸如私通、引诱等不道德细节的描写；后者以回忆录的形式探索对自我的刻画。

《瘟疫年纪事》(*The Journal of The Plague Year*, 1722)以第一人称描述 1665 年(那年笛福 5 岁)伦敦瘟疫发生时的惨状，逼真地描绘了鼠疫横行的情况和笼罩在死亡阴影下的众生百态，其中将恐怖场面描写得绘声绘色。这部小说的细节多数采自别人的口述或记载，瘟疫期间主人公没有逃离伦敦，而是几次穿行于伦敦街头，成为劫难的见证人。小说中的"我"富有同情心，见到来自己商铺偷东西的人没有多加责骂，见到不幸者也多施以援手。《骑马走英伦》(*A tour thro' the whole island of Great Britain*, 1724—1726)是游记，书中介绍了英格兰各地的名胜古迹、实业物产、风土人情，是那个时代英国社会的百科全书，颇具史料价值，其中对商业繁荣作了直观的描述:剑桥郡商号繁忙,汉普敦森林毁坏,伦敦大都会兴起,富人们的豪华宅第相继落成。笛福没有说过自己描写的内容都准确无误,但这本书对了解伊丽莎白时期至工业革命开始这段时间的英国有十分重要的价值。

小说是笛福的主要成就,他试图通过小说和其他作品表达人性本善,但会受到社会的影响,社会是罪恶之源。笛福把虚构作为艺术理想,认为虚构更能反映社会真实,他希望读者把小说看成真实的故事。他使用第一人称、撰写回忆录、描写历史,这些都使人产生真实感。

从1740年代起,小说突破了笛福式的自传形式,向新型散文虚构体转变,这种新小说"用简单的方法表现自然事件,引人入胜却不依赖奇迹"①。在这个方面,塞缪尔·理查逊(Samuel Richardson)和亨利·菲尔丁进行了很好的尝试,他们在私人关系和艺术理想上恰好对立,但在创作方法上又相互补充。

理查逊是书信体小说的巨匠,他生活在宗教热情比较平静的世纪,但清教道德观对他仍有很大影响,在这一点上他与斯威夫特和笛福很不同。理查逊是典型的清教徒,生活刻苦,工作勤奋,闲暇时尝试写作,而书信体小说在18世纪中叶兴起,就与他有关。这种小说直接剖白人物的内心世界,是浪漫主义作家常用的方法。它将一封封书信联系起来,形成一个完整的叙述,各封信件彼此补充情节,共同表达感情,这种叙述方式没有第三人称在场,可以满足读者的猎奇和窥视心理。

1740年理查逊出版第一部小说《帕美勒,又名美德有报》(Pamela, or Virtue Rewarded)。这部小说讲述品行端庄的姑娘帕美勒的故事,用她给父母写信、写日记的形式讨论日常生活与婚姻道德。作者称他的目的是教育年轻人,告诫他们要远离当时的流行小说,不受小说中的不良影响。理查逊运用独特的"写至现时"(write to the moment)的方法,用书信在某个时间点上中断的特点制造悬念,加强了作品的戏剧性。

---

① Andrew Sanders, *The Short History of English Literature*, Oxford University Press, 2000, p. 313.

　　理查逊的第二部小说《克拉丽莎,又名一位年轻小姐的历史》
(*Clarissa,or The History of a Young Lady*)分八卷,包括 537 封信,但
结构整齐精致。四位主要写信者(克拉丽莎、安娜·豪、洛夫莱斯和贝尔
福德)分别对事件进行叙述与评价,但整体情节的发展和紧凑性却不受
影响。克拉丽莎出生在乡村贵族哈洛家族,为了与伦敦上层建立联系,
她被嫁给了暴发户索姆斯。她自己反抗这桩婚事,但受到家庭的排挤和
迫害,她耐心忍受这种状况。不料她自己所心仪的洛夫莱斯却是个花花
公子,他用各种手段折磨克拉丽莎,而他的强暴又对她造成巨大的心理
创伤,导致克拉丽莎自杀。小说是一种道德劝诫,告诫家长不要在子女
的婚姻方面滥用权力。克拉丽莎被强暴后写的书信语无伦次,使用了大
量的破折号、星号等等,体现出作者在情感描写方面所做的重要探索。
通过对主人公死亡过程的描述,其中夹带许多不连贯和空白段落,小说
烘托了紧张与焦虑的情绪。[1]

　　理查逊将书信体小说推向鼎盛,显示出高超的技巧和丰富的内涵,
他通过多元叙述和细致勾勒成功塑造了令人难忘的文学形象。他的书
信体小说影响了一批欧洲作家,"狄德罗竟把理查逊比作荷马;卢梭
(Rousseau)和歌德等欧洲文豪对《克拉丽莎》也作了很高的评价。他们
接过了理查逊的伤感情调,并模仿他的书信体裁,创作了各自的不朽之
作:卢梭于 1761 年发表《朱丽,又名新爱洛绮丝》,歌德则在 1774 年创作
了《少年维特之烦恼》"。[2]

　　亨利·菲尔丁(Henry Fielding)是喜剧作家,他继承了斯威夫特讽
刺文学的传统。菲尔丁出生于一个旧贵族家庭,在著名的伊顿公学接受
过教育。1737 年以前他编导过多部喜剧,还改编过莫里哀的《吝啬鬼》。
他的《1736 年历史纪事》(*The Historical Register for 1736*)因尖锐的政

---

[1] Carol Flynn, *Samuel Richardson:A Man of Letters*, Princeton:Princeton University Press,
　 1982;Alex Townsend, *Autonomous Voices:An Exploration of Polyphony in the Novels of
　 Samuel Richardson*, Oxford,2003.
[2] 刘意青:《英国十八世纪文学史》,外语教学与研究出版社,2005 年,第 184 页。

治批评而导致戏剧审查制度恢复。菲尔丁被迫离职，但没有放弃写作，而且冷嘲热讽的风格也保存下来。① 1741 年他发表《莎美勒·安德鲁斯生平的辩护》(*An Apology for the Life of Mrs. Shamela Andrews*)，声明是用讽刺手段颠覆理查逊的《帕美勒》，通过假正经的女人莎美勒，取笑理查逊的道德说教。除了本职做律师之外，菲尔丁还创办过《真爱国者》杂志(*The Ture Patriot*)和《花园杂志》(*The Covent-Garden Journal*)，通过杂志发表政论。菲尔丁是古典主义的代表人物，他把史诗与喜剧结合在一起，主张继承史诗中的人物、事件、语言和典故，用以表现世界以及作者本人的看法；但他同时又主张用喜剧调侃的原则来改造这些材料，②这不免会造成对古典主义和史诗的偏离。

菲尔丁的《约瑟夫·安德鲁与亚拉伯罕·亚当斯历险记》(*The History of the Adventures of Joseph Andrews, and of His Friend Mr. Abraham Adams*)又一次嘲讽《帕美勒》的道德感伤色彩。这部小说有两个主要人物——天真纯朴的约瑟夫和他的保护人——也同样天真的亚当斯。亚当斯知识渊博，但像婴儿那样不谙世事。他们俩沦落为流浪汉，开始旅行世界，结果到处遇到自私、邪恶和腐败，反而是下层人表现出的纯朴善良，是他们旅途中的光明面。伟大和善良不是一回事，伟人可能是坏人，自己偷、又能抓住别人偷。菲尔丁在这部小说中创造了新的文体，称为"喜剧散文叙事诗"(Comic Epic in Prose)，他自己为它下了定义："一部滑稽传奇如今就是一部散文体的滑稽叙事诗，它和喜剧的差别就像是严肃史诗和悲剧的区别，它在情节上更广泛更复杂，也包括了更大范围的事件，牵涉进了更多不同的角色。它在情节和行动上……时而严肃庄重，时而轻松幽默；在角色的区别上，是通过描写社会下层人物

---

① Claude Rawson(ed.), *The Cambridge Companion to Henry Fielding*, Cambridge University Press, 2007.

② Andrew Sanders, *The Short History of English Literature*, Oxford University Press, 2000, p. 318.

和他们的生活方式实现的。"①这种新的小说体裁用嘲讽甚至荒诞的手法来处理生活中的不合理现象,"菲尔丁强调,他的小说'不写人,而写言行举止;不写个人,而写群类'"。②

菲尔丁最重要的作品是《汤姆·琼斯》(*The History of Tom Jones, a Foundling*),这部作品是典型的喜剧散文叙事诗。小说共 18 卷,每一卷第一章都是文论,交代作者对现实主义文学的看法。前六卷叙述汤姆出生、受教育、被逐出家门的原因;中间六卷叙述汤姆发现心上人索菲出逃,便追随她去了伦敦;最后六卷写伦敦万象,汤姆在城市里接受了道德的考验,不仅要克服生活困窘,更要提防外界的诱惑和自身的冲动。汤姆出生乡绅家庭,本性善良,但要获取幸福,还得学会谨慎和虔诚,让善良的本性在现实中磨炼——这就是小说的主题。只要本性善良,哪怕遭受不幸,美德仍将获胜,所谓善有善报。小说中,随着主人公的旅程,巨大的社会生活场景展开在读者眼前,而作者又随时穿插各种评论。从创作方式上看,它是对种种文学形式的滑稽模仿,也是对文学与哲学的刻意评论。这部小说为菲尔丁赢得了"散文荷马"的称号,但喜剧散文叙事诗"决不是菲尔丁为哗众取宠才提出的重要主张,它的主要作用是表明一种文学成就的高级标准"。③

菲尔丁还创作了《大伟人江奈生魏尔德传》(*The Life and Death of Jonathan Wild the Great*),这是一部政治讽刺小说,影射英国两党斗争和议会政治。他还有一部《阿米丽亚》(*Amelia*),是菲尔丁尝试以女主角为中心写作的小说。按照一位中国学者的说法:"菲尔丁的小说……开创了全景小说(panoramic novel)传统,……菲尔丁和理查逊的碰撞和结合奠定了英国的、在很大程度上也可以说是西方的现代小说的基础。"④

---

① Henry Fielding, *Joseph Andrews*, University Park: The Pennsylvania State University Press, 2004, pp. 21—22。
② 刘意青:《英国十八世纪文学史》,外语教学与研究出版社,2005 年,第 193—194 页。
③ [美]伊恩·P. 瓦特:《小说的兴起》,生活·读书·新知三联书店,1992 年,第 296 页。
④ 刘意青:《英国十八世纪文学史》,外语教学与研究出版社,2005 年,第 200 页。

　　托拜厄斯·斯摩莱特(Tobias George Smollett)和劳伦斯·斯特恩(Laurence Sterne)是1750—1770年代的小说家。斯摩莱特出生于苏格兰,后来进入海军行医,随军出海见识了不少外国的风土人情。1748—1752年间他创作了三部重要小说:《罗德里克·兰登传》(*The Adventures of Roderick Random*)、《佩瑞格林·皮克尔历险记》(*The Adventures of Peregrine Pickle*)和《法索姆伯爵费迪南历险记》(*The Adventures of Ferdinand Count of Fathom*)。此外他还进行过很多方面的写作,比如编写和校阅四卷本《英国史》(*The History of England*)和《世界各国现状》(*The Present State of All Nations*)等。斯摩莱特也是一位重要的小说理论家,他认为小说是现实的大图景,所有事件和人物都围绕中心事件和中心人物展开,显示现代人所说的人物、情节与结构的统一。他认为他那个时代的新小说与以往源于"无知、自负与迷信"的传奇之间存在着重要区别,从《兰登传》可以看出这种区别:主人公兰登出生在苏格兰,从小受过良好教育,但因好斗和贪色被剥夺继承权,走上了流浪的道路,在经受了人间的自私、嫉妒、恶意和冷漠后,他靠个人奋斗重新获得地位与财富。从表面上看,这部小说只是传奇的继续,但它的不同之处在于:场景完全被放在当代生活、甚至是他自己的亲身经历之中,而人物则具有道德的复杂性。

　　《皮克尔历险记》的主人公同样鲁莽好斗、戏弄女人、冷酷傲慢,先后被囚禁于巴黎和伦敦的监狱。和兰登一样,他最后自我悔改,归隐乡村,过着远离都市喧嚣和诱惑的生活。斯摩莱特的小说多为写实,但是讽刺尖刻,言辞激烈,作者通过对暴力和丑恶现象的描写宣泄自己的感情,遭到评论家们的冷遇。斯摩莱特的作品长期被压制,导致他后来心绪恶劣,更直白地揭露社会的虚伪,虽然勇气可嘉,但在一定程度上影响了他的小说在深度和艺术手法上的发展。真正把斯摩莱特推向写作高峰的是书信体小说《汉弗莱·克林克》(*The Expedition of Humphry Clinker*),其中用82封书信描写布兰勃尔一家从威尔士经英格兰最终到达苏格兰的经历。克林克是他们在旅行中收留的一位男仆,后来却发现他是布兰勃尔的私生子。创作这部小说时，作者的心绪平定，逐渐与世无争，所以在喜剧里融入了更多的人情味，幽默色彩加重。他有意识地学习菲尔丁在组织情节和人物方面的优点，采用理查逊的书信体，多角度、多风格地叙述故事。

詹姆士·汤姆逊(James Thomson)是18世纪最受欢迎的自然诗人。汤姆逊在苏格兰乡间长大，在爱丁堡研习神学，1725年来到伦敦，写出了他最早的无韵诗《冬》(Winter)。这首诗于次年出版，广受好评。1727年他发表《夏》(Summer)，1728年发表《春》(Spring)、《秋》(Autumn)，1730年他出版第一部诗集《四季》(Seasons)，在结尾加上了"四季颂"(Hymn to the Seasons)。之后的16年里，由于不断的修改和添加，"四季颂"变成了一首5 541行的长诗。这首诗不仅表现季节变化，也表现包罗万象的自然秩序，显示诗人对不同传统与理想的继承。诗人将风光与教化结合在一起，也有对光学、地理和气候的观察："物质优雅丰富，心情舒畅怡然/归隐安谧乡间，友情图书为伴/休闲劳动兼顾，生活有益人间/还有文明美德，再加上苍护佑。"[1]四季之中，《夏》的篇幅最长，其中描写了亚洲和俄国的恶劣环境，暗示上帝对西方的眷顾。《四季》让描写自然的诗歌成为潮流。"[2]汤姆逊对自然的观察细致入微，"将各种细节组成大块缤纷的色彩，光和暗对比鲜明"[3]。汤姆逊另一首重要诗歌是《懒散城堡》(The Castle of Indolence)，其中分两个诗章，以寓言手法描写骑士"艺术和勤奋"如何打败恶魔"懒散"并攻下其城堡的故事，诗中的浪漫情调付诸笔端。

爱德华·扬(Edward Young)和托马斯·格雷(Thomas Gray)受宗教观念影响，注重生活的另一面，他们是18世纪中期"墓园诗"的代表人

---

① Andrew Sanders, *The Short History of English Literature*, Oxford University Press, 2000, p. 301.

② *The Norton Anthology English Literature*, Seventh Edition/ Volume 1, W. W. Norton & Company, 2000, p. 2822.

③ A. W. Ward & A. R. Waller(eds.), *The Cambridge History of English Literature*, Volume X: The Age of Johnson, Cambridge University Press, 1913, p. 98.

物。扬的《夜思》(*The Complaint，or Night Thoughts on Life，Death and Immortality*)是一首万行无韵诗，从标题就可以把握它的主题。"夜思"意在突出只有在黑暗中才显现出来的信仰启示之光，以区别启蒙主义的理性"日光"。"当时的诗人们对新古典主义的造作和对思想的禁锢感到疲惫，他们力求思想和语言上的自然流露。在诗里，一直被压抑的情绪和感伤成为主题。……对自然的兴趣，对自然中人与人的关系的兴趣再次被唤醒。"①

格雷生于伦敦一个股票商家庭，在伊顿公学读书，结识了后来的哥特式小说家荷莱斯·沃尔波。1734 年格雷进入剑桥大学，肆业后与沃尔波周游欧洲，1768 年被聘为剑桥大学历史学及现代英语教授。格雷精通古希腊的文学作品和哲学理论，擅长诗歌创作，闻名欧洲。1757 年格雷婉拒了授予他的桂冠诗人荣誉，终生淡泊宁静。格雷生性内向，伤感忧郁，但诗歌无论在体裁还是在风格上都很多样化，显示出对历史与传统的关注。《伊顿远眺》(*Ode on a Distant Prospect of Eton College*)是优秀抒情诗，为失去的童心而惋惜，显示情感的真挚。《诗歌的进程》(*The Progress of Poesy*)带有叙事性质，追溯古希腊至他那个时代的英语诗歌。

他最著名的诗歌是《墓园哀歌》(*Elegy Written in a Country Church-Yard*)，这首诗奠定了他作为感伤主义诗歌创始人的地位，他也成为"墓园派诗歌"的代表。诗歌分为 32 节，每一节由四行五步抑扬格构成，以 abab 为韵律。作品叙述一个孤独的诗人在教堂面对无名者墓园时的感想：这些人并不乏汉普顿、克伦威尔式的才华，他们虽然没有成功的机会，但远离尘嚣中不光彩的争斗，享受泥土下的宁静与平安，因此与大人物一样值得尊敬。格雷的作品量少但力求精美，他长于用典，风格细腻，被看作是英国诗坛上在蒲柏与华兹华斯之间承上启下的人。

18 世纪也产生了许多剧作家。18 世纪上半叶的戏剧反映那个时代

---

① 罗经国:《新编英国文学选读》(上)，北京大学出版社，2005 年，第 318 页。

中等阶级的价值观,呼吁艺术在改良社会风气方面发挥作用。与文学其他门类一样,戏剧发展有两个倾向:第一个倾向是17世纪弥尔顿理想的继续,作家借用历史事件、英雄人物来表达自己的政治抱负;第二个倾向是沉溺于日常生活,发现它的虚伪之处,用喜剧的手法对它进行嘲弄。两种倾向形成两个传统:悲剧传统与喜剧传统,也可称为弥尔顿传统与斯威夫特传统。约翰·盖伊(John Gay)是18世纪上半叶英国最重要的剧作家,他的滑稽剧受斯威夫特影响,体现对社会风气、传统艺术形式和古典规则的讽刺态度。《乞丐的歌剧》(*The Beggar's Opera*)借用大量民歌曲调,在"监狱的田园诗"中把上流社会与下层人民的生活表现出来,审察它们的相似之处。

这一时期其他重要的剧作家有:考利·西伯(Colley Cibber),他认为戏剧可以推动道德的改善,而放荡的戏剧会腐蚀民族的心灵。他发表了《爱情的最后一次转移》(*Love's Last Shift*)、《她愿意和不愿意》(*She Wou'd and She Wou'd Not*)、《双面豪侠》(*The Double Gallant*)、《拒绝》(*The Refusal*)等剧作。约瑟夫·艾狄生的伪古典主义剧作《加图》描写主人公加图宁愿冒险刺杀凯撒也不屈从于独裁统治、为共和事业献身的故事,这是18世纪社会教化旨趣的一个部分。理查德·斯梯尔(Sir Richard Steel)将伤感喜剧发展为成熟剧种,他的四部喜剧分别为:《葬礼》(*The Funeral*)、《撒谎的情人》(*The Lying Lover*)、《温柔的丈夫》(*The Tender Husband*)和《有良心的恋人》(*The Conscious Lovers*)。理查德·坎伯兰(Richard Cumberland)的《兄弟》(*The Brother*)和《犹太人》(*The Jew*)则是伤感喜剧发展的顶峰。

英国18世纪中后期重要的剧作家是理查德·谢里登(Richard Sheridan),他出生于爱尔兰,童年时离开家乡,以后一直没有回去过。谢里登的祖父与斯威夫特相交甚密,其父是演员。11岁时谢里登进入哈罗公学,但毕业后就没有再升学,而是随父亲到社会上发展,开始在报纸上发表讽刺性散文。1776年他成为特鲁里街剧院股东和经理,其后的五年时间是他戏剧创作的顶峰。他的作品主要有1775年的《情敌》(*The*

Rivals)和《少女监护人》(*The Duenna*)，1777 年的《造谣学校》(*The School for Scandal*)，1779 年的《批评家》(*The Critic*)。① 《情敌》是喜剧，讲述两对恋人的故事。第一对恋人的女主角莉迪娅沉迷于当时的浪漫小说和伤感故事，宁愿嫁给掌旗官也不嫁给贵族，甚至认为只有私奔才算浪漫。可是，如果私奔，她就要失去三分之二的财产；几经周折，她才与爱她的杰克成婚。第二对恋人的男主角因猜忌自己的女友而不停对她进行考验，表现得非常愚蠢，可是两人最后还是成了眷属。故事本身并没有什么新奇，它至多表现了作者对伤感文学的反感；其成就在于谢里登善于让不同阶层的人说不同风格的语言，其间大量的风趣对话反映着日常生活，对人物性格有很强的塑造力。

三幕轻喜剧《少女监护人》讲了三对恋人的故事，情节本身不复杂，主题也没有什么深度，它只是一种大众时代的文化消费品，但它细致的人物刻画和音乐创作是它的成功之处；而《造谣学校》则表现了作者的讽刺才能。剧情也是从爱情开始的：斯尼威尔夫人爱上了查尔斯·塞菲斯，而查尔斯则爱上了玛丽亚，玛丽亚的监护人是彼得。查尔斯的哥哥约瑟夫因看上玛丽亚的财产也想得到她，斯尼威尔夫人于是一方面促成约瑟夫与玛丽亚的婚姻，一方面又阻止查尔斯与玛丽亚发展关系。她用造谣的方法来达到自己的目的，通过模仿笔迹等方式，散播查尔斯与彼得太太有暧昧关系谣言。通过彼得太太之嘴，戏剧讽刺了上流社会的恶习：他们无所事事、无事生非、赶时髦、高消费；又通过伪君子约瑟夫的形象，讽刺了上流社会的虚伪、贪婪与吝啬。作为喜剧，故事当然以造谣生事者的名声扫地收场，但谢里登对约瑟夫和斯尼威尔夫人的刻画，却使他们在受人憎恨之余也得到些许同情。桑德斯说，剧本"表现了他对复杂情节的把握，这是他语言最隽永、结构最严谨的剧作，剧情自然发展，

① David Francis Taylor，*Theatres of Opposition: Empire, Revolution, and Richard Brinsley Sheridan*，Oxford: Oxford University Press, 2012.

全无雕琢痕迹"。①

18世纪后期伤感小说和哥特式小说流行,表现在注重秩序和理性的新古典主义向强调情感和想象的方向转变。伤感(sentimental)是18世纪的一个流行词,自1770年代以后,浪漫主义就是18世纪文学的一道潜流。18世纪的伦理学是情感主义(sentimentalism)的,在那个时代,亚当·斯密作为道德学家,比他作为经济学家更有名,因为他曾写过《道德情操论》(*Moral Sentiment*)。伤感主义与浪漫主义有相同的起源,在宗教领域,约翰·卫斯理(John Wesley)求助于信徒的情感喷发,这些都是那个时代的特色。

伤感小说的第一位重要作者是劳伦斯·斯特恩,他出生在军人家庭,自小随军迁移,生活很不安定。1759年他出版《商第传》(*The Life and Opinions of Tristram Shandy, Gentlman*)前两卷,获得好评。斯特恩的这部作品没有英国18世纪前期文学作品中通常那种生硬的说教色彩,而表现出感染人的特征。他的幽默和讽刺也不同于斯摩莱特的那种尖刻,而是带有伤感情调。他对小说中的各种人物都抱有宽容怜悯的态度,"在斯特恩笔下感伤小说发展成熟并推向欧洲,形成了欧洲的感伤主义文学潮流"②。《商第传》分九卷,它"远离线性叙述原则",彻底摆脱了"史诗和史书建立的叙述模式"③。商第的世界既不遵守传统,也不是牛顿那种有规则的世界,它由一系列滑稽、偶然、出人意料的事件组成,小说中充满离题话语、漏字、空白、破折号、星号、大理石花纹页等等,突显世界"文雅、荒谬和幽默"的特征。他试图体现斯多噶派格言:不是事情而是关于事情的看法折磨着人们。亨利·麦肯济(Henry Mackzie)的《有情人》也是伤感小说的重要作品。主人公哈雷多愁善感,见到不幸事

---

① Andrew Sanders, *The Short History of English Literature*, Oxford University Press, 2000, p. 334.

② 刘意青:《英国十八世纪文学史》,外语教学与研究出版社,2005年,第208页。

③ Andrew Sanders, *The Short History of English Literature*, Oxford University Press, 2000, p. 323.

件,总要伤心落泪。伤感主义并不想与理性主义相对抗,它只是反对哲学理论中的功利成分,对人性中的善抱有希望。

英国 18 世纪女性小说家中的重要人物有萨拉·菲尔丁(Sarah Fielding)和弗朗西丝·伯尼(Frances Burney)。[①] 萨拉·菲尔丁是亨利·菲尔丁的妹妹,被时人视为才女,她写过文学评论,在她哥哥主办的《花园杂志》(The Covent—Garden Journal)上发表过文章。她精通希腊语,曾翻译色诺芬的《苏格拉底回忆录》。除了创作八部小说外,她还是多家杂志评论栏的作者。萨拉一生艰辛,她的小说《大卫·辛普尔历险记》(The Adventures of David Simple)带有自传色彩,寄托着作者的道德理想,是流行的劝喻小说之一。主人公大卫心地善良,却总是处于坏人的包围之中,第一个坏人就是自己的弟弟丹尼尔,他伪造遗嘱,将大卫应得的遗产占为己有;大卫爱上珠宝商的女儿南妮,后者对他施展娇媚,想的却是他的钱,当一个有钱人出现的时候,尽管那个人又老又丑,她就离他而去了。以后,这位天性率真的年轻人不断遇到坏人,但大卫本性不改,一直寻找着自己的理想。小说女主角辛西娅同样过着无依无靠的悲惨生活,她从小爱读书,但父母不赞同,"因为读书不能帮助她找到丈夫",而她的婚事只是父亲和一位老年绅士"谈好的生意"。不肯就范的辛西娅被剥夺财产继承权,无家可归,有一位贵夫人收留了她,可是收留的理由不是同情,而是找一个人可以折磨。与大卫、辛西娅相同命运的还有卡米拉和瓦伦丁兄妹。最后大卫和辛西娅在卡米拉和瓦伦丁那里既找到了爱情,又找到了善良。小说旨在表达这样一个主题:在不幸的人和下层百姓中间可以找到美德,而在上等人和文人那里只能见到虚伪——这在当时的浪漫主义思想中,是一个重要的主题。萨拉·菲尔丁后来又出版《大卫·辛普尔历险记》续集,继续表达原有的主题,不过其基调更加暗淡。比起原作,续集的结构更为紧凑,人物形象也更为鲜明。

---

① Betty A. Schellenberg, *The Professionalization of Women Writers in Eighteenth-Century Britain*, Cambridge:Cambridge University Press,2005.

弗朗西丝·伯尼出生在中等阶级知识分子家庭,她的父亲是音乐家和音乐史专家,曾编著《音乐史》(*The History of Music*),与当时的文化名流有许多往来。得益于这样的环境,伯尼很早就对写作产生兴趣,她出版过四部小说:《伊芙莱娜:少女涉世录》(*Evelina, or, The History of a Young Lady's Entrance into the World*),《塞西莉娅:女继承人的回忆录》(*Cecilia, or, Memoirs of an Heiress*),《卡米拉:青春画像》(*Camilla, or, a Picture of Youth*),《流浪者:女人的苦难》(*The Wanderer, or, Female Difficulties*),此外伯尼还创作过四部喜剧和四部素体诗悲剧。伯尼的小说都与少女进入社交界有关。以伊芙莱娜为例,她进入社交界后碰到种种困难,不仅缘于她涉世不深,没有社交经验,更因为在一个讲究家世和出身的圈子里,一个身份不被亲生父亲所承认的女孩是不会被人关注的。伊芙莱娜最终以她的高尚品格和智慧为自己赢得了美好婚姻。伊芙莱娜与那些被动的女人不同,她有独立见解,代表着中等阶级的道德标准。伯尼在这部小说中明确指出女性在父权社会里身处边缘位置,没有独立自由;她试图探索女性如何寻找自己的出路。

哥特式小说表达一种"令人快乐的惊恐",它在18世纪中后期出现,以贺拉斯·沃尔波尔(Horace Walpole)的《奥特朗托堡》(*The Castle of Otranto*)、克拉拉·里夫(Clara Reeve)的《英格兰老男爵》(*The Old English Baron*)、威廉·贝克福德(William Beckford)的《瓦特克》(*Vathek*)为代表。"哥特式"本意指中世纪的一种建筑风格,其特征是高耸的尖顶、狭窄的彩色窗户、阴森神秘的内部设计等,文艺复兴时期的学者曾斥之为野蛮和落后。哥特式小说作为新的小说体裁,通常以黑暗的古堡或荒野为背景,讲述中世纪的神秘故事,情节恐怖刺激,充满了暴力、凶杀和复仇,以及强奸和乱伦等犯罪行为。这种小说气氛阴森,悬念迭起,很有现代恐怖文学的特点。哥特式小说在18世纪出现有着种种原因:人们对中世纪的黑暗充满好奇,对东方文化开始着迷,墓园派诗歌引起了对死亡和恐怖的想象,而伤感主义又推动作家去细心探讨人的内心世界。它那种耸人听闻的写作方法和对恐怖氛围的精心营造,一直到

19世纪都在狄更斯、勃朗特这一类作家中得到回响。①

　　这就是18世纪的英国文学：在大众阅读的社会里，文学成为消费品；在启蒙的时代里，文学承载着劝谕的功能。通过形象的塑造和对广义的社会或人类现象的评论，作品表达着作者的道德关怀。因此小说和散文代替诗和戏剧，在18世纪最为兴盛。总体而言，18世纪是一个文学体现"理智"的时代，与哲学对"理性"的追求相一致。但是在18世纪中期以后，被理智压制的"情感"开始反叛，表达被压抑的伤感与恐惧，并将文学乃至社会的整体思潮带到现代世界的第二个时代即浪漫主义时代。

---

① George E. Haggerty, "Queer Gothic", in Paula R. Backscheider and Catherin Ingrassia (eds.), *A Companion to Eighteenth-Century English Novel and Culture*, Blackwell Publishing House, 2005, pp. 383—398.

第二章　思想与学术

　　18 世纪的英国思想受科学革命和政治革命的影响,政治革命包括英国革命、美国革命和法国大革命。大体说来,从 1690 年代至 1720 年代,人们热衷于讨论英国革命与英国传统、宗教信仰与宗教宽容的问题。此后半个世纪思想界相对平静,但是现代社会科学的那些经典著作正处于写作或酝酿之中,苏格兰启蒙运动逐渐步入高潮。18 世纪 70 年代以后受美国革命和法国革命的刺激,世俗与宗教的激进主义波涛汹涌,思想争论也变得激烈起来。①

　　18 世纪思想界的中心起初在伦敦,这与"光荣革命"有关,也与洛克那一代人回到英国有关。中期重心转移到格拉斯哥和爱丁堡,那里是苏格兰启蒙运动的发源地,在 18 世纪一直处于思想前沿,其力量和范围堪与巴黎相比。1770 年以后伦敦再次成为英国思想界中心,激进主义、功利主义与保守主义在伦敦的报纸、咖啡馆和议会相互论战。激进主义的理论和运动也与伦敦相关联。以上这些简单的勾勒并不是十分精确的,

---

① 18 世纪政治思想史一般著作,参见:Mark Goldie and Robert Workler(eds.), *The Cambridge History of Eighteenth-century Political Thought*, Cambridge University Press, 2006;哲学史一般著作,参见:[英]斯图亚特·布朗主编《英国哲学和启蒙时代》第五卷,高新民等译,中国人民大学出版社,2009 年。

比如说苏格兰的启蒙运动就不是在 18 世纪末结束的。此外,在讨论 18
世纪思想时,还应该注意爱尔兰的一个伟大人物——乔治·贝克莱
(George Berkeley),他的哲学在一段时间内被人们认为荒谬不堪,甚至
近乎愚蠢,但这位主教对他的哲学与对他的传道事业一样执着,作为爱
尔兰人,他对英国思想的贡献,也许可以与 19 世纪末 20 世纪初的萧伯
纳、乔伊斯等人相比拟。

18 世纪,宗教仍然是思维的框架,但那是一个自然神论的世纪。自
然神论相信上帝的意图贯穿于自然与人类历史的整个过程,相信人通过
观察与体验可以把握到永恒的神意。在自然神论看来,基督教不是神秘
宗教,通过科学可以发现自然中存在的神的秩序;耶稣的教诲是有效的,
可以被还原为道德真理,道德真理不需要靠神的奇迹来支持;永生与得
救仍旧是生活的目的,信念靠自愿而受到启发,因此,证明信仰和表达信
仰都是个人的事。①

有两个重要因素影响了 18 世纪的英国思想。第一是启蒙运动及其
写作方式。18 世纪是启蒙的时代,启蒙运动被看作是宗教改革以后的第
二个思想高峰,既然启蒙的本意是用"理性之光"照亮世界,那么,用本民
族语言向大众说话,就应该是 18 世纪思想家的惯常写作方式。② 16—17
世纪也用本民族语言写作,但在那个时代,人们对诸如公正、自由的讨
论,都与古典和教会传统相联系。到 18 世纪,人们把古典和教会的拐杖
抛弃了,思想家更多地从日常生活或者从他们所生活的世界来发现话
题,而这又与社会的不断世俗化和商业化有关。在休谟那样的思想家看
来,18 世纪文雅、宽松的生活,比 16、17 世纪的狂热和战争要好。人们不
再用拉丁文表达思想,对事件的描述和评价都取自日常生活。

---

① Peter Gay, *Deism: An Anthology*, Van Nostrand, 1968; Charles Taylor, *A Secular Age*,
　Boston: Harvard University Press, 2007.
② 启蒙运动的一般著作,参见: Peter Gay, *The Enlightenment: an Interpretation*, Vol. 1: *The
　Rise of Modern Paganism*, Knopf, 1966; Vol. 2: *The Science of Freedom*, Knopf, 1969; Vol. 3:
　A Comprehensive Anthology, Knopf, 1973.

第二个因素是各国思想的相互影响。18世纪西方思想呈现出跨越国界的特征,洛克的思想影响法国,法国思想家又反过来影响英国。18世纪后期英国的激进与保守的争论,多少与法国的思想界、与法国的历史事件有关。

启蒙运动并非一个整体,它包含许多不同的思想,但启蒙运动确确实实存在某些共享的"信条",比如相信宇宙受永恒的统一法则的支配,人通过理性能认识与支配这些法则;相信进步,相信科学与基督教的精神相一致。但是,人们又往往会忽略这个时代中那些与这些信条格格不入的思想家,对思想史做这种简单化的理解并不准确,也受到了近30年来学术研究的根本修正。① 因此,我们需要对启蒙思想做更准切的勾画。

在18世纪,经验主义仍然是英国哲学的标志,上承17世纪的培根、霍布斯,下启19世纪的密尔、维威尔。哲学经验主义与欧洲大陆理性主义相对应,它首先是关于知识的起源与性质的理解。广义的经验主义遍及18世纪英国几乎所有的思想领域,从政治、法律、经济学至道德、历史和语言学。从经验主义出发,所有自然秩序,无论是日常生活中体现的道德秩序或经济秩序,还是市民社会形成过程中产生的秩序,都可以通过观察而建构出来,所谓"思想"或"社会科学",都是对这些秩序或规则的概括。洛克、贝克莱和休谟是18世纪英国最重要的经验主义者。②

洛克(John Locke)出生于萨默塞特郡的一个清教家庭,20岁入牛津大学,此后一直到1667年他都在那里学习哲学和医学,他对笛卡儿的哲学以及牛顿、波义耳、胡克的自然科学尤感兴趣,这些研究为他几年后开始写作、历时近20年几易其稿的《人类理解论》(*An Essay Concerning Human Understanding*)打下了基础。1667年以后,他担任莎夫茨伯里伯爵的私人医生,以后又成为他的政治顾问,并于1671年由其推荐出任

---

① K. O'Brien, *Narratives of Enlightenment：Cosmopolitan History from Voltaire to Gibbon*, Cambridge University Press,1997.

② Jonathan Bennett, *Locke, Berkeley, Hume：Central Themes*, Oxford：Oxford University Press,1971.

贸易与殖民委员会秘书(莎夫茨伯里是该委员会主席),直至 1674 年这个机构解散。约 1680 年,洛克开始写作《政府论二篇》(*Second Treatise of Gouernment*)并于 1691 年出版,现在学者都认为这部作品与莎夫茨伯里的党派事业有关,而不是为"光荣革命"做辩护。[①] 1682 年辉格党失势,莎夫茨伯里流亡荷兰;次年洛克也去荷兰,他在那里专心著述,修改《人类理解论》,写作《论宽容》(即关于宽容的三封信,分别于 1689 年、1690 年、1692 年匿名发表)。1688 年洛克随未来的玛丽女王回英国,在余下的岁月里,他除了忙于贸易委员会的工作,就是写作《论教育》(*Some Thoughts Concerning Education*)(1693)和《基督教理性》(*The Reasonableness of Charistianity*)(1695)。

《人类理解论》在哲学史上有一席之地。这本书从物体的形状、密度、颜色一直说到上帝观念,其主题就是经验感觉。书的副标题是"人类的知识:它的范围与限度",从这个副标题就可以看出,书的主旨是讨论知识的起源、知识是否确定以及知识的范围这一类问题。按照洛克的意见,知识是组织在一起的观念,于是知识问题就转变成观念起源的问题。在讨论观念的起源之前,洛克先对天赋观念予以否定,他说婴儿在出生时并没有带来观念,而一切观念都是后天的,由经验而获得的,这就是著名的心灵白板说。观念是知识的材料,观念来源于经验,来源于感觉和反省。感觉向我们报道外部世界的性质和过程,反省表达我们自己的心理状态。有些观念直接起源于感觉,有些观念则起源于反省,有些起源于二者。就内容而言,心灵是白板,由感觉和反省提供材料,复杂的知识就是由这些材料构成的。复杂观念起源于简单观念的组合,也可以再解析为简单观念,比如"雪球"这个观念,可以解析为"白色""圆形""硬度"等等。复杂观念分为两种:实体与样式;实体如树、人类、植物等,样式如数学、道德与宗教、政治与文化语言等。心灵具有形成观念间的联系的

---

① Peter Laslett,"Two Treatises of Government and the Revolution of 1688", Section III of Laslett's Editorial "Introduction"to John Locke, *Two Treatises of Government*, Cambridge: Cambridge University Press,1988.

能力,也具有抽象的能力,即从个别事物中概括出一般的特征。

关于复杂观念,如坚固性、数量、空间、时间、能力、人格同一、灵魂不朽等,如何来自感觉与反省呢? 洛克对此进行了详细的分析。他认为,第一性的质是独立于感知的性质,第二性的质则依赖于我们的感觉器官;一个人有了一种观念,就会很自然地想起另一种观念,这是联想的作用。词语表达某人的观念或想法,通过语言某人才能向别人表达属于他私人的想法。洛克认为只存在个体或个别的事物,因此抽象事物并不存在:只有"好的苹果""红的墨水""红的树叶"等等,而没有一般的"红"——那是语言现象而不是物理现象。因此,知识是什么呢? 是观念的联系,是观念间的一致与不一致,是矛盾的"知觉"。我明天想干什么,什么东西会不会发生,这些不是知识;白不是黑,物体以何种速度下落,何物由何物组成,这些才是知识。但是另一方面,道德和数学一样是可以证明的,上帝的存在也是可以证明的。

在《人类理解论》中,感觉(经验)居于中心位置:往前,它叙述世界的特性,指向物质;往后,它产生观念、词语和句子。用现代人的说法,科学知识是实验的结果,因此洛克的知识模型是物理学的而不是几何学的。笛卡儿的知识模型是几何学的,建立在几条不需证明的所谓"公理"之上,经推理而产生,它不依赖于任何感性材料。但洛克的所谓知识是牛顿式的物理知识,而不是无法判定其真伪的哲学(他称之为"形而上学")和神学。尽管经验的知识可以追溯到培根,但自洛克以后,对科学的赞扬和对哲学的贬低便成为经验主义的一个方面,从休谟提议将形而上学和神学付之一炬,到逻辑经验主义理论,都认为哲学的语句毫无意义,是"胡说"的判断。①

洛克是俗界人士,他是从公民社会的角度来讨论政府与宗教问题的;贝克莱则是坎特伯雷大主教,他带着护教者的眼光来讨论宗教问题。18 世纪的世界是一个世俗化的世界,俗人的世界观取得了优势,神学家

---

① Michael Ayers, *Locke: Epistemology and Ontology*, 2 vols. London: Routledge, 1991.

不再单纯地护教,那也是一种世俗职业。乔治·贝克莱出生在爱尔兰,在都柏林的三一学院接受教育,然后在该校任教直至 1724 年。贝克莱最著名的著作都发表于他在三一学院的这段时间里,包括 1709 年的《视觉新论》(*An Essay towards a New Theory of Vision*)、1710 年的《人类知识原理》(*A Treatise Concerning the Principles of Human Knowledge*)、1710 年的《论消极服从》(*Passive obedience or the Christian Doctrine of not Resisting the Supreme Power*)、1713 年的《海拉斯和弗罗缪斯三次对话》(*Three Dialogues between Hylas and Philonous*)和 1721 年的《论运动》(*De Motu*)。1710 年贝克莱受圣职为牧师。虽为神职人员,但他与那个时代的知识分子多有接触,交游广泛,在伦敦入蒲柏、斯威夫特的文人圈子,在法国与马尔伯朗士等人交往。1722—1728 年,贝克莱在百慕大建立为欧洲移民和土著服务的神学院。1728—1732 年在美洲传教,然后回伦敦。

　　身为主教,贝克莱却参与那个时代关于知识的讨论,他对哲学的影响多源于此。贝克莱的知识论是洛克的颠倒,他认为可见的世界依赖于人类的心灵,即知觉结构和语言,整个物理世界都存在于我们的心灵中。存在就是被感知,这是贝克莱哲学的核心观念。从常识的角度看,人们会觉得贝克莱的判断明显荒谬,甚至几乎不值一驳。但贝克莱坚持说,人真正感知到的,只能是他的神经状态。在逻辑推论方面,贝克莱的主观唯心主义与洛克哲学并无不同,二者的区别在于,作为“俗人”,洛克用他的知识理论为近代物理理解提供视角;而贝克莱作为当时最知名的护教者之一,则通过他的知识论,对他所说的宗教的敌人进行回击。[①]

　　《视觉新论》隐含着神学意义,但它的观察和解释却是严格的生理物理学的。贝克莱要讨论两个问题:一个生来失明的人在复明后第一次看视物体时,能否通过视觉分辨他以前只能靠触觉知道的物体的形状? 心灵怎样判断距离、大小和位置? 触觉、视觉和听觉是不同的感觉,一个人

---

① David Berman,“George Berkeley”,in *Routledge History of Philosophy*,Vol. 5,p. 124.

403

可能对另一个人的声音很熟悉，但见不到他便不可能辨认那个说话的人，听觉无法产生形状；把诸种感觉复合成一个物体，是经验长时间的结果。《人类知识原理》和《海拉斯和弗罗缪斯三次对话》是他对非唯物主义所做的论证，他接受洛克关于词语代表观念的看法，但认为一般的词（如"颜色""三角形"）只是类名，而不是事物共有特征的概括，因为自然界只有单个的物体，而没有一般的颜色或形状。洛克认为形状、广延、硬度是物质的固有特性，颜色、气味则是物质作用于感觉器官的结果。因此物质或物理的世界是无色无味的。但贝克莱认为，就像气味是感觉材料一样，形状、坚硬性也是感觉材料，只是所作用的感觉器官不同而已。严格地说，我们只知道感觉，世界只是由感觉材料构成的，因此物质的概念被取消了。沿着洛克的思路，无声无味的物理世界遵从物理法则，人的感觉世界则五彩缤纷；沿着贝克莱的思路，物理世界虽是主观的，却也是有彩的，多彩的世界是上帝的造物。①

经验主义的第三位人物是休谟，他追随洛克，试图用实验的方法建立关于人性的科学。他的人性科学分为知识、情感和道德三个部分。《人性论》(A Treatise of Human Nature)在 1739—1740 年发表后受到冷遇，但是在 1748 发表的《人类理解研究》(An Enquiring Concerning Human Understanding) 和 1751 年发表的《道德原则研究》(An Enquiring Concerning the Principles Morals)中，休谟对他的观点做进一步阐释，这是休谟学术生涯的第一阶段。在后期的学术生涯中，休谟关注历史和宗教问题，写作《英国史》(The History of England)(1754—1762 年出版)、《宗教的自然史》(The Natural History of Religion)(1757 出版)和《自然宗教对话录》(Dialogues Concerning Natural Religion)(1779 年出版)。

休谟继承洛克和贝克莱的观念论，他认为感觉是印象，印象是即时

---

① Robert Fogelin, *Berkeley and the Principles of Human Knowledge*, New York: Routledge, 2001.

的，人类心灵对此是完全被动的；观念是印象的微弱意象，闭上眼睛或转过身、或过了很久之后，关于某事或某人的印象仍然深刻，这就是观念。观念虽然微弱，但是心灵可以通过联想或创造使各种观念发生联结，这就与印象或感觉阶段不再相同。看到一只白狗，就可能联想到黄狗；看到一个人瞪眼睛，就联想到另外一个人生气，这就是观念的创造力。一切复杂观念都是由简单观念构成的，一切简单观念都源于印象，这是对经验论的简单表述。经验是"看"或当下感受，思考则是反省经验、产生观念并将其联结。①

如果说贝克莱取消了物质的独立性，那么休谟就撤销了知识论的另一个基石：因果性，这似乎与洛克开始的重建知识的计划背道而驰。因果性是指：(1)有一事则有另一事；(2)这种先后序列如此常见，以至我们会认为，它们之间的联系是"恒常联系"；(3)因果性不存在于感觉-观念以外，而存在于感觉-观念本身，外在于感觉-观念的事物，要么不存在，要么存在，却是我们不知道或无法知道的，因为我们所能知道或认识的，只是感觉及其联结而已。

这样，由洛克开始的经验主义认识论似乎进入了怪圈。在洛克看来，物理学理论是对外在于我们、且不依赖于我们感觉的实在世界的描述和报道，而在休谟那里，凡是可以知道或被报道的，只是我们的感觉世界。从常识的角度看，我们可以目瞻星辰，穷极浩瀚宇宙，但严格说来，我们无法离开感觉一步，因此所有关于必然性、因果性和外在世界的观念都无法得到证明，因而是形而上学的信念，应该被消除。

经验主义也衍射到政治理论。如果说思想讨论的中心在16世纪是宗教问题，在17世纪是政治问题，那么在18世纪关于这两个问题的讨论方式就发生了变化。霍布斯虽然比他同时代的其他人更不受宗教影响，但《利维坦》的半数篇幅讨论君权和圣权；洛克则除了讨论过宗教宽

---

① John Wright, *The Sceptical Realism of David Hume*, Manchester：Manchester University Press，1983；Galen Strawson，*The Secret Connexion*，Oxford：Oxford University Press，1989.

容之外,完全置君权和圣权于不顾,而专注于人权。经验、理性与自由是洛克思想的基石,也是18世纪思想的基石,因此无论是古代的权威还是中世纪的权威,都不能作为社会理论的依据,依据只能是自己的判断力(即理性)和常识。①

洛克在与菲尔默的论战中形成了自己的思想,他撇开菲尔默的系统进行阐述,形成了作为启蒙运动旗帜的《政府论》。菲尔默认为一切政府都是专制的,人没有自由,国王从亚当那里获得权力。洛克的思想刚好相反,他说政府是人民同意的产物,人生来自由,他的《论宗教宽容》讨论宗教自由,《政府论》讨论政治自由,《有关降低利息和提高币值的诸后果的一些考虑》则讨论经济自由。

《政府论》讨论了政府的起源、内涵与目的。与17世纪的同类著作相比,《政府论》用识字的人都可以读懂的日常用语写作,更多地与日常生活而不是古典学联系在一起。② 在洛克看来,政治权力应追求公众或人民的利益,这集中体现在制定法律与抵御外敌方面。讨论社会秩序就要追溯它的起源,即自然状态,但洛克的自然状态不是政治社会发生之前的历史状态,而只是理论构造。他说:不管何时,只要人与人相遇又没有公认的权威或者不承认彼此的权威,人们就处于自然状态下,在这种状态下人们并不是相互战争,而是按照理性生活在一起。自然状态的反面是民约社会(civil society)③,有共同的法律、审判制度,有权威,有大家

---

① [美]乔治·霍兰·萨拜因:《政治学说史》下卷,刘山等译,商务印书馆,1990年,第588—589页。

② 也许正因为如此,拉斯莱特认为洛克的著作与他想要反驳的菲尔默的著作,在学术性和在思想的丰富性上无法相比。参见:[英]彼得·拉斯莱特《洛克〈政府论〉导论》,冯克利译,生活·读书·新知三联书店,2007年。

③ 很多人用"公民社会"来翻译civil society,其实在洛克的时代,"公民"并不存在,英格兰作为"王国",受统治的是"臣民"(subjects)而不是"公民"(citizens),翻译成"公民社会"明显造成了时代性误读。civil这个词在中文中可能与多个概念相对应,可是civil society确实不是"公民社会",在洛克自己的书中,它与political society(即"政治社会")同义,对此可查阅《政府论》英文版。洛克的civil society是与state of nature("自然状态")对立的,意思是自然人为更好地保护自己,共同将某些权利让渡给一个公权,从而组成社会。因此,这个社会是一个"民约"的社会,而不是"公民"的社会;应可将其翻译成"民事社会"。——钱乘旦注

同意的长官。民约社会只是对自然状态之不足的补救,相应地,自然法可以简单地表述为:每个人都有义务保存自己,自我保存居于自然法的中心。自然法与民法的关系在于:民法只有建立在自然法的基础上才是正当的,它们是由自然法来解释和调节的。洛克认为,民约社会之重要,不需要用灵魂得救、美德、高贵、牺牲等概念去证明,只需要沿着自己的利益,甚至自私的利益去思考。

洛克所谓的"利益"是人的生命和财产。生命是上天赋予的,可以说这是最初始的所有权;财产即合法的占有,是劳动所得,因此也是人身体的延伸,只有劳动才可建立所有权。这种由劳动占有财产的理论,为政府的形成提供了基础——因为当人们结合起来进入社会时,其首要目的是保护生命和财产。[①] 民约社会是契约的结果,而契约之所以需要,是为了给数之不尽的种种争端建立一个大家都接受的仲裁权威。所以,政治社会是人类的发明,但这个"人造物"一经产生就有了自己独立的存在——国家一经产生,个人就不再享有自然状态下的那种自由,而成为社会的一个成员。在洛克看来,政府是人民间,即每个人与每个人之间的契约,这叫第一契约;将立法权委托于他人,就形成第二契约,第二契约产生政府形式。政府形式的差异在于立法权:多数人立法权产生民主制,少数人立法权产生寡头制,立法权委托于一个人就产生君主制。

公权力主要是指立法权,司法权和行政权只是其延伸。政府形式确立后,人民的立法权处于隐蔽状态,但它始终存在。有时候,为了共同体的利益,拥有执行权的人可以短暂地置法律于不顾。但在一般情况下,社会对于公共利益、对于搁置法律的限度总有直接的判断。人民有权反抗暴政,因为暴君本人在反抗社会,因此实施暴政的君主是叛乱分子,而人民则是社会的保卫者。关于人民反抗的学说,上承加尔文和诺克斯,

---

① C. B. Macpherson, *The Political Theory of Possessive Individualism: Hobbes to Locke*, Oxford: Oxford University Press, 1962; G. A. Cohen, "Marx and Locke on Land and Labour", in G. A. Cohen(ed.), *Self-Ownership, Freedom and Equality*, Oxford: Oxford University Press, 1995.

在 17 世纪革命时期一度复兴,"光荣革命"中得到重申,但洛克以后它就在英国思想界沉寂下去,只是到 18 世纪末才在激进主义那里再次回响。

从很多方面说,休谟是对洛克的颠覆,在哲学认识论方面,他摧毁了洛克的唯物主义,在政治与历史学说中,他摧毁了洛克的自然法。休谟认为自然状态是虚构的,只是用来说明问题而已。休谟认为,自然状态下的人是野蛮而孤立的,比任何动物都软弱;但社会可以提供帮助:通过与其他人的联合,他就能完成自己一个人无法完成的事。此外,性欲是组成社会的动力之一,先是男女,后是家庭,最终产生出社会,这就是社会的起源。休谟也主张政治自由,他认为政治社会的出发点是保护人的安全与利益,当政府变得暴虐不再提供这种保护时,反抗便不是罪恶。好政府不压制私人利益,相反它指导和调节私人利益,并由此产生公共利益。但一切政府都不是因为人们的同意才形成的,政府形成于侵犯。人性本身与契约论并不相容:被统治者通常认为自己生来就应该服从某个权威,反对权威不是本性,而是煽动的结果。所谓自由的政府,其实只是权力得到合理分配的政府,权力在君主(国王)、贵族(上院)和平民(下院)之间合理分割,防止了任何一方独占。[1]

休谟认为,通过改革而产生自由政府,这只是一种幻想,它过高估计了理性的能力。社会是一个连续体,它需要秩序与和平,也需要稳定的政府,即便像专制政府这样的政体,如经验已向我们展示的那样,也会有它的合法性。习惯是人生最伟大的指南,理论家应该研究他们已经习惯了的政府形式,探讨它何以有权威。剧烈的改变不会产生预期的结果,人们应该在利益、见解和习惯而不是从理性中寻找政治的基础。明智的政治家对历经长久而保存下来的东西总是心存敬意,变革应融入传统的框架,才不会使社会陷入动乱。政策的后果往往无法预料,而经验才能

---

[1] Knud Haakonssen, "The Structure of Hume's Political Theory", in David Fate Norton and Jacqueline Taylor (eds.), *The Cambridge Companion to Hume*, 2nd edn. , Cambridge University Press, 2009; Claudia M. Schmidt, *David Hume, Reason in History*, The Pennsylvania State University Press, 2003.

提供指导。在政治领域，与其追求理想，不如规避教训。从这些思想里，我们看到了休谟的保守主义特征。①

18世纪英国思想的另一个特征是情感主义，但情感主义也属于经验主义范畴，在情感主义视野下，"善"与"美"只是一些情感状态，或是别人在我们心中所唤起的令人感激和敬畏的行动，换句话说，是一种体验。"善"与"美"的根源在心，其研究方法是内省。沿着这个思路继续向前，避苦趋乐就是人的本性，它只是经验的总结，并不需要到日常体验之外去寻找证明。再往前跨一步，所谓政治与法律的好坏、社会的变革等等，都应该以此为标准进行评判，经验向人们提供了标准；就连伯克，当他讨论"崇高"时，也摆脱不了情感主义的框架。②

情感主义的重要代表人物是莎夫茨伯里伯爵（Earl of Shaftesbury），他是复辟时期重要政治家莎夫茨伯里一世的孙子，思想方面师承洛克，而洛克恰恰在政治上是受莎夫茨伯里一世庇护的。莎夫茨伯里的主要作品有《德性或功德探究》（*Inquiry Concerning Virtue and Merit*）和《论特性》（*Characteristics of Men，Manners，Opinion，Times*），在其中，自然情感是核心概念。按莎夫茨伯里的说法，人有三种情感：第一种对公共利益有促进，第二种对自我利益有促进，第三种则对前两种情感起阻碍作用。一个完美的德性，应该消除第三种情感，又使前两种处于平衡之中。自私是一种常见的恶，它是由第一种情感太弱而第二种情感太强引起的；高尚存在于爱、感激、慷慨、宽厚、慈悲这些伟大的情感中，高尚者分享别人的快乐，同时思考自己的生活。仁爱（benevolence）是最高程度的善，仁爱给人以完美的安宁和平静，善良的人有丰富的情感，有友谊、善意和宽厚。

---

① John B. Stewart, *Opinion and Reform in Hume's Political Philosophy*, Princeton University Press, 1992.

② D. D. Raphael（ed.）, *British Moralists：1650—1800*, 2 Vols., Indianapolis, IN：Hackett Publishing Company, 1991；Michael Huemer, *Ethical Intuitionism*, UK：Palgrave Macmillan，2005.

在沙夫茨伯里看来，宇宙巧妙而和谐，人应该在宇宙中过有德性的生活。宇宙本性就确定了对与错的标准，人应该通过对宇宙本性的认识来寻找自己的行为准则。如果能实现宇宙大系统所规定的使命，那就是"德性"或"善"。善是一种增加公益的倾向，一个人只要有这种倾向，即使没有表现出来，他也是善的。对待世界有坏的态度和好的态度，前者把事物看成是不完美的、罪恶的，后者则接受和乐见所发生的一切。[①] 虽然不幸会时时发生，但一个人，如果能分辨哪些东西依赖于自己而哪些不是，哪些东西可以被控制而哪些不可以，那么这样的人就是幸福的，他会平静地面对所有那些东西并只做自己可以控制的那部分，由此而保护着自己心灵的完整、平安和纯洁。一个能正确理解自己的人，他的情感会超越家庭和环境，而达到对人类的无私的爱。[②] 可见，与霍布斯的是人皆自私的理论相反，莎夫茨伯里的伦理学理念是仁爱与和谐，这种理念对巴特勒、哈奇逊以及 18 世纪的法国和德国思想都有着重要影响。

巴特勒在牛津受教育，后来出任布里斯托尔主教和坎特伯雷大主教，他的主要著作包括 1726 年的《十五篇布道》（*Fifteen Sermons Preached at the Rolls Chapel*）和 1736 的《自然宗教与启示宗教的类比》（*Analogy of Religion，Natural and Revealed*）。作为基督教的辩护士，巴特勒认为圣经的原则与自然进程所体现的原则其实是同一的，而上帝是这两种原则的创造者。可见在神学方面，巴特勒是 18 世纪的自然神论者。在伦理学方面，巴特勒认为德性服从于人的本性，而人性遵从自爱和良心这两个原则：自爱追求自己的利益，良心则判断孰是孰非。人的行动有低级动机与高级动机、低级原则与高级原则之分。在有德人那里，动机与原则摆正了关系，正如他自己所说："良心决定什么样的行

---

① Lawrence E. Klein, *Shaftesbury and the Culture of Politeness：Moral Discourse and Cultural Politics in Early Eighteenth-Century England*, Cambridge University Press, 1994. Michael B. Gill, "Lord Shaftesbury（Anthony Ashley Cooper, 3rd Earl of Shaftesbury）", *Stanford Encyclopedia of Philosophy*（2011）.

② ［加拿大］查尔斯·泰勒：《自我的根源》，韩震等译，译林出版社，2001 年，第 381—386 页。

动是正义的、公正的和善的，什么样的行为是邪恶的、错误的、非正义的"；"如果我们懂得了我们的真正幸福，那么良心和自爱就使我们殊途同归。"①

弗朗西斯·哈奇逊(Francis Hucheson)是苏格兰启蒙运动的代表人物，也是情感主义的重要代表。哈奇逊出生于爱尔兰，在格拉斯哥接受教育后于 1719 年返回爱尔兰，建立都柏林研究院。1729 年哈奇逊出任格拉斯哥大学道德哲学讲座教授，对斯密和休谟都有过很大影响。他的《我们关于美和德性观念的起源的研究》(*Inquiry into the Original of our Ideas of Beauty and Virtue*)(1725 年)和《论激情与感情的本性与行为，论及对道德感的阐释》(*Essay on the Nature and Conduct of the Passions*)(1742 年)是两部代表作。其中他继承莎夫茨伯里的观念，认为道德是内在的，其根源是仁慈；道德感是在个体经验中逐渐产生的，它使人更加仁慈，而尊重和关心他人则会使人们更加幸福。他认为宇宙是上帝的设计，设计本身就是为了善和幸福，"自然秩序向我们指出我们真正的幸福和完美，它们自然地引导我们，就像土壤、阳光和空气这几种自然力让植物生长并达到其物种的完美一样"②。他还说："适度的情感和爱是无害的，它们中的许多简直是可亲的，是道德上的善；我们具有感觉和情感，引导我们走向公共的善，也朝着个人的善，走向德性、走向其他种类的快乐。"③他认为激情和贪欲不是自然情感，它造成伤害、憎恨和恶意，因而是恶毒的情感；同情、怜悯和祝福则是美好的情感，这些是人身上的善，我们应理解并寻找这些情感，并将其释放。④ 在哈奇逊思想中有

---

① Joseph Butler, Sermons 2. 8, in J. H. Bernard(ed.), *The Works of Bishop Butler*, London: Macmillan, 1900, p. 45.

② Francis Hucheson, *An Essay on the Nature and Conduct of the Passions and Affections*, Gainesville: Scholars Facsimile Reprints, 1969, pp. 204—205.

③ Ibid. , p. 88.

④ Charles Taylor, *Sources of the Self*, Harvard University Press, 1989, cha. 15. 2. Peter Kivy, *The Seventh Sense: Francis Hutcheson and Eighteenth-century British Aesthetics*, Oxford University Press, 2003.

一些基本概念,那就是公共利益、自然法、自然权利、契约、公权力等。

作为 18 世纪最重要的哲学思想家,休谟也讨论道德本性问题。在 1740 年出版的《人性论》第二卷中休谟指出:说某种行为是好的、正当的、理性的或合理的,并不是因为这种行为符合理性原则,而只是因为它表达了人类的某种"倾向"和"癖好",总之,只表现人的一种好恶而已。说一个行为好,是因为想到了这个行为人就觉得愉快,反之就觉得痛苦,归根结底,事情仅此而已。伦理学和政治学不同于逻辑学和数学,也不同于实践科学,它们属于第三种情况,即价值判断,其中包含许多无法证明的因素。在这两个领域,起关键作用的是"习俗";习俗分为两种,一是主持公道的习俗,二是判定正当性的习俗。这样,休谟就把政治和道德的分析指向日常生活和历史,即个人的日常体验和群体的生活。① 休谟否认自然法学说,同时又怀疑上帝的存在,他说宗教的真理属于情感领域,在道德和政治领域,只存在欲望、癖好和习惯。他认为功利主义是不能成立的,因为人的情感和癖好就不是功利的,人的行为也不见得全都是追求快乐,不能把同情和仁爱完全归于快乐。②

亚当·斯密的《道德情操论》中也包含情感主义色彩,其中说任何行为都出于情感,全部的善恶都属于情感,个人会有感激、憎恨、愉快、痛苦这些感受,而正常人体会的同样的情感就是"共感",共感是我们的道德基础。但这样来理解人类还不够,只有更高的自爱与自尊,而不单单是同情心或对惩罚的恐惧,才是人类道德行为的核心。因此,在斯密看来,道德情操不意味着基督教的邻里之爱或人类之爱,而是一种积极的、正面的、扎根于公民生活之中的对荣誉、崇高和尊严的爱。③

---

① [美]乔治·霍兰·萨拜因:《政治学说史》下卷,刘山等译,商务印书馆,1990 年,第 670—677 页。

② Terence Penelhum, "Hume's Moral Psychology", in David Fate Norton and Jacqueline Taylor (eds.), *The Cambridge Companion to Hume*, 2nd edn., Cambridge University Press, 2009, pp. 238—269.

③ Pamela Edwards, "Political Ideas from Locke to Pain", H. T. Dickinson(ed.), *A Companion to Eighteenth-Century Britain*, Blackwell Publishers Ltd, 2002, p. 305.

　　经验主义在 18 世纪英国思想的不同领域都有表现。在萨维尔、博林布鲁克和布莱克斯通以及伯克那里,我们看到不同于洛克的另一种经验主义。乔治·萨维尔认为:在政治问题上很少有所谓普遍原则,人们选择什么样的制度、制定什么样的政策都是出于权宜考虑,"原则"只是党派利益的表达而已——它像钉子,用来挂自己中意的事物。机构与原则一样,也时时处于变动之中;法律与政府之好坏,取决于指导它的人所具有的智慧。好的政治家能在自由与权力之间谋取平衡,他能扩大权力以应付变化,也能有足够的力量维持秩序。

　　在人民、国王与国家的关系上,萨维尔的想法十分有趣,他说:没有国王,国家仍能存在,但没有人民,国家就不存在。但这不等于说人民就是至上的,虽然从理论上讲国家的统治基于被统治者的同意,但在关键时刻必须给领导人以至上的权力,才能保证国家免于毁灭。合格的政治家就像是在汹涌大海中航行的船只的压舱人,他不让航船向任何一方倾斜。萨维尔的主要著作是《压舱者的特性》(*Characteristics of Trimmer*),他认为政府必须顺应内在的压力,做不到这一点,宪法和强制都没有用。20 世纪美国政治学家萨拜因说:萨维尔的"政治智慧超过了他同时代的任何其他英国政治家。……诚然,他几乎并未创立什么政治理论,也几乎不可能有什么政治理论,在 17 世纪喜欢搞黑白分明、以讲绝对权利与义务为特点的那个时代背景之下,要创立政治理论和主张搞一套政治理论,对他来说是办不到的。然而他那有节制的性格,愿意妥协的态度,随时审时度势地判断是非,则为 18 世纪定下了调子。他对'根本原则'的猛烈攻击,同洛克对天赋观念的抨击一道,成为休谟自然权利学说中的经验批判主义的前提"①。

　　博林布鲁克子爵和布莱克斯通从另一个角度讨论英国宪政传统中的中和与平衡特征,而且认为这是自由的基石。在博林布鲁克看来,英国宪政仅仅因为它同时含有君主制、贵族制和民主制的因素,才成为自

①［美］乔治·霍兰·萨拜因:《政治学说史》下卷,刘山等译,商务印书馆,1990 年,第 584 页。

由的宪法。他认为自由要求每一个公民服从宪法,以使私人利益从属于公共利益。① 布莱克斯通是法学家,研究英国的普通法,在他的《英国法评论》(*Commentaries on the Laws of England*)中有两个核心概念,一是权利,二是侵权。他认为权利只指个人权利,公共权利并不存在;②虽说政治或公民自由是宪法的目的,但自由作为权利是由法律赋予的,因此只存在法律范围内的权利,并且只有议会才拥有统治权,而议会是由国王、贵族和平民共同组成的。布莱克斯通认为英国立法权被委托给议会中的三个互相独立的机制,即国王、上院和下院。英国政府的特色在于政权各部分可以相互审查,把君主制、贵族制和民主制都包含在宪法内,由此最大限度地保障了个人的自由。这是一种完美的组合,它防止对社会进行毁灭性的打击。布莱克斯通反对洛克学说,反对那种把人类拉回到自然状态、用暴力瓦解现有政制而恢复到原始状况的设想。他对英国宪政的这种看法,得到伏尔泰(Voltaire)和休谟这些启蒙思想家的共鸣。③

伯克不是讲坛学者,而是政治家,在这一点上和哈利法克斯、博林布鲁克一样。伯克长期从政,曾任下议员 30 年。他的写作基本上是时政性的,并无体系,但他反对用哲学家的药方来改造社会,从而颠倒理论与实际的关系;他认为理论是学者自己的事,政治行动是现实环境的产物。伯克从实践的后果方面斥责理论,在他看来,法国革命最大的恶是走极端,体现了理论对无限多变而不可预测的现实环境的傲慢与蔑视。

伯克认为指导政治的最高原则是审慎,当实践与理论发生争执时,前者应替代后者。环境与习惯决定政府的形式,环境改变了,形式也应

---

① David Armitage(ed.), *Bolingbroke's Political Writings*, Cambridge University Press, 1995, pp. v—xx.

② [美]列奥·施特劳斯主编:《政治哲学史》,李天然等译,河北人民出版社,1993 年,第 621 页。

③ David Liberman, "The Mixed Constitution and the Common Law", Mark Goldie and Robert Wkler(eds.), *The Cambridge History of Eighteenth-century Political Thought*, Cambridge University Press, 2006, pp. 318ff.

该改。维持国家,须遵循一种"成长的原则",温和的改革也为进一步改革留有余地。社会是人造的产物,却不是理性设计的结果;社会沿习俗而行进,它是适应的结果。社会之产生,并非为了保护权利,道德、宗教、文明这些东西都远远高出于个人权利;权利本身只是历史的产物,而不是上天所赋。由此推断,英国政体是最好的,因为它永远为"成长"留有空间。英国政治制度体现着国王、贵族和平民间的平衡,它是在漫长的历史中慢慢形成的;英国政体是一种约定俗成,习惯比财产、政府和权利都更具权威性。

关于政治制度,伯克认为它不是由理论家发明出来的,而是在不断地总结政治活动的经验教训中逐渐产生出来的,人们对这个过程应该抱一种崇敬的态度。制度是需要改变的,而且也确实在改变,但它的变化是缓慢的,而且必须与习俗也就是传统相一致,符合本国的历史精神。在伯克看来,习惯与传统不是负担,而是通向自由的大门;社会是契约,也是一种合伙关系,"由于这种合伙关系的目标不经过许多代就不能达到,这就不仅是活着的之间的合伙,而是生者、死者和将出生者之间的合伙关系。每一个特定国家的每项契约不过是永恒社会的伟大原始契约的一个条款,依照由神圣誓言批准的固定盟约把低级的自然状态同高级的自然状态联结起来,把有形世界同无形世界联结起来,这一神圣誓言支撑着一切肉体的和道义的本性,使它们各就其位"①。伯克对国家、对社会持这种传统主义的、渐进主义的态度,在他的政治理念中,稳定和秩序是核心因素。正因为如此,他对法国大革命十分厌恶,认为它破坏了世代之间的合伙关系。这种经验主义的政治理念在英国有很大的市场,与法国那种追求完美和追求理想的政治态度截然相反。

经济学在 17 世纪还是关于节俭的技巧,到 18 世纪成了如何增加财富、改善个人和国家物质状况的理论。配第把政治经济学说成是"政治算术",提出一种与古代和中世纪道德理论不同的生活见解。财富问题

①［美］乔治·霍兰·萨拜因:《政治学说史》下卷,刘山等译,商务印书馆,1990 年,第 689 页。

成了18世纪经济学说的关键词,①国家力量的大小、国民生活水平的高低都取决于财富的多少。增加财富应该是政府政策的目标,为此应该扩大殖民地,促进海外贸易。学医出身的曼德维尔(Bernard Mandeville)对此做了个有趣的阐释,1705年他匿名发表《蜜蜂寓言》(Fable of Bees),借用蜜蜂讨论财富积累的问题。在他虚构的蜜蜂社会中,每个人都追求私利、贪图享受和挥霍,结果,社会处于繁华状态,人人都有工作做。后来人们不去追逐利益而去追求美德,却导致商业萧条、国家羸弱,无力抵御外敌。制造业、工艺和技能都荒废了,可见,追求享受导致繁荣,节约和俭朴导致衰退。②

曼德维尔的看法受到莎夫茨伯里、哈奇逊和贝克莱等人的猛烈批评,但18世纪下半叶却在休谟、弗格森和斯密的著作中得到回响。休谟从1754开始出版六卷本的《英国史》,其中对17世纪英国革命做出自己的解释。在他看来,英国革命的历史不是争取自由的历史,而是在迷信和宗教狂热的支配下发生的狂暴行为,由于双方不能达成妥协,结果使一个国王成为牺牲品。他认为英国历史上充满宗教狂热,由清教思想支撑的革命,看起来诚实,其实是对美德的破坏。③ 按照他的说法,在革命爆发时,社会已进入商业时代,但宫廷和议会还控制在宗教狂热分子手中,于是社会矛盾加剧了,导致战争发生。

休谟认为从历史中可以得到教训,即政治的秘诀存在于平衡妥协之中,但平衡和妥协不是想象出来的理想状态,而是起源于商业。商业社会催生了文雅社会,改变了社会风俗;商人们进行谈判,对自己的立场留有余地,同时又愿意倾听别人,这些东西比什么都更重要。休谟评判历

---

① 一般讨论,Mark Goldie and Robert Wokler(eds.),*Cambridge History of Eighteenth-Century Political Thought*, Part Ⅳ:"Commerce, Luxury, and Political Economy", Cambridge University Press,2006.

② E. J. Hundert, *The Enlightenment's Fable:Bernard Mandeville and the Discovery of Society*, Cambridge University Press,1994.

③ [英]菲利普森、昆廷·斯金纳主编:《近代英国政治话语》,潘兴明、周保魏等译,华东师范大学出版社,2005年,第14章。

史,用商业、审慎、平衡和文雅做尺度,凯利评论说:"他的文章充斥着对人类特性和民族特性的反思,对政治的兴衰和对艺术、科学的反思。"①

弗格森(Adam Fergusson)也对历史进行解释,他通过《市民社会史》(*An Essay on the History of Civil Society*),试图对文明进程做总体勾画。他将人类历史看作自然史与社会史的统一:自然史是上帝创造的,社会史是人创造的,上帝为人类设计了总体的进步目标,但因为人性的弱点,社会史进步体现出波折起伏。不同的文明有不同的道德理想,不过由追求自我利益而推动的商业社会的成长,能促进人类在自我保存方面的进步。当然,商业既可以促进社会繁荣,也可以瓦解社会风尚,而终极的天意秩序则能够解决这种明显的矛盾。② 显然,弗格森的思想自身也是矛盾的,他带有启蒙运动所特有的复杂的进步观。

爱德华·吉本是那个时代最重要的历史学家,他的六卷本《罗马帝国衰亡史》(*The Fall of Roman Empire*)第一卷出版于1776年,最后一卷出版于1787年,前四卷记述500年的历史,后五卷则记述约1 000年的历史。他的作品旨在探讨罗马帝国衰亡的原因。在他看来,帝国的持续扩张带来了巨大的异质文化,销蚀了罗马的独特精神,财富和东方的生活方式带来腐败,这些是罗马衰亡的最主要原因。此外,基督教给罗马带来了偶像崇拜,也带来了东方的隐修制度,人们变得轻信、迷信而蒙昧,这些都加快了罗马的衰落。

亚当·斯密是把曼德维尔的"蜜蜂国"思想发挥得淋漓尽致的经济学家,尽管他从道德的角度倡导人类德行,但他认为人性天生自私,自由的市场竞争利用人的这种自利本性,可以在经济学层面上降低商品价格,提供更多产品,从而造福于整个社会。③ 他说:"我们不能藉着向肉

---

① [美]唐纳德·凯利:《多面的历史》,陈恒、宋立宏译,生活·读书·新知三联书店,2003年,第442页,译文稍有变动。

② Fania Oz-salzberger, *An Essay on the History of Civil Society*, "Introduction", Cambridge University Press, 1995, pp. xvi—xx.

③ Joseph Schumpeter, *History of Economic Analysis*, Oxford University Press, p. 185.

贩、啤酒商或面包师傅诉诸兄弟之情而获得免费的晚餐,相反的我们必须诉诸他们自身的利益。我们填饱肚子的方式,并非诉诸他们的慈善之心,而是诉诸他们的自私。我们不会向他们诉说我们的处境为何,相反的我们会诉诸他们的利益。"①

"因此,由于每个个人都会尽力把他的资本用以支持并管理国内的产业,这些产业的生产于是便能达到最大的价值;每个个人也必然竭力的使社会的年收入尽量扩大。确实,他通常并没有打算要促进公共的利益,也不知道他自己促进了这种利益至何种程度。由于宁愿支持国内的产业而非国外的产业,他只是盘算着他自己的安全;他管理产业的方式在于使其生产的价值能够最大化,他所盘算的也只是他自己的利益。在这些常见的情况下,经过一双看不见的手的引导,他也同时促进了他原先无意达成的目标。不出自本意并不意味着会对社会有害。借由追求他个人的利益,往往也使他更为有效地促进了这个社会的利益,而超出他原先的意料之外。"②斯密在这里说的是:利用人的私利心可以最大化地促进社会的利益,这样一种"道德情操"逐渐成为18世纪思想的主流。与16、17世纪的宗教道德相比,追求个体幸福代表着思想史上的一大转向,而这也意味着功利主义时代的来临。③

就在斯密出版《国富论》的同一年,1776年,杰里米·边沁发表《政府片论》(*Fragment on Government*),功利主义正式诞生了。当然,如果把"快乐"理解为"功利",那么功利思想在古希腊就有了,不过直到18世纪,随着世俗化的发展,功利主义才成为一种流行的意识形态。功利主义在思想方法上是个人主义的,所谓追求"最大多数人的最大幸福"只是

---

① [英]亚当·斯密:《国富论》,唐日松等译,华夏出版社,2004年,第14页,译文略有改动。

② 同上书,第14页。

③ Michael Gill, *The British Moralists on Human Nature and the Birth of Secular Ethics*, Cambridge University Press, 2006; Douglas Long, "'Utility' and the 'Utility Principle': Hume, Smith, Bentham, Mill", *Utilitas*, 2: 12—39 (1990); Frederick Rosen, "Reading Hume Backwards: Utility as the Foundation of Morals", in Frederick Rosen ed., *Classical Utilitarianism from Hume to Mill*, London: Routledge, 2003, pp. 29—57.

一种推论。在 18 世纪，连神学也带上了功利主义的色彩，例如神学家、圣经学家约翰·盖伊（John Gay）就认为，生活幸福是人类的义务，否则如何能解释得救和永生？上帝希望人类幸福，给予它美德的标准。①

边沁关注法律与社会，他认为许多法律和政府政策是腐败而无用的，应该予以改变。但衡量其无用、腐败的标准是什么？是功用（utility），它们不能带来普遍的社会福祉，甚至造成不幸。边沁认为人类受两种情绪支配：苦与乐，趋乐避苦是人的天性。促进人类幸福的行为和制度是好的行为和制度，因为它们带来快乐；妨碍人类幸福的行为和制度是坏的行为和制度，因为它们带来痛苦。在边沁看来，政府的原则不是契约，而只是需要。契约的用途是什么？是保护权利，为什么要保护权利？因为权利保障幸福。② 行为的对错取决于其后果的好坏——好坏即乐苦。苦乐是可以通过科学或理性的方法衡量或计算的。1789年，他的另一本重要著作《道德与立法原则导论》（*Introduction to Principles of Morals and Legislation*）的法文版在法国出版，但 30 年后才在英国出版英译本。在这本书中，他认为英国的法律只是不同时代的东西堆积起来的大杂烩，应该按照功利原则进行改变："功利原则指的是：当我们对任何一种行为予以赞成或不赞成的时候，我们是看该行为是增进还是减少当事者的幸福……我说任何一种行为，因此不只是说个人的每一个行为，而且是说政府的每一个措施。"③生活环境与卫生、教育与就业机会，是这些构成了人的幸福，因此应该用国家立法来制定政策，使人们容易获得这些东西。边沁说制度好坏只与个人体验有关，与历史或传统无关，他主张用功利原理对社会进行改造；通过对功利原理的阐释，边沁提出了他的社会改造计划，其中包括对政治

---

① John Gay, *A Dissertation Concerning the Fundamental Principle and Immediate Criterion of Virtue* in Frances King's *An Essay on the Origin of Evil*, London, 1731.

② Philip Schofield, *Utility and Democracy: the Political Thought of Jeremy Bentham*, Oxford University Press, 2006.

③ ［英］边沁：《道德与立法原则导论》第 1 章，第 12 页；转引自周辅成编：《西方伦理学名著选辑》下卷，商务印书馆，1996 年，第 220 页。

与法律制度的改造。

激进主义同样也致力于改造英国的政治与法律制度。激进主义产生于1760年代,它继承了17世纪革命时期的平等派思想,又受到功利主义的影响,要求进行议会改革甚至实行普选制。一般认为,威尔克斯与《苏格兰人》报事件是英国激进主义运动的起点,托马斯·潘恩的《人权论》是英国激进主义理论的集大成者;在二者之间,有几位激进主义的代表人物。

理查德·普莱斯是一个百科全书式的人物,一位复杂的思想家。他身兼教士、非国教徒、改革派、共和派于一身,虽然主要身份是宗教人士,却热心世俗事业,支持美国革命,支持改革运动;他也是一位道德哲学家,还写过统计学著作。在宗教方面,他与普里斯特利同属一神论派。1776年,他发表《公民自由、正义以及美洲政策观察》(*Observations on the Natural of civil Liberty*, *the Principles of Government*, *and the Justice and the Policy of the War with America*),反对原罪说和道德惩罚论,相信人性是可以完善的,这本书受到了卫斯理、伯克等人的批判。1784年的《美国革命的重要性及其对世界利益的提升》(*Observationson the Importance of the American Revolution and the Means of Rendering it a Benefit to the World*)以及1789年的布道演说《国家之爱》(*A Discourses on the Love of our Country*)点燃了他与伯克围绕法国革命的论战,这位开明的宗教人士既支持法国革命又支持美国革命。他的伦理学著作包括1757出版的《道德主要问题评论》(*Review of the Principal Questions in Morals*),其中赞成巴特勒和康德的义务伦理学说法,反对哈奇逊的理论,他不承认情感的重要性,认为在有道德的行动中,理性是唯一的指导。他的《英国人口论》(*Essay on the Population of England*)对马尔萨斯有直接影响。[1]

---

① Henri Laboucheix, *Richard Price as Moral Philosopher and Political Theorist*, Oxford University Press,1982.

约瑟夫·普里斯特利是又一位重要的激进主义者,他和普莱斯一样以神职为业,但也是启蒙主义者和自然科学家,一生写了150多部书,是一个著名的化学家。他将科学与启蒙、有神论与唯物论结合在一起,表现出与那个时代其他知识分子的不同之处。他认为理解自然能够推进人类进步,同时又有助于基督教的千年福音。他相信言论自由和宗教宽容,主张不同信仰的平等权利。他支持法国革命,是密尔和斯宾塞的先驱。[1] 他相信宗教和伦理能够被科学证明;在《公民教育论》(*Essay on a Course of Liberal Education for Civil and Active Life*)和《历史与一般政策讲座》(*Lectures on History and General Policy*)等著作中,他主张教育要满足实践的需要,倡导课程改革。

普里斯特利的宗教思想集中体现在1772—1774年出版的三卷本《自然与启示宗教原理》中(*Institute of Natural and Revealed Religion*),这本书后来成为一神论教派的标准读物。按照他的说法,上帝是按照自然规律创造世界的,真理必定与人对自然的经验相契合。他对宗教的理解与对自然的理解是一致的,上帝与"上帝的设计"(即自然)由此而结合在一起。与18世纪其他启蒙思想家一样,他否认奇迹、否认耶稣的神性,主张回到原始基督教,改造当前这个腐败的社会。

普里斯特利大量介入政治和宗教论战,在《论政府的第一原则》(*Essay on the First Principles of Government*)(1768)中,他为现代自由主义争取权利。他把政治自由与公民自由区分开,赞成扩展公民权利;他区分私人领域与公共领域,认为教育和宗教属于私人良心问题,不在政府的管辖范围内。作为科学家,他认为科学可以提升人类的幸福与安全,而他理想中的科学家则是富兰克林。1770—1780年代普里斯特利写作了多本哲学著作,他不承认身心二元论,认为世界都是由物质组成的,

---

[1] Robert E. Schofield, *The Enlightenment of Joseph Priestley: A Study of His Life and Work from 1733 to 1773*, University Park: Pennsylvania State University Press, 1997; Robert E. Schofield, *The Enlightenment of Joseph Priestley: A Study of His Life and Work from 1773 to 1804*, University Park: The Pennsylvania State University Press, 2004.

灵魂不可被研究，因为它由神圣物质组成。他向法国的无神论和休谟的怀疑论开战，坚称物质与上帝可以共存。他承认因果律，但因果律是由仁慈的上帝创造的。普里斯特利支持法国革命，引起皮特和伯克的不满，皮特称激进派企图颠覆政府，伯克则说自然科学家（包括普里斯特利）与法国革命有联系，他们对待人类社会的态度与对待试管中的老鼠无异。这里有一个非常有趣的矛盾现象：作为世俗政治家的伯克，反对科学、坚信宗教是社会的基础；而作为非国教牧师的普里斯特利则说宗教不是社会的基础，它只是一个私人的领域！①

托马斯·潘恩是激进主义最重要的理论家，也是美国革命和法国革命最坚定的拥护者。潘恩并不主张无神论，他虽然认为《旧约》讲述的都是一些猥亵和残忍的故事，《新约》则无法验证，但他承认上帝是宇宙的创造者，是道德真理的象征。他最重要的三部著作是为支持美国革命而写的《常识》(*Common Sense*)，为倡导英国改革而写的《人权论》(*Rights of Man*)，为宣传自然神论而写的《理性时代》(*The Time of Reason*)。他在《常识》中大声疾呼美国独立，为美利坚合众国的诞生立下汗马功劳；他在《人权论》中批驳伯克的保守主义，抨击英国政治制度，主张激进的政治改革。《理性时代》是他逃亡法国以后发表的作品，其中对基督教的一些基本教义进行无情的攻击，引致许多基督教卫护士的强烈反弹。②特别值得注意的是：尽管潘恩的政治立场在英国是属于最激进的，但在法国他却赶不上形势的激变，雅各宾派将其视为反革命，投入监狱，几乎被处决。确实，英国的激进主义到法国就显得不激进了，连潘恩这样的英国激进派都无法适应法国的政治文化。

威廉·葛德文(William Godwin)出生在不服从国教者家庭，和许多

---

① Martin Fitzpatrick, "Joseph Priesterly, Political Philosopher", in Isabel Rivers and David L. Wykes (eds.), *Joseph Priestley, Scientist, Philosopher, and Theologian*, Oxford University Press, 2008.

② Jr. Jack Fruchtman, *Thomas Paine: Apostle of Freedom*, Basic Books, 1996; Craig Nelson, *Enlightenment, Revolution, and the Birth of Modern Nations*, Penguin Books, 2007.

社会评论家一样选择记者和小册子作家作为职业。他的《政治正义论》（*Enquirg Concerning Political Justice, and its Influence on General Virtue and Happiness*）（1793）和潘恩的《人权论》一样，是对伯克两年前发表的《法国革命随想录》的反驳。受法国思想家爱尔维修、霍尔巴赫的影响，葛德文相信人的自我完善的能力，相信人类将在理性的指导下走向进步。他的思想几乎是由两个相互矛盾的信念支撑的：一方面，他认为政府或政治社会的目的是促进绝大多数人的最大幸福（这是政治正义的根本原则）；另一方面，他又发现人的不幸是环境造成的，特别是由坏风俗和坏政治造成的。这就需要根据理性的原则和进步的标准，对习惯和政治生活进行重组，而法国革命是这种重组的最重要尝试。作为重组的结果，现行的法律、财产制度，政府乃至婚姻制度都应该被废除。这样他就与洛克和伯克完全不同了——他认为政府是一种恶，最终会被消灭；私有财产是导致社会不平等的最重要的原因，因此应被废除。在他的思想中，包含着自由主义、无政府主义和共产主义的元素。①

　　考察整个18世纪的英国学术，就会发现"知识"、"习惯"、"道德"和"商业"是关键词。知识理论受上个世纪科学革命的影响，试图为我们认识自然提供基础，这是对科学革命的"再思"。但在这个世纪，关于知识的最主要进展却在于：人可以像研究自然一样研究社会，和自然科学一样，也存在关于人和社会的科学；科学的观察方法一样可以用于人与社会；而人性和习惯像感觉和推理一样，可以为人的科学及社会的科学提供研究基础。从同情、怜悯这些日常的感受中，可以建构关于道德的知识；从人类趋乐避苦的本能和追求有用的愿望中，可以建构出关于法律和经济的知识；从对风俗的研究中，大体可以建构出关于政府与社会的知识。迄至此时，西方主流思想一直认为商业会瓦解美德，但是在18世

---

① John P. Clark, *The Philosophical Anarchism of William Godwin*, Princeton, New Jersey: Princeton University Press, 1977; Robert Lamb, "For and Against Ownership: William Godwin's Theory of Property", *Review of Politics*, Vol. 71, No. 2(2009).

纪的和平环境下,日常生活的改善使一部分思想家觉得商业的出发点虽然是追求利益,却对文雅、平和与相互宽容的市民生活有促进作用,也可以说是商业促进了美德。这个思想,与经济学的发展相关。①

---

① J. G. A. Pocock, *Virtue,Commerce,and History:Essays on Political Thought and History, Chiefly in the Eighteenth Century*, Cambridge:Cambridge University Press,1985.

第三章　艺术与科学

在艺术与科学方面,18世纪英国呈现出古典主义、启蒙运动和工业革命的色彩。古典主义将古代希腊、罗马的艺术视为最高的艺术理想,在美术中强调平衡与对称,在音乐中强调和声与对位。启蒙运动以人性、平等、自由这些观念批评当时的社会,其批判传统从18世纪一直流传到19和20世纪。科学和工业革命也影响到英国的艺术创造,热、电、光等科学实验及工业革命的场面进入英国艺术。

在16—17世纪,英国建筑设计主要从古罗马建筑中吸取灵感,其中意大利建筑师安德烈·帕拉迪齐奥(Andrea Palladio)的影响最大。18世纪初,英国化的古典风格强调柔和、高雅、平衡,与大陆欧洲开始流行的巴洛克式的浮华、雕琢形成强烈对比。英国的民居建筑风格是在18世纪早期安妮女王时代发展起来的,它注重居住的舒适感,在外观设计上也偏向含蓄稳重:木质的屋顶、人字形山墙、暖色的外墙材质、白色的木质装饰条纹、为抵御寒冷而设计的三层墙体等,都将英式建筑的庄重、古朴以及对居住质量的要求发挥到极致。古典主义特征被称为"古典复兴",以大英博物馆为代表的一批著名的古典式建筑为英国近代建筑艺术奠定了基础。

在雕塑方面,一些知名的佛兰德斯雕塑家为躲避战乱而迁居英国,给英国雕塑带来一些新变化。约翰·米切尔·赖斯布拉克（John Michael Rysbrack）为肯辛顿宫创作的《罗马的婚礼》高浮雕，其墓碑雕塑人物虽然身着古罗马服装，站在金字塔的背景下，但这些人物的姿态却具有巴洛克风味。赖斯布拉克的代表作是哈博罗勋爵墓碑，他在上面刻画了动人的母子形象，继承了鲁本斯的风格。尽管在18世纪，英国雕塑发展不及法国或意大利，特别是在后期走向呆板枯燥，但官方政策却给艺术提供了良好的氛围，比如建立皇家美术学院，设置多种奖学金，在严格的训练中培养新古典主义审美观，等等。

从1706—1840年，英国绘画受到新古典主义的强烈影响，庞贝城的发掘激发了画家对古典作品的兴趣，古代作品中的人物和姿态给他们以灵感。在18世纪画家中，最重要的有贺加斯、雷诺兹、斯塔布斯和庚斯博罗等。

威廉·贺加斯（William Hogarth）可谓漫画家的先驱，他的作品关注社会与道德问题。他吸取荷兰风俗画的传统，用绘画讲故事，表达对社会的看法。贺加斯出身贫寒，自小学徒，熟悉都市下层生活，对社会的不公正有深切体会。他曾经画过一幅讽刺画《南海泡沫》，讥讽那场灾难性的投机悲剧。他还创作了许多讥讽时事的作品，如《英国剧场》《化装舞会》等。在1730年代他创作了不少油画作品，其中《墨西哥征服》是杰作。1731年他创作系列道德画《一个妓女的历程》（六幅）和《汤姆·莱克威尔历程》（八幅），由此获得巨大声誉。前一作品叙述妓女莫尔的悲惨一生，后一作品叙述莱克威尔从富裕到潦倒的变化。系列油画《风俗婚姻》反映中等阶级金钱婚姻的悲剧，被认为是他最好的作品。12幅油画系列《勤劳与懒惰》讲述了两个学徒一个勤奋一个懒惰而终致命运不同的故事。这些作品都体现了贺加斯对社会问题的关注，以及他的中等阶级的价值观。

贺加斯笔触粗放，对色彩的表现力有苛刻要求。他擅长用色块来表达人物，喜欢把很多人物组合在一幅画里，为他们设立不同的背景。这是一种具有高度挑战性的绘画方法，同时也有利于表现戏剧性的心理描写。他的作品经常被印制成数百上千张版画,这种传播风格适应工业时代的变化,能够满足大众消费的要求。但"他的艺术没有被同胞直接继承下去,主要原因在于,他扮演的是英国贵族异己分子的角色,是贵族艺术的叛逆"①。

约书亚·雷诺兹(Joshua Reynolds)是 18 世纪最有影响的英国画家,通过追求完美而提升"伟大风格"。他的作品追求崇高与完美,使其成为那个世纪最重要的美学理念。雷诺兹在求学时代就涉猎各学科知识,1749—1752 年游历意大利,研究古典艺术和文艺复兴时期的作品。此后他一生居住于伦敦,与那个时代的许多知名人物交好。他是出色的肖像画家,一生画过 3 000 多幅肖像,其中知名的有《俱乐部》《克佩尔勋爵》《赫特福尔德勋爵》等,伯克称其在品味、天赋、色彩和创意诸方面都位列于大师的行列。雷诺兹还是那个时代重要的美术与美学理论家,他在《论艺术》中表现出他对艺术的敏锐感知,认为寻找美和表达美是艺术的最高宗旨。雷诺兹的肖像画人物都精力充沛,男子有气概而不做作,女子显优雅却不艳丽。

雷诺兹是艺术界的领袖人物,他不仅是画家,也为报纸撰文,广交各界之士,受到王室的器重。他在 18 世纪的知名度,堪比当年的鲁本斯。1760 年他参与组织了英国艺术家协会,这个协会每两年举办一次画展,对促进英国的艺术发展起很大的推动作用。1768 年雷诺兹创办了国家画院,次年又协助建立皇家美术学院并出任院长。他曾对艺术追求做过这样的评论:"我们所从事的艺术以美为目标……它是寄寓于艺术家心中的观念,艺术家总是在竭力将它分离出来,但至死都做不到这一点;不过艺术家却可以将这种观念传导出去,引起观众的思考,扩展观众的视野。"②

乔治·斯塔布斯(George Stubbs)和当时其他艺术家一样也曾游学

---

① 马凤林、帼立、梁时一:《英国绘画史》,岭南美术出版社,1990 年,第 6 页。

② [英]斯蒂芬·琼斯:《剑桥艺术史,18 世纪艺术》,钱乘旦译,译林出版社,2009 年,第 50—51 页。

意大利,在意大利时他产生了这样的信念:自然高于任何艺术家。回国后他成为肖像画家和风景画家,最拿手的是动物画,他曾研究动物解剖学,在画马、画狗和画狮子方面独树一帜。

托马斯·庚斯博罗(Thomas Gainsborough)是18世纪英国最负盛名的风景画家,也作肖像画,与雷诺兹同时代。他自幼就表现出惊人的绘画天赋,年轻时曾在伦敦求学,追求浪漫主义,强调自然和个人风格,敢于创新,不拘一格,从而与雷诺兹的新古典主义形成对比。庚斯博罗的名作是《蓝衣少年》,他画这幅画,就是针对雷诺兹所说"光的部分当永远敷用热色……反之,蓝,灰,绿永不能当做光明"①。两人毕生都是劲敌,但都深受当时社会上层的推崇,英国画坛也因他们而产生了派别之争。庚斯博罗的画风将法国洛可可画家华托的风景画与荷兰肖像画结合在一起,但在总体上仍是一种洛可可风格。在《安德烈夫妇》(1748—1749)这幅画中,丈夫站立在一棵巨大的橡树下,妻子端坐,英国乡村风景从他们这里延伸而出,远方是乌云密布的天空。作者将肖像画与风景画结合起来,不仅表现风景,也表现人物的性格、地位和权力。《蓝衣少年》(1770)以蓝色为主调,光与色都用来突出男孩的身体和脸庞,"凭着对人性的直观同情,他画出有血有肉的人,并赋予他们以法国先辈的那种优雅与智慧"②,表现出他对乡村生活的真诚感受和对洛可可艺术的深切热爱。

庚斯博罗与雷诺兹一生争斗,但雷诺兹在那个时代却尽占上风,他得天时、地利、人和之助,更因为他的主张,即艺术表现平衡的美的主张,更能够表达18世纪统治集团即贵族们对社会和谐的追求。应该说,在艺术造诣上,庚斯博罗要高于雷诺兹,因为他努力突破传统的束缚,在欧洲美术史上占有更高的地位。

约翰·佐范尼(Johann Zoffany)的代表作是《乌飞齐美术馆画坛》,

---

① 傅雷:《傅雷文集美术卷》,安徽文艺出版社,1998年,第178页。
② [英]马丁·坎普编:《牛津西方艺术史》,余君珉译,外语教学与研究出版社,2009,第194页。

是奉王后夏洛特之命而创作的。画中将一群想象的艺术爱好者和社会名流放在佛罗伦萨著名的乌飞齐美术馆大厅里，"借此机会讴歌了一种最有教养的消遣方式：欣赏艺术。……他们聚集在一起，表现着风雅的争执和求知的渴望与自豪，其聪慧颖悟表达出18世纪文化的广阔兴趣和自由意向，他们的社会教养使得争执平和淡泊，把风度看得比争论更重"①。这幅画体现着雷诺兹所倡导的艺术追求，雷诺兹曾大力提倡高雅艺术，追求平衡、对称，隐喻着那个时代对和谐的景仰。

英国18世纪音乐也以平衡与和谐为特征，体现在奏鸣曲的形式规则中。17世纪的宗教政治纠纷、清教戒律对所谓"享乐"的压抑，都造成18世纪前半期英国音乐创作几乎空白无物的局面。安妮女王时期，德国音乐家亨德尔(George Frideric Handel)应女王之邀来到英国，为英国人创作了许多歌剧和清唱剧，比如圣经故事《扫罗》，根据弥尔顿史诗改编的《力士参孙》，以及《犹大·马加比》《弥赛亚》等。亨德尔运用娴熟的复调音乐技巧，搭配英国圣咏的传统，把清唱剧从一般的教堂音乐提升到气势恢弘而带有浓厚抒情色彩的大型音乐作品。他把反抗暴政和反对外族侵略的内容与牧歌、赞美诗的合唱传统及意大利歌剧的曲调结合在一起，写出了感人的英雄纪事，受到英国人的欢迎。虽然从内容方面说，这些作品是宗教题材或古代历史，但亨德尔将其与英国民族国家兴起的背景联系起来，反映了英雄人物建功立业的热情渴望。约翰·盖伊写的《乞丐的歌剧》(*The Beggar's Opera*)采用流行曲调，对沉闷的意大利歌剧和迂腐的英国上层社会进行讽刺。这部作品广受欢迎，为英国民谣歌剧开启了先河。在音乐理论方面18世纪也有名作。1776年，查尔斯·伯尼(Charles Burney)编写《音乐通史》(*History of Music*)，霍金斯(Sir John Hawkins)出版《音乐的科学与实践的历史》(*A General History of the Science and Practice of Music*)，这些都对英国的音乐发展有所贡献。

---

① ［英］斯蒂芬·琼斯：《剑桥艺术史，18世纪艺术》，钱乘旦译，译林出版社，2009年，第7页。

在 18 世纪,技术与科学的关系变得密切了,技术发明得到皇家学会的帮助,正如在 17 世纪,科学发现得到皇家学会帮助一样。但是皇家学会过分注重理论,这造成许多人的不满,于是就成立了新学会。曼彻斯特学会致力于推动化学、纺织业的发展,爱丁堡学会于 1732 年成立,网罗了像哲学家休谟、经济学家斯密、医学教授布莱克、地质学家詹姆士·赫顿等这样一批人。威廉·希普利(William Shipley)在 1753 年倡导成立了皇家艺术学会(Royal Society of Arts),旨在推动大不列颠的艺术、制造和商业。这个学会的活动,不是宣读和发表论文,而是鼓励发明,提倡技术改良。在成立的那一年,希普利就建议给钴的发明和茜草染料的生产颁发奖金;后来受它奖励的还有机械、精密仪器、化学品、农业耕作方法及新农具等方面的发明。格林威治天文台成立于 17 世纪 70 年代,到 18 世纪初该台已经在国家的资助下精确制订了地球经度表、月球运行表和恒星方位表,有利于远洋航海。1727—1728 年,约翰·哈里森(John Harrison)制造出五台航海计时器,它可以配合海上经度测定,是对 17 世纪航海技术的继续发展。

农业方面广泛推行了四区轮作法,犁、锄以及脱谷机、切蒿机等器械不断得到改进,畜力条播机取代了手工撒播,马拉收割机在大农场中取代了镰刀。在纺织业中,约翰·斯图亚特和刘易斯·保尔(Lewis Paul)于 1738 年获得辊纺法专利;1764 年詹姆士·哈格里夫斯发明珍妮纺纱机,以后一个工人可以照看 80 个纱锭。1771 年,理查德·阿克莱特发明水力纺纱机,这一发明除改变了纺纱机的动力外,也改进了纺纱技术,使生产全棉织物成为可能。克朗普顿在 1774 年把珍妮机与水力纺纱机结合起来,发明了"骡机"。1785 年,卡特莱特发明动力织布机,使织布业也走上机械化发展道路。

18 世纪中期以前,漂白工艺非常复杂,要经过浸渍、煮炼、喷水、酸化等多道工序,还需要有庞大的晾晒场。经过弗朗西斯·霍姆(Francis Home)、克劳德·路易斯·贝尔托莱(Claude Louis Berthollet)和查尔斯·坦南特(Charles Tennant)等人持续半个世纪的改进,漂白过程广泛使用了稀硫酸、氯、石灰乳等化学物质,节省了工序和成本,改善了效果。

蒸汽机的发明与完善是 18 世纪最重要的技术发明,一方面是采矿业的需要,另一方面是肥皂、玻璃制造、冶金、造船这些高能源消耗行业的迅速发展,都使得煤取代木材作燃料成燃眉之需。17 世纪末 S. 莫兰和托马斯·萨弗里发明蒸汽泵,将热力转换成机械;托马斯·纽康门在 1710 年代发明空气蒸汽机,是对蒸汽泵技术的改进,到 20 年代这种蒸汽机已被广泛运用到英国采煤和金属采矿中。18 世纪,工程学家自觉运用科学原理,将工程学与科学进一步结合。1769 年斯米顿改进了纽康门蒸汽机;而瓦特则完成了这个改进过程。随着瓦特蒸汽机的出现并迅速运用于采矿、纺织、冶金等行业,工业革命也进入加速发展的阶段。①

从科学史的角度看,18 世纪是牛顿理论广为传播的世纪。牛顿在 1687 年发表《自然哲学的数学基础》,奠定了现代科学的基础。牛顿理论在欧洲大陆的传播比较慢,它受到法国的笛卡儿学派和德国的莱布尼兹学派的质疑。从 1730 年代起,伏尔泰竭力传播牛顿学说,而洛克和牛顿也成为法国思想界所知晓的名人。1750 年代以后,法国的百科全书派、大陆的巴塞尔派也成为热心的牛顿理论传播者,微积分和欧氏几何则成为科学研究的工具。人们详细探讨牛顿提出的问题,如地球、太阳和月球三者间的引力作用,太阳系的自行调节结构等等。②

同时,微积分和几何学成为测量和运算的重要工具。数学的重点从 17 世纪的几何学转变为分析学(代数和方程),而在整个 18 世纪,分析方法一直被用来解决力学问题,如陀螺运动、管道中的水流运动、振动现象及由杆绳联结的复杂系统运动等,"所有这些复杂的运动都被分析法所

---

① [英]亚·沃尔夫:《十八世纪科学技术和哲学史》,周昌忠等译,商务印书馆,1997 年,第 1 章;[英]斯蒂芬·梅森:《自然科学史》,周煦良、全增瑕等译,上海人民出版社,1980 年,第四部分。

② Dear, *Revolutionizing the Sciences*, cha. 8;Hankins, *Sciences and the Enlightenment*, cha. 2.

征服,因为分析法只需要笔和纸,理性力学唯一需要的器械是大脑而已"①。

在18世纪,人们普遍认为牛顿关于引力是距离平方的反比的结论,是宇宙中的普遍规律;光、热辐射的强度与热源距离的平方成反比,同样公式也适用于磁与电力的吸引与排斥。牛顿力学运用于测定天体位置,而18世纪的观测手段也越来越精确,对火星、月球的天体定位,观测误差只有几弧秒。布拉德雷在1728年发现光行差,这可以解释在观测恒星位置时发生的误差,布拉德雷认为它与地球的绕日运动、光到达望远镜的时间等因素有关。他在1748年还提出章动概念,即地轴的旋转摆动与岁差摆动共同产生了恒星方位上的视变化。18世纪,天文学的研究热点之一是太阳系的组成和运动,托马斯·赖特在1750年左右提出假说,认为太阳和银河系恒星共同组成巨大的恒星体系,康德则进一步提出宇宙发展的星云假说,这些假说都影响到天文观测。英国天文学家的其他重要发现是由威廉·赫歇尔(William Herschel)和卡罗琳·赫歇尔(Caroline Herschel)兄妹做出的。威廉制作了反射式望远镜,他把可被观测的半边天空划分成若干区,记下每一区的恒星数目和特点,由此制订出巡天表。他在1781年发现了天王星,又在1783年观测到星云状星系;他预言多数恒星都带有行星,多数星云都是像银河系一样或处于形成过程中的恒星系。卡罗琳则绘制了星空分布图,对宇宙形状进行研究。总体说来,18世纪英国天文学在观测方面的成果较大,在理论构造方面不及拉格朗热和拉普拉斯。

热、电、光、磁这些与日常生活紧密联系的现象成为研究的热点,与此相关的各种实验也取得进展。在莱顿瓶被发明以后,电成为物理学的实验中心,在18世纪的物理实验中占总数一半。电学实验有一定的娱乐性,因此也吸引业余爱好者进行研究。弗朗西斯·汉克斯比(Francis

---

① [美]托马斯·L.汉金斯:《科学与启蒙运动》,任定成、张爱珍译,复旦大学出版社,2000年,第31页。

Hanksbee)研究了高压状态下气体的放电现象,通过摩擦一根长长的玻璃管来产生电火花,由此也就成为这个世纪实验室发电的标准方法。1729年斯蒂芬·格雷(Stephen Gray)进行电的传导实验,他用一根玻璃管作为发电机,用塞子塞住两端以防灰尘入内,将羽毛放入管内,他发现羽毛被吸向其中的一端。他还试图将电传送出去,用鱼线和鱼竿把电送到了52英尺之外。他认为电是一种没有重量的流体,能够从一个地方流到另一个地方;另外他还指出了导体与非导体的区分。

1769年,约翰·罗宾逊(John Robinson)测量了电荷间的排斥力,库伦(Charles-Augustin de Coulomb)和卡文迪什(Henry Cavendish)则重复和完善了他的实验。库伦发现了库伦定律,即电力与荷电物体间的距离平方成反比;卡文迪什则发展出测量导体的相对电容和相对电阻的方法。

在化学方面,虽然波义耳在17世纪中叶以后建立了英国医学化学学派,但德国医疗化学学派提出的燃素说影响了整个18世纪。燃素说认为一切可燃物体都含有可以燃烧的硫性物质,在燃烧过程中这种物质从物体中逃逸,从而发生燃烧。燃素说影响很大,直到18世纪下半叶,英国的化学家如布莱克、卡文迪什和普里斯特利等仍旧接受这种学说。但是他们的实验工作却推翻了这种学说。1754年,布莱克将碳酸镁浸入酸液,结果产生大量气体,他认为这是一种"固定气体",即我们现在所说的二氧化碳,他发现这种气体具有重量并且可以分离,后来又发现在石灰中加入水、将木炭燃烧、某些物体发酵等,都可以释放固定气体。1776年卡文迪什将金属浸入酸液,产生一种可燃空气或"硝气",也就是我们现在所说的氢,他用集气槽收集了这种气体。普里斯特利发现了好几种气体,如氨、氯化氢、一氧化二氮、一氧化氮、二氧化氮、氧、氮、一氧化碳、二氧化硫等;1774年他从氧化汞中提取出一种气体,老鼠在这种气体中会活得更长,他自己在这种空气中也会感到呼吸畅快,他预言这种气体会有很大的医学价值。1781年,卡文迪什对大气的组成进行精确测量;普里斯特利则进行氢氧混合产生爆炸的实验,爆炸后只剩下一点露水,从而证明了水是由氢氧两种物质构成的。

随着多种气体被相继发现，空气中含有多种物质的观念也就形成了。1789年，拉瓦锡在《化学纲要》中对这些成果进行概括，认为"元素"而非"燃素"是化学分析的基本单位；他列举了23种不同的元素。[①] 但奇怪的是，英国科学家几乎都不承认拉瓦锡的理论概括，卡文迪什和普里斯特利仍旧坚持燃素说。

关于热的研究，热质说和运动说是18世纪的两种理论。热质说认为热就像气味、颜色一样，属于物体的第二性，虽然有程度差别，但难以测量。17世纪的自然研究者，从培根到牛顿，都持热的运动说，认为热是一种特殊物质的运动，他们称其为火粒子。约瑟夫·布莱克（Joseph Black）提出比热与潜热的概念：如果给不同的物质加温，其热的程度不同，因此不同的物质有不同的比热容（改变单位物体温度时吸收或释放的能量）。他还发明了测量蒸汽潜热的方法。按照布莱克的定义，潜热是水在相变过程中吸收或释放的热量，主要指水汽凝结成水或水凝结成冰时所释放的热量。1798年，本杰明·汤普森通过炮筒钻孔实验，论证了热的运动说：钻孔没有使物质减少，却产生了大量的热，因此热不可能是具体的物质，而只能是物质运动的结果。1799年，英国化学家戴维用两块冰摩擦生热，从而证实了热的运动说。

在地质学或地球理论方面，18世纪的自然研究者开始在《圣经·创世记》之外考虑地球的形成。18世纪中期以前，法国人德梅勒和布封的学说十分流行，前者坚持水成说，说洪水曾一度淹没整个地球，逐渐退去后形成了现在的地貌。布封在《自然史》和《创世的时代》中提出地球是好多亿年前彗星撞击太阳的结果，从地球产生到现在共经历了七个时代。爱丁堡的詹姆士·赫顿（James Hutton）在1785年发表《地球学说，或对陆地组成、瓦解和复原规律的研究》，提出火成论和地质循环的概念；1795年他发表《地球理论》，认为各种地质现象乃是地球各种力量作

---

① ［美］J. 范因：《热的简史》，李乃信译，东方出版社，2009年。

用的结果,河谷是河流冲刷而成的,泥沙是岩石风化的结果,平原则是河流夹带泥沙形成的积淀,岩石是火山岩浆的凝结。①

　　在生理学方面,18世纪中后期英国科学家在消化研究和生殖研究方面取得了一定成果,爱德华·史蒂文森(Edward Stevenson)对动物和人的胃液进行实验,分析其消化特征。1743年,亨利·贝克(Henry Baker)发表《珊瑚虫自然史》,其中报道了他和特朗布莱分别在英国和海牙进行的著名的水螅生殖观察:他把水螅切成若干段,发现每一段都能生长成完整的水螅。约翰·尼达姆(John Needham)通过肉汤实验试图证明微生物是在液体中产生的,而不是卵生的,但后来证明他的实验不严密,因为他的密封做得不好。在解剖学方面,约翰·亨特(John Hunter)解剖了大约500种不同的动物,积累了丰富的标本,他研究了鱼的发电现象、鸟的气囊和鲸的结构等。在18世纪,人体解剖的目的不再是获得准确的人体知识,而是了解病理结构。英国重要的病理解剖学家是马修·贝利(Matthew Baillie),1793年他发表《人体某些最重要部分的病理解剖学》,其中综合欧洲人的研究成果,尤其是意大利人莫尔加尼的研究成果,用以解释疾病对人体结构的影响。约翰·亨特也是病理解剖学家,他坚称解剖学是一切医学的基础,在1794年发表的《论血液、发炎、枪伤》中,他认为发炎不仅是身体的病变,也是一种身体复原的方式。他还发现了动脉的补偿机制,即对病变的动脉进行包扎后,血液可以从动脉流动。

　　总之,18世纪的英国艺术与科学体现出古典主义、启蒙主义、工业革命、艺术与科学相互渗透的特征。古典主义体现在艺术从总体上追求平衡、对称、和谐、高雅和形式的完美,追求宏大的风格和主题。启蒙主义使艺术家关注社会生活,试图在作品中体现道德理想:改善社会环境,提升精神面貌和改变生活状况。工业与科学的交互作用,其直接的后果便

---

① 参见:Peter Bowler, *Evolution: The History of an Idea*, University of California Press, 1989, cha. 2;Rachel Laudan, *From Mineralogy to Geology: The Foundations of Sciences, 1650—1830*, Chicago:University of Chicago Press,1987,cha. 6.

是现代技术或工艺的产生。从此以后"科技"便强烈地改变着人类的生活和人类对世界的看法。解决技术难题成为科学的动力,技术的发展则极大改善了观测世界的工具。除数学、天文、力学外,17世纪别的学科几乎乏善可陈;到了18世纪末,学科的门类几乎呈爆炸的状态。这种情况是前所未有的。热、电、光、磁这些与日常生活紧密联系的现象成为研究的热点,日用化工、建筑、玻璃制造和运输业的发展都与人们追求舒适、体面和美的生活相关。实用性也体现在艺术当中,如解剖学和对色彩的研究被运用于美术创作。科学与艺术的结合,即"技术"的进展,成为18世纪及以后的英国社会,也是人类社会的最重要的塑造力量。

附　录

一 地图 *

1. 1715 年、1745 年詹姆士党人叛乱

---

* 本书地图引自[英]马丁·吉尔伯特著《英国历史地图》(第三版),王玉菡译,中国青年出版社,2009 年。

2. 1763 年的大英帝国

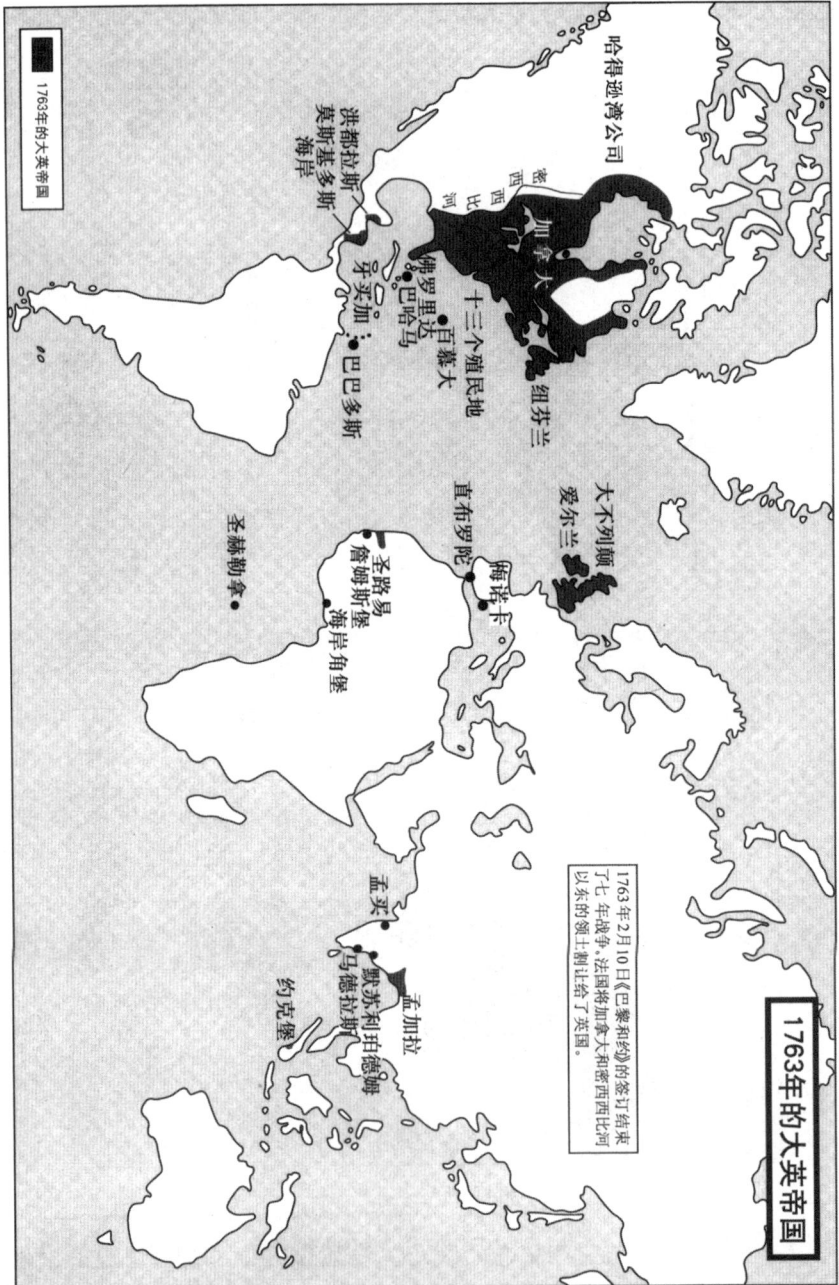

1763年的大英帝国

图例：1763年的大英帝国

哈得逊湾公司

密西西比河

加拿大

纽芬兰

佛罗里达

牙买加

巴哈马

洪都拉斯海岸

莫斯基多海岸

十三个殖民地

巴巴多斯

直布罗陀

圣路易堡

詹姆斯堡

海岸角堡

大不列颠

爱尔兰

梅诺卡

圣赫勒拿

孟买

马德拉斯

默苏利珀德姆

加尔各答

约克堡

1763年2月10日《巴黎和约》的签订结束了七年战争，法国将加拿大和密西西比河以东的领土割让给了英国。

3. 1700—1800 年英国的农业

1700—1800年英国的农业

斯特灵

1758年第一个脱谷机问世，1786年将其改进

纽卡斯尔

卡莱尔 · 达勒姆

达勒姆短角牛

约克 · 里兹 · 赫尔

曼彻斯特 · 设菲尔德

利物浦

科克的庄园成为农业生产改良的典范

汤森子爵推广使用芜菁进行轮作

贝克韦尔培育并改良了牛和羊

埃金顿引入了深渠排水的方法

林恩 霍尔克姆

伍斯特

赫里福德肉牛

杰塞罗·托尔引入了条播机

格洛斯特 · 牛津

切姆斯福德

1793年成立了农业委员会

布里斯托尔 · 温莎 · 伦敦

索尔兹伯里 · 无角短毛羊

温切斯特

乔治三世的模范农场

18世纪的圈地情况

■ 圈地严重地区

▥ 大范围圈地地区

▢ 部分圈地地区

▦ 1763年开始在英格兰的游历范围

▨ 牛和羊的新品种

0 ── 50

英里

441

4. 1715—1815 年的英国工业

1715-1815年的英国工业

图例：
- 煤田
- 科尔布鲁克代尔的炼铁厂，1709年亚伯拉罕·达比在此第一次成功地使用焦炭冶炼，第一次使用纽康门的蒸汽抽水机
- 自1760年通过亨茨曼的精炼优质钢技术得到改进的设菲尔德的钢铁工业区
- 发展中的城镇
- 新的烧煤的钢铁厂
- 伯斯勒姆，1759年韦奇伍德工厂建于此地
- 发展中的主要码头
- 兰开夏和约克郡的商业首领

1801年最大的几个城镇的人口

伦敦	864000
曼彻斯特	84000
爱丁堡	82500
格拉斯哥	77300
利物浦	77000
伯明翰	73000
布里斯托尔	68000
利兹	53000

地图标注：
- 格拉斯哥
- 爱丁堡
- 1775年瓦特的第一台蒸汽机
- 纽卡斯尔
- 1779年克朗普顿的纺纱机"骡子"发明成功
- 1733年约翰·凯改进织布梭子，发明"飞梭"
- 1764年哈格里夫斯发明了珍妮纺纱机
- 普雷斯顿
- 本杰明·格尔
- 利兹 赫尔
- 贝里 布拉德福德
- 博尔顿 哈利法克斯
- 曼彻斯特 罗奇特·皮尔
- 利物浦
- 斯托克波特 设菲尔德
- 1785年卡特莱特发明机械动力织布机
- 塞缪尔·欧德诺
- 切斯特 布罗斯利 德比 诺丁汉
- 斯托克
- 1770-1808年的威尔金森炼钢厂
- 斯塔福德
- 什鲁斯伯里 莱斯特
- 1773-1779年修建了第一座铸铁桥
- 科尔布鲁克代尔 伯明翰
- 1769年阿克莱特发明水力纺纱机
- 布里奇诺斯 比尤德利
- 考文垂
- 1748年保罗发明了梳毛机
- 伦敦的船坞
  - 东印度船坞
  - 西印度船坞
  - 伦敦船坞
  - 商业船坞
  - 萨里船坞
- 梅瑟尔
- 斯旺西 尼思
- 布里斯托尔
- 巴斯
- 伦敦
- 1754年科特的第一台轧钢机
- 1779年第一个蒸汽磨坊
- 南安普敦
- 蜀土

比例尺：0 50 英里

5. 1760—1830 年的交通

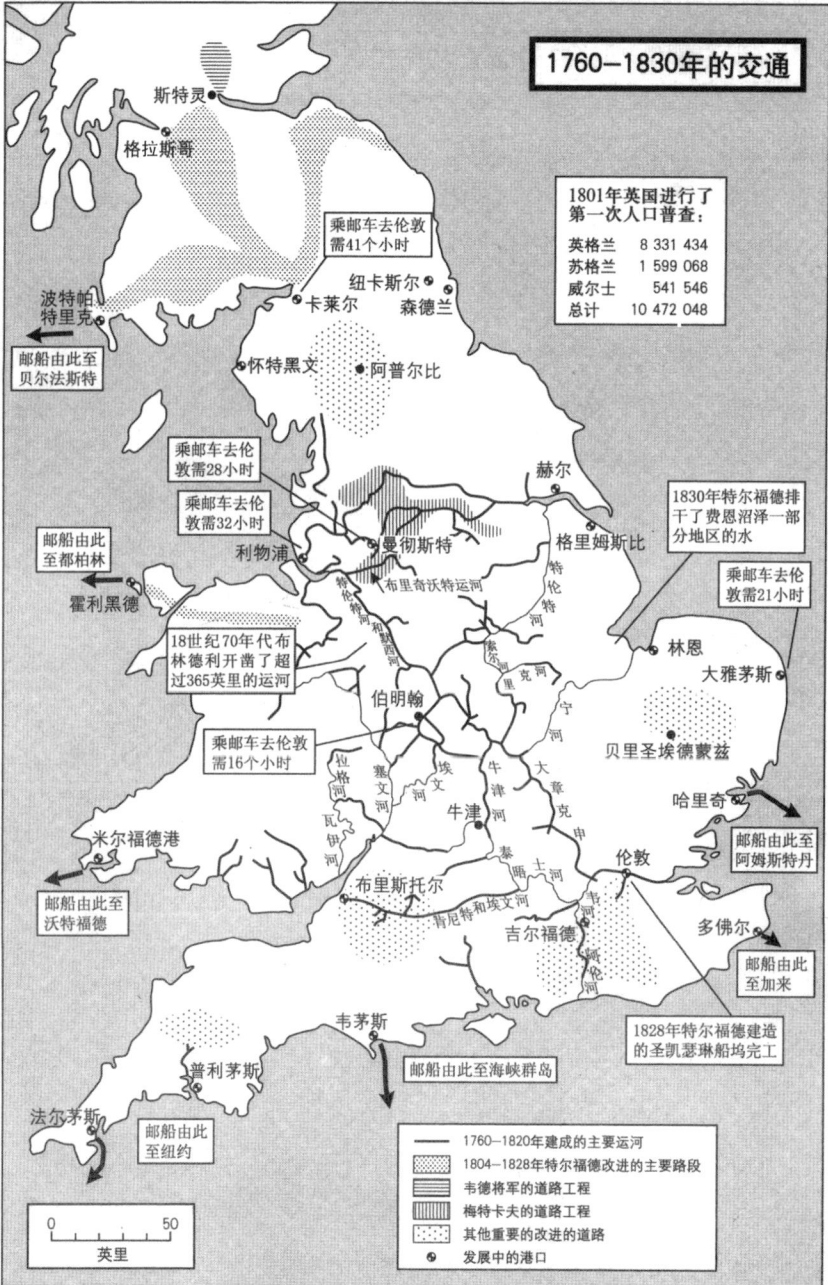

1760—1830年的交通

斯特灵

格拉斯哥

波特帕
特里克

邮船由此至
贝尔法斯特

乘邮车去伦敦
需41个小时

纽卡斯尔
卡莱尔　森德兰

**1801年英国进行了
第一次人口普查：**

英格兰	8 331 434
苏格兰	1 599 068
威尔士	541 546
总计	10 472 048

怀特黑文　　阿普尔比

乘邮车去伦
敦需28小时

乘邮车去伦
敦需32小时

赫尔

邮船由此
至都柏林

霍利黑德

曼彻斯特
利物浦
布里奇沃特运河

格里姆斯比

18世纪70年代布
林德利开凿了超
过365英里的运河

伯明翰

1830年特尔福德排
干了费恩沼泽一部
分地区的水

乘邮车去伦
敦需21小时

林恩

大雅茅斯

贝里圣埃德蒙兹

哈里奇

乘邮车去伦敦
需16个小时

塞文河
埃文河
牛津河
大章克申
宁

牛津

邮船由此至
阿姆斯特丹

米尔福德港

邮船由此至
沃特福德

布里斯托尔

肯尼特和埃文河
泰晤士河

伦敦

吉尔福德

多佛尔

邮船由此
至加来

1828年特尔福德建造
的圣凯瑟琳船坞完工

韦茅斯

邮船由此至海峡群岛

普利茅斯

法尔茅斯

邮船由此
至纽约

——	1760—1820 建成的主要运河
	1804—1828 特尔福德改进的主要路段
	韦德将军的道路工程
	梅特卡夫的道路工程
	其他重要的改进的道路
●	发展中的港口

0　　　　50
英里

6. 1775—1858 年英国在印度势力的扩张

1775—1858年英国在印度势力的扩张

图例：
- 1775年的英属印度
- 1806年的势力扩张范围
- 1836年的势力扩张范围
- 1856年的势力扩张范围
- 1857年印度民族起义的中心地区

白沙瓦
旁遮普
罗希尔坎德
库曼
德里
勒克瑙
比卡内尔
奥德
阿杰梅尔
瓜廖尔
阿萨姆
拉杰普塔纳
本德尔肯德
比哈尔
孟加拉
达卡
信德
乌代布尔
达姆达姆
加尔各答
古吉拉特
印多尔
巴罗达
那格浦尔
克塔克
贝拉尔
孟买
尼札姆自治领
海得拉巴
北切尔卡斯
阿拉干
勃固
德林达依
安达曼群岛
1858年英国人在此修建了监禁营
1834年英国统治该地
1881年当地的王公收复该地
迈索尔
卡纳蒂克
马德拉斯
马拉巴
科钦
特拉凡哥尔
锡兰
1815年的英国统治地区
马尔代夫群岛
1796年英属

0   400
英里

7. 1805—1812 年对拿破仑的战争

图中文字：

② 1807年法俄签订《蒂尔西特和约》

① 蒂尔西特 1807

弗里德兰 1805

俄　国

奥斯曼帝国

④ 1809年被英国从法国手中夺取

普　鲁　士

华沙公国

奥斯特利茨 1805

瓦格拉姆 1809

奥　地　利

伊利里亚

达尔马提亚

卡塔罗

伊奥尼亚群岛

莱
茵
邦
联

耶　拿
1806

乌尔姆 1805

厄木登斯兰

罗马 1809

热那亚

汉堡

③ 1807年9月2—5日，英国炮击哥本哈根并俘获了丹麦舰队

斯特拉斯堡

巴达维亚

法　国

加泰罗尼亚

西　班　牙

布尔戈斯

马德里

阿斯托加 1809

① 1805年10月21日纳尔逊击败了法西联合舰队

特拉法尔加角

图例：
- 1802—1812年拿破仑兼并的地区
- 1802—1812年法国征服或控制的地区
- 1805年组成第三次反法同盟的国家
- 1807年对英国宣战的国家
- 拿破仑的陆上主要战役及获胜地点
- 1806年的英国海军封锁
- 英国海军获胜地点

比例尺：0 — 200 英里

北

1805—1812年对拿破仑的战争

二 大事年表

1689 年　威廉和玛丽继位;《权利法案》;《宽容法》;《兵变法》

1690 年　博因战役;洛克《人类理解论》与《政府论》出版

1692 年　阿格角海战

1694 年　英格兰银行成立;玛丽女王去世;《三年法案》

1695 年　《出版许可证法》废止;约翰·洛克《基督教的合理性》出版

1696 年　约翰·托兰德《基督教并不神秘》出版

1697 年　《里斯维克和约》签订,奥格斯堡同盟战争结束

1698 年　托马斯·萨弗里发明蒸汽泵

1701 年　西班牙王位继承战争;《王位继承法》

1702 年　威廉去世,安妮继位

1704 年　布伦海姆战役;斯威夫特《书籍之战》出版

1705 年　孟德维尔《蜜蜂寓言》出版;纽康门蒸汽机问世

1706 年　拉米伊战役

1707 年　英格兰与苏格兰合并;任职法案

1709 年　《闲谈者》发行;贝克莱《视觉新论》出版

1710 年　《偶尔遵奉国教法》;贝克莱《人类知识原理》出版

1711 年　蒲柏《论批评》出版;莎夫茨伯里《特性》出版;《旁观者》发行;南海公司成立

1712 年　《宽容法》

1713 年　《乌得勒支和约》签订

1714 年　安妮去世,乔治一世继位;《教会分裂法》

1715 年　詹姆士党人叛乱

1716 年　《七年法案》;亨德尔《水音乐》在伦敦演出

1717 年　东印度公司获统治印度授权

1719 年	《偶尔遵奉国教法》《教会分裂法》废止;笛福《鲁滨逊漂流记》出版
1720 年	南海泡沫事件
1721 年	沃尔波尔上台
1722 年	农业、制造业及工业促进协会成立
1726 年	斯威夫特《格列佛游记》出版;巴特勒《训诫》出版
1727 年	乔治一世去世,乔治二世继位
1728 年	蒲柏《夺发记》出版;哈奇逊《论激情与爱情的本性与行为》出版
1731 年	杰思罗·塔尔发明马拉播种机
1732 年	佐治亚殖民地建立
1733 年	约翰·凯伊发明飞梭
1735 年	卫斯里《航海日记》出版;小达比改进焦炭冶铁法
1736 年	约瑟夫·巴特勒《宗教类比》出版
1738 年	卫斯理经历皈依体验,福音运动兴起
1739 年	詹金斯耳朵之战
1740 年	奥地利王位继承战争;休谟《人性论》出版
1742 年	沃尔波尔辞职
1743 年	亨利·佩勒姆组阁
1745 年	詹姆斯党人再起叛乱;罗伯特·贝克韦尔进行培养绵羊良种实验
1746 年	卡洛登战役,坎伯兰公爵打败叛军
1748 年	《亚琛和约》签订,奥地利王位继承战争结束;休谟《人类理智研究》出版
1751 年	休谟《自然宗教对话录》出版;菲尔丁《阿米莉亚》出版
1754 年	纽卡斯尔组阁
1755 年	哈奇逊《道德哲学体系》出版;约翰逊《词典》出版
1756 年	七年战争开始;外交革命;《威斯敏斯特协定》
1757 年	普拉西战役;柏克《崇高与美的观念的起源》出版
1759 年	英军占领魁北克;大英博物馆免费开放;斯密《道德情操论》出版
1760 年	乔治二世去世,乔治三世继位
1761 年	布里奇沃特公爵修建运河;约翰·斯米顿发明汽筒鼓风机
1762 年	布特内阁建立
1763 年	《巴黎和约》签订,七年战争结束;格伦维尔组阁;威尔克斯事件爆发
1764 年	哈格里夫斯发明珍妮机;英国对北美征税
1765 年	罗金汉组阁;印花税在北美推行
1766 年	皮特组阁;卡文迪什发现氢;弗格森《市民社会史》出版
1767 年	《汤森德法》
1768 年	格拉夫顿组阁
1769 年	瓦特蒸汽机获得专利;权利法案支持者协会成立;阿克莱特发明水力纺纱机;韦奇伍德开办埃特鲁利亚陶瓷工厂
1770 年	诺斯组建"国王之友"内阁;福克兰群岛危机;库克船队到达澳大利亚东南岸

1771 年　阿克莱特在德比郡建立第一家工厂;《王室婚姻法》

1772 年　普里斯特利《自然和启示宗教制度》出版

1773 年　林西创立一位论派教堂;波士顿倾茶事件

1774 年　《魁北克法》

1775 年　莱克星敦枪声

1776 年　《独立宣言》发表;亚当·斯密《国富论》出版;普莱斯《公民自由的本质》出版;吉本《罗马帝国衰亡史》第 1 卷出版;边沁《政体片论》出版

1777 年　萨拉托加战役

1779 年　怀威尔领导乡绅请愿运动;克朗普顿发明骡机

1780 年　戈登暴动;卡特赖特创立宪法知识会

1781 年　约克敦英军向美军投降;罗伯特·雷克斯首创主日学校

1782 年　吉尔伯特《济贫法》获得通过;诺斯内阁垮台;复动式蒸气机问世

1783 年　谢尔本组阁;小皮特组阁;承认北美殖民地独立

1784 年　《印度法》

1785 年　卡特莱特发明自动织布机

1786 年　英法签订《伊登商约》;安德鲁·迈克尔发明脱粒机

1787 年　全国反奴隶制委员会建立;英国从塞拉利昂酋长手中购得土地,建立格兰维尔镇

1788 年　英国、普鲁士与荷兰政府签订同盟条约

1789 年　法国大革命爆发;卢德卡松德危机;边沁《道德和立法原理》出版

1790 年　埃德蒙·伯克《法国大革命感想录》出版

1791 年　托马斯·潘恩《人权》出版;卫斯理去世;奥佐可夫危机;设菲尔德宪法知识会成立

1792 年　伦敦通讯会成立;人民之友社成立;保卫自由与财产、反对共和派与平等派成立;苏格兰第一届国民大会

1793 年　葛德文《政治正义论》出版;全英国民代表大会召开;英国加入反法战争

1794 年　设菲尔德宪法知识会在城堡山召开万人群众大会

1795 年　《斯品汉姆兰法》;《叛逆行为法》;《煽动集会法》;圣乔治草地数万人群众大会;英国夺取马六甲与开普敦

1797 年　斯皮特黑德和诺尔水兵起义

1798 年　联合爱尔兰人起义遭到镇压

1799 年　《结社法》颁布,伦敦通讯会被取缔;英国完成对迈索尔的征服,控制印度南部

1801 年　与爱尔兰合并;第一个工厂法

1805 年　特拉法加海战役,英国击败法国和西班牙舰队

1806 年　小皮特去世

1811 年　卢德运动;威尔士亲王任摄政

1813 年　废除东印度公司的贸易垄断权

1815 年　滑铁卢战役;维也纳会议

三　参考书目

一、英文部分

Addington, L. H. , *The Patterns of War Since the Eighteenth Century*, Indiana University Press, 1994.

Aldcroft, Derek and Freeman, Michael(eds.), *Transport in the Industrial Revolution*, Manchester:Manchester University Press, 1983.

Aldridge, Alfred Owen, *Man of Reason: The Life of Thomas Paine*, Philadelphia:Lippncott, 1959.

Alexander, Michael, *A History of English Literature*, UK:Palgrave Macmillan, 2007.

Allen, R. C. , *Enclosure and the Yeoman*, Oxford:Oxford University Press, 1992.

Altick, Richard, *The English Common Reader:A Social History of the Mass Reading Public 1800—1900*, Chicago:University of Chicago Press, 1957.

Anderson, Michal, *Approaches to the History of the Western Family, 1500—1914*, Cambridge University Press, 1995.

Andrews, Joseph, *Henry Fielding*, University Park: The Pennsylvania State University Press, 2004.

Anson, William R. , "The Development of the Cabinet, 1688—1760", *The English Historical Review*, Vol. 29, No. 113(Jan. , 1914).

Armitage, David(ed.), *Bolingbroke's Political Writings*, Cambridge University Press, 1995.

Ashton, T. S. , *The Industrial Revolution 1760—1830*, Oxford: Oxford University Press, 1968.

Aspinall, A. (ed.), *English Historical Documents, Vol. XI, 1783—1832*, Eyre & Spottiswoode Ltd. , 1969.

Ayers, Michael, *Locke: Epistemology and Ontology*, London: Routledge, 1991.

Backscheider, Paula R. and Ingrassia, Catherin(eds.), *A Companion to Eighteenth-Century English Novel and Culture*, Blackwell Publishing House, 2005.

Barker, W. A. , Aubyn, G. R. and Ollard, R. L. , *A General History of England 1688—1832*, London: A. & C. Black Ltd. , 1963.

Beckett, J. V. , *The Aristocracy in England 1660—1914*, Basil Blackwell Ltd. , 1986.

Bennett, Jonathan, *Locke, Berkeley, Hume: Central Themes.* Oxford: Oxford University Press, 1971.

Berg, Maxine, *The Age of Manufactures, 1700—1820: Industry, Innovation and Work in Britain*, London: Routledge, 1994.

Bernard, J. H. (ed.), *The Works of Bishop Butler*, London: Macmillan, 1900.

Black, J. , *British Diplomats and Diplomacy, 1688—1800*, University of Exeter Press, 2001.

Black, J. , *British Foreign Policy in an Age of Revolutions, 1783—1793*, Cambridge University Press, 1994.

Black, J. , *Debating Foreign Policy in Eighteenth-Century Britain*, Ashgate Publishing, 2011.

Black, J. , *The Continental Commitment: Britain, Hanover and Interventionism, 1714—1793*, Routledge, 2005.

Black, Jeremy, *Eighteenth-Century Britain 1688—1783*, New York: Macmillan, 2001.

Blackstone, William, *Commentaries on the Law of England*, London: A. Strhan, 1809.

Bonwick, Colin, *English Radicals and the American Revolution*, Chapel Hill: The University of North Carolina Press, 1977.

Bowen, H. V. , *Revenue and Reform: the Indian Problems in British Politics, 1757—1773*, Cambridge University Press, 2002.

Bowler, Peter, *Evolution: The History of an Idea*, University of California Press, 1989.

Brewer, John, *Party Ideology and Popular Politics at the Accession of George III*, Cambridge: Cambridge University Press, 1976.

Briggs, Asa, *The Age of Improvement 1783—1867*, London: Longman, 1979.

Briggs, Milton, *Economic History of England*, London: W. B. Clive, 1914.

Brock, Michael, *The Great Reform Act*, London: Hutchinson University Library, 1973.

Bromley, J. S. (ed.), *The New Cambridge Modern History*, Vol. VI, Cambridge University Press, 1970.

Brougham, Baron H. , *Historical Sketches of Statesmen Who Flourished in the Time of George III, Vol. I*, Richard Griffin and Company, 1858.

Browing, Andrew(ed.), *English Historical Documents, 1660—1714*, London: Routledge, 1966.

Brown, Kenneth, *The English Labour Movement 1700—1951*, Dublin: Gill and Macmillan, 1982.

Brown, Richard, *Revolution, Radicalism and Reform: England 1780—1846*, Cambridge: Cambridge University Press, 2000.

Bryant, A. , *The Years of Endurance, 1793—1802*, Collins, 1942.

Bullock, A. & Deakin, F. W. , *The British Political Tradition*, Vol. III, Methuen, 1950.

Cannon, John, *Aristocratic Century: The Peerage of Eighteenth Century England*, Cambridge: Cambridge University Press, 1984.

Cannon, John, *Parliamentary Reform 1640—1832*, Cambridge: Cambridge University Press, 1972.

Cannon, John, *The Fox and North Coalition, Crisis of the Constitution, 1782—4*, Cambridge: Cambridge University Press, 1969.

Carlyle, E. I. , "Committees of Council Under the Earlier Stuarts", *The English Historical Review*, Vol. 21, No. 84(Oct. , 1906).

Carter, Jennifer, "Cabinet Records for the Reign of William III", *The English Historical Review*, Vol. 78, No. 306(Jan. , 1963).

Chambers, J. D. and Mingay, G. E. , *The Agriculture Revolution 1750—1880*, London: B. T. Bastford Ltd, 1966.

Christie, Ian R. , "The Cabinet During the Grenville Administration, 1763—1765", *English Historical Review*, Vol. 73, No. 286.

Christie, Ian R. , *Wars and Revolutions: Britain 1760—1815*, London: Edward Arnold, 1982.

Clark, George, *The Later Stuarts 1660—1714*, Oxford: The Clarendon Press, 1961.

Clark, J. C. D. , *English Society, 1688—1832, Ideology, Social Structure and Political Practice During the Ancient Regime*, Cambridge University Press, 1985.

Clarke, J. , *British Diplomacy and Foreign Policy 1782—1865: the National Interest*, Unwin Hyman Ltd, 1989.

Clingham, Greg(ed.), *The Cambridge Companion to Samuel Johnson*, Cambridge University Press，1997.

Cogliano，F. D.，*Revolutionary America，1763—1815：A Political History*，Routledge，2009.

Cohen，G. A.，*Self-Ownership，Freedom and Equality*，Oxford University Press，1995.

Colden，C.，*The History of the Five Indian Nations：Depending on the Province of New York in America*，Cornell University Press，1958.

Cole，G. D. H. & Filson，A. W. （eds.），*British Working Class Movement：Selected Documents 1789—1875*，London：Macmillan，1951.

Coleman，D. C. and John，A. H. （eds.），*Trade，Government and Economy in Pre-industrial England*，London：Weidenfeld and Nicolson，1976.

Colley，Linda，*In Defiance of Oligarchy：The Tory Party 1714—60*，Cambridge：Cambridge University Press，1982.

Collins，Kenneth J.，*The Theology of John Wesley：Holy Love and the Shape of Grace*，Abingdon Press，2007.

Corbett，J. S.，*England in the Mediterranean：A Study of the Rise and Influence of British Power within the Straits，1603—1713*，Cosimo，2007.

Coward，Barry，*The Stuart Age：England 1603—1714*，London：Macmillan，1996.

Coward，Barry，*The Stuarts Age：A History of England，1603—1714*，Longman，1980.

Cowie，Leonard，*Hanoverian England 1714—1837*，London：Bell & Hyman Limited，1967.

Cox，Dennis，*Banking and Finance：Accounts，Audit and Practice*，London：Butterworths，1993.

Coxe，W. & Wade，J.，*Memoirs of the Duke of Marlborough*，Henry G. Bohn，1848.

Crawley，C. W. （ed.），*The New Cambridge Modern History*，Vol. IX，Cambridge University Press，1965.

Cruickshanks，Eveline，*The Glorious Revolution*，London：Macmillan，2000.

Cunningham，William，*The Growth of English Industry and Commerce in Modern Times*，Cambridge：Cambridge University Press，1907.

Danniels，G. W. and Crompton，Samuel，*The Early English Cotton Industry*，Manchester：Manchester University Press，1920.

Davies，N.，*God's Playground：A History of Poland In two Volumes*，Oxford University Press，2005.

Davis，Michael（ed.），*Radicalism and Revolution in Britain，1775—1848*，London：Macmillan，

Davis, Ralph, "English Foreign Trade, 1700—1774", *The Economic History Review*, New Series, Vol. 15, No. 2(1962).

Deane, Phyllis and Cole, W. A. , *British Economic Growth 1688—1959: Trends and Structure*, Cambridge:Cambridge University Press, 1969.

Deane, Phyllis, "Capital Formation in Britain before the Railway Age", *Economic Development and Cultural Change*, Vol. 9, No. 3(Apr. 1961).

Deane, Phyllis, *The First Industrial Revolution*, Cambridge:Cambridge University Press, 1979.

Dear, Pter, *Revolutionizing the Sciences: European Knowledge and Its Ambitions, 1500—1700*, Princeton University Press, 2009.

Decker, Matthew, "An Essay on the Causes of the Decline of the Foreign Trade", in Lars Magnusson(ed.), *Mercantilism, Volume IV The Eighteenth Century*, London:Routledge, 1995.

Defoe, Daniel, *A Tour Through the Whole Island of Great Britain*, London:JM Dent and Co, 1927.

Degategno, Paul J. and Stubblefield, R. Jay(eds.), *Critical Companion to Jonathan Swift: A Literary Reference to His Life and Work*, Facts On File Inc. , 2006.

Derry, John W. , *Politics in the Age of Fox, Pitt and Liverpool*, New York:Palgrave, 2001.

Dickinson, H. T. (ed.), *A Companion to Eighteenth-Century Britain*, Blackwell Publishers Ltd, 2002.

Dickinson, H. T. , *Liberty and Property: Political Ideology in Eighteenth-Century Britain*, New York:Holmes & Meier, 1977.

Dickinson, H. T. , *The Politics of the People in the Eighteenth-Century Britain*, London:Macmillan, 1994.

Dickson, P. G. M. , *The Financial Revolution in England:A Study in the Development of Public Credit*, London:Macmillan, 1967.

Dietz, Frederick, *A Political and Social History of England*, New York:Macmillan, 1927.

Durston, Christopher, *The Family in the English Revolution*, Oxford: Basil Blackwell, 1989.

Eccles, W. J. , *The Canadian Frontier, 1534—1760*, University of New Mexico Press, 1983.

Ehrman, J. , *The British Government and Commercial Negotiations with Europe, 1783—1793*, Cambridge University Press, 1962.

Emsely, Clive, *Britain and the French Revolution*, Essex: Pearson Education Limited, 2000.

Ernle, Lord, *English Farming:Past and Present*, London:Longmans, Green &

Co. Ltd，1912.

Evans，E. J.，*The Forging of the Modern State：Early Industrial Britain，1783—1870*，Pearson Education Ltd，2001.

Feinstein，Charles H. & Pollard，Sidney，*Studies in Capital Formation in the United Kingdom，1750—1920*，Oxford：Clarendon Press，1988.

Fisk，Harvey，*English Public Finance From the Revolution of 1688*，London：Sir Isaac Pitman & Sons Ltd. ，1921.

Flinn，M. W. ，*An Economic and Social History of Britain Since 1700*，London：Macmillan Education，1978.

Flinn，M. W. ，*The History of the British Coal Industry 1700—1830*，Oxford：Oxford University Press，1984.

Floud，Roderick and Johnson，Paul(eds.)，*The Cambridge Economic History of Modern Britain，Volume I：Industrialisation，1700—1860*，Cambridge：Cambridge University Press，2004.

Floud，Roderick and McCloskey，Donald(eds.)，*The Economic History of Britain Since 1700，Volume1：1700—1860*，Cambridge：Cambridge University Press，1981.

Flynn，Carol，*Samuel Richardson：A Man of Letters*，Princeton：Princeton University Press，1982.

Fogelin，Robert，*Berkeley and the Principles of Human Knowledge*，New York：Routledge，2001.

Foner，Philip(ed.)，*The Completed Writings of Thomas Paine*，New York：Citadel Press，1945.

Foord，A. S. ，*His Majesty's Opposition，1714—1832*，Oxford：Oxford University Press，1964.

Francis，A. D. ，*The Methuens and Portugal*，Cambridge University Press，1966.

Frankle，"Formulaiton of the Declaration of Rights"，*Historical Journal*，Vol. 17 (1974).

Fraser，Rebecca，*The Story of Britain*，New York：Norton & Company，2003.

Fruchtman，Jr. Jack，*Thomas Paine：Apostle of Freedom*，Basic Books，1996.

Gay，Peter，*Deism：An Anthology*，Van Nostrand，1968.

Gay，Peter，*The Enlightenment：an Interpretation，Vol. 1：The Rise of Modern Paganism*，Knopf，1966.

Gay，Peter，*The Enlightenment：an Interpretation，Vol. 2：The Science of Freedom*，Knopf，1969.

Gay，Peter，*The Enlightenment：an Interpretation，Vol. 3：A Comprehensive Anthology*，Knopf，1973.

George, M. Dorothy, *England in Transition: Life and Work in the Eighteenth Century*, London, 1981.

Gilbert, Slater, *The English Peasantry and the Enclosure of the Common Fields*, London: A. Constable, 1907.

Gill, Michael, *The British Moralists on Human Nature and the Birth of Secular Ethics*, Cambridge University Press, 2006.

Gladfelder, Hal, *Criminality and Narrative in Eighteenth-Century England: Beyond the Law*, Baltimore and London: The Johns Hopkins University Press, 2001.

Godfrey Davies, *The Early Stuarts, 1603—1660*, Oxford: Oxford University Press, 1959.

Goldie, Mark and Workler, Robert (eds.), *The Cambridge History of Eighteenth-century Political Thought*, Cambridge University Press, 2006.

Goldsmith, O., *The History of England: from the earliest Times to the Death of George The Second*, Henry Fisher Son and Co., 1825.

Goodwin, Albert, *The Friends of Liberty: The English Democratic Movement in the Age of the French Revolution*, Boston: Harvard University Press, 1979.

Greenblatt, Stephen and Abrams, M. H. (eds.), *The Norton Anthology English Literature*, Seventh Edition / Volume 1, W. W. Norton & Company, 2000.

Gregory, J. & Stevenson, J., *Britain in the Eighteenth Century 1688—1820*, Routledge, 2007.

Harlow, V. & Madden, F. (eds.), *British Colonial Developments: 1774—1834*, Clarendon Press, 1953.

Harlow, V. T., *The Founding of the Second British Empire, 1763—1793*, Vol. 1, Longmans, 1952.

Harris, Tim, *Politics Under the Later Stuarts: Party Conflict in a Divided Society 1660—1715*, London: Longman, 1993.

Hatton, R. & Anderson, M. S., *Studies in Diplomatic History: Essays in Memory of David Bayne Horn*, Archon Books, 1970.

Heyck, Thomas William, *The Peoples of the British Isles: A New History From 1688 to 1870*, Belmont: Wadsworth Publishing Company, 1992.

Hill, B. W., *British Parliamentary Parties 1742—1832: From the Fall of Walpole to the First Reform Act*, London: George Allen & Unwin, 1985.

Holmes, Geoffrey, *Britain After the Glorious Revolution 1689—1714*, London: Macmillan, 1969.

Horn, D. B. & Ransome, M. (eds.), *English Historical Documents, 1717—1783*, Routledge, 1996.

Horwitz, H., *Parliament, Policy and Politics in the Reign of William III*, Manchester: Manchester University Press, 1977.

Hucheson, Francis, *An Essay on the Nature and Conduct of the Passions and Affections*, Gainesville: Scholars Facsimile Reprints, 1969.

Huemer, Michael, *Ethical Intuitionism*, UK: Palgrave Macmillan, 2005.

Hundert, E. J. , *The Enlightenment's Fable: Bernard Mandeville and the Discovery of Society*, Cambridge University Press, 1994.

Hussey, W. D. , *The British Empire and Commonwealth: 1500 to 1961*, Cambridge University Press, 1963.

Jenks, Edawrd, *A Short History of English Law*, Boston: Little, Brown and Company, 1912.

John, A. H. , "Agriculture Productivity and Economic Growth in England, 1700—1760", *Journal of Economic History*, Vol. 25(1965).

Jones, Deane , *The English Revolution: An Introduction to English History 1603—1714*, London: Longman, 1960.

Jones, E. L. , *Agriculture and the Industrial Revolution*, Oxford: Basil Blackwell, 1974.

Jupp, P. , *The Governing of Britain, 1688—1848: the Executive, Parliament and the People*, Routledge, 2006.

Keymer, Thomas & Mee, Jon(eds.), *The Cambridge Companion to English Literature, 1740—1830*, Cambridge University Press, 2004.

Kivy, Peter, *The Seventh Sense: Francis Hutcheson and Eighteenth-century British Aesthetics*, Oxford University Press, 2003.

Klein, Lawrence E. , *Shaftesbury and the Culture of Politeness: Moral Discourse and Cultural Politics in Early Eighteenth-Century England*, Cambridge University Press, 1994.

Knorr, K. E. , *British Colonial Theories 1570—1850*, Frank Cass & CO. Ltd, 1963.

Kukla, A. & Kukla, J. , *Patrick Henry, Voice of the Revolution*, Rosen Publishing Group, 2002.

Laboucheix, Henri, *Richard Price as Moral Philosopher and Political Theorist*, Oxford University Press, 1982.

Lane, Peter, *The Industrial Revolution: The Birth of the Modern Age*, London: Book Club Associates, 1978.

Langford, Paul(ed.), *The Eighteenth Century, 1688—1815*, Oxford University Press, 2002.

Lasala, L. , "England, Spain and the Family Compact", in H. M. Scott(ed.), *British Foreign Policy in the Age of the American Revolution*, Clarendon Press, 1990.

Laslett, Peter & Wall, Richard(eds.), *Household and Family in Past Time*,

Cambridge University Press, 1972.

Laudan, Rachel, *From Mineralogy to Geology: The Foundations of Sciences, 1650—1830*, University of Chicago Press, 1987.

Lenman, B. P. , *Britain's Colonial Wars, 1688—1783*, Pearson Education Limited, 2001.

Lenman, Bruce, *The Jacobite Risings in Britain 1680—1746*, London: Methuen, 1984.

Levine, David and Wrightson, Keith, *The Making of an Industrial Society: Whickham, 1560—1765*, Oxford: Oxford University Press, 1991.

Lipson, E. , *The Economic History of England, Vol. III*, London: A. C. Black Ltd. , 1931.

Lloyd, T. O. , *The British Empire, 1558—1983*, Oxford University Press, 1984.

Lockyer, Roger, *Tudor and Stuart Britain 1471—1714*, London, 1964.

Lowe, J. , *Britain and Foreign Affairs 1815—1885*, Routledge, 1998.

Luebering, J. M. (ed.), *English Literature From the Restoration Through Romantic Period*, Britannica Educational Publishing, 2011.

MacDonell, J. P. , *The Ontario Boundary Controversy*, Carswell, 1896.

Macpherson, C. B. , *The Political Theory of Possessive Individualism: Hobbes to Locke*, Oxford University Press, 1962.

Maddox, Randy, *Responsible Grace: John Wesley's Practical Theology*, Kingswood Books, 1994.

Marsha, William, *Rural Economy of Norfolk*, London, 1787.

Marshall, Dorothy, *Eighteenth Century England*, Essex: Longman, 1982.

Marshall, Dorothy, *The English Poor in the Eighteenth Century, A Study in Social and Administrative History*, London: George Routledge & Sons, Ltd. , 1926.

Marshall, P. J. (ed.), *The Oxford History of the British Empire*, Vol. II, Oxford University Press, 1998.

Massey, W. , *A History of England during the Reign of George the Third*, J. W. Parker and Son, 1855.

Mathias, Peter and Davis, John A. (eds.), *The First Industrial Revolutions*, Oxford: Basil Blackwell, 1989.

May, Trevor, *An Economic and Social History of Britain: 1760—1970*, London: Longman, 1987.

McKendrick, Neil, "Josiah Wedgwood and Factory Discipline", *The Historical Journal*, Vol. 4, No. 1(1961).

Mendels, Franklin, "Proto-industrialization: the First Phase of the Industrialization Process", *Journal of Economic History*, Vol. 32(1972).

Michael, W. , *England under George I: The Beginnings of the Hanoverian Dynasty*, London: Macmillan, 1936.

Miller, J. C. , *Origins of the American Revolution: with a New Introduction and a Bibliography*, Stanford University Press, 1959.

Miller, John, *The Glorious Revolution*, London: Longman, 1983.

Mingay, G. E. , *English Landed Society in the Eighteenth Century*, London: Routledge and Kegan Paul, 1963.

Mitchell, B. R. and Deane, Phyllis(eds.), *Abstracts of British Historical Statistics*, Cambridge: Cambridge University Press, 1962.

Morris, Christopher, *Western Political Thought*, Vol. 1, Methuen & Co Ltd. , 1961.

Morton, A. L. , *A People's History of England*, London, 1979.

Mowat, R. B. , *England in the Eighteenth Century*, George G. Harrap & Co. Ltd, 1932.

Nelson, Craig, *Enlightenment, Revolution, and the Birth of Modern Nations*, Penguin Books, 2007.

Newman, Bertram, *Edmund Burke*, London: G. Bell & Sons, LTD. , 1922.

Nicolson, H. G. , *The Congress of Vienna: A Study in Allied Unity, 1812—1822*, Viking Press, 1969.

Norton, David Fate and Taylor, Jacqueline(eds.), *The Cambridge Companion to Hume*, 2nd edn. , Cambridge University Press, 2009.

O'Brien, K. , *Narratives of Enlightenment: Cosmopolitan History from Voltaire to Gibbon*, Cambridge University Press, 1997.

Otte, T. G. （ed. ）, *The Makers of British Foreign Policy: From Pitt to Thatcher*, Palgrave, 2002.

Overton, Mark, *Agricultural Revolution in England: The Transformation of the Agarian Economy 1500—1850*, Cambridge: Cambridge University Press, 1979.

Paine, Thomas, *Rights of Man*, New York: Penguin Books, 1985.

Pares, Richard, *King George III and the Politicians*, Oxford: Oxford University Press, 1973.

Parker, A. W. , *Scottish Highlanders in Colonial Georgia: the Recruitment, Emigration and Settlement at Darian, 1735—1748*, University of Georgia Press, 2002.

Pawson, Eric, *The Early Industrial Revolution: Britain in the Eighteenth Century*, New York: Barnes & Noble Books, 1979.

Petrie, Charles, *The Jacobite Movement*, London Eyre & Spottiswoode, 1959.

Place, Francis, *The Autobiography of Francis Place*, Cambridge: Cambridge University Press, 1972.

Plumb, J. H., *England in the Eighteenth Century*, Middlesex:Penguin, 1963.

Pocock, J. G. A., *Virtue, Commerce, and History: Essays on Political Thought and History, Chiefly in the Eighteenth Century*, Cambridge University Press, 1985.

Pollard, Sidney, "Fixed Capital in the Industrial Revolution in Britain", *The Journal of Economic History*, Vol. 24, No. 3(Sep. , 1964).

Potter, Roy, *English Society in the Eighteenth Century*, Penguin Books Ltd, 1982.

Q'Gorman, Frank, *The Emergence of the British Two-Party System 1760— 1832*, London:Edward Arnold, 1982.

Raphael, D. D. (ed.), *British Moralists: 1650—1800*, Indianapolis, IN:Hackett Publishing Company, 1991.

Rawson, Claude(ed.), *The Cambridge Companion to Henry Fielding*, Cambridge University Press, 2007.

Reeve, Robin M., *The Industrial Revolution 1750—1850*, London:University of London, 1971.

Richetti, John(ed.), *The Cambridge History of English Literature 1660—1780*, Cambridge University Press, 2005.

Rivers, Isabel and Wykes, David L. (eds.), *Joseph Priestley, Scientist, Philosopher, and Theologian*, Oxford University Press, 2008.

Roberts, C., Roberts, D. & Bisson, D. R., *A History of England*, Vol. II, Pearson Education Inc. , 2002.

Roberts, John L., *The Jacobite Wars: Scotland and the Military Campaigns of 1715 and 1745*, Edinburgh:Edinburgh University Press, 2002.

Rose, J. H., Newton, A. P. & Benians, E. A. (eds.), *Cambridge History of the British Empire*, Vol. I, Cambridge University Press, 1929.

Rosen, Frederick(ed.), *Classical Utilitarianism from Hume to Mill*, London: Routledge, 2003.

Rostow, W. W., *Stages of Economic Growth: A Non-communist Manifesto*, Cambridge:Cambridge University Press, 1971.

Royle, Edward and Walvin, James, *English Radicals and Reformers 1760— 1848*, Brighton:The Harvest Press, 1982.

Samson, J. , *The British Empire*, Oxford University Press, 2002.

Sanders, Andrew, *The Short History of English Literature*, Oxford University Press, 2000.

Schellenberg, Betty A. , *The Professionalization of Women Writers in Eighteenth-Century Britain*, Cambridge:Cambridge University Press, 2005.

Schmidt, Claudia M. , *David Hume, Reason in History*, The Pennsylvania State

University Press，2003.

Schofield，Philip，*Utility and Democracy：the Political Thought of Jeremy Bentham*，Oxford University Press，2006.

Schofield，Robert E.，*The Enlightenment of Joseph Priestley：A Study of His Life and Work from 1773 to 1804*，University Park：The Pennsylvania State University Press，2004.

Schofield，Robert E.，*The Enlightenment of Joseph Priestley：A Study of His Life and Work from 1733 to 1773*，University Park：Pennsylvania State University Press，1997.

Schumpeter，E. B.，*English Overseas Trade Statistics，1697—1808*，Oxford：Oxford University Press，1960.

Schumpeter，Jeseph，*History of Economic Analysis*，Oxford University Press.

Scott，H. M.，*British Foreign Policy in the Age of the American Revolution*，Clarendon Press，1990.

Scott，William Robert，*The Constitution and Finance of English，Scottish and Irish Joint Stock Companies to 1720*，Vol. 3，Cambridge：Cambridge University Press，1912.

Seton，R. W.，*Britain in Europe 1789—1914：A Survey of Foreign Policy*，Cambridge University Press，1938.

Sherwin，Oscar，"Matthew Decker，18th Century Single Taxer"，*American Journal of Economics and Sociology*，Vol. 12，No. 4(Jul. 1953).

Simon，John S.，*John Wesley and the Methodist Societies*，London，1937.

Smyth，Jim，*The Making of the United Kingdom，1660—1800*，Pearson Education Limited，2001.

Speck，W. A.，*Stability and Strife：England 1714—1760*，London：Edward Arnold，1977.

Stephenson，Carl and Marcham，Frederick George(eds.)，*Sources of English Constitutional History：A Selection of Documents From A. D. 600 to the Present*，New York：Harper & Row Publishers，1937.

Stewart，John B.，*Opinion and Reform in Hume's Political Philosophy*，Princeton University Press，1992.

Stone，Lawrence，*The Family，Sex and Marriage in England 1500—1800*，Penguine Books，1979.

Strawson，Galen，*The Secret Connexion*，Oxford：Oxford University Press，1989.

Suviranta，Bruno，*The Theory of the Balance of Trade in England：A Study in Mercantilism*，Helsingfors，1923.

Tate，W. E.，"The Cost of Parliamentary Enclosure in England"，*Economic*

Historical Review, New Series, Vol. 5, No. 2(1952).

Taylor, Charles, *A Secular Age*, The Belknap Press of Harvard University Press, 2007.

Taylor, Charles, *Sources of the Self*, Harvard University Press, 1989.

Taylor, David Francis, *Theatres of Opposition: Empire, Revolution, and Richard Brinsley Sheridan*, Oxford: Oxford University Press, 2012.

Taylor, W. S. & Pringle, J. H. (eds.), *Correspondence of William Pitt, Earl of Chatham*, Vol. III, John Murray, 1840.

Temperley, H. W. V., "Inner and Outer Cabinet and Privy Council, 1679—1783", *The English Historical Review*, Vol. 27, No. 108(Oct., 1912).

Temperley, H. W. V., *Foundations of British Foreign Policy: from Pitt(1792) to Salisbury(1902)*, Cass, 1966.

Thomas, M. W. (ed.), *A Survey of English Economic History*, London: Black & Son Ltd., 1957.

Thomas, P. D. G., *George III: King and Politicians, 1760—1770*, Manchester University Press, 2002.

Thompson, E. P., *Customs in Common*, New York, 1991.

Thompson, F. M. L. (ed.), *The Cambridge Social History of Britain, 1750—1950*, Vol. 2, Cambridge University Press, 1990.

Townsend, Alex, *Autonomous Voices: An Exploration of Polyphony in the Novels of Samuel Richardson*, Oxford University Press, 2003.

Toynbee, Arnold, *Lectures on the Industrial Revolution of the Eighteenth Century in England*, London, 1908.

Tracy, N., "The Falkland Islands Crisis of 1770: Use of Naval Force", *English Historical Review*, Vol. 90(1975).

Turberville, A. S., *The House of Lords in the Eighteenth Century*, London: Greenwood Press, 1970.

Turner, Edward Raymond, "The Cabinet in the Eighteenth Century", *The English Historical Review*, Vol. 32, No. 126(Apr., 1917).

Turner, Edward Raymond, "The Development of the Cabinet, 1688—1760", *The American Historical Review*, Vol. 18, No. 4(Jul., 1913).

Unwin, George, *Samuel Oldknow and the Arkwrights*, London: Routledge, 1996.

Veitch, G. S., *The Genesis of Parliamentary Reform*, London: Constable, 1965.

Ward, A. W. & Gooch, G. P. (eds.), *The Cambridge History of British Foreign Policy*, Vol. I, Cambridge University Press, 1922.

Ward, A. W. & Waller, A. R. (eds.), *The Cambridge History of English*

Literature，Volume X：The Age of Johnson，Cambridge University Press，1913.

Ward，J. R.，"The Industrial Revolution and British Imperialism，1750—1850"，*Economic History Review*，Vol. 47，No. 1(Feb. 1994).

Ward，J. R.，*The Finance of Canal Building in Eighteenth-Century England*，Oxford：Oxford University Press，1974.

Ward，J. T. and Fraser，Hamish(eds.)，*Workers and Employers：Documents on Trade Unions and Industrial Relations in Britain Since the Eighteenth Century*，London：Macmillan，1980.

Watson，Steven，*The Reign of George III 1760—1815*，Oxford：Clarendon Press，1960.

Webb，R. K.，*Modern England：From the Eighteenth Century to the Present*，New York：Dodd Mead & Company，1968.

Wilbur，M. E.，*The East India Company and The British Empire In the Far East*，Stanford University Press，1951.

Williams，Neville(ed.)，*The Eighteenth-Century Constitution 1688—1815：Documents and Commentary*，Cambridge：Cambridge University Press，1960.

Williamson，James，*The Evolution of England：A Comment on the Facts*，Oxford：The Clarendon Press，1944.

Willson，David Harris and Prall，Stuart，*A History of England*，New York：Holt，Rinehart and Winston，1984.

Wraxall，C. F. L.，*Life and Times of Her Majesty Caroline Matilda*，Vol. II，Barnes and Noble，1864.

Wright，John，*The Sceptical Realism of David Hume*，Manchester：Manchester University Press，1983.

Wrightson，Keith，*English Society 1580—1680*，Rutgers University Press，1982.

Young，Arthur，*Political Arithmetic*，London，1774.

二、中文部分

［奥地利］米特罗尔、西德尔：《欧洲家庭史》，赵世玲等译，华夏出版社 1987 年版。

［澳大利亚］曼宁·克拉克：《澳大利亚简史》（上册），中山大学《澳大利亚简史》翻译组译，广东人民出版社 1973 年版。

［法］安德烈·比尔基埃等主编：《家庭史——现代化的冲击》第 3 卷，袁树仁等译，生活·读书·新知三联书店 1998 年版。

［法］保尔·芒图：《18 世纪产业革命——英国近代大工业初期的概况》，杨人楩等译，商务印书馆 1983 年版。

［法］保罗·布特尔：《大西洋史》，刘明周译，东方出版中心 2011 年版。

［法］布罗代尔：《15 至 18 世纪的物质文明、经济和资本主义》，顾良等译，生活·读书·新知三联书店 1993 年版。

［法］托克维尔：《论美国的民主》，董果良译，商务印书馆 1997 年版。

［法］夏尔·季德、夏尔·利斯特：《经济学说史》，徐卓英等译，商务印书馆 1986 年版。

［加拿大］查尔斯·泰勒：《自我的根源》，韩震等译，译林出版社 2001 年版。

［美］G. F. 穆尔：《基督教简史》，郭舜平等译，商务印书馆 2000 年版。

［美］J. 范因：《热的简史》，李乃信译，东方出版社 2009 年版。

［美］P. 金德尔伯格：《西欧金融史》，徐子健等译，中国金融出版社 1997 年版。

［美］S. F. 比米斯：《美国外交史》（第 1 分册），叶笃义译，商务印书馆 1985 年版。

［美］艾里克·威廉斯：《资本主义与奴隶制度》，陆志宝等译，北京师范大学出版社 1982 年版。

［美］保罗·肯尼迪：《大国的兴衰》，蒋葆英等译，中国经济出版社 1989 年版。

［美］布鲁斯·雪莱：《基督教会史》，刘平译，北京大学出版社 2004 年版。

［美］房龙：《荷兰共和国兴衰史》，施诚译，河北教育出版社 2002 年版。

［美］凯特·米特利：《性的政治》，钟良明译，社会科学文献出版社 1999 年版。

［美］列奥·施特劳斯、约瑟夫·克罗波西主编：《政治学说史》，李洪润等译，法律出版社 2009 年版。

［美］列奥·施特劳斯主编：《政治哲学史》，李天然等译，河北人民出版社 1993 年版。

［美］罗威尔：《英国政府·中央之部》，秋水译，上海人民出版社 1959 年版。

［美］尼尔·弗格森：《帝国》，雨柯译，中信出版社 2011 年版。

［美］乔治·霍兰·萨拜因：《政治学说史》，刘山等译，商务印书馆 1990 年版。

［美］汤普逊：《历史著作史》，谢德风译，商务印书馆 1988 年版。

［美］唐纳德·凯利：《多面的历史》，陈恒、宋立宏译，生活·读书·新知三联书店 2003 年版。

［美］托马斯·L. 汉金斯：《科学与启蒙运动》，任定成、张爱珍译，复旦大学出版社 2000 年版。

［美］威廉·J. 古德：《家庭》，魏章玲译，社会科学文献出版社 1986 年版。

［美］伊恩·P. 瓦特：《小说的兴起》，生活·读书·新知三联书店 1992 年版。

［美］伊曼纽尔·沃勒斯坦：《现代世界体系》第二卷，吕丹等译，高等教育出版社 1998 年版。

［美］约翰·奥尔：《英国自然神论：起源和结果》，周玄毅译，武汉大学出版社 2008 年版。

［美］约瑟夫·熊彼特：《经济分析史》第一卷，朱泱等译，商务印书馆 1991 年版。

［美］詹姆士·C. 利文斯顿：《现代基督教思想——从启蒙运动到第二次梵蒂冈公会议》，何光沪译，四川人民出版社 1999 年版。

[苏]波将金等编:《外交史》第一卷(上),史源译,生活·读书·新知三联书店1979年版。

[意]卡洛·M. 奇波拉主编:《欧洲经济史》第三卷,吴良健等译,商务印书馆1989年版。

[意]奇波拉主编:《欧洲经济史》第二卷,贝昱、张菁译,商务印书馆1989年版。

[印度]尼赫鲁:《印度的发现》,齐文译,世界知识出版社1956年版。

[英]E. E. 里奇、C. H. 威尔逊:《剑桥欧洲经济史》第五卷,高德步等译,经济科学出版社2002年版。

[英]E. P. 汤普森:《英国工人阶级的形成》,钱乘旦等译,译林出版社2001年版。

[英]H. J. 哈巴库克、M. M. 波斯坦主编:《剑桥欧洲经济史》第六卷,王春法等译,经济科学出版社2002年版。

[英]P. J. 马歇尔主编:《剑桥插图大英帝国史》,樊新志译,世界知识出版社2004年版。

[英]R. C. 西蒙斯:《美国早期史——从殖民地建立到独立》,朱绛等译,商务印书馆1994年版。

[英]W. H. B. 考特:《简明英国经济史:1750年至1939年》,方廷钰等译,商务印书馆1992年版。

[英]《潘恩选集》,马清槐译,商务印书馆1981年版。

[英]D. G. E. 霍尔:《东南亚史》(下册),中山大学东南亚历史研究所译,商务印书馆1982年版。

[英]P. J. 马歇尔主编:《剑桥插图大英帝国史》,樊新志译,世界知识出版社2004年版。

[英]阿·莱·莫尔顿:《人民的英国史》(下册),谢琏造等译,生活·读书·新知三联书店1976年版。

[英]阿萨·勃里格斯:《英国社会史》,陈叔平等译,中国人民大学出版社1991年版。

[英]艾瑞克·霍布斯鲍姆:《革命的年代》,王章辉等译,江苏人民出版社1999年版。

[英]爱德华·汤普森:《共有的习惯》,沈汉、王家丰译,上海人民出版社2002年版。

[英]爱德蒙·柏克:《美洲三书》,缪哲译,商务印书馆2005年版。

[英]安德鲁·桑德斯:《牛津简明英国文学史》,谷启楠等译,人民文学出版社2000年版。

[英]柏克:《法国革命感想录》,何兆武等译,商务印书馆1998年版。

[英]彼得·拉斯莱特::《洛克〈政府论〉导论》,冯克利译,生活·读书·新知三联书店2007年版。

[英]布赖恩·拉平:《帝国斜阳》,钱乘旦等译,上海人民出版社1996年版。

　　[英]菲利普森、昆廷·斯金纳主编:《近代英国政治话语》,潘兴明、周保魏等译,华东师范大学出版社 2005 年版。

　　[英]简·奥斯丁:《傲慢与偏见》,王科一译,上海译文出版社 1990 年版。

　　[英]克拉潘:《现代英国经济史》,姚曾廙译,商务印书馆 1997 年版。

　　[英]肯尼思·O. 摩根主编:《牛津英国通史》,王觉非等译,商务印书馆 1993 年版。

　　[英]莱尔:《英国复兴领袖传》,梁曙东等译,华夏出版社 2007 年版。

　　[英]罗伊斯顿·派克编:《被遗忘的苦难——英国工业革命的人文实录》,蔡师雄等译,福建人民出版社 1983 年版。

　　[英]马德琳·梅因斯通、罗兰·梅因斯通、斯蒂芬·琼斯:《剑桥艺术史》,钱乘旦、朱龙华校译,中国青年出版社 1994 年版。

　　[英]马丁·坎普编:《牛津西方艺术史》,余君珉译,外语教学与研究出版社 2009 版。

　　[英]欧内斯特·莫斯纳、伊恩·辛普森·罗斯编:《亚当·斯密通信集》,林国夫等译,商务印书馆 2000 年版。

　　[英]乔治·马尔科姆·汤姆森:《英国历届首相小传》,高坚、昌甫译,新华出版社 1986 年版。

　　[英]丘吉尔:《英语国家史略》,薛力敏、林林译,新华出版社 1985 年版。

　　[英]屈勒味林:《英国史》,钱端升译,中国社会科学出版社 2008 年版。

　　[英]斯蒂芬·梅森:《自然科学史》,周煦良、全增瑕等译,上海人民出版社 1980 年版。

　　[英]斯图亚特·布朗主编:《英国哲学和启蒙时代》第五卷,高新民等译,中国人民大学出版社 2009 年版。

　　[英]托马斯·孟:《英国得自对外贸易的财富》,袁南宇译,商务印书馆 1959 年版。

　　[英]威廉·配第:《爱尔兰的政治解剖》,周锦如译,商务印书馆 1964 年版。

　　[英]威廉·配第:《赋税论　献给英明人士　货币略论》,陈冬野等译,商务印书馆 1978 年版。

　　[英]温斯顿·丘吉尔:《英语民族史》第三卷,薛力敏等译,南方出版社 2004 年版。

　　[英]亚·沃尔夫:《18 世纪科学技术和哲学史》,周昌忠等译,商务印书馆 1997 年版。

　　[英]亚当·斯密:《国富论》,唐日松等译,华夏出版社 2004 年版。

　　[英]亚当·斯密:《国民财富的性质和原因的研究》,郭大力、王亚南译,商务印书馆 1972、2004、2007 年版。

　　安月雷:《从私人银行到中央银行:试论 18 世纪英格兰银行职能的转变》,华东师范大学硕士论文 2009 年。

　　陈志瑞、石斌编:《埃德蒙·伯克读本》,中央编译出版社 2006 年版。

成新轩、俞会新:《经济自由之神:亚当·斯密》,河北大学出版社 2001 年版。

程汉大:《英国政治制度史》,中国社会科学出版社 1995 年版。

傅克斯:《欧洲风化史:风流世纪》,辽宁教育出版社 2000 年版。

傅雷:《傅雷文集美术卷》,安徽文艺出版社 1998 年版。

傅新球:《英国社会转型时期的家庭研究》,安徽人民出版社 2008 年版。

郭继兰:《托马斯·潘恩的激进主义思想研究》,南京大学博士论文 2010 年。

郭家宏:《从旧帝国到新帝国:1783—1815 年英帝国史纲要》,商务印书馆 2007 年版。

何其莘:《英国戏剧史》,译林出版社 1999 年版。

姜德福:《社会变迁中的贵族——16—18 世纪贵族研究》,商务印书馆 2004 年版。

蒋劲松:《议会之母》,中国民主法制出版社 1998 年版。

金志霖:《英国行会史》,上海社会科学院出版社 1996 年版。

金志霖:《英国十首相列传》,东方出版社 2001 年版。

李季山:《走向民主——英国第一次宪政改革》,南京大学出版社 2001 年版。

刘意青:《英国 18 世纪文学史》,外语教学与研究出版社 2005 年版。

鲁友章:《重商主义》,商务印书馆 1964 年版。

罗经国:《新编英国文学选读》,北京大学出版社 2005 年版。

马凤林、帼立、梁时一:《英国绘画史》,岭南美术出版社 1990 年版。

马克思:《资本论:政治经济学批判》第 1 卷,人民出版社 1955 年版。

钱乘旦、陈晓律:《在传统与变革之间——英国文化模式溯源》,浙江人民出版社 1992 年版。

钱乘旦、许洁明:《英国通史》,上海社会科学院出版社 2002 年版。

钱乘旦:《第一个工业化社会》,四川人民出版社 1988 年版。

钱乘旦:《工业革命与英国工人阶级》,南京出版社 1992 年版。

沈汉:《英国土地制度史》,学林出版社 2005 年版。

舒小昀:《分化与整合:1688—1783 年英国社会结构分析》,南京大学出版社 2003 年版。

舒小昀:《英国工业革命初期资本的需求》,载《世界历史》1999 年第 2 期。

孙海鹏:《英格兰早期银行业和英格兰银行的成立》,南京大学硕士论文 2010 年。

王觉非主编:《近代英国史》,南京大学出版社 1997 年版。

王觉非主编:《英国政治、经济和社会现代化》,南京大学出版社 1989 年版。

王佩兰、马茜、黄际:《英国文学史及作品选读》,东北师范大学出版社 2006 年版。

王绳祖主编:《国际关系史》,世界知识出版社 1995 年版。

王天一等编著:《外国教育史》,北京师范大学出版社 2005 年版。

王勇:《约翰·卫斯理与卫斯理运动的兴起》,南京大学博士论文 2002 年。

王章辉:《英国农业革命初探》,载《世界历史》1990 年第 1 期。

王佐良、周钰良等主编:《英国文学名篇选注》,商务印书馆 1983 年版。

王佐良:《英国散文的流变》,商务印书馆 1993 年版。

文礼朋:《英国对近代农业革命和农业资本主义的研究》,载《世界历史》2007 年第 2 期。

吴景荣:《英国 18 世纪文学史》,外语教学与研究出版社 2005 年版。

吴易风:《英国古典经济理论》,商务印书馆 1988 年版。

吴于廑:《历史上农耕世界对工业世界的孕育》,载《世界历史》1987 年第 9 期。

阎照祥:《英国贵族史》,人民出版社 2000 年版。

阎照祥:《英国近代贵族体制研究》,人民出版社 2006 年版。

杨杰:《从下往上看——英国农业革命》,中国社会科学出版社 2009 年版。

杨松涛:《近代早期英国犯罪史学述评》,载《世界历史》2007 年第 4 期。

杨豫:《欧洲原工业化的起源与转型》,江苏人民出版社 2004 年版。

叶秀山等:《西方哲学史》,江苏人民出版社 2004 年版。

于俊文:《亚当·斯密》,商务印书馆 1987 年版。

袁锐锷:《外国教育史新编》,广东高等教育出版社 2006 年版。

张卫良:《现代工业的起源——英国原工业化与工业化》,光明日报出版社 2009 年版。

张卫良:《英国社会的商业化进程》,人民出版社 2004 年版。

张亚东:《重商帝国:1689—1783 年的英帝国研究》,中国社会科学出版社 2004 年版。

周辅成编:《西方伦理学名著选辑》,商务印书馆 1996 年版。

邹柏松:《亚当·斯密经济思想研究》,广东教育出版社 1991 年版。

四 译名对照与索引

后　记

　　本卷作者分工如下:刘金源撰写第一篇、第二篇;李义中撰写第三篇及第四篇第一章、第二章;刘明周撰写第四篇第三章及第五篇;胡传胜撰写第六篇;刘金源负责统稿工作。